공자뎐,
논어는
이것이다

공자뎐,
논어는
이것이다

초판 1쇄 발행 2017년 11월 17일
초판 2쇄 발행 2021년 3월 31일

지은이 유문상
펴낸이 김승희
펴낸곳 도서출판 살림터

기획 정광일
편집 조현주
북디자인 꼬리별

인쇄·제본 (주)신화프린팅
종이 (주)명동지류

주소 서울시 양천구 목동동로 293, 22층 2215-1호
전화 02-3141-6553
팩스 02-3141-6555
출판등록 2008년 3월 18일 제313-1990-12호
이메일 gwang80@hanmail.net
블로그 http://blog.naver.com/dkffk1020

ISBN 979-11-5930-049-3 03140

공자뎐, 논어는 이것이다

유문상 지음

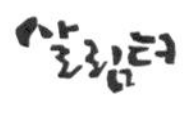

추천 글

동양문화의 전통에서 시대 적합성을 찾다

김태영_충북대 명예교수

유학의 기본 도서인 사서삼경四書三經 중 가장 윤리·도덕 문화서라고 할 수 있는 것이 『논어』일 것이다. 『논어』는 공자의 사상을 망라하고 있으며, 그 내용 자체가 교육, 생활, 정치 영역에서 우리가 추구해야 할 도덕적 가치가 무엇인가를 다루고 있다. 『논어』는 특히 사회, 정치적으로 중대한 변혁기에 있는 우리나라에서 올바른 가치의 정립을 위해 필독해야 할 고전이다. 이런 맥락에서 지은이가 새로운 관점에서 『논어』 해설서를 발간한 것은 매우 의미 있는 일이 아닐 수 없다.

본래 지은이는 나의 사랑하는 제자 중의 하나이다. 추천인은 지은이를 대학 4년 동안 지켜보았고, 대학원에서는 논문 지도도 맡은 바 있으며 그 후에도 사제동학師第同學의 길을 밟아왔다. 지은이는 동양철학, 특히 유학에 대한 관심을 일관되게 가지고 있었다. 이미 출간된 유학도서 『유가의 길을 묻노니』와 이번의 『공자뎐, 논어는 이것이다』도 그의 관심과 노력의 산물이다.

나는 지은이가 보내준 초고를 처음부터 꼼꼼히 읽어보았다. 이에 따라 이 책을 읽고 느낀 점을 말해보고자 한다.

첫째, 선진유학先秦儒學진나라 이전 유학은 역사적 상황을 배경으로 하여 비롯된 철학이다. 이런 선진유학의 원초적 특징에 착안하여 이 책은 서사적 관점에서 공자의 『논어』를 누구나 쉽게 이해할 수 있도록 했다.

둘째, 많은 사람들이 동양철학을 학교의 교육과정에서 접할 수 있는 기회가 거의 없었고, 또 쉽게 접근할 수 있는 서적도 없는 것이 현실이다. 이 책은 이러한 현실을 반영해 마주 보고 말하듯이 친근하고 쉽게 서술되어 있다.

셋째, 오늘날 사람들이 사회 여러 영역에 걸쳐 가치 갈등이 심화되어 있다. 지은이는 이를 위한 해법으로 우리나라의 가치 형성에 지대한 영향을 준 『논어』의 사상에서 시대를 통찰하는 안목과 지혜를 찾고자 한 것으로 보인다.

넷째, 이 책은 『논어』를 기본 텍스트로 삼으면서 공자의 기본 사상이 총망라되어 있다. 따라서 유학에 대한 입문서로도 적합한 도서이다.

오늘날 한국의 시대적 상황은 민주적 리더십이 필요하고 국민 각자에게는 자존감의 회복이 무엇보다 절실한 상황이다. 이 책은 청소년과 대학생에게는 올바른 가치관의 형성을 도와줄 수 있으며, 일반에게는 리더와 구성원의 역할에 반성과 고민을 하게 한다. 가방에 한 권 넣고 다니기에 괜찮은 책이다. 제자 유문상 박사의 저술을 추천하는 것은 나에게 큰 보람이 아닐 수 없다. 건강과 무궁한 발전을 기원한다.

여는 글

오늘날 인문 고전에 대한 사람들의 관심이 꽤 높다. 그 목적은 단순한 재미와 호기심 때문일 수도 있으나 대부분은 고전에서 삶의 지혜와 위안을 구하려는 경우일 것이다. 그런데 막상 번역된 인문 고전을 읽으려 해도 끝까지 완독하는 데에는 많은 인내심이 필요하다. 일단 원문을 우리말로 옮기는 과정에서 그 의미가 충분히 전달되지 못하는 경우가 많고, 용어 또한 생소한 것들도 많아서 독자들이 이해하기가 어렵다. 글쓴이가 교단에서 학생들을 관찰한 것도 마찬가지이다. 학생들은 생활기록부에 기재할 필요성에서 혹은 인문학적 소양을 기르기 위해 인문 고전을 찾는다. 하지만 상당수 학생들이 앞의 몇 장을 넘기다가 포기하는 경우가 다반사이다. 이유는 간단하다. 역시 너무 어렵다는 것이다.

이에 글쓴이는 학생들과 일반 대중이 쉽게 접할 수 있는 인문 고전 해설서를 집필하기로 마음먹고 수년간 연구와 자료 정리를 했다. 저자의 노력은 2015년도에 『유가의 길을 묻노니』란 책명으로 결실을 보았다. 그러나 이 책은 유가 철학의 전반을 아우르는 것이었기에 지면 관계상 해설과 구성에서 부족한 점이 있었다. 글쓴이는 다시 인물 및 사상별로 체계적인 유학 해설서를 집필하기로 계획을 세우고 연구에 착수하여 독자 앞에 본 도서를 내놓게 되었다. 일단 집필의 방향은 쉽고 재미있으면서도 정교하고 한 차원 깊은 『논어』 해설이었다. 이러한 목적과 방향을 위해 철학과 역사를 결합한 서사적敍事的 기법을 도입했다. 따라서 이 책은 다음과 같은 특징이 있다.

첫째, 여러 역사서와 고전들을 면밀히 검토해 공자의 행적과 사상을 씨실과 날실처럼 엮었다. 따라서 독자들에겐 소설책 읽듯이 재미있는 고전 읽기가 될 것이다.

둘째, 쉽고 재미있게 구성되었지만 내용이 얕은 것은 아니다. 유학사상의 근본부터 분석해 논어의 전반적 사유 체계를 밀도 있게 논의했다.

셋째, 『논어』를 해설할 때 철저한 고증考證에 의거했다. 공자 사상은 학자의 관점에 따라 서로 상충되는 부분이 많다. 글쓴이는 공자 사상을 글자의 뜻, 전반적 문맥, 역사적 상황 등을 분석해 해설하고 평가했다.

넷째, 정확한 의미 전달을 위해 가급적 원문을 많이 인용했으며, 대부분의 원문을 각주에 수록해 연구자들이 참고할 수 있도록 했다.

『논어』는 군자의 학이라고 한다. 다시 말하면 군자를 기르기 위한 학문이다. 군자는 인격을 갖춘 리더를 말한다. 글쓴이는 이 시대 리더를 꿈꾸는 자, 리더로 있는 자들에게 『논어』를 필독할 것을 감히 권한다. 그 이유는 리더가 자격 미달일 경우 그 집단의 구성원들은 서로 갈등이 그칠 날 없고 편안하지가 않기 때문이다. 특히 국가의 통치자가 그러할 경우 그 피해와 아픔은 더욱 극심하고 광범위하다.

글쓴이가 나름대로 공자의 사상을 제대로 알리기 위해 심혈을 기울였지만 부족함이 많을 것이다. 독자들이 지적과 꾸지람을 해주시면 경건히 수용해 차후 편집에 반영할 것을 약속드린다.

이 책이 나온 것은 두 은사님의 은혜 덕분이다. 제자를 늘 격려해주며 지켜봐주신 고故 김태영 교수님, 그리고 동양고전에 눈을 뜨게 한 이종락 훈장님, 두 분의 가르침과 사랑은 오래도록 잊지 못할 것이다.

끝으로 저세상에 계신 어머님 영전에 삼가 이 책을 바친다.

2017년 10월

도우禱雨 유문상

차례

제3장 공자의 사상 141

~제1장~

공자 이전, 성왕의 시대

1절
유학의 계보

유학儒學이란 인과 예와 같은 실천적 도덕을 바탕으로 개인을 수양하고, 가정을 평온하게 하며, 국가와 천하를 편안하게 하는 것을 목적으로 하는 학문 체계를 말한다. 유학은 달리 유교儒教라고도 불린다. 유교는 말 그대로 유학의 가르침이란 의미로서 유학에서 구현하고자 하는 실천 이념을 의미한다. 유학이 학문적·이론적 영역으로 접근한 것이라면, 유교는 교화적·실천적 영역으로 접근한 것이다. 유학사상은 중국 고대의 성인聖人들에게서 부분적으로 전승되어오다가 춘추시대[1]의 공자에 의해서 체계화되었다.

당나라 시대 한유韓愈768~824는 유학의 법통法統정통성의 계승이 요 → 순 → 우 → 탕왕 → 문왕 → 무왕 → 주공 → 공자 → 맹자로 이어진다고 주장했다.[2] 따라서 공자를 비롯한 유학자의 사상을 이해하려면 유학의 사상적 고향인 '요·순·우·탕·문왕·무왕·주공'의 삶과 사유를

1. 주(周)나라는 기원전 770년에 수도를 호경에서 낙읍으로 완전히 옮기면서 이른바 동주(東周)의 시대가 시작된다. 동주는 춘추시대와 전국시대에 걸쳐 존재했다. 춘추시대는 주나라가 낙양(洛陽, 낙읍)으로 천도한 후부터 제후국인 진(晉)나라가 삼분하여 한(韓), 위(魏), 조(趙)로 독립할 때까지의 약 370여 년 동안의 시대를 말한다. 이 시기에 공자가 살았다.
2. 송대의 주희는 한유의 법통을 도통(道統)으로 바꿔 부르고 한유가 제시한 공자 이후를 수정했다. 주희에 따르면 유학의 도통 구조는 요→순→우→탕왕→문왕→무왕→주공→공자→증자(曾子)→자사(子思)→맹자(孟子)→정호(程顥)·정이(程頤)로 이어진다고 했다.

이해하는 것이 필요하다. 이들의 삶을 단원별로 고찰하기에 앞서 간략히 소개하면 다음과 같다.

요堯와 순舜은 공자가 성인의 전형으로 예시한 인물이다. 『서경書經』[3]을 비롯한 경서에 행적이 등장하지만 그 실존 여부에 대해서는 논란이 있다.

우禹는 하夏나라를 건국한 인물이다. 우는 천성이 부지런했으며, 백성이 나라의 근본임을 선언했다. 우와 하나라도 문헌에 존재할 뿐 실존 여부가 유적이나 유물로 고증되지는 않았다. 그러나 중국 정부는 중국 고대사 연구 작업인 '하상주단대공정夏商周斷代工程'을 통해 그 실존을 주장하고 있다.

탕왕湯王은 하나라를 무너뜨리고 상나라('은나라'라고도 한다)를 세운 인물이다. 탕왕은 그 성품이 자비롭고 호탕하며 백성을 지극히 사랑한 것으로 유명하다.

문왕文王은 주나라의 기초를 확립한 인물이다. 상나라 마지막 임금 주왕紂王의 신하였으나, 성품이 어질어서 사람들이 그를 위대한 군주가 될 재목으로 생각했다. 생전에는 상나라를 무너뜨리고 천하를 통일하지 못했지만 그 아들 무왕 때 꿈이 이루어졌다.

무왕武王은 문왕의 아들로 상나라를 멸망시키고 봉건제국 주周나라를 건국했다. 역시 어진 덕이 있었으며 의로운 일을 세상에 밝히려 했고, 공로가 있는 자에게는 반드시 보답하려 했다.

주공周公은 무왕의 동생으로 무왕을 도와 상나라를 멸망시켰으며 주나라의 각종 제도를 정비한 인물이다. 공자는 주공을 대단히 숭배한 것으로 전해진다.

---

3. 유교의 사서삼경(四書三經) 중 하나. 상서(尙書)라고도 한다. 공자가 요임금과 순임금 때부터 주(周)나라에 이르기까지의 정사에 관한 문서를 수집해 편찬했다.

2절
공자의 이상향, 대동사회

황제(皇帝)의 시대

공자 이전의 중국 왕조를 보면 삼황오제三皇五帝 시대를 거쳐 하나라 그리고 상(은)나라를 거쳐 주나라로 변천했다. 삼황오제란 중국의 고대 신화에 등장하는 8명의 제왕들을 의미한다. 삼황오제에 대해서는 아직은 전설상의 제왕들이라는 견해가 지배적이다. 본래 역사적 사실은 고고학적 유물이나 유적 등에 의해 그 실존 여부가 가려지는데, 삼황오제에 대해서는 아직까지 관련된 유물이나 유적이 발견되지 않았다. 역사적으로는 실존 여부가 규명되지 않았지만 철학사상적 입장에서는 삼황오제를 단지 허구의 인물이라 하여 논의에서 배제할 수 없다. 그 이유는 삼황오제의 시대를 공자는 이상적 사회인 '대동大同'의 사회라고 표현하고 있으며, 이로써 대동사회는 유가儒家유학자 집단에서 지향하는 이상적 사회의 모습으로 자리매김을 했기 때문이다. 공자는 삼황오제 중 특히 요와 순을 이상정치의 모범으로 삼는다. 따라서 우리가 유학을 이해하려면 유학의 뿌리가 되는 삼황오제, 특히 요순의 삶과 사상에 관한 고찰이 선행되어야 한다. 삼황이 누구인지에 대해서는 문헌에 다양하게 나와 있어서 누구를 특정할 수가 없다. 다만 삼황에 대해 유의할 것은 삼황에 열거되는 제왕들이 시대적으로 연속하여 재위했다는 의미가 아니라 중국 역사에 중요한 위치를 차지하는 인물들을 조합한 것이라는 점이다. 여러 문헌을 종합할 때 일반적으로 삼황은 태호복희太昊伏羲, 염제신농炎帝神農, 황제헌원黃帝軒轅으로 정리할 수 있다.[4]

삼황의 첫째인 태호복희는 그 호칭을 풀어 쓰면 '크게 밝은 복희'라는 의미이다. 복희는 뱀의 몸에 사람 머리를 하고 있으며, 역경易經의 팔괘八卦[5]를 창안했고 부호로 된 문자를 만들었다. 복희는 사람들에게 사냥과 물고기 잡는 법도 가르쳤으며, 희생犧牲제물로 쓰이는 가축을 양육하고 요리해서 하늘과 조상에 바쳤다. 여기에서 복희를 달리 포희庖犧라고도 하는데, 이것은 희생을 요리하는 사람이란 의미이다.

벽화 속의 복희

투르판아스타나阿斯塔那 고분 천장에서 발견된 「복희여와도」. 여와는 복희의 아내 혹은 누이로 전해진다. 복희와 여와의 손에는 창조의 상징물인 구부러진 자曲尺와 컴퍼스가 들려 있다. 뱀과 같이 생긴 하반신은 서로 꼬여 있어 조화로운 결합을 보여준다.

복희의 뒤를 이어 몇 명의 왕들이 자리를 잇다가 두 번째 삼황인 염제신농의 시대가 왔다. 염제炎帝는 불꽃 임금이란 의미이므로 태양과

---

4. 『십팔사략(十八史略)』, 『제왕세기(帝王世紀)』와 손씨주(孫氏注) 『세본(世本)』에는 삼황을 태호복희, 염제신농, 황제헌원으로 주장하고 있다.
5. 건(乾:☰)·곤(坤:☷)·진(震:☳)·손(巽:☴)·감(坎:☵)·이(離:☲)·간(艮:☶)·태(兌:☱)이다. 음(--)과 양(-)이 8괘의 근본이다.

정열을 상징한다. 염제신농은 사람 몸에 소의 머리를 가졌다. 그는 태양신이자 농업신으로 나무를 깎아서 쟁기를 만들어 농경을 처음으로 가르쳤으며, 모든 풀의 맛을 보고 의약품을 만들었다. 또한 태양이 높이 떠 있는 시간에는 시장을 열어 사람들에게 물건의 교역을 가르쳤다. 농경의 시조를 얘기할 때 흔히 염제신농을 거론하기도 한다.

벽화 속의 신농

한漢나라 시대 예서隸書로 음각陰刻된 벽화에 염제신농이 등장한다. 명문銘文새겨놓은 글의 내용은 이러하다.

神農氏因宜教田辟土種穀以振萬民

신농씨는 제대로 밭갈이하는 법을 가르쳤고, 땅을 개간하여 곡식을 심었다. 이렇게 만민을 구제했다.

염제신농의 자리를 이은 자가 바로 황제헌원이다. 황제헌원은 염제신농이 다스리던 시대가 쇠퇴하고 제후들이 서로 싸우자 이들을 무력으로 토벌해 왕이 된 인물이다. 황제헌원은 삶과 죽음에 관해 이야기하고 존재하고 쇠망하는 이치에 대해 고민했다. 이것은 자연의 법칙을 발견하고 사물의 이치에 따랐다는 의미가 있다. 이러한 황제헌원의 활동을 두고 전국시대 법가法家[6]인 상앙은 『상군서商君書』[7]에서 "황제헌원은 군주·신하 및 윗사람·아랫사람 사이의 의리, 아버지와 아들 및 형과 아우 사이의 예절, 남편과 아내 및 배우자 사이의 지켜야 할 일을

6. 유가의 예(禮)나 도덕이 아닌 법률과 형벌로 국가를 운영하는 법치주의를 내세우는 학파.

7. 전국시대에 진나라 상앙의 언행과 사상이 수록된 책.

제정하고, 대내적으로는 형벌을 사용하며, 대외적으로는 무력을 사용했다"[8]라고 기술했다. 여기서 '형벌刀鋸'은 법가들의 주요한 통치수단이다. 이러한 표현은 상앙이 황제헌원을 법가의 시조로 삼으려는 시도로 판단된다. 또 황제헌원은 오행五行의 기운을 다스렸다고 한다. 여기서 오행은 목木·화火·토土·금金·수水를 말하며 동양사상과 의학에서 중요한 바탕을 이루고 있다. 중국 최고最古의 의학서로 기원전 300년 무렵 전국시대에 편찬된 『황제내경黃帝內經』이 있다. 이 명칭은 황제헌원에서 그 이름을 취한 것이다. 황제헌원은 배와 수레도 만들었으며 간지[9]를 만들고 달력을 제작했다. 황제헌원의 업적은 땅과도 관련이 있었다. 그는 때에 맞추어 온갖 곡식과 풀과 나무를 심고, 새와 짐승과 벌레와 나방을 키웠으며, 물과 불, 목재 등을 절제하여 쓰게 했다. 이렇게 땅의 덕土德

벽화 속의 황제

한漢나라 시대 벽화에 황제헌원이 등장한다. 명문銘文의 내용은 이러하다.

黃帝多所改作造兵井田制衣裳立宮宅

황제는 새로이 만든 것이 많았다. 갑옷과 창검, 우물과 밭을 만들었고, 의상을 제작했으며, 궁궐과 집을 세웠다.

---

8. 『商君書』, 量策第十八, "黃帝作爲君臣上下之義·父子兄弟之禮·夫婦妃匹之合, 內行刀鋸, 外用甲兵."

9. 천간(天干)과 지지(地支), 즉 십간(十干)과 십이지(十二支)를 지칭하며, 또한 그것을 짝지은 것을 말하기도 한다. 십간은 갑(甲), 을(乙), 병(丙), 정(丁), 무(戊), 기(己), 경(庚), 신(辛), 임(壬), 계(癸) 등의 10가지이며, 십이지는 자(子), 축(丑), 인(寅), 묘(卯), 진(辰), 사(巳), 오(午), 미(未), 신(申), 유(酉), 술(戌), 해(亥)의 12가지이다. 이 두 가지를 짝 맞추어나가면 60가지의 간지(干支)가 이루어진다.

이 있다 하여 땅의 색을 상징하는 누런색黃을 붙여서 누런 제후, 즉 황제黃帝라고 부르게 되었다.

오제五帝 역시 문헌에 따라 서로 다르게 표기하고 있다. 어떤 문헌은 오제에 삼황을 포함시키기도 하고, 어떤 문헌은 삼황과 오제를 분리하기도 한다. 이 중 삼황과 오제를 분리하는 문헌은 『상서서』[10], 『제왕세기』[11], 『십팔사략』[12]이 있는데, 이들에 따르면 오제는 소호少昊, 전욱顓頊, 제곡고신帝嚳高辛, 요堯, 순舜이 해당된다.[13] 오제 중에서 유학의 계보에 들어가는 요와 순이 드디어 등장한다. 소호, 전욱, 제곡고신은 이 책의 서술 맥락상 크게 관련이 없기 때문에 자세한 고찰을 배제하고자 한다. 요와 순은 단원을 달리해 논의한다.

여러 문헌들이 삼황오제에 대해 언급하고 있지만, 앞에서 말한 바와 같이 역사적 실존 여부는 불분명하다. 전국시대를 통일한 진秦나라 시황제始皇帝[14]는 왕이란 말 대신에 자신을 황제皇帝라고 일컬었다. 황제皇帝란 말은 바로 삼황오제三皇五帝의 두 번째와 네 번째 글자를 취합해 만든 것이다. 시황제의 '황제皇帝'는 삼황 중의 한 명인 황제헌원黃帝軒轅의 '황제黃帝'와 서로 구별되는 명칭이다.

삼황오제 이전에도 인류는 존재했다. 그렇지만 인류의 기록으로 존재를 이해하거나 추정할 수 있는 중국의 왕조는 삼황오제로부터 비롯된다.

---

10. 『상서서(尙書序)』는 중국 전한(前漢)의 유학자인 공안국(孔安國)이 저술했다.

11. 『제왕세기』는 진(晉)나라 황보밀(皇甫謐)이 편찬한 것으로 알려져 있는데, 원전이 이미 오래전에 망실되고, 다른 책에 집중적, 혹은 산발적으로 인용되어 전할 뿐이다.

12. 『십팔사략』은 중국 남송(南宋) 말기에서 원나라 초기에 걸쳐 활약했던 증선지(曾先之)가 편찬한 중국의 역사서로 태고(太古) 때부터 송나라 말기까지의 사실(史實)을 압축했다. 초학자를 위한 초보적 역사 교과서로 편찬했다.

13. 송(宋) 호굉(胡宏, 1106~1161)이 저술한 역사서인 『황왕대기(皇王大紀)』에는 오제를 복희(伏羲), 신농(神農), 황제(黃帝), 요(堯), 순(舜)으로 열거해 오제 안에 삼황을 포함시키고 있다. 또 『세본(世本)』이나 『대대례(大戴禮)』와 『사기』의 「오제본기」에서는 오제를 황제(黃帝), 전욱(顓頊), 제곡(帝嚳), 요(堯), 순(舜)이라 하는데, 삼황 중 황제를 오제에 포함시키고 있다.

14. 성명은 영정(嬴政)이고, 시호가 시황제(始皇帝)이다. 시호(諡號)는 임금이나 정승, 유현(儒賢)들이 죽은 뒤에 그들의 공덕을 칭송해주던 이름이다.

공자는 『논어論語』에서 삼황오제 중 요와 순을 성왕의 모범으로 제시했다. 뿐만 아니라 공자는 중국에서 가장 오래된 경전인 『서경』을 편찬할 때, 많은 전설의 임금들을 다 빼버리고 제일 첫머리에 요를 두었다. 다른 임금에 관한 전설적인 이야기는 전혀 비추지 않았다. 요堯임금이 순舜임금에게 천하를 전하고 순舜임금이 우禹에게 천하를 전해준 것만을 크게 취급했다. 공자가 이런 편찬 방법을 사용한 것은 요순을 제외한 다른 황제들에 관한 고증이 별로 없었기 때문일 수도 있으나, 그만큼 정치의 근본을 요순에게서 구하고 있다는 의미가 되기도 한다. 요와 순에 관한 기록은 『서경』 외에 『사기』[15], 『맹자』[16], 『십팔사략』, 『세본』[17] 등에서 발견된다.

사마천이 지은 『사기』는 복희에 대해서는 아예 언급을 하지 않았다. 그리고 신농과 황제헌원의 관계에 대해서는 한때 지배자인 신농을 대신하여 황제헌원이 등장해 제후들을 정벌하고 천하를 지배했다고 기록했다. 사마천은 중국 왕조의 계보를 삼황 중에서 복희와 신농을 제외하고 황제헌원으로부터 시작해 황제헌원의 손자인 전욱을 거치는 것으로 묘사하고 있다. 사마천이 복희와 신농을 중국 역사의 지배적인 계층 구조에서 배제한 이유는 스스로 밝히진 않았지만 아마도 복희와 신농에 대한 전설이 너무 신화적이어서 실존의 조상으로 삼기에 적합하지 않았던 것으로 판단된다.

황제헌원의 본래 성姓은 공손公孫이며 그 외에 희姬라는 성도 있었다. 헌원은 그의 이름이다. 『사기』에 따르면 황제헌원에게는 아들이 스물다섯 명 있었다. 이 중 맏아들은 현효이고, 둘째 아들은 창의이다. 황제로

15. 『사기(史記)』는 중국 전한(前漢)의 역사가 사마천(司馬遷, 기원전 145년경~기원전 85년경)이 저술한 역사서.
16. 전국시대의 맹자(孟子)가 말년에 제자들과 더불어 만든 책으로 추정되며, 그의 이름을 따서 『孟子』라고 이름이 붙여졌다.
17. 『세본(世本)』은 전국시대 역사서인데 전해지지 않고 다만 여러 문헌에 산발적으로 그 내용이 인용되어 있다.

부터 시작되어 요와 순에 이르는 계보를 그려보면 아래와 같다.

황제
- 현효 - 교극- 제곡 - 요
- 창의 - 전욱 - 궁선 - 경강 - 구망 - 교우 - 고수 - 순

요순의 정치

『사기』에 따르면 요堯는 황제와 그의 맏아들 현효를 조상으로 하고, 아버지는 제곡이다. 요의 성姓은 이기伊耆이고, 씨氏는 도당陶唐이다. 요는 그의 이름이다.[18] 요의 성씨를 성과 씨로 나눈 것을 이해하려면 성씨에 관한 역사적 고찰이 필요하다. 이것은 다음 단원에서 다룬다.

요의 아버지 제곡帝嚳은 전설상 부계 씨족사회 후기의 염황연맹炎黃聯盟의 부족장이었다. 여기서 염황연맹이란 염제신농과 황제헌원의 후손들이 만든 연맹체를 의미한다. 요의 어머니는 진봉씨陳鋒氏의 딸 경도慶都이다. 요의 사람됨은 어떠하였나? 『십팔사략』의 「제요」편과 『사기』의 「오제본기」편에는 요의 성품과 삶의 모습이 이렇게 전해진다.

> "요는 그 인자함이 하늘과 같았으며 그 지혜는 신神과 같았다. 또 그에게 다가서면 해와 같이 따뜻하고, 바라보면 구름같이 부드러웠다."[19]

위의 내용에 따르면 요는 어진 덕이 있고 지혜가 있으면서 따뜻한

18. 학자에 따라서는 요의 이름을 방훈(放勳)이라고 지칭하기도 하지만 이것은 옳지 않은 것 같다. 『서경』이나 『사기』에서 요의 호칭을 방훈이라고 했지만 이름이라고 적시되어 있지는 않다. 남송(南宋) 시대의 주희는 방훈이 요를 찬미하여 붙여진 말이라고 했다.
19. 『史記』, 五帝本紀, "帝堯者, 放勳. 其仁如天, 其知如神. 就之如日, 望之如雲."

감성의 소유자인 것 같다. 부락연맹의 장이었지만 평소 검소한 생활을 몸소 실천했다. 그는 도읍지인 평양에 궁전을 지었는데 궁전이라기보다는 움막이라고 해야 정확한 표현일 것 같은 그런 집을 지었다.

요의 치세에는 가족들이 화합하고 백관의 직분이 공명정대하여 모든 제후국들이 화목했다. 또한 자신이 독단적인 정치를 할 것을 염려해 궁전 입구에 감간고敢諫鼓감히 간언 드리는 북를 달아 누구나 간언諫言윗사람에게 잘못된 일을 고치도록 하는 말할 수 있도록 했다.

요는 치세 기간 동안 농업에 심혈을 기울였다. 해와 달과 별의 운행법칙을 파악해 계절의 구분에 따라 백성에게 농사의 적기를 가르쳐주도록 했다. 그리고 중춘(음력 2월), 중하(음력 5월), 중추(음력 8월)를 정하여 백성이 농업에 활용하고 계절에 따른 대비를 하게 했다.

요임금은 자신의 덕망과 신하들의 도움으로 점차 나라를 안정시키게 된다. 요임금이 천하를 통치한 지 50년이 지난 어느 날 자신의 통치에 대한 백성의 반응을 알아보기 위해 미행微行신분이 드러나지 않게 주변을 몰래 살피며 다님을 나섰다. 그가 어느 사거리를 지날 때였다. 어린아이들이 서로 손을 잡고 이런 노래를 부르고 있었다.

> "우리 백성이 이처럼 살아가는 것은, 당신의 지극함이 아니면 할 수 없네. 우리는 아무것도 알지 못하지만, 임금님의 규칙으로 살아가네."[20]

순진한 어린이들이지만 자신들이 아무 탈 없이 사는 것은 임금님의 덕이라는 것을 자연스럽게 느끼고 임금의 공적을 칭송하는 장면이다. 다음에는 요임금이 어느 마을 끝까지 걸어갔다. 그곳에는 머리가 하얀

---

20. 『十八史略』, 五帝, 帝堯 陶唐氏, "立我烝民. 莫匪爾極. 不識不知. 順帝之則."

노인이 무언가를 먹으면서 손으로 배를 두드리고 발로 땅을 구르며 흥겹게 노래를 부르고 있었다.

> "해가 뜨면 일어나고 해가 지면 쉬네. 밭을 갈아 먹고 우물을 파서 마시네. 내가 배불리 먹고 배를 두드리며, 배 두드리고 땅을 구르고 있는데, 임금님의 힘이 나에게 무슨 소용인가!"[21]

우리는 태평성대를 표현할 때 배를 두드리고 땅을 차며 노는 모습인 '고복격양鼓腹擊壤'[22]이라는 말을 흔히 사용한다. 이 말은 바로 요임금의 치세에서 유래된 것이다. 이 노래의 내용에서 우리는 요가 생각한 이상적 정치의 모습을 유추할 수 있다. 즉, 요의 정치는 임금이 있는 듯 없는 듯, 마치 가는 이슬비에 옷이 촉촉이 젖듯이 백성을 감화하고 백성을 위한 넉넉한 삶의 기반을 소리 없이 만들어가는 소위 인정仁政어진 정치을 추구하는 스타일이라는 것이다.

요의 정치는 후대의 노자老子[23]와 유사한 점이 있다. 노자는 인위적인 것을 배제하여 자연스러운 것을 추구하는 것을 정치의 근본으로 삼았다. 이렇게 노자가 생각한 이상정치의 모습이 요임금에게서 부분적으로 드러나고 있다. '임금님의 힘이 나에게 무슨 소용인가!'란 표현을 보면 요임금은 백성에게 어떠한 간섭도 하지 않는 것 같은 통치자의 모습이다. 노자도 그런 모습을 이상적 통치자의 모습으로 생각한다. 노자의 『도덕경』에는 "큰 지도자는 아랫사람이 (그가) 있는 것만을 안다太上下知有之"란 표현이 있다. 이 말은 백성이 지도자가 존재하는 것은

---

21. 『樂府詩集』, 擊壤歌, "日出而作, 日入而息. 耕田而食, 鑿井而飮. 含哺鼓腹, 鼓腹擊壤, 帝力何有于我哉!"
22. 한편 '격양'을 나무로 말굽 모양으로 만든 양(壤)을 땅에 세워두고, 떨어진 곳에서 다른 양을 던져서 맞히는 놀이라는 설이 있다.
23. 성명은 이이(李耳), 자(字)는 담(聃). 노자는 존칭이다. 기원전 6세기경에 활동한 것으로 추정되며, 『도덕경(道德經)』의 저자로 알려져 있다.

알지만 본래 자연스럽게 통치를 하니 전혀 불편을 느끼지 않고 살아간다는 의미이다. 이런 점에서 백성이 이상적으로 생각하는 지도자의 모습은 백성에게 불편을 주지 않으며, 백성을 위해 자신이 해야 할 일을 소리 없이 해내는 그런 사람이다.

그렇지만 요와 노자의 사상을 동질적인 것으로 보는 것은 옳지 않다. 요는 어디까지나 유가의 전형이 되는 인물이다. 노자는 인위적 도덕교육이나 법과 제도를 만들어 백성을 통치하는 것을 배제한 소위 무위자연無爲自然을 정치 이상으로 삼는다. 요는 공자 이후 유가에서 중요시하는 도덕규범을 앞서서 실천한 인물이다. 앞의 예문에서 백성은 요임금의 지극한 덕성 등을 칭송하고 있으며, 임금님의 법칙이라는 인위적 법칙을 만든 것을 암시하고 있다. 그리고 백성은 요임금의 덕성에 감화를 받아 백성이 인위적 법칙을 믿고 따르며 수용하고 있다는 것이다.

요의 정치력에 의해 천하는 태평성대가 전개되었으나 요도 이미 늙어갔다. 더구나 요의 만년晩年인생의 끝 부분에는 큰 홍수가 자주 나서 툭하면 황하가 범람했다. 그리하여 요는 자신의 뒤를 이을 임금은 홍수 같은 어려운 상황을 처리할 능력이 있고, 덕망이 출중한 인물이 되어야 한다고 생각했다. 요는 일단 등용하여 써본 다음에 그 자격이 되는지를 판단하려 했다. 요임금이 대신들에게 나랏일을 할 수 있는 믿고 쓸 만한 인물을 추천하라고 하자 방제란 신하가 요의 맏아들 주朱를 천거했다. 주는 달리 '단주'라고도 불리는데, 그것은 그가 단연丹淵이란 곳에 제후로 임명받은 적이 있기 때문이다. 하지만 요임금은 단주의 말에 충성과 믿음이 없으며 말다툼을 잘한다는 이유로 등용하지 않았다.

그런데 그즈음 큰비가 내리면서 황하엔 큰 홍수가 넘쳐흘러서 산과 들을 집어삼켰다. 요는 근심이 이만저만이 아니었다. 사방의 제후를 통할하는 위치에 있던 사악四岳과 여러 신하를 모아놓고 당장 홍수라도 다스릴 사람이 없는지를 물었다. 그러자 많은 신하들이 곤鯀이란 자를 추천했다. 요는 평소 곤이 성실치 않음을 알고 있었기에 탐탁하지 않게 생각했다. 그러나 사악이 일단 시험 삼아 써볼 것을 간청하자, 요는 곤을 치수治水 책임자로 임명했다. 곤은 9년이나 치수공사를 했으나 요의 예상대로 아무것도 이룬 것이 없었고 나라에는 큰 피해를 안겼다. 자신의 아들 단주뿐만이 아니라 곤도 나랏일을 맡길 만한 인재가 되지 못했던 것이다.

어느덧 요가 임금의 자리에 오른 지 70여 년이 되었으나 임금 자리를 물려줄 후계자는 찾을 수 없었다. 결국 요는 여러 제후 중의 으뜸이며 자신의 명을 잘 받드는 사악에게 임금의 자리를 물려주려 했다. 그러자 사악은 자신에게 덕이 없다고 사양했다. 요는 신하들에게 말하여 천명에 따라 자신의 자리를 이어받을 사람을 물색하도록 했다. 그러자 많은 사람들이 당시 효행과 덕행으로 소문이 난 순舜을 천거했다. 요에게는 두 딸 '아황娥皇'과 '여영女英'이 있었다. 요는 효행과 덕망을 갖춘 순에게 두 딸을 시집보내고, 자신의 9명의 아들을 순의 거처에 머물게 했다. 그런 다음에 집 안과 밖에서 순의 행동을 면밀히 관찰하니 순이 공주인 부인들로 하여금 한 가정의 부인으로서 예절을 지키도록 법도를 확립해나가는 것이었다.

다음에는 백관百官여러 벼슬아치의 일을 총괄하는 정사를 맡겨보니 백관의 질서가 잡혀나갔다. 요는 이렇게 그의 덕행과 능력을 시험한 후 임금의 정사를 섭정攝政대신 정치를 함하도록 했다. 순에게 섭정을 하게 한 뒤 28년이 지나도록 후사를 결정짓지 못하고 요는 세상을 떠나고 만다. 이때 요의 나이는 대략 117세로 추정된다. 『서경』에 따르면 요는 16세에 즉위하여 101년을 재위한 것으로 되어 있는데, 이것으로 보면 117세까지 산 것으로 추산이 가능하다.

벽화 속의 요

한漢나라 시대 벽화에 등장하는 요에 관한 명문銘文이다.

帝堯放勳 其仁如天 其知如神 就之如日望之如雲

요임금 방훈은 그 인자함이 하늘과 같고, 그 지혜가 신과 같다. 그에게 다가서면 해와 같이 따뜻하고, 바라보면 구름같이 부드러웠다.

『사기』에 따르면 순은 요임금과 마찬가지로 삼황 중의 하나인 황제 헌원에서 시작하여 그의 둘째 아들 창의를 조상으로 하고, 아버지는 고수이다. 순의 성姓은 '요姚'이며 씨氏는 '유우有虞'이고 이름은 '중화重華'[24]이다. 순으로 부르게 된 연유는 전해지는 바가 없다.

순은 어려서 어머니를 잃고 계모 밑에서 자랐다. 부친인 고수瞽叟는 장님으로, 순의 모친이 사망한 후 후처를 들여 아들 상象을 낳았다. 고수와 계모 그리고 상은 늘 순을 괴롭히고 구박했지만 순은 역산歷山에서 농사일을 하고 아울러 고기잡이, 도자기 굽는 일, 날품팔이, 장사 등 닥치는 대로 일을 해 한결같이 부모를 봉양하고 동생을 보살폈다. 그리하여 순은 20세 때 효자로 이름이 널리 알려졌으며, 이러한 순의 효행을 신하들로부터 전해 들은 요는 순이 30세 때 두 딸을 그에게 부인으로 맞아들이게 한다.

순은 요의 사위가 된 뒤에도 생업으로 농업과 고기잡이, 도자기 굽는 일을 계속했다. 그런데 많은 사람들이 덕이 있는 순에게는 토지의

24. 『십팔사략』「오제」편에 나온다.

경계를 다투지 않았고 그물을 내릴 자리를 양보했다. 그리고 순이 만든 도자기는 거칠거나 흠이 없어 많은 사람들이 순이 만든 도자기를 믿고 사용했다. 순의 인품과 성실한 생업활동으로 순이 거주하는 지역에는 점차 사람들이 모여들어 1년이 지나 취락을 이루더니, 2년이 지나 읍을 이루고, 3년이 지나 도성을 이루었다. 이를 본 요임금은 그에게 거문고와 옷, 소와 양을 하사하고 창고까지 지어줬다. 이때 사람들은 순을 도군都君이라 불렀다. 그렇지만 고수와 계모 그리고 이복동생 상은 집요하게 순을 괴롭혔다. 하루는 고수가 순에게 사다리를 타고 흙으로 만든 식량 창고 지붕에 오르게 하고는 그 밑에서 불을 놓아 순을 불태워 죽이려 했다. 순은 햇빛을 가리는 데 쓰는 두 개의 삿갓을 펼치고 내려와서 간신히 죽음을 면했다. 그러자 그들은 또 순에게 우물을 파라고 일렀다. 깊이 파 들어가면 위에서 흙을 덮어 순을 생매장하려는 속셈이었다. 순은 그들의 의중을 알아차렸지만 이를 거역할 수 없었다. 순은 우물을 파면서 옆으로 빠져나갈 구멍을 만들어놓았는데, 순이 깊이 들어가자 고수는 상과 함께 흙을 덮어 우물을 메웠다. 그러자 순은 미리 만들어놓은 구멍을 따라 겨우 밖으로 탈출하여 자신의 집으로 돌아갔다.

이윽고 요임금이 사위인 순에게 백관을 통솔하는 관직을 3년간 맡겼는데, 이때 그의 나이 아직 30대인 것으로 추측된다.[25] 요가 다스리던 시대는 전국에 삼황오제의 후손들이 나름대로 자신의 영역을 구축하며 할거하던 시대였다. 요는 어진 정치를 펼치며 이들을 포용하려 했으

25. 『서경』에는 순이 3년 동안 시험 기간을 거친 후 28년 동안 섭정을 하다가 요가 세상을 뜨자 임금의 자리를 정식으로 물려받은 것으로 되어 있다. 『사기』에는 순이 30세에 요에게 20년 동안 등용되었다가 50세에 8년간 섭정을 하고, 58세에 요가 세상을 떠나자 삼년상을 마친 후 61세에 천자의 자리에 오른 것으로 되어 있다. 또 『사기』의 다른 부분에서는 순이 30세에 요의 사위가 되고 3년 동안의 시험 기간을 거친 후 섭정했다고 되어 있어 같은 책에서도 서로 다른 기술이 보인다. 본고에서는 『서경』과 『사기』의 공통된 내용과 누락된 부분을 절충하여 30세에 요의 사위가 되고 나서 일정한 기간이 흐른 후, 3년 동안 시험 기간을 거친 다음에 28년 동안 섭정을 하다가 임금의 자리를 정식으로 물려받은 것으로 정리했다.

나, 이들은 자신의 부족을 배경으로 하여 요에게 저항하거나 요의 통솔에 응하지 않는 경우도 많았다. 다시 말하면 요가 삼황오제의 후손을 완전히 장악하지 못했다는 말이다. 그러나 순은 인사문제에서는 요와는 다르게 과감성이 있었다.

순은 백관을 통솔하는 직책을 맡자 가장 먼저 널리 인재를 등용하고 악인을 몰아내는 일부터 시작했다. 그는 삼황오제의 후손들 중에서도 대대로 미덕을 지키던 선량한 열여섯 가문의 출신들을 등용하여 농업에 관한 직책이나 교육을 담당하게 했다. 그리고 삼황오제의 후손들 중에서 흉악한 행동을 즐겨 하거나 나쁜 말 꾸미기를 좋아하는 자, 음식을 탐하고 재물을 탐하는 자들을 멀리 변방으로 이주시켰다. 이러하니 백성의 집안에서 아버지는 위엄이 있고 어머니는 자애로우며 형제간에는 우애가 형성되었고, 나라 안에는 흉악한 자들이 없어졌다. 요는 순에게 백관을 통솔하는 직책을 주면서 3년 동안 순의 능력을 관찰한 다음 사실상 모든 정사를 순에게 맡기고 자신은 은거하게 된다. 이른바 순의 섭정攝政의 시대가 열린 것이다.

섭정을 시작한 순은 인재의 등용에서 그 자격과 능력을 분명하게 검증하고 결정했다. 그는 제후들의 신분을 증명하는 홀笏을 모두 거두어들였다. 홀을 거두어들였다는 것은 그 직책에서 해임했음을 의미한다. 순은 그들의 업적을 살핀 후 자격이 있다고 판단되는 제후들에게는 홀을 다시 내어주었다. 이는 이른바 능력과 자격을 살핀 후 재신임 절차를 밟은 것이다.

특히 순의 정치에서 눈에 띄는 것은 법치法治를 제도화했다는 점이다. 그렇지만 순의 법치는 어디까지나 덕치를 보완하는 역할에 머물렀다. 함부로 사람에게 형벌을 가하는 것을 막기 위해 표준화된 법전을 제시했고 형벌을 적용하면서 가급적 관대하게 처리하려고 했다. 그렇지만 알면서도 저지른 범죄를 뉘우치지 않거나 백성에게 피해를 입힌 경우는 엄벌로 다스렸다. 음란하고 멋대로 행동한 공공共工이란 자를 유배 보냈고, 무능한 환두驩兜라는 신하를 숭산崇山으로 추방했다. 또, 여러 번 난을 일으킨 삼묘三苗를 삼위三危로 쫓아내었다. 아울러 요임금 때 치수治水에 실패한 곤鯀을 처형했다. 곤은 훗날 순의 뒤를 이어 임금에 오르는 우禹의 아버지이다. 어진 성품인 요임금은 곤이 치수에 실패했지만 책임을 묻지 않았다. 그러나 순은 달랐다. 백성을 섬기는 관리의 잘못된 행동에 대한 책임을 분명히 물었다.

순이 요를 대신해 섭정하기 시작한 지 28년째 되던 해에 요가 사망했다. 요가 후사를 결정하지 못하고 세상을 뜨자, 단주와 순 사이에 묘한 긴장감이 맴돌았다. 순은 요의 삼년상을 마치자 단주를 피하여 남하南河로 내려가 은거했다. 하지만 천하의 제후와 조정의 신하들이 너나없이 순에게로 갔으며, 송사訟事를 다투는 자들마저 순에게로 가서 판결을 구하려 했다. 천하의 인심이 이러하자 결국 임금의 자리는 순에게로 돌아갔다. 이와 같이 요가 자신의 아들인 단주에게 임금의 자리를 물려주지 않고 순에게 자리를 물려준 것을 역사에서는 선양禪讓이라고 한다.[26] 선양이란 임금이 그 자리를 자손이나 친척이 아닌 다른 사람에게 넘겨주는 형태를 말한다. 이때 순의 나이 대략 60세 전후로 추정된다.

왕위에 오른 순은 수레에 천자의 깃발을 꽂고 아버지 고수에게 인사하러 갔는데, 고수를 대하는 태도가 매우 온화하면서도 공손했다. 이복동생 상에게는 유비有庳라는 고을을 봉토封土왕이나 군주가 신하에게 주는 땅로 주어 제후로 삼았다. 그렇지만 덕이 부족한 상은 유비 땅을 제대로 다

26. 요가 순에게 선양했다는 것은 『서경』, 『맹자』, 『사기』의 기록이다. 그러나 이와 다른 주장도 있다. 『산해경(山海經)』, 『해내남경(海內南經)』에서는 요가 만년에 이르러 영민함을 잃고 사사로이 아들 단주에게 왕위를 물려주자 순이 그에 불복했다고 하였고, 『한비자(韓非子)』와 『고본죽서기년(古本竹書紀年)』에 따르면 요와 순의 선양은 허구였으며, 순이 요를, 우는 순을 무력으로 몰아내거나 감금하고 스스로 제왕이 되었다고 한다.

스리지 못해 결국 순이 관리를 시켜 그 땅을 다스리게 하고 공물과 세금을 상에게 바치도록 했다.

순이 섭정할 당시 악행을 저지른 네 사람은 엄벌에 처해졌지만 자신을 죽이려고 한 이복동생 상에게는 관대하게 대했고, 급기야 봉지封地까지 하사한 처사를 두고 훗날 맹자와 그의 제자 만장 사이에 논쟁이 붙었다. 만장은 똑같이 어질지 못한 사람들인데 다른 사람들은 죽이고 이복동생에게는 봉지까지 주었으며, 이로 인해 죄 없는 유비 땅의 백성이 상의 포악한 정치를 만나게 되었으니 이것은 어진 사람이 할 수 있는 일처리는 아니라고 주장했다. 반면 맹자는 어진 사람이 동생을 대함에는 노여움이나 원한을 마음속에 감추어두지 않고 단지 가깝게 사랑할 뿐이라고 하며 순을 두둔했다. 그리고 덕이 부족한 상을 대신하여 관리를 시켜 유비를 다스리게 했으므로 유비의 백성도 피해를 입은 것은 아니라고 주장했다. 만장이 공적인 업무의 공정성을 강조하며 순을 비난한 것이라면, 맹자는 순이 육친의 정과 공적 업무의 조화를 이룬 것이라며 순을 두둔하는 입장이다.

조정으로 돌아온 순은 제후들에게 다음과 같은 자신의 정치철학을 선포한다.

> "먹는 것은 오직 때를 놓쳐서는 아니 되오. 먼 곳은 달래고 가까운 곳은 할 수 있게 도와주어야 합니다. 덕을 두터이 하고 임금을 믿게 하며 간악한 자들을 막아내면 오랑캐들도 복종하게 될 것이오."[27]

순이 제후들에게 선포한 자신의 정치철학은 세 가지로 정리할 수 있다. 먼저 농업에서 씨를 뿌리고 수확하는 시기의 적절성을 강조했다.

---

27. 『書經』, 舜典16, "食哉惟時 柔遠能邇 惇德允元 而難任人 蠻夷 率服."

이것은 농업에 기반을 둔 민생의 중요성을 말하고 있는 것이다. 먼 곳은 달래고 가까운 곳은 할 수 있게 도와주어야 한다는 것은 상생을 지향하는 외교정책을 말한다. 덕을 두터이 하고 임금을 믿게 하며 간악한 자들을 막아낸다는 것은 국내 정치에서 도덕정치를 지향한다는 말이다.

순이 요와 분명하게 다른 점은 앞에서 설명한 바와 같이 사람을 쓰거나 내치는 인사문제에서 그 책임을 분명하게 물었다는 점이다. 임금의 자리에 오른 다음에는 신하들의 업무를 전문적으로 조직화하여 거기에 합당한 인물을 등용했는데, 이것도 요와 다른 점이다. 순임금은 요임금 때부터 어진 신하였지만 전문적 직분이 없던 우禹, 고요皐陶, 설契, 후직后稷, 백이伯夷, 익益, 기夔 등에게 일정한 직책을 부여하여 책임 있게 정사를 분담하도록 했다.

순이 천자의 자리에 있는 동안에도 자주 홍수가 범람하자 순은 곤의 아들 우를 물과 흙을 다스리는 책임을 맡는 사공司空에 임명했다. 아버지 곤이 치수에 실패한 책임을 지고 처형을 당한 전례가 있기 때문에 아마도 우의 부담이 극심했을 것이다. 그렇지만 우는 아버지 곤과 달리 8년 동안 치수와 토목사업에 헌신하여 마침내 홍수를 막아내고 산천에 길을 뚫었다.

고요는 일처리가 공평하여 법률을 관장했다. 순은 섭정하는 동안 표준화된 법전을 만들어서 법치를 표방한 바 있다. 법률을 관장하는 고요에게 순은 말했다.

> "오형을 분명하게 하여 오교를 보필하라. 나의 다스림에 기약할 것이 있느니, 형벌은 형벌이 없어지는 것을 기약해야 한다."[28]

오형五刑은 다섯 가지 형벌을 말하는데 구체적으로 그 종류가 적시되어 있지는 않다. 오교五教 역시 내용이 제시되지 않았는데, 전국시대 맹자는 오교五教를 오륜五倫으로 해석했다. 순은 법치를 표방했지만 법보다 우위에 있는 것이 도덕과 인륜을 전파하는 일이라고 말했다. 도덕과 인륜이 통용되는 사회는 형벌이 필요 없는 사회이므로, 이것을 형벌이 목적으로 삼아야 한다는 것이다.

또한 고요는 순의 덕을 칭송하여 말하길, "벌을 주되 자손에게는 미치지 아니하시고, 상을 주시면 후손에게 미치게 하십니다"라고 했다. 이처럼 순은 법치를 존중하되 법률 만능주의를 경계하고 법치는 어디까지나 인정仁政의 보조수단이 되어야 한다는 신념을 갖고 있었다.

다음으로 설은 사도司徒라는 직책을 가지고 인륜人倫을 가르치는 교육을 담당했다. 당시 설이 가르친 인륜의 내용은 위에서 말한 오교五教로 전해지는데, 훗날 맹자가 설이 교육한 이 오교의 내용을 부자유친父子有親, 군신유의君臣有義, 부부유별夫婦有別, 장유유서長幼有序, 붕우유신朋友有信으로 설명하면서 후학들로 하여금 오륜五倫으로 자리매김하게 한다. 설은 상商을 봉토로 받았는데, 후일 그 후손들이 상(은)나라를 건국했다.

다음으로 후직은 농업을 관장했으며, 백이는 제사를 관장했다. 익혹은 백익은 산과 들의 조수鳥獸를 관장했고 기는 음악을 맡았다. 이 중 후직[29]은 태邰를 봉토로 받았는데 그 후손들이 주나라를 건국한다. 후직과 관련된 문화재가 우리나라에 있다. 서울 동대문구 제기2동에 가면 선농단先農壇이 있는데, 선농단은 농사짓는 법을 인간에게 가르쳤다고 일컬어지는 고대 중국의 제왕인 '신농'과 바로 '후직'을 모시고 제사를 지내던 곳이다. 지금은 사방 4미터의 돌단만이 그 자리에 남아 있다.

---

28. 『書經』, 大禹謨11, "明于五刑, 以弼五教. 期于予治, 刑期于無刑."
29. 본래 후직은 농업을 관장하는 관직의 명칭이고 그 관직을 맡았던 인물의 이름은 '기(棄)'였으나, 당시 '기'라는 이름보다 후직을 사람들이 통칭하여 사용함으로써 이름을 대체하게 된 것이다.

[그림 1] 서울 선농단

선농의 기원은 신라시대까지 올라간다. 고려시대에 이어 조선시대에도 태조 이래 역대 임금들은 이곳에서 풍년이 들기를 기원하며 선농제를 올렸고, 제사가 끝나면 왕이 직접 밭을 갈아 농사의 소중함을 알렸다. 선농제 행사 때 모여든 많은 사람들에게 쇠뼈를 고아낸 국물에 밥을 말아 대접한 것이 오늘날의 설렁탕이라고 한다. 선농탕이 설렁탕으로 음音이 변한 것이다.

순임금의 악무는 '소韶'라고 한다. 훗날 공자가 제나라에 있을 때 '소'에 심취하여 3개월간을 고기 맛을 몰랐다는 일종의 종교음악이다.

순은 3년마다 그들의 공과에 대해 평가하니 모두들 공정하고 사심없이 열심히 정사를 보게 되었으며, 백성은 명령을 거역하는 사람이 없었으므로 천하가 태평성대였다. 또 순은 궁궐 앞에 나무를 세워 백성으로 하여금 그릇된 정치를 지적하거나 고충을 글로 적을 수 있도록 했다. 그 목적은 여론을 잘 수렴하여 올바른 정치를 폄으로써 백성의 삶을 편안하게 하려는 것이었다.

요순시대는 농경사회이기 때문에 물을 관리하는 치수治水가 국가의 중요한 사업이 되었다. 그렇기 때문에 큰 공을 세운 순의 신하들 중에서도 치수와 토목사업을 맡은 우의 공로가 단연 돋보였다. 더구나 우는 덕성 면에서도 모자람이 없었다. 물론 순에게는 상균이라는 아들이 있었지만 이렇다 할 공적이나 덕성이 없었던 것 같다. 순은 요가 아들인 단주가 있었음에도 자신에게 섭정을 하게 한 것을 거울삼아 불초한 아들 상균이 아닌 우를 후계자로 지목하게 된다. 이때가 순이 임금의 자리에 오른 지 33년이 되던 때였다. 이후 순은 재위 39년에 남쪽을 순수巡狩임금이 나라 안을 두루 살피며 돌아다님하던 도중 사망했는데, 이때 그의 나이 대략 100세 전후일 것으로 추정된다.[30]

벽화 속의 순

한漢나라 시대 벽화에 등장하는 순에 관한 명문銘文이다.

帝舜名重華耕於歷山外養三年

순임금은 이름이 중화이고 역산에서 농사지었다. 바깥일로 삼년간 부양했다.

성씨의 유래

성씨姓氏는 오늘날 혈족血族 관계를 나타내기 위해 이름 앞에 붙이는 것으로, '성姓'은 혈족血族을 나타내며, '씨氏'는 그 '성'의 계통을 표시하는 말이다. 오늘날에는 '성'과 '씨'의 구분이 없어져 성씨가 '성'을 나타

30. 『사기』의 기록에 근거한 것이다.

내는 말로 쓰인다. 하지만 초기 발생 단계에서 '성'과 '씨'는 엄격히 구분된 개념이었다. '성姓'은 여자女가 낳은生 자녀들이라는 글자의 의미처럼 모계 씨족사회에서 동일한 모계母系 혈족을 구분하기 위해 나타났다. 요와 순의 조상은 공통적으로 황제헌원이고, 헌원의 '성'은 공손公孫이며 그 후에 희姬라는 '성'을 갖고 있었다. 그런데 요의 '성'은 앞의 단원에서 살펴본 바와 같이 이기伊耆이고, 순의 '성'은 요姚이다. 요와 순은 헌원을 공통의 조상을 하고 있지만 서로 '성'이 다르다. 황제헌원을 공통의 조상으로 하면서도 요와 순이 서로 다른 '성'을 갖게 된 이유는 각각 자신들의 어머니 계통에서 '성'을 따온 것이기 때문이다. 즉, 황제헌원은 어머니가 살던 희수姬水에서 자란 까닭에 희姬가 '성'이 되었고, 요의 '성'이 이기伊耆인 것은 요가 어린 시절 어머니와 함께 살던 이伊와 기耆라는 지역에서 '성'을 따온 것이다. 한편 순의 '성'이 요姚인 것은 순의 어머니가 요허姚虛에 있었으므로 '성'을 요姚로 한 것이다. 헌원이나 요와 순이 어머니가 살던 지역을 '성'으로 삼은 것은 각기 그들 지역에서 어머니의 혈족이 형성되었음을 의미한다. 순의 뒤를 이어 제위에 오른 우禹도 요와 순처럼 황제헌원을 같은 조상으로 하고 있지만 '성'은 사姒이다. 아쉽게도 그 '성'의 내력에 대해서는 전해지는 정설이 없다.[31] 사회 문화적으로 요임금 이후는 이미 부계 씨족사회 후기로 진입한 단계이다. 그렇지만 '성'은 아직도 모계 씨족사회의 형식을 따르고 있었기 때문에 공통의 조상인 황제헌원의 희姬가 아닌 서로 다른 '성'을 갖고 있었다. 후에 '성'은 부계사회父系社會로 바뀌면서 부계혈통을 나타내는 것으로 쓰이게 되었으며, 종족에 따라서는 자신들의 거주지나 숭배물 등을 '성'으로 삼기도 했다.

사회가 발달하면서 종족의 인구가 늘고 거주 지역이 확산되자, 하나

31. 일설에는 우(禹)임금은 "어머니가 율무(薏苡)를 삼키고 낳은 까닭에 성을 사(姒)라고 했다"라고 하고 있다.

의 '성'에서 갈라진 지파支派는 새로운 거주지나 조상의 이름, 관직 등을 따서 자신들을 구별할 새로운 칭호를 사용하기 시작했다. 이처럼 하나의 '성'에서 갈라진 계통의 구별을 나타내는 칭호를 '씨'라고 한다. 앞에서 요임금과 순임금은 각기 자신들의 어머니와 관련된 '성'이 있었지만 각자 자기들이 살던 지역과 관련하여 '씨'를 삼게 된다. 즉, 요의 '씨'는 도당씨陶唐氏인데, 이것은 요가 처음 다스리던 곳이 도陶라는 땅이고 뒤에 봉토로 받은 땅이 당唐이어서 그렇게 만들어졌다. 순의 '씨'가 유우씨有虞氏인 것은 순이 유우라는 부락을 통치했기 때문이다. 순의 뒤를 이은 우의 '씨'는 하후씨인데 이것은 우가 건국한 나라 이름인 하후夏后를 우의 '씨'로 삼은 것이다.

이러한 '성'과 '씨'의 구별은 하夏, 상商, 주周 3대三代와 춘추시대기원전 770~기원전 403에 이르기까지 뚜렷하게 나타났다.

그러다가 전국시대기원전 403~기원전 221에 이르러 종법宗法 제도가 무너지면서 성씨姓氏 제도에도 근본적인 변화가 나타났다. 종족의 유대와 연결 관계가 약해지면서 '씨'가 '성'처럼 변화하기 시작했으며, 전국시대 이후에는 평민의 지위가 상승해 그들도 '성'을 지니기 시작했다. 결국 진秦, 한漢 시대 이후에는 '성'과 '씨'의 구별이 점차 사라져 하나의 의미로 쓰이게 되었다. 성씨에서 파생된 말로 우리가 흔히 쓰는 백성이 있다. 백성百姓이란 표현은 곧 백 가지 성姓을 포괄하므로 모든 민중을 통칭하는 개념으로 쓰이게 되었다.

우리나라에서는 중국의 '성씨姓氏' 대신 '성(혹은 성씨)'과 '본本'이 사용되었다. '성'은 앞에서 살펴본 바와 같이 모계사회에서는 모계혈통을 의미하다가 부계사회로 바뀌면서 부계혈통을 지칭하는 것이 되었다. 우리나라는 중국에서 건너온 '성'이 많고, 고려시대 이후부터 새로이 생겨나기도 했다. '본'은 달리 '본관'으로도 불리는데, 그 시조의 고향이나 거주지를 말한다.

대동사회의 모습

요순으로 대표되는 삼황오제의 시대는 왕조가 출현하지 않은 씨족 공동체, 혹은 부족연맹체 사회이다. 삼황오제가 역사적으로 실존하였던 인물인가에 대해서는 고증이 없기 때문에 논란이 있다. 비록 그 실존성 여부는 문제가 있지만 유가에서는 이상적 정치체제를 요순시대로 보고 있다. 문헌에 기록된 삼황오제, 특히 요순시대의 사회 모습은 일반적으로 다음과 같다.

정치 지도자들은 요와 순의 정치에서 보여주는 바와 같이 부족의 수장이 되었다고 하여 특별한 개인적 이익도 없었으며, 오히려 백성을 위해 밤낮으로 노심초사하며 봉사하는 자리였다. 또 부족의 수장이 되기 위해 치열한 쟁탈전을 벌이는 것이 아니라 모두에 의해 추천된 사람에게 수장의 자리가 돌아가는 사회였다. 이러한 사회를 『예기禮記』에서는 대동사회로 묘사하고 있다. 본래 『예기』는 공자와 그 후학들에 의해 지어졌다고 전해지는데, 시대가 변천하면서 여러 사람의 손에 의해 원문에 가감이 이루어졌다. 『예기』에는 공자가 당시의 세상을 한탄하며 과거의 정치를 회상하는 다음과 같은 표현이 있다.

> "옛날에 큰 도道가 행해진 일과 하夏·은殷·주周 삼대三代의 영명한 일을 내가 보지는 못했지만 그 행한 일에 대한 기록이 있다. 큰 도가 행해지자 천하가 공정했다天下爲公. 현명하고 유능한 인물을 선택했고 성실함을 강습하고 화목함을 수행했다. 그러므로 사람들은 홀로 자기의 어버이만을 친애하지 않았으며 홀로 자기의 아들만을 사랑하지 않았다. 노인들로 하여금 그 생을 편안히 마칠 수 있게 하고, 장년으로 하여금 쓰일 곳이 있게 하며, 어린이로 하여금 의지하여 성장할 곳이 있게 하고, 홀아비·과부·고아·홀로 사는 사람·병든 사람이 부

양을 받을 수 있게 하며, 남자는 직분이 있고 여자는 돌아갈 집이 있었다. 재화라는 것은 헛되게 땅에 버려지는 것을 미워하지만 반드시 자기에게만 감추어두지 않았으며, 힘이란 것은 사람의 몸에서 나오지 않아서는 안 되는 것이지만 반드시 자기 자신을 위해서만 힘쓰지는 않았다. 그런 까닭에 간사한 꾀는 폐색되어 일어나지 않았으며, 절도나 난적이 일어나지 않았다. 그래서 바깥문을 열어둔 채 닫지 않았으니 이것을 대동大同의 세상이라고 하는 것이다."[32]

공자는 큰 도가 행해진 시대와 하·은·주 삼대를 일단 구별하여 우가 세운 하나라 이전, 즉 삼황오제의 시대를 큰 도가 행해지는 대동사회라고 표현하고 있다. 이런 대동사회에서는 벼슬에 나아가는 것이 세습이나 특혜가 아닌 능력과 덕을 존중하여 선발하는 사회였다. 사회 구성원들은 자기의 가족 중심주의에서 벗어나 다른 부모와 자식들을 자기 가족처럼 대하고, 장년에게는 일자리를 제공하고 홀아비·과부·고아 등의 사회적 약자에게는 부양을 받을 수 있게 하는 사회이며, 혈족은 구분하되 재산이 자기의 이익만을 위해 사용되지 않는 이른바 씨족공동체 사회이다. 그렇기 때문에 이런 대동사회에서는 간사한 꾀가 용납되지 않고 절도나 난적亂賊세상을 어지럽게 하는 악인도 일어나지 않게 된다. 사실 사료에 나오는 삼황오제에 관한 기록은 신화적 내용이 얽혀 있어 당시 사회에 대한 체계적 이해가 어렵게 되어 있다. 그런데 『예기』의 대동사회에 관한 언급은 비록 실제의 모습을 그린 것으로 믿기는 어렵지만 삼황오제의 시대를 본보기로 설정하여 공자를 비롯한 유가들이 지향하는 사회의 모습을 보여준다는 맥락에서 그 의의가 있

32. 『禮記』, 禮運第九, "大道之行也, 與三代之英丘未之逮也, 而有志焉. 大道之行也, 天下爲公, 選賢與能, 講信, 修睦. 故人不獨親其親, 不獨子其子, 使老有所終, 壯有所用, 幼有所長, 矜寡孤獨廢疾者皆有所養. 男有分, 女有歸. 貨惡其棄於地也不必藏於己, 力惡其不出於身也, 不必爲己. 是故謀閉而不興, 盜竊亂賊而不作, 故外戶而不閉, 是謂大同."

다고 할 것이다.

대동의 세상을 한 단어로 요약하면 '천하위공天下爲公'일 것이다. 이 말은 '천하는 여러 사람의 것'이라는 의미도 된다. 대동사회는 직책이 있지만 신분적 계급은 존재하지 않는다. 또한 고을이나 나라가 군주의 소유물이 아니고, 재물도 나를 위해서만 사용되지 않으므로 천하위공이 진실로 구현된 사회이다. 천하위공의 이념은 혁명정신으로 승화되기도 했다.

1589년 조선 선조 때 기축옥사己丑獄事기축년에 일어난 큰 사건가 있었다. 기축옥사의 장본인은 정여립鄭汝立1546~1589이다. 당시 조선은 선비들이 동인東人과 서인西人으로 갈라져 붕당정치가 극심했다. 정여립은 전주 출신으로 24세의 나이에 문과에 급제하더니 이윽고 홍문관 수찬정5품에 올랐다. 정여립은 당시 이이李珥와 성혼成渾의 총애를 받는 서인西人의 젊은 인재였지만, 어느 날 이이가 지나치게 서인만을 옹호한다고 비판하며 동인으로 돌아섰다. 이때부터 그는 배신자라는 낙인이 찍혔다. 서인의 미움을 사게 된 정여립은 관직을 버리고 고향인 전주로 낙향했다. 그는 낙향한 몸이었는데도 동인들 사이에서 명망이 높았다. 그가 벼슬길을 그만두고 낙향하자, 주변 사람들이 그에 관한 소식을 듣고 구름처럼 모여들었고, 심지어 감사와 수령들까지 찾아와 인사를 드렸다는 기록도 있다. 이후 그는 진안 죽도에 서실書室을 짓고 대동계大同契를 조직했다. 당시 대동계에서 공유된 생각이 '천하는 공공의 물건天下公物'이며 '누구를 섬긴들 임금이 아니랴何事非君' 등이었다.

정여립은 매월 15일이면 한곳에 모여 활쏘기 대회를 열어 술과 음식을 나누어 먹이는 것을 즐거움으로 삼았다. 대동계는 신분에 제약을 두지 않고 가입을 허용했다. 대동계원에게 개혁사상과 애국심을 강론했고, 말타기, 활쏘기, 칼 쓰기 등의 무력도 연마시켰다. 1587년에 녹도에 왜적 18척이 들어와 행패를 부리자 당시 전주 부윤으로 있던 서인 남언경이 그에게 도움을 청했다. 그는 대동계원을 이끌고 녹도와 손죽도損竹島에 침범한 왜구를 물리쳤다. 그 뒤 정여립은 문과 무를 겸비한 선비로 명성을 떨치게 되었다. 대동계의 조직은 더욱 확대되어 황해도까지 진출했다.

그런데 황해도 관찰사 한준이 선조에게 정여립이 역모를 꾀하고 있다고 모함한다. 조정에서는 그 내용의 진위도 확인하지 않고 의금부 도사들을 전라도와 황해도로 내몰았다. 결국 정여립은 관군이 공격해오자 자결했다. 조정에서는 서인 정철鄭澈[33]의 주도로 옥사가 점차 확대되었고, 더구나 선조가 모반의 연루자들을 일러바치면 후한 포상을 내리겠다는 분부를 내리자 조금이라도 빌미가 있는 사람들은 잡혀들어갔다. 이때 정여립의 가족과 좌의정 정언신, 부제학 이발 등 저명한 사대부들이 처형되었는데, 그 숫자가 1,000여 명에 이르렀다. 정여립이 과연 역모를 꾀했는가는 아직도 의문이 많다. 당시 정여립의 대동계는 비밀결사 조직이 아니라 공개적인 조직이었기 때문에 더욱 그러하다.

여하튼 정여립이 제창한 '천하공물天下公物', 즉 천하는 공공의 것이란 생각은 결국 공자가 대동사회에서 표방한 천하위공과 같은 개념이다. '누구를 섬긴들 임금이 아니랴何事非君'는 『맹자』에 나오는 표현인데, 혈통에 따른 군주 세습을 비판하는 내용이다. 이것 역시 요임금과 순임금처럼 세습이 아닌 선양을 모범으로 한 대동사회의 왕위계승과 같은 맥락이다. 정여립은 공자의 대동사회를 조선에 구현하기를 소망한 혁신적 사상가였다.

1911년 신해혁명으로 청왕조를 무너뜨리고 중화민국이라는 공화국

---

33. 호는 송강(松江)이다. 1589년 정여립의 모반사건이 일어나자 우의정으로서 옥사를 다스렸다. 강직하고 청렴하나 융통성이 적고 안하무인 격으로 행동하는 성품 탓에 동인으로부터 간신이라는 평까지 들었다. 정치가로서의 삶을 사는 동안 예술가로서의 재질을 발휘하여 「사미인곡」을 비롯한 시조 100여 수를 남겼다.

을 건설한 쑨원孫文1866~1925은 자신이 추구하는 새로운 사회의 모습을 즐겨 '천하위공天下爲公'이라는 네 글자로 표현했다. 천하위공! 천하는 황제 개인의 것이 아닌 백성의 것이라는 의미이다. 쑨원은 공화정을 주창한 인물이다. '공화정'은 주권이 한 사람의 의사에 따라 행사되지 않고 여러 사람의 합의에 의해 행사되는 정치체제이다. 대동사회의 모습인 '천하위공'을 신념화한 것으로 보아 쑨원은 '천하위공'과 '공화정'을 본질상 맥락을 같이하는 것으로 생각했던 것 같다. 중국 남경의 동쪽 교외의 종산鍾山에 쑨원의 유해가 있는 중산릉中山陵이 있다. 이 중산릉의 입구에는 쑨원이 생전에 쓴 휘호인 '天下爲公'이 걸려 있다.

후진後晋 고조 때 유구 등이 임금의 명령을 받들어 편찬한 『구당서舊唐書』에는 "요임금은 북을 두드려 간언하도록 했고, 순임금은 나무를 세워 경계할 말을 구했다堯鼓納諫, 舜木求箴"라는 내용이 있다. 여기서 비롯된 고사성어가 '요고순목堯鼓舜木'이다. 요고순목이란 글자 그대로 요임금의 북과 순임금의 나무라는 뜻이다. 요임금은 자신이 독단적인 정치를 할 것을 염려하여 조정에다 '감간고敢諫鼓'란 북을 걸어두고 어느 누구든지 간언할 수 있게 하여 늘 스스로를 경계했다. 그리고 순임금

[그림 2] 중산릉 입구

은 마루를 세워서 여기에 경계하는 말을 쓰도록 했다. 요순시대란 말이 오늘날에도 태평성대를 비유하는 말로 사용될 정도로, 요임금과 순임금은 백성의 고충에 귀를 기울였고 선정을 베풀었다.

3절
소강사회의 개막

소강사회의 모습

소강小康이란 표현은 『예기』「예운」편에 보인다. 소강사회의 모습은 어떠한가? 대동사회에서 그려진 사람과 정치의 모습은 현실적으로 존재하기 어려운 사회일 수가 있다. 그러나 소강사회는 현실을 반영한 사회이고, 그러한 사회에서 지향할 수 있는 달성 가능한 가장 이상적 사회를 말한다. 다음은 소강사회에 대한 공자의 설명이다. 문장에 표시된 번호는 해설의 편의를 위해 붙인 것이다.

"① 지금 시대엔 큰 도가 없어지고 사람들은 천하를 자신의 집안 소유물로 삼았다. 그래서 각기 그 어버이만을 어버이로 여기고, 각기 그 자식만을 자식으로 여기며, 재물과 힘을 자기를 위하여 감추고 사용한다. 천자와 제후 같은 대인大人은 세습世襲하는 것을 예禮로 하며, 성곽을 짓고 성곽 주위의 도랑을 파 스스로를 굳게 지킨다. ② 예의를 기강紀綱으로 삼아 군주와 신하의 분수를 바로잡으며, 아버지와 아들의 사이를 돈독하게 하며, 형제간 화목하게 하며, 남편과 아내의 사이를 화합하게 했다. ③ 제도制度를 만들며, 농경지와 주택을 세우며, 용맹함과 지혜로움을 존중하며, 자기를 위하여 공을 세운다. 그러므로 간사한 꾀가 여기서 생겨나 쓰이고 전쟁도 이것으로 말미암아 일어나게 된다. ④ 우왕禹王·탕왕湯王·문왕文王·무왕武王·성왕成王·주공周公은 이 예도禮道를 써서 뛰어난 업적을 이루었다. 이 6명의 왕은 예를 삼가지 않은 이가 없었다. 예로써 의義를 드러냈으며, 신信을 고려했고, 허물 있는 것을 드러내 밝히고, 인仁을 법칙으로 하며, 겸양謙讓의 도를 강설講說하여 백성에게 떳떳함이 있는 것을 보여 주었다. 만약 이 법에 따르지 않는 자가 있으면 권세 있는 사람이라도 배척당하여 백성으로부터 재앙으로 여겨졌다. 이런 세상을 소강小康이라 부른다."[34]

『예기』에 나타난 소강사회에 대한 서술은 논리가 서로 얽혀 있어서 다소 혼동을 줄 수가 있다. 이것은 아마도 시대가 흐르면서 편집상 착오가 있었거나 유실된 부분이 있었던 것으로 보인다. 즉 ①과 ②, ③과 ④는 서로 논리상 부합하지 않는데, 이것은 ①과 ③, ②와 ④로 서로 연결시켜야 어울린다. 그리고 그 사이에 일부 내용도 유실된 것 같다.

삼황오제가 다스렸던 대동사회에서는 큰 도가 행해져서 천하가 공적公的인 것이어서 세습되는 것이 아니라 선양되었다. 하지만 소강사회에서는 천자·제후들이 천하를 사적인 집처럼 여겨 덕과 능력 있는 자에게 선양하지 않고 대대로 자식에게 물려준다. 또한 자신의 부모, 자식만을 친애하며 내 재산을 챙기는 사회이다. 그러다 보니 나쁜 꾀가 여기서부터 나와 무기를 만들어 서로 빼앗고, 그것을 막기 위해 군사

---

34. 『禮記』, 禮運第九, "今大道既隱, 天下爲家, 各親其親, 各子其子, 貨力爲己, 大人世及以爲禮, 城郭溝池以爲固. 禮義以爲紀, 以正君臣, 以篤父子, 以睦兄弟, 以和夫婦, 以設制度, 以立田里, 以賢勇知, 以功爲己. 故謀用是作而兵由此起, 禹湯文武成王周公由此其選也. 此六君子者未有不謹於禮者也. 以著其義, 以考其信, 著有過, 刑仁, 講讓, 示民有常. 如有不由此者, 在勢者去, 衆以爲殃. 是謂小康."

가 필요하게 되며 이로 인해 싸움은 날로 심해지고 사회는 더욱 어지러워진다. 이러한 때에 우禹·탕湯·문文·무武·성왕成王·주공周公 등이 등장하여 인仁·예禮·의義·신信·양讓의 다섯 가지 덕목으로 백성을 규제하고 다스렸다. 이것이 소강사회의 모습이다. 간략히 말하면 대동사회가 세속적으로 전락해 어지러워지자 세상에 6명의 성왕聖王이 등장하여 덕치가 구현된 사회를 지향하는 것이 소강사회이다.

소강사회와 대동사회는 오늘날 중국이 추구하고자 하는 단계적 국가 비전vision이기도 하다. 중국의 등소평은 중국 경제에 시장경제를 도입하면서 '삼보주三步走'를 제시했다. '삼보주'란 한 걸음, 한 걸음 단계적으로 경제를 발전시키자는 정책이다. 제1보는 1981년부터 1990년까지 국민생산액을 2배로 증가시켜 '온포溫飽따뜻하게 입고 배부르게 먹음' 문제를 해결하는 것이고, 제2보는 1991년부터 20세기 말까지 일인당 국민생산액을 다시 2배로 증가시켜, 인민의 생활수준을 소강사회 수준으로 끌어올리겠다는 것이고, 제3보는 21세기 중기까지 국민총생산액을 중진국 수준으로 이끌어내고, 부유한 생활을 향유하는 기본 현대화를 실현한다는 것이다. 그리고 2013년에 취임한 시진핑 국가 주석은 '위대한 중화민족의 부흥'이라는 기치 아래 공산당 창당 100주년이 되는 2021년까지는 전면적인 '소강사회'에 진입할 것을 목표로 하고 있으며, 중화인민공화국 정부수립 100년이 되는 2050년까지는 모두가 잘사는 대동사회 건설을 목표로 하고 있다. 이와 같이 공자가 제시한 대동사회와 소강사회는 오늘날 중국에서 각각 '모두가 잘사는 사회'와 '부유한 중간 단계의 수준'으로 재인식되면서 중국의 국가 발전 모델로 자리매김했다.

앞서 말한 바와 같이 당나라 시대 한유韓愈768~824는 유학의 법통이 요 → 순 → 우 → 탕 → 문왕 → 무왕 → 주공 → 공자 → 맹자로 이어진다고 주장했다. 요와 순은 대동사회의 인물이다. 따라서 다음 단원에서는 한유가 설정한 유학의 법통에 따라 소강사회로의 진입에 해당하는 우부터 시작하여 주공에 이르기까지 유가사상의 형성에 관련된 사례와 일화를 살펴본다.

하를 건국한 우

공자가 말한 소강사회에서 첫 번째로 등장하는 지도자가 우禹이다. 우도 역시 고고학적으로 존재가 입증되지 않은 중국 고대의 전설적인 임금의 하나이다. 『사기』에 따르면 우의 조상 계보는 황제헌원-창의헌원의 둘째 아들-전욱창의의 아들-곤전욱의 아들-우이다. 따라서 우는 황제헌원의 현손자가 된다. 순임금과 우는 황제헌원-창의-전욱을 공통 조상으로 하고 전욱의 아들 대에서 갈라진 것이 된다. 우禹의 성姓은 사姒이고 씨氏는 하후夏后이며 이름은 문명文命이다. 문명이란 이름 대신에 우란 호칭으로 널리 알려져 있다.

우의 아버지 곤鯀은 요임금 때 9년 동안 애를 썼지만 황하를 다스리지 못했고, 오히려 수해가 더 커지기만 했다. 곤은 제방을 쌓아 홍수를 막는 방법만 알았지 물길을 터서 큰물을 소통시키는 방법을 몰랐다. 그다음 후계자인 순임금은 물을 다스리지 못한 책임을 물어 곤을 죽이고 그의 아들인 우를 물과 흙을 다스리는 책임을 맡는 사공司空에 임명했다. 우는 황하를 비롯한 하천과 땅을 다스리는 8년 동안[35] 세 번이나 자신의 집 앞을 지나갔지만 한 번도 집에 들르지 않았다. 우는 공무를 수행하면서 옷과 식사를 보잘것없는 것으로 했으며 궁실 꾸미는 비용을 줄였다. 그는 왼손에는 수준기수평을 재는 기구와 먹줄을 들고 오른손에는 그림쇠지름이나 선의 거리를 재는 도구와 곱자'ㄱ' 자 모양의 직각자를 들고 다니며

35. 『사기』에는 13년으로 기록되어 있다. 여기서는 『맹자』의 내용에 따른 것이다.

아홉 개의 주州를 개통하고 아홉 개의 길을 뚫었으며, 제방을 쌓아 아홉 개의 저수지를 만들고, 아홉 개의 산을 건널 수 있게 했다. 그는 동료 익과 함께 백성에게 곡식과 물고기를 나누어주었으며, 아홉 개의 하천을 뚫어 바다로 흐르게 하고, 도랑의 물길을 뚫어 하천으로 흐르게 했다. 우의 이러한 노력으로 홍수는 바다로 소통되었으며 백성의 생활은 안정되었다. 순임금도 연로해지자 요임금과 마찬가지로 수령 자리를 계승할 사람을 물색했는데, 물을 다스리는 데 공이 컸던 우를 하늘에 추천하여 후계자로 정했다. 당시 순이 우를 후계자로 지목하면서 우에게 다음과 같은 말을 남긴다.

"인심은 오직 위태하고 도심은 오직 미묘하고, 오직 순수하고, 오직 한결같다. 진실로 그 중심을 잡아라."[36]

순이 우에게 남긴 이 유훈에서 인심, 도심이 언급된다. 여기서 말하는 인심과 도심에 대해 송나라 이후 중국과 한국의 성리학자들 사이에 그 의미와 관계에 대해 많은 논쟁이 발생했다. 학자들 간의 주장을 정리하면 인심은 우리 신체의 욕구에서 비롯되는 마음을 말하며, 도심이란 본래 타고난 올바른 마음 혹은 천리天理에서 비롯된 마음을 말한다. 순은 우에게 도심에 근거하여 올바른 것을 잡도록 부탁하고 있다.

우가 후계자로 지목된 후 17년이 지나자 순임금이 세상을 떠났다. 그러자 우는 순임금의 삼년상을 마치고 임금의 자리를 순의 아들 상균商均에게 양보하고는 양성陽城으로 은거했다. 그러나 천하 모든 제후들이 상균을 떠나 우에게 와서 조회를 하며, 천하의 백성이 우를 따르며 상균을 임금으로 인정하지 않았다. 결국 우는 천자의 자리에 오르

36. 『서경』, 大禹謨第三, "人心惟危, 道心惟微惟精惟一, 允執厥中."

게 되고, 나라의 이름을 하夏[37]로 지었다.

우의 사람됨은 어떠했을까? 우는 평소 사람됨이 영민하고 부지런했다. 어진 덕이 있어서 사람들과 친밀하게 지냈고 그 말에는 믿음이 있었다. 목소리는 음률을 타는 듯했고, 행동에는 법도가 있어서 상황에 적절한 처신을 했다. 죄지은 사람을 보면 자신이 덕이 부족하여 백성이 그리된 것이라고 여겨 자신을 꾸짖었다. 더구나 우는 사람들에게 선한 말을 들으면 절을 했다.

우의 정치는 덕치를 근본으로 했다. 우는 제후들에게 토지와 성씨를 하사하면서 천자의 덕치를 우선적으로 베풀 것을 당부했다. 그리하여 우의 하나라는 크게 번성하기 시작했고, 중국 안에서는 물론 밖에서까지도 조공을 바치게 되었다. 그는 한 번 식사를 하는 동안에도 열 번이나 일어나서 백성의 어려움을 풀어주려고 했다. 『제감도설』[38]에는 이런 일화도 전해진다. 우임금 때에 의적儀狄이란 자가 술을 잘 빚었는데, 그는 우에게 이 술을 진상했다. 우는 그 술을 마시고는 매우 훌륭한 맛이라 여겼다. 그러나 우는 이렇게 말했다.

> "후세 사람으로서 틀림없이 이러한 술에 방종하다가 나라를 망치는 지경에 이를 자가 있게 될 것이다."[39]

이에 의적을 멀리하고 다시는 술을 바치는 일로 자신을 찾아오지 못하도록 했다. 여기서 나온 말이 계주방미戒酒防微이다. '계주방미'란 술을 경계하고 미세한 조짐을 미리 방비한다는 뜻이다. 우는 술을 먹어보고는 자칫 술로 인해 몸에 질병이 생기거나 정사를 그르칠 수 있다

---

37. 우가 세운 나라 이름이 『서경』에는 하(夏), 『사기』에는 하후(夏后)라고 기록되어 있다.
38. 『제감도설(帝鑑圖說)』은 명나라 때 장거정(張居正, 1525~1582)이 당시 황태자였던 제13대 황제 신종 주익균을 가르치기 위해 역대 중국 황제들의 언행을 예화로 모은 교재이다.
39. 『帝鑑圖說』, 戒酒防微, "後世必有以酒亡國者."

는 것을 통찰하고 술의 유혹에 빠져 잘못된 길로 가지 않도록 스스로 경계한 것이다.

우는 지리와 행정체계를 정비했는데, 이른바 구주九州아홉 개의 주와 오복五服의 설치이다. 구주를 개척하면서 구주에서 가져온 쇠붙이로 평화를 상징하는 구정九鼎아홉 개의 솥을 만들게 했다. 이것은 천하의 평화를 위해 상제上帝하늘의 신와 귀신을 위로한다는 의미가 들어 있다.

오복이란 순이 재위하고 있을 때에도 존재했던 행정체계를 말하는데, 왕궁을 중심으로 각 오백 리씩 다섯 등급으로 땅을 나누어 과세 및 통치 그리고 군대의 운용을 달리한 것이다. 이 오복을 보완하고 완성한 것도 역시 우였다. 우는 조세제도도 정비했다. 그는 여러 종류의 토지를 세 등급으로 분류하여 적정하게 세금을 매겼으며, 여타 세금을 징수할 때는 법률에 의거하여 신중하게 했다.

우는 임금에 등극하면서 고요를 천거하여 정치를 맡겼다. 그러나 고요는 얼마 안 가서 세상을 뜨고 말았다. 우는 이번에는 익을 천거하여 정치를 위임했다. 익은 우와 마찬가지로 요임금의 신하였다가 순이 임금이 되자 산과 들의 조수鳥獸를 관장하는 벼슬에 있던 인물이다.

우가 익을 천거하여 정치를 맡긴 지 7년 후에 우는 세상을 뜬다. 우는 세상을 뜨기 전에 유훈遺訓으로 다음과 같은 말을 남긴다.

> "백성을 가까이해야 하며 밑으로 여겨서는 아니 된다. 백성은 나라의 근본이다. 근본이 굳건해야 나라가 평안하다."[40]

백성이 나라의 근본이란 말은 바로 민본주의를 지칭하는 것이다. 우가 유훈으로 민본주의를 천명한 이후 민본주의는 통치자들이 지향해

---

40. 『書經』, 五子之歌, "民可近不可下. 民惟邦本, 本固邦寧."

그림 속의 우

송대宋代 마린馬麟이 그린 우임금의 초상화이다. 그림 속 글자는 이러하다.

克勤于邦烝民乃粒
歷數在躬厥中允執
惡酒好言九功由立
不伐不矜振古莫及

나랏일에 열심히 하니, 여러 백성이 쌀밥 먹게 되었네.
(하늘의) 역수曆數천체와 사계절 순환가 (우임금) 몸에 있으니, 진실로 그 중도를 잡은 것이구나!
술을 싫어하고 착한 말을 좋아하니, 구주九州중국의 공이 이로 말미암아 세워졌네.
공적을 자랑하지 않고 자만하지 않으니, 그 공명이 옛날에 떨쳤지만 지금 미치는 이가 없도다!

야 할 정치체제이며, 통치자의 권력이 창출되는 근거가 되는 동양의 핵심 정치사상이 되기에 이른다.

우가 승하할 때 우임금에게는 계啓라는 아들이 있었다. 익은 비록 우임금으로부터 천거를 받은 상태이지만 계로 인해 마음이 편치 않았다. 마치 전에 우와 순임금의 아들 상균商均이 처했던 상황과 똑같은 사태가 온 것이다. 마침내 익은 우의 삼년상을 마친 후 우의 아들 계啓를 피해 기산箕山이란 지역의 후미진 곳에 은거하게 된다. 그러나 결과는 순임금 때와는 사뭇 달랐다. 순이 세상을 떠날 때에는 천하의 제후와 백성이 양성陽城에 은거한 우에게 갔지만 이번에는 익에게 가지 않고 "우리 임금의 아들이로다!"를 외치며 우의 아들 계에게 몰려갔다. 결국 임금의 자리는 계에게 돌아가고 말았다.

계의 품성에 관해서는 전해 내려오는 기록이 거의 없다. 다만 여러 신하와 백성이 오랫동안 조정에 몸담아온 익을 거부하고 계를 옹립한 것으로 보면 나름대로 임금의 자질은 갖춘 것으로 추정된다. 이때부터 요-순-우로 이어지던 선양의 전통은 사라지고 자손이 그 임금의 자리를 이어받는 세습의 전통이 생겨났다.

계는 즉위하면서 하나라에게 복종하지 않는 유호씨有扈氏를 정벌하기 위해 감甘이라는 지역에서 신하들을 모아놓고 유호씨 정벌에 대한 당위성을 천하에 고했다. 역사에서는 이것을 감甘에서 맹세했다고 하여 '감서甘誓'라고 지칭한다. 이 감서의 내용은 유호씨가 위세를 믿고 하늘의 질서를 어지럽혔다는 내용인데, 그 말미에 이런 표현이 있다. "명을 받드는 자에게는 종묘宗廟[41]에서 상을 주고 명을 따르지 않는 자는 사직[42]에서 목을 베고 처와 자손까지 죽일 것이다"[43]라고 했다. 순임금은 죄가 자손까지 미치지 않게 하는 것을 법의 원칙으로 했는데, 우임금의 아들 계는 그러지 않았다. 무릇 그릇의 차이가 이러했다.

하의 마지막 왕, 걸(桀)

하의 마지막 왕 걸은 중국 역사상 유명한 폭군 중 한 사람으로 기록되어 있다.[44] 걸왕은 힘이 장사였고 백성을 이유 없이 괴롭혔으며 주변의 작은 나라들을 약탈했다. 아첨하는 신하들을 중용하고 충신은 배척했다. 그는 즉위한 지 33년째 되던 해에 병력을 동원하여 유시씨有施氏를 정벌했다. 유시씨는 화의를 청하는 뜻에서 그에게 말희末嬉 혹은 妹喜

41. 왕가(王家)의 신위(神位)를 봉안한 사당.
42. 사직(社稷)은 토지의 신(神)과 오곡(五穀)의 신(神)을 말하며, 국가 자체를 의미하기도 한다.
43. 『서경』, 甘誓, "命 賞于祖, 不用命 戮于社, 予則孥戮汝."
44. 걸의 이름은 계(癸) 또는 이계(履癸)라고 한다. 걸왕에 대한 기록은 『史記』, 『帝王世紀』, 『十八史略』 등에 보인다.

라는 미녀를 바쳤다. 걸왕은 말희를 총애하여 옥玉으로 장식한 집, 상아로 장식한 회랑回廊지붕이 달린 복도, 옥으로 장식한 정자, 옥 침대 등을 만들어주고는 그녀와 향락에 빠졌다. 걸왕은 유희에 소요되는 재원을 백성으로부터 거두어들였으며 함부로 사람을 학살했다.

만년에 이르러 걸왕은 더욱 황음무도荒淫無道술과 여자에 빠져 도리를 모름 하였다. 그는 고기를 산더미처럼 쌓아놓고 육포를 숲처럼 걸어놓고 진탕 먹고 마시며 놀았다. 술을 가득 채운 연못은 배를 띄울 수 있었고 술지게미로 쌓은 제방은 십 리 밖에서도 바라볼 수 있었다. 한 번 북을 치면 삼천 명의 사람들이 마치 소가 물을 마시듯이 일제히 달려들어 술을 마셨다. 그걸 보고 말희는 즐거워했다. 백성은 엄청난 고통에 시달리면서 분노했지만 누구 하나 감히 말을 꺼낼 수 없었다.

조량趙梁이라는 신하는 걸왕이 좋아하는 것이면 무엇이든 제공해주고, 걸왕에게 향락의 방법과 백성을 약탈하고 학살하는 방법을 가르쳐주었다. 걸왕은 이런 조량을 크게 신임했다.

걸왕이 즉위한 지 37년째 되던 해에 동쪽 박亳 부락의 수장인 탕湯의 신하였던 이윤伊尹이란 자가 걸왕에게 오게 된다. 이윤은 걸왕의 요리를 담당하는 관리로 있었는데, 어느 날 연회석상에서 걸왕에게 백성과 이웃 나라를 위해 인정仁政을 베풀 것을 충언했다. 하지만 걸왕이 그의 말을 들으려고 하지 않자 이윤은 걸왕을 떠나 박 부락의 수장인 탕에게로 다시 돌아갔다. 당시 걸왕의 학정을 견디다 못해 백성들은 "아! 이 태양은 언제나 없어지려나? 부디 너와 함께 망하고 말았으면 좋겠다"라고 탄식했다.

태사령太史令 종고終古가 울면서 선정을 베풀 것을 간언했지만, 걸왕은 종고를 쓸데없이 남의 일에 참견한다고 질책했다. 결국 종고는 걸왕을 구제할 수 없다는 것을 알고 박 부락으로 가서 탕에게 의탁했다. 대신大臣 관룡봉關龍逢은 걸왕에게 사치와 살육을 자제하라고 간언했다가 죽임을 당했다. 이때 박 부락의 수장인 탕은 부하를 시켜 관룡봉의 가족을 위로했다. 이 소식을 들은 걸왕은 역정을 내며 탕을 하대夏臺에 가두었으나, 박의 부락민들이 주는 선물을 받고 탕을 석방했다. 시간이 지나면서 걸왕은 날로 민심과 지지 기반을 잃고 고립에 빠졌다. 그러나 박 부락은 탕의 통치하에서 나날이 번성하였다. 드디어 탕은 이윤의 보좌를 받으면서 군대를 일으켜 걸왕을 정벌하게 된다.

걸왕을 치기 위해 출정한 탕의 군대는 하夏의 요충지 명조鳴條에서 걸왕의 군대와 접전을 벌였다. 걸왕은 결국 생포되어 남소南巢로 추방당했다. 이때 말희는 어떻게 되었는지 별다른 기록이 없다. 폭군 걸왕은 53년간 재위했다. 앞에서 살펴본 바와 같이 하나라의 창시자이자 걸왕의 선조인 우임금은 의적儀狄이란 자가 진상한 술을 처음으로 맛보고는, "후세 사람으로서 틀림없이 이러한 술에 방종하다가 나라를 망치는 지경에 이를 자가 있게 될 것이다"라는 말을 남겼다. 걸왕은 결국 술과 여자로 자신과 나라를 망치게 되었다. 그러나 후세 학자 중에는 걸왕이 과연 폭군이었는지에 대해 의문을 제기하기도 한다. 그중에서 송대宋代의 나필羅泌은 『걸주사다실실론桀紂事多失實論』에서 걸왕의 많은 죄악은 실제로 그가 저지른 것이 아니고, 후세 사람들이 후대 제왕의 죄악을 걸왕에게 둘러씌워 그를 폭군의 전형적인 인물로 만들었다고 주장하기도 했다. 『죽서기년竹書紀年』[45]에 따르면 하나라는 우임금으로부터 시작하여 걸왕까지 17대에 걸쳐 472년 동안 존속한 것으로 되어 있다.

45. 『紀年(기년)』, 『汲塚紀年(급총기년)』이라고도 한다. 죽간(竹簡)에 쓰였기 때문에 이와 같은 이름이 붙었다. 전국시대 위(魏)나라의 사관(史官)이 썼다. 280년경 급군(汲郡)에 있는 전국시대 위나라 양왕(襄王)의 묘에서 발견되었다. 모두 20편으로 하(夏)나라에서 전국시대 위나라 양왕 20년(기원전 299)까지의 역사를 서술하고 있다. 원본은 북송 때 유실되었다. 명대에 『죽서기년』이 다시 등장했으나 이는 위작으로 드러났고, 1917년 왕국유(王國維)가 각종 고대 문헌에 인용된 내용들을 모아서 『죽서기년』을 복원하는 작업을 했다. 명대 위작본을 『금본 죽서기년(今本竹書紀年)』이라고 부르고 왕국유가 편집한 『죽서기년』을 『고본죽서기년(古本竹書紀年)』이라고 부르고 있다.

하나라의 사회 모습은 어떠했을까? 하나라는 검은색을 숭상하여 하늘에 제사 지낼 때 검은 황소를 제물祭物로 썼다. 역법曆法[46]이 제대로 제정된 것은 하나라에서 시작했다. 중국 최초의 정비된 역법인 하력夏曆은 1년을 12개월로 정했고, 동지 후의 두 번째 달을 정월이자 1년의 시작으로 했다. 하력은 농사의 법칙을 정확히 반영했기 때문에 『좌전』[47]에서도 "하나라의 역법을 만드는 방법이 하늘의 이치를 제대로 얻은 것夏數得天"이라 했다. 또 『논어』에는 안연顔淵[48]이 나라를 다스리는 방법에 대해 묻자 공자가 말했다.

> "하나라 역법으로 시행하고 은나라 수레를 타고 주나라 면류관을 쓰며 음악은 소무韶舞순임금의 음악과 무용를 따라야 할 것이다."[49]

공자는 각 나라에서 행해진 우수한 문화를 본받아 시행함이 옳다고 말하고 있다. 이와 같이 하나라 역법은 그 우수성이 공자에 의해서도 인정되었으며, 오늘날 우리가 쓰는 음력이 바로 하나라에서 쓰던 역법이다.

문헌에 나타나는 하나라가 실재 존재했는가에 대해서는 논란이 있다. 그렇지만 중국은 문헌 자료와 발견된 유적 등에 근거해 하나라를 실재했던 왕조라고 주장한다. 중국은 고대사 복원 작업인 '하상주단대공정夏商周斷代工程'을 통해 하나라는 기원전 2070년 무렵에 건국되었다가 기원전 1600년 무렵에 멸망한 것으로 보고 있다.

---

46. 천체의 운행 등을 바탕으로 달, 날짜, 시간 따위를 구획하는 방법. 역법을 기록한 것이 달력이다.
47. 『춘추좌씨전』의 약칭이다. 『좌전』은 공자가 지은 『춘추』의 주해서이다.
48. 안회(顔回, 기원전 521?~기원전 491?)는 중국 춘추시대 노나라 사람으로, 공자의 제자이다. 자는 자연(子淵)이다. 자를 따서 안연이라고도 부른다.
49. 『論語』, 衛靈公第十五, "行夏之時, 乘殷之輅, 服周之冕, 樂則韶舞."

상을 건국한 탕

상商을 세운 탕왕湯王의 선조는 순임금 때의 명신 설契이다. 설은 우禹를 도와 치수사업에 공이 커서 당시 순임금에게 사도司徒의 벼슬을 받고 백성의 교화를 담당했다. 또 설은 순임금으로부터 상商을 봉토로 받았고 '자子'란 성姓을 하사받았다. 설로부터 시작하여 13대 후손 '리履'가 바로 '성탕成湯'이다. 성탕은 '리'의 시호諡號죽은 뒤에 붙인 이름로서 역사는 보통 탕왕이라 부른다.[50] 탕왕은 자신이 통치하던 고을 박亳을 수도로 정했는데, 탕왕이 세운 나라 이름은 그 조상인 설이 받은 봉토를 따서 상商으로 부르게 되었다.

탕이 하나라를 무너뜨려 상나라를 건국하고, 또 상나라가 초기에 국가의 기반을 다지게 된 것은 명신 이윤의 도움이 컸다. 이윤은 낮은 신분으로서 벼슬을 멀리하고 숨어 사는 사람隱者이었는데, 탕이 그의 능력을 알아보고 다섯 번이나 사람을 보내 간절히 초빙하여 국정을 맡겼다고 한다.[51] 『묵자墨子』에는 탕이 친히 그를 찾아간 것으로 기록되어 있다.

> 어느 날 탕이 현인인 이윤을 찾아가려 할 때, 팽씨 성을 가진 사람이 수레를 몰았다. 길을 가는 도중 이 수레꾼이 탕에게 여쭈었다.
>
> "군주께서는 어디로 가십니까?"
>
> 그러자 탕은 말했다.

50. 탕왕의 성씨는 자씨(子氏)이며 아버지는 주계(主癸)이고 어머니는 부도(扶都)이다. 탕은 천간이 을(乙)인 날에 태어나서 호를 '천을(天乙)'이라 하고, 한 걸음씩 착실하게 하라는 뜻으로 이름을 '리(履)'라 했다. '탕'은 폭정을 제거한 분에게 올리는 시호이다.

51. 『사기』의 기록이다. 그런데 『사기』는 또 다른 전설도 소개한다. 즉, "이윤은 탕을 만나려고 했지만 방법이 없어서 유신씨(有莘氏) 가문의 여성이 시집갈 때 딸려 보내는 신하가 되어 상나라로 갔다. 그는 솥과 도마 등 요리 도구를 짊어지고 가서 음식 맛에 빗대어 탕에게 정치하는 방법을 유세했으며, 왕도를 실행하게 했다"고 기록되어 있다.

"이윤을 만나러 가려 하네."

"이윤은 지체가 낮은 사람입니다. 군주께서 그를 보고자 하신다면, 와서 문안하라고 명령을 내리더라도 그는 큰 은덕을 입는 것이 될 것입니다."

"그것은 잘 몰라서 하는 말이야. 만약 여기에 좋은 약이 있는데, 그것을 먹어서 귀와 눈이 밝아진다면 나는 기분 좋게 그것을 먹을 걸세. 지금 이윤은 우리나라에서 명의나 양약과 같은 분일세. 그런데 그대는 내가 그를 찾아가지 않기를 바란다니, 이것은 과인이 좋은 일 하는 것을 바라지 않는 것일세."[52]

탕이 이윤을 얻기 위해 다섯 번이나 찾아간 것에서 '오청이윤五請伊尹' 이란 고사성어가 유래했다. 오청이윤은 인재를 얻기 위해 지도자가 백방의 노력을 기울여야 한다는 것을 의미하는 말이다. 훗날 삼국시대에 촉나라를 세운 유비가 제갈공명을 얻기 위해 공명의 초가집을 세 번 찾아갔다는 '삼고초려三顧草廬'에 관한 고사도 그 원형이 '오청이윤'에 있다.

탕은 이윤을 등용하여 국정을 맡겼는데, 어느 날 갑자기 이윤이 하나라의 걸왕에게 가서 요리를 담당하는 신하가 된다. 이윤이 갑자기 탕을 떠나서 걸왕의 신하가 된 자세한 내막은 전해지지 않아서 역사의 미스터리로 남아 있다. 그런데 『여씨춘추』[53]와 『역사』[54]에는 그 연유를

52. 『墨子』, 貴義第四十七, "昔者湯將往見伊尹. 令彭氏之子御. 彭氏之子. 半道而問曰, 君將何之. 湯曰, 將往見伊尹. 彭氏之子曰, 伊尹天下之賤人也. 若君欲見之. 亦令召問焉. 彼受賜矣. 湯曰, 非女所知也. 今有藥此. 食之. 則耳加聰. 目加明. 則吾必說而强食之. 今夫伊尹之于我國也. 譬之良醫善藥也. 而子不欲我見伊尹. 是子不欲吾善也."

53. 『呂氏春秋』는 중국 진(秦)나라의 재상 여불위(呂不韋, ?~기원전 235)가 선진(先秦)시대의 여러 학설과 사실(史實)·설화를 모아 편찬한 책이다. 일종의 백과전서라 할 수 있다.

54. 『繹史』는 중국 청나라 때 마숙(馬驌)이 지은 역사책이다. 총 160권으로 구성되어 있으며, 태고로부터 진(秦)나라 말기까지의 고서를 섭렵하여 뽑아낸 사료를 유형별로 모아 논단(論斷)을 붙인 것이다.

추측할 수 있는 단서가 보인다.

『여씨춘추』에 따르면, 걸왕의 폭정으로 천하가 평안하지 못한 것을 걱정한 탕은 이윤으로 하여금 하나라에 들어가서 실정을 염탐하라고 지시했다. 그런데 걸왕이 이윤을 믿지 않을 것 같아서 탕은 일부러 이윤을 향해 활을 쏘아대며 걸왕에게 도망가도록 했다.

『역사』는 『죽서기년』을 인용하여 이렇게 말한다. 즉, 어느 날 하나라 걸왕이 민산국岷山國을 공격했을 때 민산국은 완琬과 염琰이라는 미녀를 걸왕에게 바쳤다. 걸왕은 그동안 총애하던 말희혹은 매희를 멀리하고 두 미녀에게 홀딱 빠지고 만다. 그러자 말희가 이윤과 내통을 하여 마침내 하나라를 망하게 했다.[55]

이러한 『여씨춘추』와 『역사』의 기록으로 볼 때 이윤이 걸왕에게 간 것은 탕과 사전에 치밀히 계획한 일이고, 이윤은 말희를 포섭해 하나라에 관한 여러 정보를 수집해 탕에게 전달하는 임무를 맡은 것으로 추측된다. 결국 이윤은 걸왕의 실정失政이 정점에 이르렀을 때에 걸왕을 떠나 탕을 보필하게 된다. 이윤의 보필을 받은 탕은 점차 세력이 강성해졌으며, 그의 인품을 보고 주위에 사람들이 모이기 시작했다. 탕의 사람됨이 어떠하였는지를 보여주는 일화가 있다. 탕이 이윤의 도움을 받아 걸왕을 치기 전의 일이다.

어느 날 탕이 교외에 나갔다가 사방에 그물을 쳐놓고 신神에게 이렇게 기원하는 사람을 만났다.

"천하 사방의 모든 것이 내 그물로 들어오게 하소서."

탕은 그 장면을 보고 웃으면서 말했다.

"이렇게 그물을 펴놓으면 숲 속의 짐승들이 모두 잡히고 말 것이니

---

55. 진순신, 『이야기 중국사』, 살림, 2013, 123쪽 참조.

[그림 3] 중국 서호에 있는 개망정開網亭

너무도 잔혹하다."

그리고 삼면三面의 그물을 거두고 이렇게 기원하게 했다.

"왼쪽으로 가려고 하면 왼쪽으로 가도록 하고, 오른쪽으로 가려고 하면 오른쪽으로 가게 하소서! 천명을 어기는 놈만 내 그물에 잡히게 하소서."

이 이야기를 들은 제후들은 이구동성으로 말했다.

"탕의 덕망이 금수에까지 미치는구나."[56]

뒤에 다시 설명하겠지만 천명을 어겼다는 말은 정치적으로 사용될 경우 보통 민심을 거슬러 폭정을 행하는 통치자에게 사용하는 표현이다. 여기서 탕이 짐승 중에서 천명을 어기는 놈이라 말한 것은 성질이 못된 포악한 짐승을 지칭한다. 바로 탕은 그런 짐승만 그물에 걸리기를 소망했다. 이와 같이 탕은 사냥을 할 때도 무차별적인 포획을 할 것이 아니라 꼭 필요한 수량과 적절한 대상을 선택해야 한다고 생각했다. 탕의 어질고 절제된 성품을 엿볼 수 있는 대목이다. 후에 이 일은 여러

56. 『史記』, 史記卷三, 殷本紀第三, "湯出, 見野張網四面, 祝曰, 自天下四方皆入吾網. 湯曰, 嘻, 盡之矣! 乃去其三面, 祝曰, 欲左, 左. 欲右, 右. 不用命, 乃入吾網. 諸侯聞之, 曰, 湯德至矣, 及禽獸."

제후국에 퍼졌으며, 제후들은 탕의 덕을 칭송하고 40여 개의 제후국이 탕에 승복했다. 탕이 삼면의 그물을 열어두게 하여 짐승들이 도망갈 수 있게 하였다는 일화에서 '망개삼면網開三面'이란 말이 유래했다. '망개삼면'은 엄격함보다는 관대寬大함, 법치보다는 덕치와 생명 존중을 지향하는 통치자의 자세를 표현하는 말이다. 중국 항저우杭州 서호西湖에 '개망정開網亭'이란 정자가 있다. 이 정자의 이름이 '망개삼면'의 앞 두 글자의 순서를 바꾸어 만들어진 것이다.

걸왕의 학정과 황음무도함은 점차 극에 이르렀다. 때마침 제후 중 하나인 곤오씨昆吾氏가 반란을 일으켰다. 탕은 곤오씨를 토벌한다는 명분으로 제후들을 소집한 다음 손수 도끼를 움켜잡고 이윤의 보필을 받아 곤오를 정벌했다. 그런 다음에 말머리를 돌려 걸왕을 치고자 했다. 탕은 제후들을 모아놓고 다음과 같이 정벌의 명분을 말한다.

> "여러분에게 고하겠으니, 모두 내 말을 잘 들으시오. 나 같은 작은 사람이 감히 난을 일으키려는 것은 아니오. 하나라 임금이 죄가 많아 하늘이 그를 죽이라고 명하시었소天命殛之. …… 바라건대 나를 도와 하늘의 법이 이루어지도록 하시오. 나는 여러분에게 큰 상을 내릴 것이니, 여러분은 믿지 않는 일이 없도록 하시오. 나는 약속을 지킬 것이오朕不食言."[57]

사서史書에는 이것을 탕의 맹세문이라 하여 '탕서湯誓'라고 기록되어 있다. 탕서의 핵심 내용은 민본주의를 무시한 걸왕을 하늘의 명령天命을 받아 정벌한다는 것이다. 탕서에서 주목되는 것이 천명天命사상이

57. 『史記』, 史記卷三, 殷本紀第三, "格女衆庶, 來, 女悉聽朕言. 匪台小子敢行擧亂, 有夏多罪, 予維聞女衆言, 夏氏有罪. 予畏上帝, 不敢不正. 今夏多罪, 天命殛之…… 爾尙及予一人致天之罰, 予其大理女. 女毋不信, 朕不食言."

다. 선진유학先秦儒學진나라 이전의 유학에서 천天은 창조자[58]를 지칭하기도 하고 인간사를 주재하는 존재를 지칭하기도 한다. 창조자 그리고 주재자로서의 천은 구체적으로 인간의 영역에 개입될 때 하늘의 명령이라는 소위 천명天命이라는 형태로 표현된다. 천명은 인간 행위의 평가기준이 되고 도덕적 정당성을 확보하는 근거가 되기도 한다. 다시 말해 천명을 따른다는 것은 도덕적, 정치적 정당성을 담보하고 있다는 의미이며, 천명을 어겼다는 것은 비도덕적이거나 포악한 정치를 했다는 의미이다. 탕은 탕서에서 죄가 많은 하나라 걸왕을 천명을 받아 정벌하는 것이기 때문에 자신의 출병은 의롭고 정당한 것이라는 것을 주장하고 있다.

탕서의 모델은 하나라 시절에 우임금의 뒤를 이은 계가 유호씨 정벌에 대한 당위성을 천하에 고했다는 '감서甘誓'인 것으로 추측된다. 훗날 삼국시대에 제갈공명이 어린 황제 유선에게 북벌을 감행할 때 올린 '출사표出師表'도 그 기원을 따진다면 감서와 탕서에서 비롯된 것이라 할 수 있겠다.

탕서에 우리가 즐겨 쓰는 '식언食言'이란 표현이 나온다. 식언은 직역하면 '말을 씹는다'는 뜻인데, 보통 '약속을 지키지 않는다'는 의미로 사용되고 있다. 이 식언의 유래가 탕서에서 비롯되었으며, '불식언不食言'은 당연히 '약속을 지키다'는 의미로 사용된다. 탕의 연설을 들은 제후들은 탕에게 동조하게 되고, 탕의 군대는 하夏의 요충지 명조鳴條에서 걸왕의 군대를 격파했다. 결국 걸왕은 생포되어 남소南巢라는 곳으로 추방되었다.

탕이 걸왕을 무너뜨린 것은 중국 최초의 역성혁명易姓革命이었다. 역성혁명이란 무력과 같은 인위적 방법으로 혈통을 달리하는 정권을 수

58. 창조자로서의 천은 천(하늘)이 백성을 생겨나게 했다는 의미인 『시경』의 '천생증민(天生蒸民)' 그리고 천(하늘)이 백성을 생겨나게 하고 군주를 세웠다는 의미인 『좌전』의 '천생민이수지군(天生民而樹之君)' 등의 내용에서 나타나고 있다.

립하는 것을 말한다. 요임금부터 시작하여 순임금, 우임금까지는 백성의 추앙을 받는 신하에게 평화적으로 선양禪讓을 하는 형식이었고, 우임금부터는 자손이나 혈족에게 왕위가 계승되는 세습체제였다. 그러나 탕에 이르러 우임금의 '사씨姒氏' 성씨가 아닌 '자씨子氏' 성씨가 무력에 의해 임금의 자리에 오른 것이다. 탕이 걸왕을 물리치고 돌아오는 길에 탕은 무력혁명에 의해 천하를 얻게 된 것을 부끄러워하며, "나는 후세 사람들이 내가 한 일을 가지고 구실을 삼을까 두렵다"고 말했다. 이때 신하 중훼仲虺가 왕의 생각을 알고 대경大坰 땅에서 탕에게 다음과 같이 고했다.

> "하나라 임금이 덕을 잃어 백성은 도탄塗炭[59]에 빠졌습니다. 그래서 하늘이 탕왕에게 용기와 슬기를 내려 천하를 바로잡고 하나라 왕조를 세운 우왕의 본래 영토를 이어받게 했으므로 그 가르침을 따라 천명대로 한 것입니다. …… 왕께서는 큰 덕을 밝히시고 백성에게 중도를 세우소서! 의로써 사물을 제어하시고以義制事, 예로써 마음을 제어하시면以禮制心, 넉넉함이 후대에 드리울 것입니다."[60]

중훼는 하나라에서 상나라로 귀순한 인물 가운데 한 명으로 원로인 이윤과 더불어 하나라를 정벌하고 상나라를 흥하게 한 충신이다. 중훼는 탕의 역성혁명이 덕을 잃은 군주를 몰아내고 도탄에 빠진 백성을 구한 것이므로 천명에 어긋나지 않는다는 말로 왕을 위로하면서 의義와 예禮에 의한 덕치를 할 것을 간청하고 있다. 중훼의 말에 힘을 얻은 탕은 하나라 멸망의 정당성을 천하에 밝히고 새로운 왕조의 비전을 제

---

59. 도탄(塗炭)이란 말에서 도탄지고(塗炭之苦)란 말이 유래했다. 이 말은 많은 대중들이 극도로 곤궁한 상태에 빠져 있는 것을 의미한다.
60. 『書經』, 仲虺之誥, "有夏昏德, 民墜塗炭. 天乃錫王勇智, 表正萬邦, 纘禹舊服, 玆率厥典, 奉若天命. …… 懋昭大德, 建中于民. 以義制事, 以禮制心, 垂裕後昆."

시하게 되는데 그 연설문이 바로 「탕고湯誥」이다. 탕고는 전체가 3개의 내용으로 구성되어 있다. 이 중 후반부를 그대로 옮겨보면 다음과 같다.

> "백성이 선할 일을 하면 나는 덮어두지 않을 것이며, 죄가 내게 있으면 스스로 용서하지 않을 것입니다. 제대로 살피어 상제하느님의 마음에 들도록 하겠소이다. 온 백성이 죄가 있다면 그 책임은 나에게 있고, 내 자신이 죄가 있다면 백성의 탓이 아니외다."[61]

이처럼 「탕고」는 백성을 사랑하고 자신을 경계하는 지도자의 위민정신과 도덕성 그리고 호탕함을 물씬 풍기는 명문으로 구성되어 있다. 진실로 한 나라의 통치자의 모습이 어떠해야 되는가를 생각해보게 한다. 여기서 잠시 지금까지 우리나라 통치자들의 모습을 떠올린다면 독자들은 어떤 심정이겠는가?

드디어 탕은 박亳에 도읍을 정하고 상나라의 시대를 열었는데, 때는 기원전 1600년 무렵의 일이다. 탕은 임금의 자리에 올랐지만 걸왕을 죽이지 않고 남소로 추방시켰다. 그리고 우임금의 사씨姒氏 성씨인 하나라의 후손들을 핍박하지 않고 여러 지역의 제후로 분봉分封했다. 분봉이란 천하의 땅을 나누어주고 신하로 삼는 것을 말하는데, 그 제후들은 자신들이 분봉된 나라 이름을 성씨로 삼았다. 『사기』에는 상(은)나라의 시조 탕왕이 즉위 후 역법曆法을 개정하고 복색을 바꾸어 흰색을 숭상했다고 기록되어 있다. 또 다음과 같은 일화도 전해진다.

탕왕이 천자가 되고 나서 7년 동안 가뭄이 계속되었다. 태사천문을 보고 점치는 사람에게 그 까닭을 점쳐보게 했다. 그러자 태사는 사람을 희생犧牲으로 바치고 하늘에 빌어야 한다고 얘기했다. 희생이란 제사에 바치

---

61. 『書經』, 湯誥8, "爾有善, 朕弗敢蔽. 罪當朕躬, 弗敢自赦. 惟簡在上帝之心, 其爾萬方. 有罪在予一人. 予一人有罪, 無以爾萬方."

는 제물을 말한다. 그러자 탕왕은 머리를 가로저으며, "내가 비 오기를 바라는 것은 백성을 위한 것이다. 기어코 사람의 몸을 희생으로 써야 한다면 내가 희생이 되겠다"라고 했다. 탕왕은 흰 말이 끄는 흰 수레에 타고, 흰 띠를 두르고 스스로 희생이 되어 상림桑林의 들에 나가 여섯 개 조항을 하늘을 향하여 아뢰었다.

> "제가 한 정치에 절제가 없기 때문입니까?
> 백성이 직업을 잃었기 때문입니까?
> 제 궁정이 너무 화려하기 때문입니까?
> 여자에 빠진 것이 많기 때문입니까?
> 뇌물이 성행하기 때문입니까?
> 참소하는 말이 성행하기 때문입니까?"[62]

탕왕의 이 말이 끝나기도 전에 큰비가 내려서 이 비는 수천 리의 땅을 적시었다. 탕왕의 이런 예화에서 상림도우桑林禱雨란 말이 생겨났다. '상림도우'란 '뽕나무 숲에서 비 내리기를 기도한다'라는 의미로 통치자가 백성을 위해 자신의 몸을 희생하는 것을 감수하면서도 노력하는 모습을 표현하는 말이다.

탕왕은 평소 쟁반에 "진실로 날로 새롭고 나날이 새로워지자. 재차 날로 새로워지자苟日新 日日新 又日新"라는 글귀를 써놓고 자신이 게을러지거나 타성에 빠지는 것을 경계했다고 한다.

탕왕! 그는 백성의 죄를 자신의 책임으로 돌리는 도덕성과 호탕함, 백성이 고통스러워할 때는 자신의 몸을 희생하여 구제하려는 위민정신, 그리고 끊임없이 자신을 수양하고 혁신하려는 진취성을 갖춘 지도

62. 『十八史略』, 殷王成湯, "政不節歟, 民失職歟, 宮室崇歟, 女謁盛歟, 苞苴行歟, 讒夫昌歟?"

자였다. 이것이 진정한 지도자의 모습이 아니겠는가?

세월은 흘러 역성혁명으로 새 왕조를 건국한 시대의 리더 탕왕은 세상을 떠났다. 탕왕이 서거한 후 장자 태정太丁이 왕위를 잇지 못하고 일찍 죽자 태정의 동생 외병外丙과 중임中壬이 차례로 형제간에 세습하여 왕위에 올라 조금씩 있다가 역시 죽고 말았다. 중임 다음으로는 맏아들 태정의 아들인 태갑太甲이 왕위에 올랐다. 상나라는 초기부터 형제상속이 주류를 이루었는데, 부자상속은 후기인 26대 경정庚丁부터 시작되었다.

그림 속의 탕

송대宋代 마린馬麟이 그린 탕왕의 초상화이다. 그림 속 글자는 이러하다.

順天應人, 本乎仁義.
以質繼忠, 匪曰求異.
盤銘一德, 桑林六事.
人紀肇修, 垂千萬世.

천명을 따랐고 사람을 응접했으며, 근본을 인의仁義에 두었다.
이로써 바탕을 삼아 참된 마음을 이어나갔으며, 괴이한 것을 구하지 아니했다.
쟁반에 하나의 덕을 새기고[63], 상림에서는 여섯 가지로 아뢰었다.
인륜이 비로소 닦이기 시작했고, 그 덕이 만세에 드리운다.

태갑은 즉위한 지 3년이 지나자 어리석고 포악해져 탕왕의 법을 따르지 않고 사치가 심했다. 그러자 이윤은 태갑을 탕왕의 묘소가 바라보이는 동궁桐宮에 가두어버리고는 가까이서 탕왕의 묘소를 바라보며

63. 쟁반에 새긴 "苟日新 日日新 又日新"을 지칭.

영명한 탕왕의 가르침을 되새기게 했다. 이윤은 태갑 대신에 3년간 나랏일을 섭정하면서 제후들의 조회를 대신 받았다. 그동안 태갑은 3년간 동궁에 머무르면서 잘못을 뉘우치고 마음을 바로잡았다. 이에 이윤은 태갑을 맞아들여 왕권을 돌려주었고 태갑은 더욱 덕을 닦아서 상나라는 안정을 찾았다. 그 후 태갑이 세상을 뜨자 그 아들 옥정이 즉위했는데, 얼마 안 되어 이윤마저 죽었다. 이윤은 탕왕부터 옥정에 이르기까지 상나라 초기에 다섯 왕을 모셨으며, 상나라가 560여 년간 존속하는 데 결정적인 기여를 한 인물이다.

이윤이 태갑을 바로잡기 위해 동궁에 가두어버린 사건은 보는 이에 따라 여러 의견이 나올 수 있다. 훗날 전국시대에 맹자와 그의 제자 공손추公孫丑가 이 문제를 가지고 논의를 하게 되었다. 공순추는 태갑처럼 현명치 못한 군주를 쫓아낸 것은 옳은 일인가를 맹자에게 물었다. 이때 맹자는 "이윤의 뜻을 지니고 있으면 괜찮다. 그러나 이윤의 뜻이 없으면 찬탈簒奪반역을 하여 빼앗음이다"라고 말했다. 맹자는 왕권에 대한 사리사욕이 없고 인의仁義를 확립하기 위한 거라면 괜찮다고 본 것이다. 맹자는 인의를 저버린 왕은 왕으로서 자격이 없다고 단언하며 역성혁명도 가능하다는 생각을 갖고 있었다. 하물며 이윤은 현명함을 되찾은 왕에게 다시 왕권을 넘겼으니 그 행동에 어찌 잘못이 있겠는가? 상나라는 탕왕이 박에 도읍한 때부터 19대 왕인 반경盤庚에 이르기까지 다섯 번 수도를 옮겼다. 반경은 수도를 은殷으로 옮겼는데, 이때부터 상나라는 달리 은나라로 불린다.

상의 마지막 왕, 주(紂)

상나라가 멸망한 것은 30대 주왕紂王에 이르러서다. 주왕은 신체가

장대하고 외모가 준수했으며 맨손으로 맹수를 사로잡을 수 있을 정도로 힘이 장사였다. 또 총명하고 재치가 있으며 말솜씨도 뛰어났다. 그는 여러 차례 동방의 반란을 평정하고 동남 지역 일대를 정벌하기도 하여 통일 중국의 면모를 갖추는 데도 어느 정도 기여했다.

그러나 본래 술을 좋아하고 음악에 빠졌으며 여색을 탐했다. 특히 달기妲己라는 여인을 얻고 나서부터는 연일 그녀와 함께 술을 마시며 유희를 즐겼다. 달기는 오랑캐국 소蘇나라 유소씨有蘇氏의 딸이며, 주왕이 유소씨를 토벌했을 때 그로부터 전리품으로 받은 미녀였다.[64] 주왕은 달기를 총애하여 몇 층으로 쌓아 올린 녹대鹿臺호화로운 망루를 만들어서 백성에게 거두어들인 돈으로 가득 채우게 하고, 거교鉅橋라는 창고를 만들어서 곡식을 가득 채웠다. 그뿐 아니라 개와 말, 기이한 물건들로 궁실을 채웠다. 그는 궁중에 연못을 파서 연못 안에 술을 가득 부어놓았는데, 이것을 주지酒池라고 불렀다. 또 연못 사방에는 비단을 감은 나뭇가지에 고기를 매달아두고 육림肉林이라 했다. 호사스럽고 방탕한 술잔치를 비유하는 말로 쓰는 '주지육림酒池肉林'이란 단어가 바로 주왕에게서 나왔다. 주왕과 달기는 주지酒池에서 배를 타고 놀다가 손 가는 대로 술을 퍼마시고 육림肉林에서 고기를 마음껏 따 먹었다. 하물며 벌거벗은 남녀로 하여금 서로 쫓아다니게 하여 뒤엉켜 음란한 행위를 하는 것을 보고 즐기는 소위 '장야지음長夜之飮'을 했다. 이는 밤새 방탕하게 마시고 노는 행위를 의미한다.

후세에 통치자의 음탕한 행위를 빗대어 '주지육림'과 더불어 '장야지음'이라는 표현을 쓰고 있는데, 이 모두가 주왕의 행적에서 비롯되었다. 이러한 황음무도한 유희를 즐기다 보니 막대한 국가 재정이 유흥에 사용되었고, 여기에 소요되는 재원은 백성의 부담이었다. 이러자 백성은

---

64. 한편 『십팔사략』에서는 주공단(周公旦, 주나라 무왕의 아우)이 달기를 정략적으로 육성한 것으로 나온다.

원망하고 제후들은 등을 돌리기 시작했다. 그러자 주왕은 달기의 말에 현혹되어 청동으로 속이 빈 기둥을 만든 다음 그 안에 벌겋게 달아오른 숯불을 집어넣는 '포락炮烙'이라는 형구刑具를 만들었다. 주왕은 그의 폭정에 불만을 품은 신하와 백성을 발가벗겨서 청동 기둥에 묶어놓고 무참하게 태워 죽였다. 우리가 잔혹한 형벌을 지칭할 때 포락지형炮烙之刑이란 표현을 쓰는데, 그 용어의 출처가 여기에서 비롯된 것이다.

한편 주왕은 신하 창昌과 구후九侯, 악후鄂侯를 삼공三公[65]으로 삼았다. 구후에게는 예쁜 딸이 있었는데 구후는 그 딸을 주왕에게 바쳤다. 그러나 구후의 딸이 음란한 행위를 싫어하자 주왕은 그녀를 죽이고 아버지 구후마저 소금에 절여 죽였다. 이를 본 악후가 완강하게 따지자 주왕은 악후를 포脯를 떠서 죽였다. 이에 혼자 남은 창이 홀로 한탄했는데, 이 모습을 보고 주왕에게 고자질하는 자가 있어서 창은 유리羑里라는 곳에 갇히게 된다. 창은 인근 기산岐山 아래를 근거지로 하는 제후였다. 창의 신하들이 미녀와 진기한 보물과 준마를 구하여 주왕에게 바친 덕분에 창은 풀려나게 된다. 창은 풀려나면서 낙서洛西 땅을 바치며 끔찍한 포락지형을 없애줄 것을 간청했다. 마침내 주왕이 이를 허락하니 창으로 인해 포락지형이 사라지게 되었다. 한편 주왕은 창에게 서방을 정벌하게 하여 그 우두머리로 삼았는데, 이때부터 창을 서백창西伯昌이라 부르게 되었다. 서백창이 서방 정벌에서 돌아와 덕을 닦고 선정을 베풀게 되자 점점 주왕을 버리고 서백창에게 귀의하는 제후들이 많아졌다. 그러나 서백창은 새 나라 창업을 하지 못하고 이내 세상을 뜨고 말았다. 그 뒤를 이어 둘째 아들 희발이 제후로 즉위했다.

한편 주왕의 폭정과 음란한 행위는 그칠 줄 몰랐다. 주왕에게는 충직한 신하도 있었으니 미자계微子啓, 비간比干, 기자箕子 삼인이 그들이었

65. 삼공(三公)은 태사(太師), 태부(太傅), 태보(太保)를 말하는데, 천자의 나라에서 제후에게 수여한 최고위 관직(官職)이다.

다. 이들은 자주 만나 국가의 앞날을 걱정하곤 했다. 미자계는 주왕의 이복형으로 주왕에게 여러 차례 선정을 베풀 것을 충고했지만 주왕은 듣지 않았다. 결국 미자계는 상심하여 도성을 떠나 숨고 말았다. 비간은 주왕의 삼촌이다. 비간이 주왕에게 음란한 행위를 멈추고 덕에 의한 정치를 베풀 것을 충고하자 주왕은 태연하게, "성인의 심장은 구멍이 일곱 개라던데 당신의 심장은 구멍이 몇 개인지 내가 한 번 봐야겠소!"라고 하면서 부하에게 명하여 비간을 죽이고 그의 심장을 꺼내 보았다. 기자는 상나라 왕족의 한 사람이었다. 당시 기자는 상나라의 태사太師란 관직에 있었는데, 역시 주왕에게 폭정을 그칠 것을 간언했다. 그러나 주왕이 노발대발하자 기자는 비간처럼 죽임을 당할까 우려하여 미친 척했다. 그러자 주왕은 기자를 노비로 삼더니 그래도 분이 풀리지 않아 그를 감옥에 가두어버렸다.

주왕의 학정에 시달린 신하와 백성은 원망이 극에 달해 마침내 배반하는 무리가 늘어나고 근신들도 한 사람씩 그의 곁을 떠났다. 상나라가 멸망할 시기가 점점 다가오고 있었다.

드디어 서백창의 아들인 희발, 즉 무왕武王은 서쪽에서 때를 기다렸다가 주왕의 주력군이 동남에 있을 때를 노려 대군을 거느리고 출병했다. 양군은 목야牧野에서 마주쳤다. 무왕의 군대가 용감하게 돌격하자 주왕의 군대는 무기를 버리고 뿔뿔이 흩어졌다. 주왕은 급히 수도인 조가성朝歌城으로 도망갔으나 명이 다한 것을 알고 자살을 결심했다. 그는 죽은 후에 백성이 자기의 시체를 꺼내 분풀이할 것을 두려워하여 궁중의 모든 패옥을 온몸에 걸치고 녹대로 올라가서 녹대 아래에 불을 지르게 했다. 잠시 후 불길이 하늘로 치솟자 주왕은 불에 타 죽었고 달기는 자결했다. 이에 이르러 상나라는 멸망을 고하게 되었으니 기원전 11세기 무렵의 일이다.

주왕의 폭정이 정말 이토록 심했을까에 대해 후세 사람들은 반신반

의하여 의견이 분분했다. 송대의 나필은 걸왕과 마찬가지로 주왕이 폭군인가에 대해 의문을 제기하고 있지만,[66] 대체적으로 걸왕과 주왕은 유학에서 인의를 저버린 폭군으로 묘사되고 있다.

상나라는 탕왕으로부터 시작하여 30대[67] 주왕을 마지막으로 560여 년간 존속하다가 멸망했다. 시기적으로는 대략 기원전 1600년부터 기원전 1046년까지이다. 무왕은 상나라가 망하자 주왕의 후손들을 내치지 않고 그들을 여러 땅의 제후로 삼아 포용하는 정책을 취했다. 그리고 주왕의 후손들은 자기들이 받은 땅 이름을 성姓으로 삼았는데, 여기에서 은씨殷氏·송씨宋氏를 비롯해 여러 성씨가 생겼다. 그렇지만 일반 백성 중에는 무왕과 주왕의 전쟁 중에 집과 땅을 잃거나, 멸망한 상나라를 그리워하는 사람들이 있었다. 이들은 먹고살기 위해 중국 여러 나라를 떠돌아다니며 물건 파는 일에 종사하는 사람들이 되었는데, 이들을 상나라 사람, 즉 '상인商人'으로 호칭하게 되었다. 오늘날 물품 거래에 종사하는 사람들을 지칭하는 상인이란 말이 여기서 유래되었다.

상나라는 1928년 중국 하남성河南省 안양安陽에서 은허殷墟가 발견됨으로써 그 존재가 확실해졌다. 은허 유적에서는 건축물과 무덤뿐만 아니라 갑골문 등의 문헌 자료까지 발견되었다. 은허와 사서史書의 기록으로 본 상나라의 사회와 문화는 문화사적으로 청동기 시대에 해당된다.

---

66. 송대(宋代)의 나필(羅泌)은 『걸주사다실실론(桀紂事多失實論)』에서, 송대(宋代)의 이자명(李慈銘)은 『도화성해암일기(桃花聖解庵日記)』에서 주왕의 학정에 대해 의문을 제기한다.
67. 상나라를 31대 왕으로 보는 견해도 있지만 30대가 맞다. 탕임금의 장자 태정은 왕위에 오르지 않았기 때문이다.

4절
봉건국가 주나라 시대

주를 건국한 문왕

문왕기원전 1152~기원전 1056은 순임금의 신하로서 희씨姬氏 성을 갖고 농업을 관장하던 후직后稷의 후손이다. 후직은 순임금으로부터 태邰를 봉토로 받았다. 그 후손들은 그곳에서 살다가 4세 공유公劉에 이르러 빈邠으로, 그리고 13세 고공단보古公亶父에 이르러 기산岐山 아래 주원周原으로 도읍지를 옮겼다. 이때 비로소 나라 이름을 주周라 부르게 되었다. 고공단보에게는 세 아들이 있었는데, 첫째 태백泰伯, 둘째 중옹仲雍, 셋째 계력季曆이다. 고공단보는 자신의 세력이 점차 커지자 상나라를 치고 새 왕조를 창업하려는 야심이 있었다. 그런데 고공단보에게는 근심이 있었다. 바로 장자인 태백은 덕이 지극하여 흠잡을 데 없는 사람이었지만 무력으로 상나라를 치는 것에 동조하지 않는다는 점이었다. 그래도 장자이고 인품이 훌륭하여 태백을 후계자로 책봉하려고 했지만 태백은 세 번이나 부족의 장이 되는 것을 사양했다. 그런데 셋째 계력이 태임太任이라는 부인을 얻었는데 그 성품이 매우 어질었다. 태임이 아들 희창姬昌을 낳았는데 어머니의 어진 성품을 이어받아 성인聖人이 될 상서로운 조짐이 있었다. 바로 희창이 훗날 문왕이 된다. 조선시대 율곡[68]

의 어머니는 사임당師任堂이란 호號로 우리에게 많이 알려져 있다.[69] 여기서 '사임師任'이란 성왕인 문왕을 길러낸 '어진 태임을 본받겠다'란 의미이다.

고공단보는 태백이 거듭 부족장의 지위를 사양하자 희창姬昌[70]의 비범함을 간파하고는 계력에게 부족장의 지위를 물려주려 한다. 이때 태백은 아버지의 심중을 헤아려서 깊은 고민을 했다. 상나라를 치기 위해서는 무력을 사용해야 하는데 자신은 그 뜻이 없어서 이미 부족장의 지위를 사양한다는 의사를 표시했다. 그렇지만 장자와 차남이 멀쩡하게 있는 상황에서 셋째인 계력에게 부족장의 지위가 상속되는 것은 아버지나 셋째인 계력에게 몹시 부담되는 일이었다. 태백은 둘째 동생 중옹에게 자신들이 멀리 떠날 것을 설득한다. 결국 동생 중옹도 형의 말을 받아들여 이들 형제는 형만荊蠻으로 몸을 숨기게 된다. 이렇게 되자 고공단보는 계력에게 부족장의 지위를 물려주니 이때부터 계력을 공계公季라고 부르기 시작했으며, 공계는 다시 아들 희창에게 지위를 물려주게 된다. 태백이 세 번이나 부족장의 지위를 사양하고 조카인 희창에게 그 지위를 물려준 것을 보고 이후 춘추시대의 공자는 이렇게 평가했다.

> "태백은 지극한 덕을 가진 사람이라고 할 수 있도다. 세 번이나 천하를 양보하니 사람들이 칭송하지 않는 사람이 없구나!"[71]

희창은 어진 정치에 힘쓰고 노인을 공경하며 젊은이를 아꼈다. 어진

---

68. 조선 중기의 학자로서 본명은 이이(李珥), 율곡은 그의 호(號). 저서로는『격몽요결』,『성학집요』 등이 있다.
69. 성은 '신(申)'씨이나 본명은 명확치 않다. 혹자는 '인선(仁善)'이라고 주장하기도 한다.
70. 성(姓)이 희(姬), 이름이 창(昌)이다.
71.『論語』, 泰伯第八, "子曰, 泰伯, 其可謂至德也已矣! 三以天下讓, 民無得而稱焉."

사람에게는 자신을 낮추고 예로써 대했으며, 자신은 밥 먹을 겨를도 없이 선비를 대접하니 희창의 주변에는 많은 선비들이 귀의했다. 희창이 주왕에게 낙서 땅을 바치고 포락지형을 없애자, 많은 제후들은 희창의 사람됨을 보고 다툼이 있을 때 희창에게 와서 판결을 구했다. 한번은 우虞와 예芮의 사람들이 송사가 발생하여 희창을 찾아왔다. 그들이 희창의 주周 땅에 들어와서 보니 밭을 가는 사람들은 모두 밭의 경계를 서로 상대방에게 양보하고, 백성은 나이 많은 사람에게 양보하는 풍속을 갖고 있었다. 이렇게 자기 것을 상대방과 나이 많은 사람에게 양보하는 주나라 사람들을 보고, 그들은 싸우는 자신들을 부끄럽게 여겨 되돌아가서 서로 양보하게 되었다. 이 소문을 전해 들은 제후들은 희창이 천명天命을 받은 군주가 될 재목이라고 생각했고, 이때부터 희창을 왕으로 부르는 사람들이 생겨나기 시작했다.

희창이 어느 날 사냥을 나갈 채비를 하고 있었다. 그때 점치는 직책인 사관이 점을 치고는 희창에게 다가와 말하기를, 위수渭水의 양지陽地에서 사냥을 하면 큰 인물을 얻을 징조가 있다고 했다. 희창은 그날 사냥을 포기하고 사흘간 목욕재계를 한 다음 나흘째 되는 날 위수의 양지로 사냥을 나갔다. 그때 마침 황하黃河의 물줄기를 따라 이어진 위수渭水라는 강가에서 띠풀을 깔고 앉아 백발의 수염을 휘날리며 낚시질을 하는 노인이 있었다. 그의 이름은 강상姜尙이었다.

강상의 선조는 우임금을 보좌하여 치수사업에 큰 공을 세웠다. 이후 그의 선조가 여呂 땅에 봉해졌으므로 본성은 강姜이지만 봉지封地 명칭을 성씨로 삼는 관례에 따라 여상呂尙이라고도 불린다. 희창은 정중하게 강상에게 인사를 하고 여러 대화를 나누게 된다. 『육도삼략』과 『사기』에 산재된 대화의 내용을 정리하면 다음과 같다.

희창이 강상에게 물었다.

"어떻게 민심을 배양하고 나라를 다스리면, 천하 만민이 귀속할 수 있겠습니까?"

강상이 대답했다.

"천하는 군주 한 사람의 천하가 아니라 천하에 삶을 이어받은 만민의 천하입니다. 그런 천하의 이득을 천하 만민과 함께 나누려는 마음을 가진 군주는 천하를 얻을 수가 있습니다."[72]

희창이 두 번 절을 하고 말한다.

"제가 어찌 감히 하늘이 내리신 명을 받지 않겠습니까."[73]

이어서 말했다.

"선군先君이신 태공太公께서 자주 나타나 '성인이 주나라로 올 것이다. 주나라는 그로 인하여 흥성케 될 것이다'라고 하셨는데, 선생이 바로 그분이십니다. 우리 태공께서 오랫동안 선생을 기다렸습니다."[74]

희창은 강상을 수레로 모셔서 스승으로 삼았다. 이후부터 강상은 태공이 기다리던 사람이라는 의미인 태공망太公望이라 부르게 되었는데, 이 명칭이 변형되어 후세에 강태공姜太公이라고도 불리며, 강태공은 낚시하는 사람을 지칭하는 말로서도 사용되었다.

희창이 태공망을 만난 것은 주왕 15년기원전 1140년에 태공망의 나이 72세 때의 일이다. 그 후 태공망은 재상宰相에 임명되어 정치와 군사를 통괄했다. 태공망의 노력으로 주족周族은 안정 속에 발전을 거듭하여 막강한 군사력을 갖추게 되었다. 서백의 위치에 있는 희창은 태공망

---

72. 『六韜三略』, 第1篇文韜 第1章文師, "文王曰, 立斂若何, 而天下歸之? 太公曰, 天下非一人之天下, 乃天下之天下也." 『육도삼략』은 강태공이 지었을 것으로 전해져왔으나, 청대 고증학의 연구로는 문장 형식과 사용된 문체를 봐서는 후한에서 위·진·남북조시대 즈음에 만들어진 위서(僞書)라고 한다. 그러나 위서이지만 내용은 탁월하기 때문에 후대에 많은 영향을 주었고, 한국이나 일본까지 흘러 들어와서 읽혔다.
73. 『六韜三略』, 第1篇文韜 第1章文師, "文王再拜曰, 允哉! 敢不受天之詔命乎!"
74. 『史記』, 齊太公世家第二, "自吾先君太公曰, 當有聖人適周, 周以興. 子眞是邪? 吾太公望子久矣."

의 도움을 받아 인근 제후국을 차례로 정벌해나가며 세력을 확장했다. 그러자 주왕紂王의 신하 중에 조이祖伊라는 자가 장차 희창이 상나라에 큰 위협이 될 것이란 것을 직감하고 주왕에게 희창을 경계할 것을 주청奏請임금에게 아뢰어 청함했다. 그러나 주왕은 "나에게 천명이 있는데 그가 무엇을 할 수 있겠는가?"라며 대수롭지 않게 여겼다. 희창은 수도를 기산 아래에서 풍豐으로 옮겼다. 이때에 이르러 희창의 영토는 주왕이 다스리는 땅 3분의 2를 분할하여 차지하고 있었다. 이미 주왕이 상대하기엔 너무나 벅찬 세력으로 성장하고 있었던 것이다. 그러나 마지막으로 상商을 멸망시킬 계획만 남겨놓고 희창은 병에 걸렸다. 그는 자신이 그 임무를 수행할 수 없다는 것을 알고, 아들 희발姬發[75]에게 대임을 맡겼다. 그 아들이 바로 무왕武王이다. 희창은 주나라의 기초를 확립했으며, 50년간 주족周族의 장을 지낸 후 97세에 병으로 죽었다. 희창은 복희가 만든 '역易'의 8괘를 중첩하여8×8 64괘를 만들었다고 전해진다.

희창은 죽었지만 그 이후에 주나라로 건너온 사람 중에 백이伯夷와 숙제叔齊가 있었다. 백이伯夷와 숙제叔齊는 원래 서쪽 변방에 살던 형제로서 변방의 작은 영지인 고죽군의 아들들이었다. 고죽군의 영주인 아버지는 마음속으로 셋째인 숙제에게 후계자를 물려주려 하다가 결정하지 못하고 죽고 만다. 그러자 숙제는 장자인 백이에게 후계자 자리에 앉을 것을 권했지만 백이는 부친의 뜻을 저버릴 수 없다 하여 숙제에게 양보하려 했다. 두 형제는 서로 양보하다가 마침내 백이가 궁궐을 떠나 멀리 가버렸다. 그러자 숙제도 후계자 자리를 팽개치고 백이를 따라 가버렸다. 이렇게 되자 후계자 자리는 둘째성명 미상에게 돌아가고 만다. 백이와 숙제는 수년간 외국을 떠돌다가 주나라의 희창이 노인들을 잘 봉양한다는 소문을 듣고 주나라로 건너가게 된다. 그러나 백이와

---

75. 성이 희(姬)씨이고 이름이 발(發)이다.

숙제가 주나라에 도착했을 때 이미 희창은 죽고 없었다.

희창이 실질적으로 주왕을 능가하는 세력을 갖추었고, 일부에서는 그를 왕으로 부르는 사람들도 있었지만 명목상으로는 여전히 제후국의 수장의 하나였고, 각 제후국은 천자의 나라인 상商나라의 신하국이었다. 그렇기 때문에 희창은 살아생전에 왕의 칭호를 쓸 수가 없었다. 그러다가 희창이 병으로 죽고 나서 그의 아들 희발이 상나라로부터 독립하여 아버지 희창을 왕으로 모셨으니, 그 시호가 문왕文王이다.

천자의 나라, 주의 시대를 연 무왕

문왕의 정비인 태사太姒는 모두 10명의 아들을 낳았다. 장자는 백읍고佰邑考이며, 둘째 아들은 무왕인 발發이다. 그다음으로 관숙선管叔鮮, 주공단周公旦, 채숙도蔡叔度, 조숙진탁曹叔振鐸, 성숙무成叔武, 곽숙처霍叔處, 강숙봉康叔封, 염계재冉季載[76]이다. 백읍고에 관해서는 사서史書에서 자세한 기록이 전하지 않는다. 다만 백읍고에 관한 내용이 전하는 것은 소설 『봉신연의封神演義』[77]가 유일하다.

『봉신연의』에 따르면 백읍고는 음악과 예술에 능하고 준수한 외모를 보유했으며 효성이 깊었다. 주왕의 애첩인 달기가 백읍고를 유혹했으나 백읍고는 그런 달기를 오히려 크게 꾸짖었다. 그러자 분노한 달기는 주왕에게 백읍고가 자신을 해치려 한다고 말했다. 이에 백읍고는 주왕에게 죽임을 당한다. 장자인 백읍고가 죽었으므로 문왕의 뒤는 둘째인

---

76. 『사기』「관채세가」의 내용이다. 다만 주공과 관숙선은 책에 따라 서열을 달리 보기도 한다.
77. 『봉신연의(封神演義)』는 중국의 고전 소설이다. 그러나 중국 4대 기서에는 들지 못하며 문학적으로는 그다지 높은 평가를 받지 못한다. 저자는 육서성(陸西星)이라는 설도 있고, 허중림(許仲琳)이라는 설도 있어 분분하나 명(明)나라 때의 작품임은 확실하다. 중국 고대에 은(殷)나라에서 주(周)나라로 바뀌는 왕조 교체기를 다루고 있다.

희발이 잇게 되었다.

희발은 즉위하자 태공망을 군사軍師군사 전략가, 동생 주공단을 보좌관, 그리고 친척 소공召公과 필공畢公[78]을 왕의 정사를 보좌하는 참모로 삼았다. 그는 도읍을 호경鎬京으로 옮겼으며 붉은색을 숭상했다.

희발은 상왕조의 법령과 제도를 버리고 독자적으로 법령과 제도를 만들었는데, 비로소 상나라의 제후국 주周는 상나라로부터 완전히 독립한 국가로 우뚝 서게 되었다. 그리고 증조부 고공단보를 태왕太王으로, 조부 공계를 왕계王季로, 그리고 희창을 문왕文王으로 추존追尊죽은 후 왕으로 모심했다. 결국 희발에 이르러 자신의 선조들에게 왕의 직함을 사용하고 법령과 제도 면에서 독립한 나라로 서게 된 것이다. 그리고 희발은 후에 시호諡號가 무왕이 되었다.

상황이 이렇게 되니 하늘에 두 개의 태양이 떠 있는 형상이 되었다. 그런데 다음 해에 상나라 주왕紂王은 더욱 포악해져서 급기야 자기의 숙부 비간比干을 죽이고 기자箕子를 가두어버렸다. 이 소식을 들은 희발, 즉 무왕은 중죄를 지은 주왕을 토벌한다는 자신의 뜻을 널리 제후들에게 선포하고 즉위 후 13년 봄에 드디어 주왕을 치기 위해 군사를 출정시킨다. 무왕은 아버지 문왕의 위패를 수레에 모시고 자신을 태자 발發이라고 부르면서 주왕을 정벌하는 것은 문왕의 뜻을 받드는 것이라 했다. 무왕이 문왕을 앞에 내세운 것은 문왕이 그만큼 생존한 때나 사후에도 많은 사람들로부터 존경을 받은 인물이었기 때문이다. 무왕은 아버지 문왕의 이름을 빌려 주왕의 정벌에 대한 여러 제후의 지지를 이끌어내려 했다.

무왕이 자신의 군대에게 동원령을 내린 집결지는 맹진盟津이었다. 이미 맹진에는 사전에 기약하지도 않았는데 그곳에 모인 제후의 수가 팔

78. 필공은 무왕의 배다른 동생인 것으로 추정된다.

백 명이나 되었다. 무왕이 제후와 장병을 모아놓고 주왕을 정벌하는 대의명분을 밝힌다. 역사에서는 이것을 '태서太誓'라고 부른다.

> "상나라의 죄는 세상에 가득 차서 하늘이 그를 베라고 명하셨소天命誅之. 내가 하늘을 따르지 않으면 그 죄가 같아질 것이오. 이 소인은 새벽부터 밤늦도록 공경하고 두려워하며 돌아가신 문왕의 명령을 받았소이다."[79]

앞서 상나라의 시조 탕왕은 하나라의 마지막 왕 걸을 정벌할 때 "하늘이 그를 죽이라고 명하셨소天命殛之"라고 하며 그 정당성을 하늘의 명, 즉 천명에서 구했다. 무왕도 "하늘이 그를 베라고 명하셨소天命誅之"라고 하며 탕왕과 마찬가지로 천명을 대의명분으로 삼았다. 무왕은 한 걸음 더 나아가 선왕인 문왕께서도 명하신 것이라고 힘주어 말했다. 무왕의 연설에 고무 받은 제후와 장병들이 함성을 지르며 강을 건너려 했다. 이때 백이와 숙제가 나타나서는 무왕에게 다가와 말고삐를 잡고는 간언했다.

> "아버님이 돌아가셨는데 장례도 치르지 않고 바로 전쟁을 일으키는 것은 효라고 할 수 있습니까? 신하 신분으로 군주를 죽이는 것을 인仁이라고 할 수 있습니까?"[80]

그러자 무왕 곁에 있던 신하들이 그들의 목을 베려고 했으나 강태공이 "이들은 의로운 사람이다"라고 하며 두둔했다. 백이와 숙제는 간신히 죽음을 면했다.

---

79. 『書經』, 泰誓上9, "商罪 貫盈 天命誅之. 予弗順天 厥罪惟鈞. 予小子 夙夜祗懼 受命文考."
80. 『史記』, 伯夷列傳第一, "父死不葬, 爰及干戈, 可謂孝乎? 以臣弑君, 可謂仁乎?"

드디어 무왕의 군대가 황하를 건너기 시작했다. 무왕이 황하를 건너다가 중간 지점에 도착했을 때 흰 물고기가 배 안으로 뛰어들었다. 무왕은 몸을 굽혀 고기를 잡아 제사를 지냈다. 이것은 길조였다. 고대의 왕조는 자신들이 숭상하는 색을 정하여 두었다. 하나라는 검은색을 숭상했으며, 상나라는 흰색, 그리고 주나라는 붉은색을 숭상했다. 상나라를 상징하는 흰색을 띤 물고기가 배 안으로 뛰어든 것이다. 마치 마음대로 처분하라는 계시와 같았다. 또 강 상류에서는 불덩이가 하늘에서 떨어지더니 무왕이 머무는 지붕에서 붉은 새가 되었다. 붉은색은 주나라를 상징했으므로 이 힘찬 모습을 보고 사람들은 이것도 길조라고 여겼다. 무왕이 맹진을 건너가 황하 가에서 그를 따르는 여러 제후와 장병들에게 다시 연설을 했다.

> "옛 사람이 말하길 '우리를 돌보아주면 임금이지만, 우리를 학대하면 원수다'라고 했소. 외로운 남자 수주왕의 본명는 널리 오직 억누르려고만 하고 있으니 바로 그대들의 대대손손 원수요. 덕을 심는 것은 자라도록 힘쓰게 해야 되지만, 악을 제거하는 경우에는 그 근본부터 도려내야 하오."[81]

무왕은 매우 감성을 자극하는 표현을 썼는데, 이것은 제후와 장병들에게 주왕에 대한 증오심을 크게 일으키기에 충분했다. 드디어 무왕은 왼손에 누런빛의 커다란 도끼를 들고 오른손에는 쇠꼬리로 장식한 흰 깃발을 들고 군사들이 용맹하게 싸울 것을 독려했다. 그리고 무왕은 달아나는 상나라 군사들은 막지 말 것을 명령했다. 주왕은 무왕이 쳐들어왔다는 소식을 접하고 황급히 병사 70만을 편성하여 전선으로 달

---

81. 『書經』, 泰誓下4, "古人 有言曰, 撫我則后 虐我則讐.獨夫受 洪惟作威 乃汝世讐. 樹德 務滋 除惡 務本."

려갔다. 양군은 목야牧野에서 마주쳤다. 무왕은 군사軍師 태공망에게 용사 일백 명을 데리고 앞서게 하고, 자신은 대부대를 이끌고 주왕의 군대를 공격했다. 결국 주왕의 군대는 패퇴하여 주왕은 스스로 불에 타 죽었고 달기는 자결했다. 무왕과 제후들은 상나라 도읍지 조가에 입성하여 주왕이 불에 타 죽은 곳으로 갔다. 무왕은 주왕의 시체에 화살 세 발을 쏘고 보검으로 찌른 다음 검은 도끼로 목을 베고는 그 머리를 작은 흰색 깃발에 매달았다. 달기의 시체도 똑같은 처지가 되었다. 무왕이 백기에 주왕의 목을 매단 것은 백색이 상나라가 숭상하던 색이었기 때문이다.

주왕의 목을 자른 그 이튿날 무왕은 도로를 말끔히 치우게 하고 사당과 주왕의 궁전을 수리했다. 그런 후 일백 명의 장사壯士들이 긴 깃발을 들고 앞장을 서고, 무왕의 동생 숙진탁이 의장대를 이끌고, 주공단은 큰 도끼를 들고 필공畢公은 작은 도끼를 들고 무왕의 좌우에 섰다. 그리고 나머지 신하들은 검을 들고는 무왕을 호위했다. 새 왕조의 시작을 알리는 장엄한 행렬이었다. 조가성에 입성한 후 무왕은 대신들을 대동하고 포악무도한 주왕을 천명을 받들어 처단했다는 축문을 읽으며 사당에 제사를 올렸다. 이에 이르러 상나라는 멸망을 고하게 되었으니 기원전 11세기 무렵의 일이다.[82]

한편 무왕은 상商의 민심을 달래고 유민遺民들을 통제하기 위해 주왕의 아들 무경武庚을 상商의 제후로 봉封땅을 주고 신하로 삼음했다. 그리고 동생 관숙선, 채숙도, 곽숙처를 파견하여 무경이 상商을 통치하는 것을 감시하고 보좌하도록 했는데, 세상에서는 이 세 명을 삼감三監세 명의 감시자이라

---

82. 무왕이 주왕을 정벌하는 과정은 누락된 부분이 많고 역사서 내용도 서로 달라서 당시의 상황을 짜 맞추기가 매우 어렵다. 『사기』에는 무왕이 맹진에서 바로 무왕을 공격한 것이 아니라 군사를 물렸다가 2년 후에 무왕을 정벌한 것으로 되어 있다. 본장은 『서경』의 기록을 기본으로 하되 사건의 순서가 뒤바뀌거나 누락된 부분이 있다고 판단되는 부분은 『사기』와 『십팔사략』, 기타의 역사서를 참고하여 보정했다.

고 불렀다.

무왕은 주왕이 옥에 가두었던 기자箕子를 석방하여 신하로 삼고자 했으나 기자는 이를 거부하고 은둔했다. 무왕은 기자의 충직함을 높이 평가하여 기자를 찾아가 인간 윤리의 근원이 되는 천도天道를 묻자 기자는 '홍범구주洪範九疇'를 진술했다고 한다. 홍범구주는 백성을 통치하는 원리를 9개의 범주로 나누어 설명한 것이었다. 후에 기자는 주나라 왕실을 찾아가 왕을 알현했고, 그 이후의 행적에 대해서는 불분명하다.[83]

무왕은 주왕을 정벌한 후 신하들을 위로하고 정치체제를 정비했다. 무왕은 삼황오제의 후손들을 분봉했다. 그리고 상왕조를 무너뜨리고 새 왕조를 여는 데 공을 세운 신하와 아우들에게도 분봉을 했다. 태공망은 영구營丘에 봉하고 봉국의 이름을 제齊라 했다. 동생 숙단叔旦주공단은 곡부에 분봉하고 봉국의 이름을 노魯라 하였으니 훗날 공자의 고향이 되는 나라이기도 하다.[84] 무왕이 신하들에게 땅을 나누어주고 제후로 삼은 것을 정치체제로는 봉건제라고 부른다. 무왕은 제후의 작위를 다섯 개로 나누었는데, 공公 → 후侯 → 백伯 → 자子·남男 순이었다. 이들 제후들은 등급에 따라 그 봉토도 차등을 두어 지급했다.

상 왕조를 무너뜨린 무왕은 무기를 거두고 군대를 해산하여 다시는 무력을 쓰지 않을 것을 천하에 선포했다. 한편 무왕의 말고삐를 잡으며 신하의 나라로서 상나라를 치는 것을 만류했던 백이와 숙제는 상

---

83. 『상서대전(尙書大傳)』과 『한서지리지(漢書地理誌)』에 따르면 상나라가 멸망하자 기자는 주나라의 신하가 되는 것을 거부하고 조선으로 망명했으며, 이에 주나라 무왕은 기자를 조선에 봉했다고 한다. 기자는 오천여 명의 무리와 함께 조선으로 와서 조선의 백성에게 문명을 가르쳤다고 한다. 일부 기록에서는 기자가 건너오자 원래 조선의 군주였던 단군이 기자를 피해 장당경으로 옮겨 갔다고 되어 있다.

84. 그 외 동생 숙선(管叔鮮)은 관(管)에 봉했고, 동생 숙도(蔡叔度)는 채(蔡)에, 동생 숙처(叔處)를 곽(霍)에 그리고 왕실의 일족(一族)인 소공석(召公奭)은 연(燕)에 봉했다. 무왕의 형제들은 이후 자신들의 봉지를 따서 관숙선, 채숙도, 곽숙처로 불린다. 숙단이 주공단으로 부르게 된 연유는 정확치 않다. 일설은 숙단이 주(周)의 옛 땅이었던 기산(岐山)에 봉해진 데에서 유래했다고 한다.

나라가 망한 뒤에도 상나라에 대한 충성을 버릴 수 없고, 고죽군 영주로 받는 녹봉 역시 받을 수 없다며 수양산으로 들어가 고사리를 캐 먹었다. 이때 왕미자王麋子라는 사람이 수양산에 찾아와 백이와 숙제를 탓하며 말했다.

"그대들은 주나라의 녹을 받을 수 없다더니 주나라의 산에서 주나라의 고사리를 먹는 일은 어찌 된 일인가?"

이에 두 사람은 고사리마저 먹지 않았고 마침내 굶어 죽게 된다. 이후 백이와 숙제의 이야기는 끝까지 두 임금을 섬기지 않고 충절을 지킨 의인들을 가리키는 표현으로 사용되게 된다.

무왕은 인재를 등용할 경우에는 과거의 성왕들이 그리했던 것처럼 어진 덕과 능력을 보았다. 무왕은 행동이 믿음직했고 의로운 일을 천하에 밝히려고 했다. 백성에게는 오교五教오륜를 중히 여기게 하여 인륜이 살아 있는 사회를 만들고자 했다. 민생을 중요하다고 생각하여 백성이 먹는 것에 관심을 기울였고, 백성의 아픔이 있는 상례와 제사를 챙겼다. 이렇게 하자 무왕이 다스리던 시대는 옷을 늘어뜨리고 팔짱을 끼고 있어도 천하가 잘 다스려졌다고 한다. 무왕은 새로운 나라의 도읍지로서 호경鎬京현재의 시안 시 부근보다 동쪽의 낙읍洛邑현재의 뤄양 시이 적합한 것으로 판단하고 진영을 축조했으나 생전에 수도를 옮기지는 못했다.

무왕은 상나라를 무너뜨린 후 2년 만에 병이 나서 위태하다가 고비를 넘기더니 이윽고 얼마 안 가 죽고 말았다. 무왕의 뒤를 이어 어린 태자 송誦이 왕위에 오르니 그가 바로 성왕成王이다.

봉건제를 확립한 주공

무왕이 천하를 통일하는 데 지대한 공을 세운 신하는 태공망과 동생 주공단이다. 이후 두 사람은 통일 왕조 주나라에서도 주 왕실의 기반을 확립하기 위해 혼신의 힘을 다했다. 무왕이 상(은)나라를 멸망시킨 지 2년 만에 병이 들어 눕게 되었을 때 아직 국가의 기반은 취약했고, 왕위 계승자인 태자 송誦은 나이가 어렸다. 병중에 있는 무왕을 비롯해 동생인 주공 그리고 문무 대신들의 근심은 이루 말할 수 없었다. 소공소공석을 비롯한 대신들은 '목복穆卜'을 하려고 했다. 목복이란 국가 차원에서 점을 쳐서 모든 대신들이 함께 하늘의 뜻을 경청하는 것을 말한다.

주공은 요란스러운 행사로 인해 선왕들을 근심케 하고 인심을 동요하는 것에 반대하여 이들의 주장을 물리친다. 대신 주공은 홀로 3단으로 된 제단을 쌓고 나서 자신의 증조부인 고공단보와 할아버지인 왕계 그리고 아버지인 문왕에게 글을 지어 무왕을 대신해 자신이 죽게 해달라고 빌었다. 그러고 나서 점을 쳐보니 한 번 두 번 모두 점괘가 길하다고 나왔다. 그런 다음 상자를 열어 앞서 기록된 점서들을 보니 역시 아울러 길하다고 되어 있었다. 주공은 죽간으로 된 기도문을 금등金縢쇠줄로 묶은 상자 안에 넣어 보관하도록 했다. 당시 주공이 기도문을 금등에 넣은 것은 후일 조카인 성왕이 주공에 대한 의심을 해소하게 되는 계기가 되었다.

주공이 기도문을 금등에 넣은 이유는 주 왕실의 관례에 따른 것이었다. 본래 점서는 통계적인 기록의 누적에 의해서 형성되었다. 즉 한 번 점을 치면 그 기록을 보관했다가 후일 같은 상황에서 비슷한 점괘가 나올 경우 서로 부합되는 것을 점괘로서 정리했다. 그렇기 때문에 주공이 두 번 점을 치고 나서 앞서의 기록과 대조한 것도 이 같은 이유에서 그리했다.

주공의 정성 때문이었는지 그다음 날 무왕은 병이 나았다. 그렇지만 무왕은 얼마 안 가 세상을 뜨고 13세인 어린 태자 송誦이 왕위에 오르니 그가 바로 성왕成王이다.

성왕이 나이가 어렸으므로 주공이 섭정攝政을 했다. 그러자 당시 상은나라 옛 영토의 제후 무경을 감시하는 역할을 맡고 있던 주공의 형 관숙선과 동생 채숙도·곽숙처가 주공이 섭정을 핑계로 왕위를 노린다는 유언비어를 나라 안에 퍼뜨렸다. 성왕 또한 삼촌인 주공에 대한 의심을 풀지 못했다. 이에 주공은 참담한 심정을 어이할 수 없었다. 결국 주공은 소공과 태공망에게만 자신의 심정을 고백하고 동쪽으로 가서 2년을 거주하게 된다. 그리고 자신의 결백과 억울한 마음을 표현해 성왕에게 바쳤는데, 그것이 바로 『시경』[85] 「빈풍」장에 실려 있는 '치효鴟鴞올빼미'이다.

> "올빼미여! 올빼미여!
> 이미 내 새끼 잡아먹었으니
> 우리 집안 허물지 말라.
> 나는 그를 사랑했고, 그를 위하여 일하였나니
> 어린 자식 불쌍하도다."[86]

이 시는 유언비어를 퍼뜨린 관숙선과 채숙도, 곽숙처를 다른 새의 새끼를 잡아먹고 사는 올빼미로 의인화하여 자신과 어린 성왕 사이를 이간질하고 해치려는 것을 빗대어 표현했다. 또한 어린 조카 성왕에 대

85. 중국 최초의 시가(詩歌) 총집이다. 공자(기원전 551~기원전 479)가 편집했다고 전한다. 주(周)나라 초기(기원전 11세기)부터 춘추시대 중기(기원전 6세기)까지의 시가 305편을 모았다.
86. 『詩經』, 國風, 第十五豳風, "鴟鴞鴟鴞, 旣取我子, 無毁我室. 恩斯勤斯, 鬻子之閔斯."

한 충성심과 애틋한 마음이 잘 드러나 있다.

이윽고 가을이 되어 들판에 알찬 곡식들이 수확을 기다리고 있었다. 그런데 갑자기 하늘에서 크게 천둥 번개가 치며 바람이 불어 벼가 모두 쓰러지고 큰 나무가 모두 뽑히는 이변이 일어났다. 이에 왕을 비롯한 조정의 대신들과 백성이 크게 두려움에 떨고 있었다. 조정에서는 그 연유를 알고자 '목복'을 하려고 했다. 그런데 몇 년 전에 무왕이 병이 들었을 때 주공이 목복을 물리치고 홀로 제단을 쌓고 선왕께 제를 올리고 점을 친 일이 있어서 왕과 대신들은 주공이 그리 한 이유와 점괘가 궁금했다. 더구나 관숙선을 비롯한 주공의 형제들이 주공을 모함하는 유언비어를 퍼뜨리는 바람에 성왕을 비롯한 대신들도 주공의 속마음이 궁금했다. 그리하여 왕과 대부들이 모두 고깔을 쓰고서 금등을 찾아 그 내용을 보기에 이른다. 그런데 그 내용에는 주공이 자신을 희생해서라도 무왕의 병을 낳게 해달라는 기도문이 들어 있었다.

성왕과 태공망 그리고 소공은 당시 주공이 선왕에게 제사를 올리고 점을 칠 때에 참석한 사관史官들과 집사執事들에게 실제 그러한 기도를 올렸는가를 묻자 모두 사실이라고 대답했다. 이에 어린 성왕은 그 기도문을 잡고는 흐느껴 울었다. 삼촌인 주공이 주 왕실을 위해 자신을 희생하면서까지 부지런히 힘썼는데, 자신은 이런 주공을 의심만 하고 있었던 것이 너무 부끄러웠고 괴로웠다. 성왕은 지금 하늘이 이런 위엄을 보인 것은 주공의 덕을 밝히려 한 것이라고 말하면서, 국가의 예에 의거하여 동쪽에 머무르고 있는 주공을 맞이할 것을 지시했다. 드디어 왕이 채비를 갖추고 주공을 맞이하러 교외로 나가자 하늘이 비를 내리고 벼가 쓰러진 반대편에서 바람이 불어 벼들이 모두 일어났다.

주공이 왕의 영접을 받으며 도성에 입성하자 상황은 반전되었다. 왕도 대신들도 진심으로 주공의 충심을 이해했고, 관숙선, 채숙도, 곽숙처에 대한 비난의 여론이 일었다. 그러자 관숙선, 채숙도, 곽숙처는 불안을 느껴 주왕紂王의 아들인 무경을 부추겨 반란을 일으키게 되니 이를 '삼감三監의 난'이라고 부른다. 이에 성왕은 주공에게 삼감의 토벌을 명한다. 주공은 제후들을 단속하며 반란의 진압에 나섰지만, 상商나라 유민들의 저항이 거세서 반란을 진압하는 데에는 3년이 걸렸다. 주공은 무경과 관숙을 처형하고 채숙은 유배를 보내고, 곽숙은 벼슬에서 쫓아냈다.[87]

주공은 상(은)족을 회유하기 위해 상商의 옛 땅에 주왕紂王의 형 미자계微子啓를 봉하여 송宋나라라 칭하고, 무왕의 동생 봉封을 강숙康叔, 후에 위(衛)나라에 봉했으며[88], 자신의 아들 백금伯禽을 노魯나라에 봉했다. 이처럼 주공은 주 왕실의 일족과 공신들을 중원中原의 요지에 배치하여 다스리게 하는 봉건제를 실시하여 주 왕실의 수비를 공고히 했다.

주공은 소공을 시켜 무왕 때부터 수도로 삼고자 했던 낙읍을 면밀히 조사한 다음 왕궁을 축조하여 동도東都라고 했으며, 기존 수도인 호경은 서도西都라고 했다. 이것은 기존 수도인 호경을 떠나 낙읍으로 옮긴 것은 아니었지만 이른바 수도가 두 곳이 된 셈이다. 주나라가 무왕 때부터 수도를 동쪽의 낙읍으로 옮기려 한 이유는 호경이 너무 서쪽에 치우쳐 있어서 천자의 통치력이 여러 제후국에게 미치는 데 한계가 있었기 때문이었다. 한편, 주공은 『주례周禮』를 지어 예악禮樂과 법도法度를 제정했다고 전해진다. 그렇지만 주공이 지었다는 『주례』의 원전은 전해지지 않는다. 현재 전해지는 『주례』는 한대漢代에 복원한 것이며, 원전과의 일치 여부는 알 수 없다. 이처럼 주공은 중국 고대의 정치·사상·문

---

87. 『서경』「금등」편에는 주공이 동쪽으로 가서 2년 동안 거주하고 있었을 때 삼감의 난이 일어나서 조정에 의해 진압되는 것으로 나와 있고, 그 후 주공이 '치효'라는 시를 지은 후 조정에 복귀한 것으로 되어 있다. 그런데 같은 책 「대고」편은 주공이 천하에 삼감들을 토벌해야 하는 이유를 선포하는 내용인데, 이것은 주공이 주도적으로 삼감들을 토벌했다는 것을 입증하는 기록이다. 그러므로 본서에서는 「대고」편의 내용에 의거 삼감의 난을 주공이 주도적으로 진압한 것으로 기술했다.

88. 이로부터 봉(封)을 강숙봉(康叔封)이라 부르게 되었다.

화 등 다방면에 공헌하여 유학자에 의해 성인聖人으로 숭배되고 있다. 주공은 성왕이 장성하자 섭정한 지 7년째에 정권을 성왕에게 물려주고 북면北面[89]하는 신하의 자리로 돌아갔다. 이로써 주공은 뒤로 물러나고 성왕의 친정親政 시대가 열리게 된다. 주공이 섭정한 7년 동안에 주의 정치·사회 제도가 중국 북부 전역에 걸쳐 확고히 수립되었다. 그가 확립한 행정조직은 후대 중국 왕조들의 모범이 되었다.

주周나라는 13대 평왕이 기원전 770년에 수도를 호경에서 낙읍으로 완전히 옮기면서 이른바 동주東周의 시대가 시작된다. 이를 기준으로 이전을 서주기원전 11세기~기원전 771, 이후를 동주(기원전 770~기원전 256라고 구분한다. 주나라는 건국 후 기원전 256년에 진秦에게 멸망당하기까지 약 790여 년을 존속했다.

봉건제 제대로 이해하기

주나라로 대표되는 봉건국가의 정치제도는 어떠했을까? 봉건제는 종법제도를 기본적 관념으로 한다. 종법제는 같은 성씨 내에서의 위계를 말하는 것과, 다른 성씨와의 위계를 말하는 것으로 구별된다.

같은 성씨 내에서의 위계는 장자 중심이었다. 주나라는 상나라의 부자상속과 형제상속이 혼재된 사회에서 부자상속으로 전환된 사회였으며 부자상속은 장자상속이 우선이었다. 여기서 장자를 대종大宗이라 하였고 다른 자손을 소종小宗이라 했다. 바로 장자 즉 대종 중심의 의식체계를 종법제라고 한다. 종법제는 장자상속과 같은 왕위 계승 문제뿐만 아니라 가부장적이며 신분에 따른 체계적 사회체제의 확립과도

89. 제왕과 신하가 대면할 때 제왕은 남쪽의 신하를 바라보는데 이를 남면(南面)이라 하고, 신하는 북쪽의 제왕을 바라보는데, 이를 북면(北面)이라 한다.

관련이 있다. 『춘추공양전春秋公羊傳』「은공殷公」편과 『예기禮記』「대전大傳」편 등에 의하면 주나라 천자는 적장자가 계승하고, 시조에 대한 제사를 받들었다.

가부장적 사회에서 대종과 소종이 같은 부계 혈통의 위계질서를 나타낸 것이라면, 왕과 다른 성씨의 여자를 구별하기 위해 내종內宗과 외종外宗으로 구별하기도 한다. 내종은 궁궐에서 왕과 같은 성씨의 여인을 말하며, 외종은 왕과 다른 성씨로서 벼슬이 있는 여자를 말한다. 『주례』「춘관종백」에 의하면 내종은 종묘의 제사에서 남자들과 같이 참여하지만 외종은 종묘 제사에서 왕후를 보좌하는 역할을 수행한다.

봉건제封建制는 가정과 조정에서의 종법제가 확대되어 국가 간 주종관계로 발전된 정치체제이다. 왕의 적장자가 통치하는 주 왕실은 대종이 되고, 공신이나 그 동생을 비롯한 친족들에게 토지를 주어 봉한 제후국들은 소종이 된 것이다.

본래 봉건제는 순임금 때도 있었다. 순임금 때 백성의 교화를 담당한 설契은 순임금으로부터 상商을 봉토로 받았고 자子란 성姓을 하사받았다. 또, 순임금의 신하로서 농업을 관장하던 후직은 순임금으로부터 태邰를 봉토로 받았고 희姬란 성을 하사받았다. 후직의 후손 13세 고공단보古公亶父는 기산岐山 아래 주원周原으로 도읍지를 옮겨 비로소 나라 이름을 주周라 불렀다. 또, 상나라 시조 탕은 하나라 우임금의 후손들을 여러 지역의 제후로 삼았으며, 그 제후들은 자신들이 분봉된 나라 이름을 성씨로 삼았다. 이처럼 봉건제는 주나라 이전에도 실시되었으나 공신과 혈족들에게 광범위하게 봉건제가 실시된 것은 주나라에서 비롯되었다.

봉건국가의 지배 체계는 명확하게 밝혀지지 않고 있으나, 『맹자』, 『순자』, 『주례』, 『예기』에서 드러난 내용을 보면 다음과 같다.

『맹자』「만장」장에 따르면 봉건국가의 지도자는 '천자天子' 혹은 '왕王'

으로 불리며 각 제후들은 '군君'으로 호칭된다. 우리가 근대 이전의 국가 지도자를 부르는 호칭으로 군주君主란 표현을 자주 쓴다. 사실 군주는 본래 천자의 나라 통치자에게 붙이는 칭호인 왕을 중심에 두고 지방 제후국에게 붙이는 호칭인 것이다. 그렇기 때문에 우리가 이상적 정치를 펼친 국가 지도자에게 붙이는 성왕聖王과 성군聖君도 구별되어야 한다.

성왕은 요임금, 순임금, 우임금, 탕왕, 문왕, 무왕 등과 같이 인의仁義에 의한 정치를 편친 왕들에게 붙이는 칭호이며, 성군은 천자의 나라에 속한 제후들 중에서 인의에 의한 정치를 펼친 제후들에게 붙인 칭호이다. 『맹자』「등문공」장에 보면 "성왕이 나오지 않으니 제후들은 방자해지고, 처사들은 함부로 의견을 발표하여 양주, 묵적 같은 이들의 말이 천하에 가득 찼다"[90]란 말이 나온다. 이와 같이 맹자는 성왕과 제후의 등급을 달리 보고 있으며, 순자도 마찬가지다. 『순자』「애공」장에는 노나라 애공哀公과 공자의 대화가 다음과 같이 소개되어 있다.

노나라 애공이 공자에게 물었다.

"과인이 깊은 궁궐에서 태어나서 부인들의 손에서 자라났기 때문에 슬픔이라는 것을 잘 모르고 걱정거리를 잘 모르고 수고스러움을 잘 모르며 두려움을 잘 모르며 위태롭다는 말을 잘 모르오."

공자 말했다.

"군주께서 질문하신 것은 성군의 질문입니다. 제가 소인이니 어찌 그러한 것을 알 수가 있겠나이까?"[91]

---

90. 『荀子』, 滕文公章句下, "聖王不作, 諸侯放恣. 處士橫議, 楊朱´墨翟之言盈天下."
91. 『荀子』, 第三十一哀公, "魯哀公問於孔子曰, 寡人生於深宮之中, 長於婦人之手, 寡人未嘗知哀也, 未嘗知憂也, 未嘗知勞也, 未嘗知懼也, 未嘗知危也, 孔子曰, 君之所問, 聖君之問也, 丘小人也, 何足以知之?"

애공은 자신이 세상사에 어둡기 때문에 공자에게 한 수 부탁한다는 말을 하고 있다. 그러자 공자는 애공이 자신을 낮추어서 하는 말을 듣고 성군의 질문이라고 치켜세우고 있다. 노나라는 천자의 나라인 주나라의 제후국이다. 그러므로 순자는 이와 같이 애공과 공자의 대화를 통해 제후국인 노나라의 애공을 성왕이 아닌 성군으로 표현을 하고 있다.

봉건국가 등급 및 계급

<table>
<tr><th colspan="2">천자와 제후</th><th>천자와 제후의 나라 계급</th></tr>
<tr><td colspan="2" rowspan="5">천자</td><td>천자(天子)</td></tr>
<tr><td>삼공</td></tr>
<tr><td>경</td></tr>
<tr><td>대부</td></tr>
<tr><td>원사</td></tr>
<tr><td rowspan="7">군(君)</td><td rowspan="4">공작</td><td>군(君)</td></tr>
<tr><td>경</td></tr>
<tr><td>대부</td></tr>
<tr><td>사</td></tr>
<tr><td>후작</td><td>위와 같음</td></tr>
<tr><td>백작</td><td>위와 같음</td></tr>
<tr><td>자작·남작</td><td>위와 같음</td></tr>
</table>

군君으로 호칭되는 제후들은 천자로부터 작위爵位를 수여받았는데, 그 등급에서 차등이 있었다. 천자로부터 제후에 이르는 등급을 살펴보면 천자天子 → 공公 → 후侯 → 백伯 → 자子인데, 자子는 달리 남男으로도 대체하여 통용되었다. 다시 말하면 주나라에는 천자가 있고 주변 제후국들에는 군君으로 호칭되는 제후들이 있는데, 그 제후들의 등급이 '공작公爵 → 후작侯爵 → 백작伯爵 → 자작子爵·남작男爵'으로 나뉘어 있다는 말이다.

천자가 직접 다스리는 주나라 왕실에서는 그 계급 체제가 천자-삼공三公-경卿-대부大夫-원사元士로 분류되며, 제후국은 군君공-후-백-자·남-경卿-대부大夫-사士[92]로 편제되었다.[93]

---

92. 하나라는 공(公), 후(侯), 백(伯), 자(子), 남(男)의 5등작이 있었고, 은나라는 공, 후, 백의 3등작이 되었다가 주나라 때는 다시 5등작이 되었다고 한다. 천자의 나라나 제후의 나라나 사(士)는 다시 상사(上士)—중사(中士)—하사(下士)로 등급이 나뉜다.

제후들의 등급은 죽은 뒤에 붙이는 이름인 시호諡號에도 따라오거나 승격되어 붙여졌다. 위衛나라는 무왕이 동생 강숙에게 준 봉토에 건국되었다. 위나라 군주의 시호를 보면, 2대 강백康伯 … 8대 경후傾侯 … 11대 무공武公이다. 2대 강백은 강백작康伯爵의 줄인 말이다. 그러므로 강백은 군주의 등급인 '공작公爵 → 후작侯爵 → 백작伯爵 → 자작子爵·남작男爵' 중에서 3번째 등급인 백작의 작위를 가진 군주인 것이다. 8대 경후는 작위가 한 등급 올라간 후작에 해당하는 군주이고, 11대 무공은 군주의 등급 중 가장 상위 등급인 공작에 해당되는 작위를 가진 군주이다.[93]

작위나 계급은 사후에 승격되어 시호에 붙여지기도 했다. 전국시대 맹자는 군주의 신분이 아니었지만 원元의 인종仁宗 때 아성추국공亞聖鄒國公이란 시호가 붙여졌다. '아성추국공'이란 '성인 다음가는 추나라의 공작'이란 의미이다. 이렇게 맹자가 죽은 후에 그를 추모하여 공작의 등급인 군주로 승격하여 대우했다.

그렇지만 후대에 가면서 이러한 제후들의 작위는 비록 살아생전에 벼슬을 하지는 못했지만 죽은 사람을 일반적으로 예우하는 차원에서 붙여지기도 했다. 우리 주위에 있는 묘비 등을 보면 성씨 뒤에 '~公공' 이라고 표기된 것을 흔히 본다. 비록 살아서는 평민이었지만 죽어서는 군주로 예우하고 싶은 후손들의 마음이 녹아든 표현이라 할 것이다.

같은 명칭의 벼슬이라고 해도 천자의 나라와 제후국에서의 벼슬은 그 등급이 달랐고 봉토를 받는 기준도 달랐다. 즉, 천자는 사방 천리의 땅을 받았고, 천자의 나라에서의 삼공은 제후들의 등급 중 상위 등급

---

93. 『예기』「왕제」편에 천자의 나라는 天子-三公-九卿-二十七大夫-八十一元士 의 등급 편제로 구성되었다고 하고 있다. 공(公)은 태사(太師), 태부(太傅), 태보(太保)라는 최고위 관직(官職)으로 나뉘는데 이를 삼공(三公)이라 했다. 경(卿)은 소사(少師), 소부(少傅), 소보(少保), 총재(冢宰), 사도(司徒), 종백(宗伯), 사마(司馬), 사구(司寇), 사공(司空) 등의 9가지로 나뉘는데 이를 구경(九卿)이라 했다. 삼공(三公)과 구경(九卿)을 합해 공경(公卿)이라고 불렀다.

인 공작公爵과 후작侯爵과 같이 사방 백 리의 땅을 봉토로 받았다. 천자의 나라에서의 경卿은 제후의 등급 중 중간 등급인 백작伯爵과 같은 사방 칠십 리의 땅을 받았고, 천자의 나라에서의 대부大夫는 제후의 등급 중 하위 등급인 자작子爵과 남작男爵과 같은 사방 오십 리의 땅을 받았다. 또, 천자의 나라에서의 원사元士는 부용附庸에 해당되는 땅을 받았는데, 부용이란 사방 오십 리 이하의 땅으로서 제후국들이 직접 관할하는 소규모 땅을 말한다.[94]

봉건제에서 제후국은 일정한 조공을 천자에게 바치고 천자가 요청할 경우 군대를 동원하는 것이 의무였다. 이것은 천하의 중심에 주나라를 두고 제후국을 주변에 배치하여 주 왕실의 천년 대업을 도모한 정치체제였다. 그렇지만 주의 봉건제는 각 제후국들이 정치, 군사적인 면에서 사실상 독립국이었기 때문에 주나라가 중국 전역을 실질적으로 통일한 것이라고 할 수 없다. 제후국을 없애고 중국을 단일 국가로 통일한 것은 전국시대 진秦의 시황제가 최초였다.

봉건제에서는 신분에 따라 죽음에 대한 호칭도 달랐다. 천자가 죽으면 붕崩이라 하고, 제후가 죽으면 훙薨이라 하고, 대부가 죽으면 졸卒, 사가 죽으면 불록不祿, 서인이 죽으면 사死라고 했다.

봉건제가 왕과 제후 간에 봉토를 매개로 설정된 것이라면, 토지의 실질적 활용은 정전제井田制에 의해 이루어졌다고 전해진다. 주나라가 실질적으로 정전제를 실시했는지는 불명확하나 전국시대의 맹자가 주나라의 정전제를 소개하고 있다. 맹자에 따르면 정전제란 일정 규모의 땅을 '정井' 자 형태인 9개로 나누어 중앙은 공전으로 하여 조세에 충

94. 『예기』「왕제」편의 내용에 따른 것이다. 『맹자』에 소개된 내용은 조금 다르다. 『맹자』「만장」장에는 천자의 나라에서의 경(卿)은 후작, 대부(大夫)는 백작, 원사는 자작·남작과 같은 규모의 땅을 받는다고 하고 있다. 『맹자』는 천자의 나라에서의 직제 등급이 제시되지 않았고, 『예기』에는 天子-三公-九卿-二十七大夫-八十一元士에 이르는 등급을 제시하며 부여되는 땅의 규모를 말하고 있기 때문에 그 정확성을 고려하여 『예기』의 내용을 따랐다.

당하고, 나머지 8개는 사전私田으로서 균등하게 농민들이 경작하는 토지제도를 말한다. 정전제는 토지의 균등분배 원칙에 입각하여 평등이라는 사회적 정의를 구현한 경제제도였다.

~제2장~

공자의 생애

1절
공자의 성장기

주周나라는 13대 평왕이 기원전 770년에 수도를 호경에서 낙읍洛邑 낙양으로 완전히 옮기면서 이른바 동주東周의 시대가 시작된다. 동주는 춘추시대를 거쳐 거의 전국시대 말기까지 존재했다. 춘추시대春秋時代는 주나라가 낙읍으로 천도한 후부터 제후국인 진晉나라가 삼분하여 한韓, 위魏, 조趙로 독립할 때까지의 약 370여 년 동안의 시대기원전 770~기원전 403를 말하며, 전국시대戰國時代는 그 후부터 진秦이 기원전 221년에 전국을 통일하기까지의 180여 년 동안의 시대기원전 403~기원전 221를 말한다. 공자는 춘추시대에 살았다.

'춘추'라는 이름은 공자孔子기원전 551?~479?가 지은 노魯나라의 역사책인 『춘추春秋』에서 비롯하였다. 이 시대에는 주나라 초기에 1천여 개나 되던 제후국들이 마침내 제齊·진晉·진秦·노魯·위衛·초楚·오吳·월越 등을 비롯한 십여 개가 조금 넘는 제후국으로 정리되어 서로 패권을 다투는 국면으로 접어들게 된다. 이 시대에 제후들을 회동시켜 패권을 잡았던 다섯 명의 제후가 있었는데 이를 '춘추오패春秋五霸'라 한다. 그런데 이 춘추오패로 꼽히는 인물은 기록한 사람에 따라 약간씩 다르다. 순자荀子[95]는 저서 『순자荀子』에서 오패를 오백五伯으로 바꿔 불렀다. 순자에 따르면 오패는 제환공齊桓公, 진문공晉文公, 초장왕楚莊王, 오왕吳王

합려闔閭, 월왕越王 구천勾踐이다. 제환공, 진문공, 초장왕은 공자 출생 이전에 재위했고, 합려와 구천은 공자와 같은 시대에 재위했다.

공자는 노나라 출신이다. 노나라는 주나라 무왕이 아우인 주공에게 내린 봉토였으나, 주공이 아들인 백금에게 다스리게 했던 제후국으로 주나라의 혈족국가이다. 노나라는 춘추시대에 약소국에 해당되며, 강태공을 시조로 하는 전통적으로 강국인 제나라에 인접해 있었다.

공자의 본명은 공구孔丘이며, 자字는 중니仲尼이다. 여기서 '자字'는 성인이 되었을 때 본명 외에 지어주는 이름을 말한다. 공자는 태어나면서 머리 정수리 부분이 낮고 사방이 높아 언덕 모양을 닮았다고 하여 언덕이라는 의미인 구丘로 이름 붙여졌다고 한다. 공자는 노나라 곡부에서 떨어진 창평향 추읍에서 부친인 공흘孔紇字는 숙량(叔梁)과 모친 안징재顔徵在 사이에서 태어났다. 부친인 공흘은 자字와 이름을 혼용하여 숙량흘叔梁紇로 흔히 불린다. 아버지 숙량흘과 어머니 안징재는 결혼하지 않은 관계로, 그는 서자였다. 안징재는 숙량흘의 동료이자 무사인 안양의 셋째 딸이었다. 또한 숙량흘이 안징재를 만났을 당시 숙량흘은 70대였고, 안징재는 13세 소녀였다는 전설도 있으나 확실하지 않다.

공자의 조상은 송나라의 귀족이었으나 공자의 3대조 때 노나라로 옮겨왔다. 아버지 숙량흘은 본부인 시씨施氏와 딸 아홉을 두었고, 첩과는 아들 하나를 두었다. 몸이 불편했던 이복형 맹피孟皮는 딸 하나를 남기고 일찍 사망했다. 공자의 자字가 중니仲尼가 된 것은 장남인 맹피에 이은 둘째 아들이라는 뜻이다. 흔히 소개되는 공자의 가계는 보통 그의 아버지 숙량흘과 증조부 공방숙까지 언급되나, 후대에는 보통 공자를 시조로 간주하기도 한다.

공자 나이 3세기원전 549년 무렵에 아버지 숙량흘이 별세했다. 생업을 책

95. 이름이 황(況)이고 자(字)가 경(卿)이다. 조(趙)나라 출신이며 생존 연대는 맹자 이후이다. 저서에 『荀子』가 있다.

임진 아버지가 돌아가셨기 때문에 어린 시절 공자의 집안은 몹시 가난했다. 『논어』「자한」에는 공자 스스로 "나는 어려서 가난했기 때문에 천한 일도 많이 할 줄 알게 되었다"[96]라고 말한 기록이 있다.

가난한 집안이었지만 어머니의 교육은 다소 기강이 있었던 것으로 추측된다. 『사기』「공자세가」에는 "공자는 아이 때 언제나 제사 그릇을 차려놓고 예를 갖추는 소꿉놀이로 장난을 했다"[97]라는 말이 있다. 이것으로 보면 젊은 홀어머니 밑에서 자란 공자이지만 비교적 바르고 엄격한 가정교육을 받은 것으로 볼 수 있다. [그림 4]는 공자가 어렸을 때 제사 그릇을 진설하며 노는 모습을 그린 〈공자성적도孔子聖蹟圖〉[98]이다.

[그림 4] 공자성적도-제사놀이

공자는 자신이 하늘로부터 재능을 부여받은 것이 아니라 스스로 열심히 노력하는 평범한 사람임을 강조한다. 『논어』「술이」편을 보면, 공자는 "나는 나면서부터 알았던 사람이 아니며, 옛것을 좋아하여 부지런히 그것을 배운 사람이다"[99]라고 말하고 있다. 그렇다면 공자는 실제

96. 『論語』, 子罕第九, "吾少也賤, 故多能鄙事."
97. 『史記』, 孔子世家第十七, "孔子爲兒嬉戲, 常陳俎豆, 設禮容."
98. 〈공자성적도〉는 공자의 일생과 행적에서 의미 있는 사건을 뽑아 도해한 일종의 고사인물도(故事人物圖)로서 원대(元代)에서부터 청대(淸大)에 이르기까지 여러 사람에 의해 그려졌다.
99. 『論語』, 述而第七, "我非生而知之者, 好古敏以求之者也."

로 어떻게 공부를 하였을까? 이에 대한 해답은 분명치 않다. 다만 『논어』 「자장」에서 자공이 공자의 학문 방법에 대해 이렇게 말했다.

> "선생님께서 어디서인들 배우지 않겠습니까? 그리고 또 어느 정해진 스승이 있었겠습니까?"[100]

『논어』 「팔일」에는 "공자께서 태묘[101]에 들어가셔서는 매사에 대해 물으셨다"[102]라는 기록이 있다. 이런 것들로 미루어보면 공자는 옛글을 공부하고, 아는 사람에게 묻고, 눈에 띄는 모든 일에 대해 스스로 연구하여 견식을 넓혀갔던 듯하다.

공자 나이 17세 무렵에 노나라 대부 맹리자孟釐子[103]가 병이 났다. 맹리자는 평소 공자의 인품과 학식을 눈여겨본 사람이었다. 그는 아들 맹의자에게 공자를 스승으로 모시고 공부할 것을 유언으로 남겼다. 그러자 맹의자는 형 남궁경숙과 더불어 공자를 스승으로 모시게 된다. 말하자면 이들이 공자의 최초 제자인 셈이다. 그렇지만 맹의자는 실질적으로 공자와 사제지간을 맺은 것은 아니다. 맹의자의 형 남궁경숙은 이후 공자의 애제자가 된다. 남궁경숙은 달리 남용南容[104]으로도 불린다. 그는 어떠한 인물인가?

> 공자가 남용에 대해 말했다.
>
> "나라에 도가 있으면 버려지지 않고 나라에 도가 없으면 형륙刑戮형벌로 죽임을 당함을 면할 사람이다."

---

100. 『論語』, 子張第十九, "夫子焉不學? 而亦何常師之有?"
101. 왕실의 종묘(宗廟)
102. 『論語』, 八佾第三, "子入大廟, 每事問."
103. 『사기』는 맹리자(孟釐子), 『좌전』은 맹희자(孟僖子)로 표기되어 있다.
104. 본래 이름은 도(縚), 자(字)는 자용(子容), 시호가 경숙(敬叔)이다. 남궁에 거주했으므로 남궁경숙이라고 후대에 부르기도 했고, 남용(南容)으로도 불렸다.

그리하고는 형의 딸로 처를 삼게 했다.[105]

공자는 남궁경숙에 대해 훗날 이렇게 평했다. 남궁경숙은 언행에 조심하여 공자의 신뢰를 받았던 것이다. 그래서 공자는 형 맹피의 딸을 남궁경숙에게 시집보내어 조카사위로 삼았다.

공자는 장성하여 계씨季氏 집안에서 창고의 출납을 맡는 말단 관리가 되었는데, 저울질하는 것이 공평했다고 한다. 그다음에는 사직리司職吏라는 직책을 맡아 가축을 관리했다. 공자가 그 직책에 있는 동안 가축은 살찌고 새끼를 많이 낳았다.

공자는 19세기원전 536년 무렵에 송宋나라 견관씨의 딸과 결혼하여 20세에 아들 리鯉를 얻었다. 『논어』에는 공자가 딸도 있었으며, 그 딸은 제자 공야장에게 출가한 것으로 기록되어 있으나, 딸에 관한 자세한 인적사항은 알 수 없다. 공자가 성년이 된 지 얼마 후 어머니가 사망했다. 공자는 삼년상을 마친 뒤 어머니를 아버지 숙량흘의 묘소 옆에 안장했다.

『사기』의 「공자세가」에 따르면 청년 시절의 공자는 키가 9척 6촌약 288센티미터으로 장인長人키가 큰 사람이라 불렸다. 공자는 주나라의 정치체제를 확립한 주공을 청년 시절부터 사모했고, 평생 동안 마음의 스승으로 모신 것 같다. 『논어』「술이」편에 보면 "내가 참으로 늙었구나. 오래도록 주공을 꿈에서 보지 못했구나"[106]라고 말하는 장면이 나온다. 드디어 공자는 제자 남궁경숙과 더불어 꿈에 그리던 주공의 고향인 주나라 서울 낙읍에 가서 문물을 견학하게 되었다. 이때 공자가 노자老子를 만나 예禮에 관해 물었다는 기록이 있으나, 여기서의 노자가 『도덕경道德經』을 저술한 노자를 지칭하는지는 정확하지가 않다. 공자가 노자에

---

105. 『論語』, 公冶長第五, "子謂南容, 邦有道, 不廢. 邦無道, 免於刑戮. 以其兄之子妻之."
106. 『論語』, 述而第七, "子曰, 甚矣吾衰也. 久矣吾不復夢見周公."

게 질문한 예는 제례祭禮일 것으로 추정된다. 본래 '禮예'라는 글자는 제물을 제기에 쌓아놓고 제사를 드린다는 의미로 구성된 글자이다. 그리고 공자는 어려서부터 제사놀이에 관심이 많았다. 주나라에서 문물을 견학한 공자는 주나라의 문화에 대해 더욱 신뢰가 깊어진 것 같다. 후에 공자는 주나라 문화를 아래와 같이 표현했다.

> "주나라는 이대二代하나라와 상나라를 거울삼았으니, 빛나는구나, 문화여! 나는 주나라를 따르겠다."[107]

공자는 주나라의 문화가 하나라와 상나라의 문화를 거울삼아 형성되었기 때문에 선대의 문화가 주나라에 가감되어 집약된 것으로 보고, 예법과 같은 주나라의 문화를 믿고 따르겠다고 말하고 있다.

공자가 주나라에서 돌아오자 사방에서 제자들이 모여들기 시작했다. 당시 노나라는 대부大夫 가문인 맹손孟孫·숙손叔孫·계손季孫의 이른바 삼가三家 등이 실권을 잡고 있었다. 공자의 제자가 되고자 했던 맹의자는 바로 맹손 집안의 우두머리였다. 이들은 노나라 16대 군주인 환공桓公의 후손이었기에 삼환三桓으로도 불리었다.

공자 나이 35세 때 노나라 군주 소공昭公은 정권을 장악하고 있던 삼환三桓을 축출하고자 군대를 동원했다가 도리어 삼환에게 쫓겨 제齊나라로 도망갔다. 공자도 그 뒤를 따라 제나라에 갔다. 공자는 잠시 고소자高昭子의 가신家臣경·대부의 집에 소속되어 주인을 섬기는 사람이 되어 제나라 경공景公과 교류를 하게 된다. 경공은 니계尼谿의 땅을 봉토로 주어 공자를 정치적 자문역으로 삼으려 했으나 대부인 안영晏嬰이 반대하여 뜻을 거두었다.

---

107. 『論語』, 八佾第三, "周監於二代, 郁郁乎文哉! 吾從周."

공자는 이에 실망하여 귀국하니, 이때 노나라는 새 군주인 소공의 동생 정공定公이 즉위한 원년元年이었고 공자 나이 43세였다. 그렇지만 노나라는 삼가三家 중 가장 세력이 강한 계씨季氏 가문이 군주를 핍박했고 급기야는 계씨 가문의 가신인 양호陽虎마저 난亂을 일으켜 정사를 농단했다. 그러자 공자는 벼슬을 하지 않고 물러나서 시詩·서書·예禮·악樂을 편수編修했는데, 바로 공자 제자들의 대부분이 이 시기에 공자 주변으로 모이게 된다. 공자의 제자들이 공자 주변에 모인 시기는 일정하지 않다. 남궁경숙은 공자 나이 17세 때 최초의 제자가 되었으며, 나머지 제자들은 공자가 주나라 유학을 하고 돌아온 뒤에 모여들기도 하고 제나라에서 40대 초반에 돌아온 뒤 모여들기도 했다. 『사기』의 「공자세가」에 따르면 공자의 제자는 3,000명이며, 육예六藝에 능통한 자가 72명으로 전해진다.

2절
공자의 제자

공자의 제자 중 가장 나이가 많은 자가 자로子路였다. 자로는 성명이 중유仲由이고 자로는 그의 자字인데, 계로季路라고도 부른다. 일반적으로 중유보다 자字인 자로로 많이 알려져 있다. 자로는 노나라의 변卞 땅 사람이며 공자보다 아홉 살이 적었다. 자로는 성질이 거칠고 용맹을 좋아하며 평소 다니는 행색도 볼만했다. 그는 수탉의 꼬리로 관冠머리에 쓰는 물건을 만들어 쓰고 수퇘지의 가죽으로 주머니를 만들어 허리에 차고 다녔으며 공자에게 행패를 부리려고도 했다. 『공자가어』[108]에는 공자와 자로가 대면하여 논쟁을 하는 장면이 나온다. 먼저 공자가 말했다.

"군자는 학문을 아니 하면 안 되오."

자로가 말했다.

"남산의 대나무는 바로잡지 않아도 스스로 곧아서, 베어서 사용하면 무소의 가죽을 꿰뚫는다는 말이 있소이다. 이를 두고 말하건대 무슨 배울 것이 있겠습니까?"

---

108. 『공자가어(孔子家語)』는 공자의 언행 및 문인, 문하생들과의 문답과 논의를 수록한 책. 본래는 27권이었으나 실전(失傳)되고 현재 전하는 것은 위나라의 왕숙(王肅)이 공자에 관한 기록을 모아 주를 붙인 것으로 10권 44편이다.

공자가 이에 말한다.

"묶어서 깃털을 달고 촉을 박아서 숫돌에 갈면 그 들어가는 깊이가 또한 깊지 않겠소이까?

이 말에 자로는 두 번 절을 올리며 말했다.

"삼가 가르침을 받겠습니다."[109]

이 부분은 바야흐로 공자와 자로가 스승과 제자의 인연을 맺는 극적인 장면이다. 자로는 자신이 다듬지 않아도 세상을 헤쳐나갈 능력이 있음을 말하고 있으나, 공자는 배움으로써 사람을 가다듬으면 그 쓰임이 보다 심원할 수 있음을 말하고 있다. 공자로부터 가르침을 받은 자로는 단순한 것 같으면서도 성격이 강직하여 어떤 때는 공자에게 직언도 서슴지 않는 제자였다. 그리고 용맹과 의리가 남달랐다.

공자께서 말씀하셨다.

"도가 행해지지 않고 있으니, 뗏목을 타고 바다 위를 떠다녀야겠다. 나를 따르는 자는 중유일 것이다."

자로가 그 말을 듣고 기뻐했다.

그러자 공자께서 말씀하셨다.

"중유자로의 본명는 용맹을 좋아함이 나보다 나으나 재목을 취할 바는 없다.[110]

뗏목을 타고 바다 위를 떠다닌다고 말한 것은 정처 없이 천하를 방랑하는 것을 의미하므로 공자가 이 말을 한 시기는 노나라에서 대부

---

109. 『孔子家語』, 子路初見第十九, "君子不可不學, 子路曰, 南山有竹, 不柔自直, 斬而用之, 達于犀革. 以此言之 ,何學之有? 孔子曰, 括而羽之, 鏃而礪之, 其入之不亦深乎. 子路再拜曰, 敬而受教."
110. 『論語』, 公冶長第五, "子曰, 道不行, 乘桴浮于海. 從我者其由與? 子路聞之喜. 子曰, 由也好勇過我, 無所取材."

의 벼슬을 사임하고 주유천하周遊天下천하를 두루 돌아다님를 하기 직전의 상황으로 추정된다. 자로는 신의가 있는 제자였으므로 공자는 자신이 어느 곳으로 가더라도 자로가 자신을 따라올 것으로 믿었다. 자로는 공자가 자신을 신뢰한다는 내용의 말을 듣고 입이 귀에 걸렸다. 이 모습을 보고 공자가 한번 지그시 눌러주었다. 자로는 너무 용맹함을 좋아하므로 그런 성격으로는 별로 쓸 데가 없다는 말이다. 이것은 자로의 장점을 은연중 부각하고, 단점을 자숙시켜 자로를 한 차원 더 높게 성숙시키고자 한 것이다. 부락에서 건달처럼 지내던 자신을 제자로 받아준 공자에게 자로는 멋진 모습을 보여주고 싶었다. 어느 날 자로는 공자가 듣기를 바라며 공자 처소 앞에서 비파를 탔다. 그러자 공자가 말했다.

"중유가 비파를 하필 내 문 앞에서 탄단 말인가?"
그러자 문인들이 자로를 깔보았다. 이에 공자가 말했다.
"중유는 본채 당堂까지는 올라왔지만 방 안까지는 아직 들어오지 못했다."[111]

자로의 비파 타는 소리가 부드럽지가 못하고 다소 소음처럼 들렸던 모양이다. 그러자 공자가 하필 처소 문 앞에서 비파를 타는 자로에게 좀 더 가다듬어야 된다는 메시지를 전했다. 그런데 다른 제자들은 공자가 평소 자로의 품성이나 학문 등을 탐탁하지 않게 여기는 것으로 판단하고는 자로를 깔보기 시작했다. 그러자 공자는 자로는 이미 일정한 경지에 이르렀고, 다만 최종 한 단계만이 남아 있다고 하며 자로를 두둔한 것이다. 자로는 또한 겉치레보다는 내실을 존중하는 제자였다. 자로의 사람됨을 공자는 이렇게 표현했다.

111. 『論語』, 先進第十一, "由之瑟奚爲於丘之門? 門人不敬子路. 子曰, 由也升堂矣, 未入於室也."

"해진 솜옷을 입고 여우와 오소리 가죽으로 만든 옷을 입고 있는 자와 같이 서 있어도 부끄러움을 느끼지 않는 자는 자로이다."[112]

자로는 진정한 인간의 도리를 배우고 실천하는 것이 무엇보다도 중요하다고 생각했다. 따라서 부자와 가난함은 그의 관심사가 아니기 때문에 부유한 복장을 차린 사람 옆에 서 있어도 마음의 동요를 하지 않았다. 자로에게 중요한 것은 신의와 같은 인간의 도덕이었다. 공자로부터 가르침을 받은 자로는 점차 완성된 인간이 되어갔다.

"반 마디로 옥사를 처결할 수 있는 사람이 자로 말고 누가 있단 말이냐? 자로는 승낙한 일을 절대 다음날로 미루지 않았다."[113]

이제 자로는 자신의 용맹함만 믿고 날뛰던 과거의 자로가 아니다. 판단이 명확하고 언행에는 믿음이 있었기 때문에 옥사獄事중대한 사건를 처결함에도 자로의 말은 판단 근거가 되었다. 또 자로는 자신이 책임질 말을 하면 그대로 실행하여 언행일치하는 제자로서 성숙해갔다. 자로는 공자의 가르침을 받기로 언약을 한 이후 늘 공자 주변에서 공자를 호위하고 시중을 들었던 듬직한 제자였다. 자로는 공자가 대사구란 벼슬을 버리고 노나라를 떠나 천하를 돌아다닐 때에 공자와 생사고락을 함께했다. 믿음과 의리는 자로를 상징하는 단어이다. 이런 일도 있었다. 공자는 13년간의 주유천하를 마치고 노나라로 돌아온 지 3년 후에 『춘추』를 저술했다. 그해에 소주小邾의 대부 역射이라는 자가 구역句繹 땅을 바치며 노나라로 귀순했다. 이때 소주역은 자신과 노나라 간의 계약을 자로가 해준다면 믿을 수 있다고 했다. 노나라 정부보다 자로 개인을

112. 『論語』, 子罕第九, "衣敝縕袍, 與衣狐貉者立, 而不恥者, 其由也與!"
113. 『論語』, 顏淵第十二, "片言可以折獄者, 其由也與? 子路無宿諾."

더 믿고 의지한 것이다. 공자는 인생의 만년에 제자들을 평가할 때 자로를 정치에 적합한 인물이라고 했다.

증점曾點[114]은 공자보다 스무 살 연하이다. 증점은 자로와 함께 공자에게서 공부를 같이했지만 공자가 천하를 돌아다닐 때에는 같이하지 않았다. 어느 날 공자가 제자 자로와 염구, 공서화 그리고 증점과 같이 있었다. 공자는 이들에게 자신을 알아주는 사람이 있다면 무엇을 하겠는지에 대해 물었다. 그러자 자로는 제후국을 3년 안에 다스려 백성을 용맹스럽게 만들 수 있다고 했다. 염구는 3년 안에 작은 마을 하나를 풍족하게 할 수 있다고 했으며, 공서화는 종묘 제사 때와 제후가 회동할 때에 예복을 입고 도와주는 사람이 되고 싶다고 했다. 이때 증점은 비파를 타고 있었는데, 공자가 증점에게 역시 무엇을 하겠는가를 물었다. 그러자 비파 소리가 뜸해지더니, 증점이 비파를 '뎅~' 소리가 나게 내려놓으며 일어서서 말했다.

> "늦봄에 봄옷이 만들어지면 성인 5~6명 그리고 동자 6~7명과 함께 기수에서 목욕하고 무우에서 바람 쐬고 노래를 부르며 돌아오겠습니다."
>
> 공자께서 한숨을 쉬고 감탄하며 말했다.
>
> "나는 증점과 함께하겠다."[115]

앞의 세 사람은 규모의 차이는 있지만 모두 정치에 관해 말했다. 그런데 증점은 비파를 툭 던지고 일어서며 천지 만물과 하나가 되어 유유자적하는 삶의 모습을 폼 나게 말했다. 증점은 공자 초기의 제자로

114. 자(字)는 자석(子晳)이다. 성과 자를 혼용하여 증석(曾晳)이라고도 불린다.

115. 『論語』, 先進第十一, "莫春者, 春服既成. 冠者五六人, 童子六七人, 浴乎沂, 風乎舞雩, 詠而歸. 夫子喟然歎曰, 吾與點也!"

서 공자가 13년간 천하를 돌아다닐 때 동행을 한 제자도 아니었기에 공자의 다른 제자들에 비하면 공자로부터 배운 기간이 많지 않았다. 그런데 이러한 경지에 이른 것은 증점이 본래 출중하여 공부가 빨리 완성되어가는 것을 의미할 수도 있다. 그러나 이 부분은 너무 자연스럽지가 않다. 증점의 아들이 증삼曾參이다. 뒤에 설명하겠지만 『논어』는 증점의 아들인 증삼의 문인門人문하의 제자들에게서도 부분적으로 편집이 이루어졌다. 따라서 증점에 대한 이러한 묘사는 어느 정도의 윤색潤色사실을 과장하거나 미화함이 이루어졌을 가능성이 높다. 증점의 아들인 증삼은 공자가 주유천하를 마치고 들어왔을 때 공자의 제자가 된 것으로 추정된다.

염구冉求는 자字가 자유子有이며 공자보다 스물아홉 살 아래다. 성姓과 자字를 결합하여 염유冉有라고도 부른다. 염구는 공자가 제자를 평가할 때 자로와 동등하게 정사에 능한 인물로 인정받았다. 염구는 공자를 모시고 천하를 돌아다니다가 도중에 노나라 대부 계강자의 신하가 되어 제나라와의 전쟁에서 큰 공을 세운다. 염구는 계강자에게 천하를 떠돌아다니는 공자를 노나라로 모실 것을 청하여 허락을 받는다. 공자가 노나라로 귀국하자 계강자가 공자에게 이렇게 물었다.

"염구는 어진 사람입니까?"

공자가 대답했다.

"일천 호 되는 고을과 전차 백대를 가진 대부의 집에서 세금징수에 관한 일을 할 만한 사람이오. 그러나 어진 사람인지는 모르겠습니다."

계강자가 또 물었다.

"자로는 어진 사람입니까?"

공자가 대답했다.

"염구와 같습니다."[116]

공자는 자로와 염구의 품성을 거의 비슷하게 보고 있다. 그러나 성격은 서로 달랐다. 어느 날 염구와 자로가 "들은 것을 즉시 행하여야 됩니까?"라고 물었다. 그러자 공자는 염구에게는 "즉시 행하여야 된다"라고 하고, 자로에게는 "부모 형제가 있는데 어찌 바로 행할 수 있는가?"라고 했다. 공자가 이렇게 서로 다른 대답을 한 이유는 염구는 머뭇거리는 성격이므로 앞으로 나아가게 한 것이고, 자로는 지나치게 용감하므로 자제하게 한 것이었다. 염구는 공자를 노나라로 돌아오도록 정성을 들인 제자였지만 공자의 말대로 어진 성품은 부족했다. 염구는 계강자를 도와 세금을 거둬들이는 데 앞장을 서서 백성을 괴롭히는 지경에 이르렀다. 이에 공자는 "나의 제자가 아니다"라고 하며 통렬히 비판했다. 비록 오랫동안의 방랑생활을 끝나게 해준 제자였지만 의롭지 못한 처신을 공자는 용납할 수가 없었던 것이다.

제자 중 덕행으로 이름난 사람이 안회顔回이다. 안회는 노나라 사람으로 자字는 자연子淵이다. 성姓과 자字를 결합하여 안연顔淵이라고도 많이 불리며 공자보다 서른 살이 적었다. 안회의 아버지는 안로顔路이며 공자보다 여섯 살 연하이다. 안로는 공자의 가르침을 잠깐 받았지만 공자 문하에서 공부를 계속한 것은 아니다. 대신 아들 안회가 아버지 대신 공부를 열심히 하여 공자의 수제자가 되었다. 안회는 공자의 말을 쉽게 이해하고 가르침을 어김없이 행하는 제자였다. 그런 안회를 보고 공자는 말했다.

"내가 안회와 더불어 종일 말해도 나의 말에 이의를 달지 않아서

116. 『史記』, 仲尼弟子列傳第七, "季康子問孔子曰, 冉求仁乎? 曰, 千室之邑, 百乘之家, 求可使治其賦. 仁則吾不知也. 復問子路仁乎? 孔子對曰, 如求."

우매한 것이 아닐까 했다. 그러나 물러나서 그 홀로 있을 때를 살펴보니 배운 것을 제대로 밝혀 실천하고 있었다. 안회는 우매한 것이 아니었다."[117]

공자도 처음에는 안회가 별 질문도 없고 하여 좀 떨어지는 사람이 아닌가 하고 생각했다. 그러나 사생활을 살펴보니 공자의 가르침을 제대로 이해하고 묵묵히 실천하는 사람이었다.

안회는 집안이 늘 가난해서 누추한 곳에서 살고 있었으나 학문을 하고 도를 깨우치는 것을 즐거움으로 삼았다. 그는 스물아홉에 머리가 하얗게 세더니 공자가 주유천하를 마치고 노나라로 돌아왔을 때 젊은 나이에 죽었다. [그림 5]는 작자 미상의 〈선성소상先聖小像〉이란 제목의 그림이다. 공자와 제자들을 그린 그림이 여러 개 있는데, 대다수의 그림에서 공자 가까이서 시중들고 있는 사람이 바로 안회이다.

자공子貢은 본명이 단목사端木賜이며, 자공은 그의 자字이다. 공자보다 서른한 살 아래이다. 자공은 언변에 능했으며 재물 증식에 재주가 있었다. 자공이 공자의 문하에 들어온 지 얼마 되지 않아서 궁금증이 생겼

[그림 5] 공자성적도-공자와 안회

117. 『論語』, 爲政第二, "吾與回言終日, 不違如愚. 退而省其私, 亦足以發. 回也不愚."

다. 공자는 학문과 인품으로 보면 크게 쓰여야 할 인물인데, 벼슬을 구하려고 크게 힘을 쓰지 않는 것 같았다. 참고 참다가 작심하고 공자의 심중을 알아보기로 했다.

자공이 말했다.

"여기에 아름다운 옥玉이 있다면, 상자에 감추고 저장만 하겠습니까? 아니면 좋은 가격을 구하여 팔겠습니까?"

공자께서 말씀하셨다.

"팔아야지, 팔아야지. 그러나 나는 좋은 가격을 기다리는 사람이다."[118]

자공은 공자의 역량을 아름다운 옥으로 비유하여 그냥 감추고만 있을 것인가, 아니면 그 역량이 필요한 사람에게 벼슬을 구하겠는가를 물었다. 역시 자공의 말재주가 돋보이는 장면이다. 공자는 초야에 묻혀 살기보다는 때가 되면 출사出仕벼슬길에 나감하겠다는 의지를 피력했다. 다만 지금은 자신을 제대로 알아주고 이상정치를 펼칠 수 있도록 도와줄 수 있는 군주를 기다리는 중이라고 했다. 공자는 자공의 언변이 뛰어난 것이 큰 장점이 될 수 없음을 경계시켰다. 자공이 군자에 대해 묻자 공자는 "먼저 행하고 후에 말을 한다"[119]라고 했다. 자칫하면 말이 행동보다 앞설 수 있는 자공을 지목한 표현이다. 자공이 공자의 문하에 들어온 후 어느 정도의 세월이 흐른 후 공자가 이렇게 물었다.

"너와 안회 가운데 누가 더 나으냐?"

---

118. 『論語』, 子罕第九, "子貢曰, 有美玉於斯, 韞匵而藏諸? 求善賈而沽諸? 子曰, 沽之哉! 沽之哉! 我待賈者也."

119. 『論語』, 爲政第二, "子貢問君子, 子曰, 先行其言而後從之."

자공이 대답했다.

"제가 어찌 안회를 따를 수 있겠습니까? 안회는 하나를 들으면 열을 알지만, 저는 하나를 들으면 겨우 둘을 알 뿐입니다."

공자께서 말씀하셨다.

"같지 않다. 나는 네가 같지 않음에 동의한다."[120]

이 모습은 언변이 좋은 자공의 모습이 아니다. 이것으로 보면 자공이 공자를 만나고 공부를 하면서 겸손한 품성이 형성된 것을 알 수 있다. 그렇지만 공자의 대답은 의외이다. 웬만하면 이럴 때 "너도 꽤 괜찮은 아이야!"라며 적당히 분위기 좋게 마무리하는 것이 스승과 제자의 대화일진대, 공자는 자공이 안회보다 못함을 직설적으로 말하고 있다. 아직도 자공을 슬쩍 눌러놓아야 된다는 공자의 의중이 반영된 말이다. 이런 자공이 어느 날 공자에게 물었다.

"저는 어떤 사람입니까?"

공자께서 말씀하셨다.

"너는 그릇이다."

"어떤 그릇입니까?"

공자께서 대답하셨다.

"호련瑚璉이다."[121]

호련은 종묘宗廟왕의 위패를 모신 사당 제사 때 기장을 담던 귀중한 그릇을 말한다. 공자는 자공이 드디어 귀한 인재가 되었음을 인정하고는 격려

---

120. 『論語』, 公治長第五, "子謂子貢曰, 女與回也孰愈? 對曰, 賜也何敢望回. 回也聞一以知十, 賜也聞一以知二. 子曰, 弗如也, 吾與女弗如也."

121. 『論語』, 公治長第五, "子貢問曰, 賜也何如? 子曰, 女器也. 曰, 何器也? 瑚璉也."

를 하고 있다.

공자의 제자 중에 문학으로 이름난 사람이 자하子夏와 자유子游이다. 자하는 본명이 복상卜商이며, 자하는 그의 자字이다. 공자보다 마흔네 살이 적었다. 자유는 본명이 언언言偃이며, 자유는 그의 자字이다. 공자보다 마흔다섯 살 적었다. 두 사람은 공자로부터 문학성을 인정받고 나이도 서로 비슷하여 경쟁심리가 있었던 모양이다. 먼저 자유가 포문을 열었다.

> 자유가 말했다.
>
> "자하의 제자들은 닦고 쓸고, 응대하고, 진퇴는 잘하지만 지엽적인 것이다. 근본이라는 것이 없으니 뭘 어찌할 수 있겠는가?"[122]

자유의 말은 자하의 제자들이 청소나 잘하고 손님 접대나 잘하는 이른바 잘고 좀스럽다는 말이다. 이 말을 듣고 그냥 넘어간다면 속 좋은 사람일 것이다. 자하가 발끈했다.

> 자하가 그 말을 듣고 말했다.
>
> "어허! 자유의 말이 지나치구나. 군자의 도는 무엇을 먼저라 하여 전수해야 하며, 무엇을 뒤라 하여 게을리할 수 있겠는가? 초목으로 비유하자면 (종자, 크기가 다른 것으로) 구별되는 것과 같으니, 군자의 도를 어찌 꾸밀 수가 있겠는가? 처음이 있고 마침이 있는 것은 오직 성인만이 할 수 있다."[123]

122. 『論語』, 子張第十九, "子游曰, 子夏之門人小子, 當洒掃 應對 進退, 則可矣. 抑末也, 本之則無. 如之何?"

123. 『論語』, 子張第十九, "噫! 言游過矣! 君子之道, 孰先傳焉? 孰後倦焉? 譬諸草木, 區以別矣. 君子之道, 焉可誣也? 有始有卒者, 其惟聖人乎!"

자하는 자유의 평가를 단칼에 거부한다. 자하의 말은 군자의 도가 무엇을 선후라 할 수가 없다는 것이다. 배우는 자는 스스로 그 얇고 깊은 것이 마치 초목이 대소로 구별되는 것과 같아서 거기에 맞추어 공부를 해야지, 억지로 군자의 도를 고상한 것으로 꾸며서 거기에 맞추면 안 된다는 말이다. 주희는 『논어집주』를 내면서 자하의 말에 동조했다. 그는 주석에서, 배우는 자의 수준이 깊고 얕음과 성숙을 헤아리지 않고 높고 원대한 것만을 말해서는 안 된다고 했다. 주희의 이런 생각은 그가 저술했다고 전해지는 아동교육서 『소학』[124]에 그대로 반영되었다. 실제 쇄소灑掃닦고 빗질함, 응대應對물음이나 요구에 대하는 자세, 진퇴進退의 절차는 소학에서 가장 기본적 예절의 하나이며 개인 수양의 방법으로 중시되었다. 공자 생전에 자하는 거보莒父의 읍재邑宰고을의 수령가 되었고 자유는 무성武城의 읍재가 되었다. 자유가 무성의 읍재로 있을 때 공자가 무성을 방문했다. 이때 자유는 거문고를 타며 노래하고 있었다.

> 공자께서 빙그레 웃으시며 말씀하셨다.
> 닭을 잡는 데 어찌 소를 잡는 칼을 쓰느냐?
> 자유가 말했다.
> "옛날에 제가 선생님에게서 듣기를, 군자가 도를 배우면 사람들을 사랑하고, 소인이 도를 배우면 쉽게 부릴 수 있다고 했습니다."
> 공자께서 말씀하셨다.
> "애들아! 언偃자유의 본명의 말이 맞다. 앞의 말은 농담이었다."[125]

자유는 무성이 비록 작은 읍이지만 예악으로써 교화를 시키려 했다.

---

124. 송나라 주희가 엮은 것이라고 쓰여 있으나, 혹자는 그의 제자 유자징(劉子澄)이 주희의 지시에 따라 편찬한 것으로 보고 있다.

125. 『論語』, 陽貨第十七, "夫子莞爾而笑, 曰, 割鷄焉用牛刀? 子游對曰, 昔者偃也聞諸夫子曰, 君子學道則愛人, 小人學道則易使也. 子曰, 二三子! 偃之言是也. 前言戲之耳."

그런데 공자가 농담으로 무성 같은 작은 고을 하나 다스리는 데 너무 거창한 것 아니냐고 묻자, 과거 공자가 한 말을 상기하며 반론하고 있다. 자유의 말은 고을이 크고 작은 것이 예악을 행하고 폐하는 기준이 되어서는 안 되고, 사람을 사랑하는 군자로 만들기 위해서는 예악으로 읍민을 교화시켜야 한다는 말이다. 이것으로 보면 자하와 자유의 차이점이 어느 정도 드러난다. 자하는 섬세하게 쇄소응대와 같은 기본적인 실천에 주목했고, 자유는 신념이 있고 개방적 성향의 소유자라는 것이다.

공자의 제자 중에 유약[126]과 증삼[127]도 있다. 둘 다 공자가 노나라에서 벼슬을 한 전후 기간과 주유천하를 하는 동안에는 언급된 적이 없는 것으로 미루어볼 때 공자 만년에 들어온 제자로 추정된다. 『논어』는 유약, 증삼의 문인들에게서 완성되었다. 따라서 『논어』에서 유약과 증삼을 지칭할 때 공자의 다른 제자들과는 달리 존칭어인 '子자'를 붙여서 유자有子, 증자曾子라고 표기된다. 유약은 공자보다 마흔세 살 연하이고, 증삼은 마흔여섯 살 연하이다. 공자의 제자들이 공자가 죽은 뒤 유약이 공자의 모습을 닮았다고 해서 그를 공자처럼 섬기려고 했지만 증삼증자의 반대로 이루어지지 않았다. 『맹자』에 이와 관련된 내용이 나온다.

> 자하와 자장 그리고 자유가 유약이 성인과 닮았다고 생각하여, 공자를 섬기듯이 그를 섬기려고 하며 증자에게 강요했다. 그러자 증자가 말했다.
>
> "불가하다. 장강과 한수의 물로써 세척을 하고, 가을 햇볕에 쪼여

126. 이름이 약(若)이다.
127. 이름은 삼(參), 자는 자여(子輿)이며, 공자 만년의 제자이다.

도, 희고 흰 것에 더 보탤 것이 없다."[128]

유약은 자하와 자유보다는 한두 살 위이고 공자 문하에서 막내인 자장보다 다섯 살 위이다. 나이도 그리 많이 차이가 나지 않음에도 유약을 공자처럼 섬기려 한 것은 나름 유약이 공문孔門공자의 문하에서 학문과 덕행으로 인정을 받았기 때문으로 추정된다. 그렇지만 이런 움직임을 차단한 사람이 증삼이었다. 증삼은 유약이 아무리 성인과 닮았다 하더라도 공자의 사상 그 자체는 보태고 뺄 것이 없으므로 공자 이외의 존재를 인정할 수 없다는 말이다. 유약과 증삼 그리고 그들의 제자들은 『논어』 구성에 경쟁적으로 참여했다. 그렇기 때문에 유약과 증삼은 서로 누가 공자의 학맥을 잇는가에 대해 경쟁심리가 있었음을 알 수 있다. 그렇지만 송대의 주희는 공자 이후의 유학의 도통 구조를 공자 → 증자 → 자사子思 → 맹자孟子 → 정호程顥·정이程頤로 이어진다고 했다.[129] 주희는 공자의 학맥을 계승한 자가 유약이 아닌 증삼이라고 하여 증삼의 손을 번쩍 들어주었다.

공자를 측근에서 모신 제자 중 가장 나이 어린 제자는 자장子張이다. 자장은 본명이 전손사顓孫師이고, 자장은 그의 자字이다. 공자보다 마흔여덟 살 적었다. 자장은 진陳나라 출신이었다. 『사기』에는 공자가 진나라를 거쳐 채나라에 있을 때 자장이 '행동거지行'에 대해 물었다고 기록되어 있다. 이것으로 보면 자장은 공자 일행이 진나라를 경유할 때 십 대 초반에 공자의 문하로 들어온 것으로 추정된다. 대부분의 공자 제자들은 나이 어린 자장에 대해 좋은 평을 하지 않았다. 그 이유

128. 『孟子』, 滕文公章句上, "子夏, 子張, 子游以有若似聖人. 欲以所事孔子事之, 彊曾子. 曾子曰, 不可. 江漢以濯之, 秋陽以暴之, 皜皜乎不可尙已."

129. 당나라 시대 한유(韓愈, 768~824)는 유학의 법통(法統, 정통성의 계승)이 요 → 순 → 우 → 탕왕 → 문왕 → 무왕 → 주공 → 공자 → 맹자로 이어지는 것으로 주장했다. 주희는 한유의 법통을 도통(道統, 도의 계승)으로 바꿔 말하면서 공자 이후를 다소 수정한 것이다.

는 자장이 내적인 수양보다는 자신을 과시하기를 좋아했기 때문이다. 공자가 채나라에 있을 때 자장과 공자의 대화이다.

> 자장이 행동거지에 대해 묻자, 공자께서 말씀하셨다.
> "말에 믿음이 있어야 행동이 돈독하고 경건해진다. 이렇게 하면 비록 남쪽과 북쪽의 오랑캐 나라들에서도 행동할 수 있지만, 말에 믿음이 없으면 비록 작은 마을에서도 행동할 수가 있겠느냐?"[130]

공자의 눈에도 어린 자장이 싹수가 그리 좋게 보이지 않았나 보다. 일단 말에 믿음이 있어야 함을 강조했다. 그래야만 자신의 말을 신중히 하게 되고 겉으로 드러나는 것만이 아닌 내적인 성찰이 가능해진다. 그런 연후에야 그 행동거지도 반듯해지고 예법이 없는 이민족의 국가에서도 그 품행을 인정받는다는 말이다. 공자의 이 말이 끝나자 자장은 잊지 않기 위해서 그 말씀을 허리띠에 적어놓았다. 십 대 초반의 소년다운 모습이다. 자장은 나이가 들면서도 끝내 우쭐대는 성품을 고치지 못했다. 자장보다 두 살 손위인 증삼이 자장을 이렇게 평했다.

> 증자가 말했다.
> "당당하구나! 자장이여. 그러나 함께 인仁을 행하기는 어려운 사람이다."[131]

증자는 나이가 두 살 아래인 자장의 행동이 평소 눈에 많이 거슬렸나 보다. 또 자장은 자신을 드러내고자 하는 행동들을 크게 개의치 않

---

130. 『論語』, 衛靈公第十五, "子張問行, 子曰, 言忠信, 行篤敬, 雖蠻貊之邦行矣. 言不忠信, 行不篤敬, 雖州里行乎哉?"
131. 『論語』, 子張第十九, "曾子曰, 堂堂乎張也, 難與竝爲仁矣."

고 한 것 같다. 그런 자장을 증자는 아예 비꼬는 말로 당당하다고 했다. 그리고 믿음이 없어서 일상에서나 정치에서 더불어 도덕적인 일을 도모하기 어려운 인물이라고 했다.

이 외에 공자를 가까이 모신 제자로는 민손閔損[字는 자건], 염경冉耕[字는 백우], 염옹冉雍[字는 중궁], 재여宰予[字는 자아], 공야장公冶長[字는 자장(子長)] 등이 있다.

공자는 17세에 모인 제자, 청년 시절에 주나라로 유학을 하고 돌아온 뒤에 모인 제자 그리고 제나라로 갔다가 40대 초반에 돌아온 뒤에 모여든 제자들과 함께 별다른 벼슬 없이 학문을 토론하며 때를 기다렸다.

공자 나이 30대 후반부터 50대 중반까지는 춘추오패 중의 하나인 오왕吳王 합려闔閭가 세력을 떨치던 시기였다. 합려에게는 손무孫武와 오자서伍子胥라는 두 참모가 있었다. 손무는 유명한 병법서인 『손자병법』의 저자이다. 오자서는 초楚나라 출신으로 그 아버지와 형이 둘 다 초의 평왕平王에게 죽임을 당했다. 오자서는 오나라로 망명하여 아버지와 형의 복수를 벼르고 있었다.

기원전 503년, 공자 나이 47세 때 합려는 손무와 오자서의 도움을 받아 초나라를 공격했다. 당시 초나라는 평왕이 죽고 그 아들 소왕昭王이 통치하고 있었는데, 오나라 군대는 2년 만에 초나라 수도 영郢까지 쳐들어갔다. 오자서는 평왕의 묘를 파헤치고는 평왕의 시신을 꺼내어 채찍으로 삼백 대를 내리쳤다. 이를 본 초나라 친구 신포서申包胥가 너무 심한 복수가 아닌가를 사람을 시켜 묻자 자서는 말했다.

> "나에게 해는 저무는데 갈 길은 멀다."[132]

---

132. 『史記』, 伍子胥列傳第六, "吾日莫途遠."

우리가 할 일은 남아 있는데 시간이 별로 없음을 표현할 때 쓰는 표현인 "해는 저무는데 갈 길은 멀다日莫途遠"라는 말이 여기서 연유했다. 그런데 월나라가 오나라 병력이 초나라 수도 영에 머무르고 있는 틈을 타서 오나라를 공격했다. 뿐만 아니라 신포서가 진秦나라로 건너가 울면서 초나라를 구할 것을 간청하자 진나라는 군대를 보내 초나라를 돕는다. 오나라 군대는 결국 진나라 군대에게 패하여 말머리를 되돌려 귀국해야만 했다.

노나라 정공定公 9년기원전 499년, 공자 나이 51세에 공산불뉴公山不狃[133]란 자가 비費 땅에서 노나라 실력자 계씨 가문에 대항하여 반란을 일으켰다. 공산불뉴가 공자를 초빙했다. 공자가 가려고 하자 자로가 말했다.

> "가시지 마세요. 하필이면 공산씨 같은 자에게 가신단 말입니까?"
>
> 공자께서 말씀하셨다.
>
> "나를 부르는 사람이 어찌 공연히 그랬겠느냐? 만약 나를 써주는 사람이 있다면 나는 동쪽에 있는 이 노나라를 주나라처럼 부흥시킬 것이다."[134]

공산불뉴의 행동은 계씨 가문을 상대로 군사를 일으켰지만 개인의 권력 욕심에서 비롯된 명분 없는 반란이었다. 그런 공산불뉴가 공자를 부르자 할 말은 하는 자로가 만류한 것이다. 공자는 무도한 방법으로 정권을 잡은 자라도 자기를 불러준다면 자기가 가서 도덕이 통용되는 사회를 만들어보겠다는 바람에서 그리했다. 여하튼 공자는 자로의 말을 듣고 결국 가지 않았다.

---

133. 公山弗擾(공산불요)라고도 한다. 공산은 성, 불요는 이름이다. 계씨의 가신이며 비의 읍재(邑宰)였다.

134. 『論語』, 陽貨第十七, "公山弗擾以費畔, 召, 子欲往. 子路不說, 曰, 末之也已, 何必公山氏之之也. 子曰, 夫召我者而豈徒哉? 如有用我者, 吾其爲東周乎?"

3절
벼슬과 좌절

공자는 정공에 의해 51세에 중도中都 고을의 수령이 되었다. 공자가 중도 고을을 맡은 지 1년 만에 중도는 크게 안정이 되었다. 그러자 사방에서 공자의 통치 방법을 본받으려 했다. 이윽고 공자는 토목 공사를 담당하는 사공司空이 되었다가 이어서 법을 집행하는 대부인 대사구大司寇가 되었다. 정공 10년, 신축년辛丑年에 공자는 정공을 도와서 제齊나라 경공景公과 협곡에서 회담을 했다. 제경공과 공자는 서로 안면이 있었다. 제경공은 공자가 35세 때 삼환에게 쫓겨 제나라로 도망친 소공을 따라오자 공자에게 니계 땅을 봉토로 주어 신하로 삼으려고 한 바 있다. 그러나 안영의 반대로 제경공의 뜻은 이루어지지 않았다. 공자는 젊은 시절에 자신을 등용하려 했던 경공을 만나 외교적 수완을 발휘하여 제나라가 빼앗은 노나라 땅을 되돌려 받는 공을 세운다. 이와 같이 공자가 노나라를 위해 고군분투하고 있는 와중에도 여전히 삼가三家의 세력은 노나라 정국을 좌지우지하고 있었으며 오만방자하기까지 했다. 당시 예법에 천자의 무용은 팔일무八佾舞였다. 팔일무는 여덟 사람이 여덟 줄로 늘어서서 춤을 추는 것이었는데, 삼가 중의 계씨는 팔일무를 정원에서 추게 하며 즐겼다. 이뿐이 아니었다. 천자는 종묘에 바친 제물을 물릴 때 『시경』[135] 주송周頌 옹편雍篇의 시詩를 읊는다. 그런데 삼가들이 제사를 마치면서 옹편의 시를 읊었다. 노나라의 대부들이 천자의 흉내를 낸 것이다.

노나라의 대부들이 천자의 흉내를 내며 방자해진 것은 연유가 있다. 본래 노나라는 주나라의 무왕이 천하를 통일하는 데 큰 공을 세운 아우 주공에게 봉토로 준 땅이었고, 주공은 그 땅을 아들 백금에게 물려주었다. 무왕이 죽고 나서 주공은 어린 성왕을 보필하여 반란을 진압하고 주나라 정치제제를 완성했다. 이런 주공이 죽자 성왕은 천자의 나라에서나 지내는 제사인 '체禘'를 노나라에서 주공을 위해 지낼 수 있게 했다. 본래 체는 왕이 죽으면 종묘에 그 신주를 모시고 시조와 함께 제사를 지내는 것을 말한다. 주공은 비록 공훈은 지대하지만 왕은 아니었다. 그런데 성왕은 노나라에서 주공을 주나라의 시조인 문왕과 함께 제사를 지내게 했다. 그리고 왕의 품계로 제사를 지내기 때문에 당연히 옹편의 시를 읊었다. 공자는 비록 주공을 찬미하지만 주공에게 체를 지내는 것은 잘못이라는 입장이었다.[136] 이와 같이 애초부터 예법에 어긋나게 체가 행하여지자 노나라 대부들도 이를 본받아 옹편의 시를 읊고 팔일무를 즐겼다.

이에 공자는 정공에게 건의해 삼환의 위세를 누르고 군주의 권위를 회복해야 함을 강력히 건의하기에 이른다. 그 내용은 신하들의 무기를 거두고 대부들의 성곽을 해체하는 것이었다. 당시 춘추전국시대는 대부를 비롯한 신하들이 사사로이 병력을 운용했으며, 심지어는 국가와 국가 간의 경계를 의미하는 성곽을 쌓아서 군주의 통치력을 미치지 못하게 하는 경우가 있었다. 공자는 제자 자로를 계씨 집안의 가신이 되게 하여 병력을 동원할 근거를 먼저 마련했다. 공자는 자로로 하여금

---

135. 『시경』 305편은 풍(風)·아(雅)·송(頌) 세 부분으로 나뉜다. 풍은 국풍(國風)이라고도 하며, 여러 제후국에서 채집된 민요·민가이다. 아는 궁궐에서 연주되는 곡조에 붙인 가사이다. 송은 종묘의 제사에 쓰이던 악가(樂歌)이다.

136. 『論語』, 八佾第三, "禘自旣灌而往者, 吾不欲觀之矣."

삼환의 도읍을 공격하게 했다. 공자의 계획에 따라 결국 숙손씨가 먼저 후읍后邑의 성벽을 헐었다. 그리고 계손씨는 비읍費邑의 성벽을 헐려고 했으나, 일전에 비읍에서 반란을 일으킨 공산불뉴가 숙손첩이라는 자와 손을 잡고 노나라를 습격했다. 공자가 군대를 동원하여 격파하자 공산불뉴와 숙손첩은 제나라로 달아났다. 결국 비읍의 성곽도 해체되었다. 그렇지만 맹손씨들은 끝내 자신의 성벽을 허물지 않았다. 정공이 군대를 동원하여 맹손씨의 성을 포위하여 공격했지만 맹손씨의 성은 끝내 함락되지 않았다.

정공 14년, 공자 나이 56세에 재상의 일을 섭행攝行겸직하였다는 뜻하게 되는데, 이때 노나라는 크게 안정되어갔다. 그러자 인근 제나라가 공자의 등장으로 노나라가 점차 부강해지는 것을 우려하여 여악사女樂師들을 노나라로 보내는 이른바 미인계를 쓰게 된다. 당시 실력자인 계손 가문의 대부 계환자는 제나라의 여악사들을 받아들이게 하니, 조정은 연일 유흥에 빠졌다. 이러한 상황에 대해 공자는 매우 실망한다. 마침 천지天地의 신께 드리는 제사郊가 노나라에서 열렸다. 그런데 정공은 제사 고기를 대부들에게 돌리지 않는 결례를 범했다. 이렇게 노나라 조정은 유흥에 빠져 정사를 돌보지 않고, 군주는 예법을 중요하게 여기지 않게 되자 공자는 크게 낙심하여 노나라를 떠나 제자들과 함께 주유천하를 결심하게 된다. 주희의 『논어집주』에 의거하면 공자는 햇수로 13년 동안 천하를 주유했다. 문헌에 따라서는 공자의 주유천하 기간을 14년으로 기록한 것도 있다. 어느 것이 정확한지 명확하게 고증할 수가 없다.

공자가 노나라를 떠난 해인 정공 14년, 공자 나이 56세 때 오왕吳王 합려闔閭가 월왕越王 구천句踐을 공격했다. 합려는 과거 오나라가 초나라를 정벌할 때 월나라가 침입한 것을 복수하기 위해 월나라를 공격한 것이다. 그러나 전투 중 발가락을 다쳐 상처가 덧나서 죽었다. 아들 부차는 아버지의 원수를 잊지 않기 위해 잘 때는 방바닥에 장작을 쌓아 놓고 그 위에서 고통스럽게 잠을 잤다. 이것을 와신臥薪 땔나무에 누움이라고 한다. 그 후 2년 후인 기원전 494년, 공자 나이 58세 때 부차는 구천을 회계에서 격파했다.

4절
공자의 천하 방랑기

공자는 제자들과 여러 나라를 떠돌게 되는데, 『사기』와 주희[137]의 『논어집주』 서설序說에 따르면 공자가 천하를 주유한 순서는 위衛 → 진陳 → 위衛 → 조曹 → 송宋 → 정鄭 → 진陳 → 위衛 → 진陳 → 채蔡 → 섭葉 → 채蔡 → 초楚 → 위衛 → 노魯로 이어진다.

공자가 맨 먼저 간 나라는 위나라이다. 당시 위나라 군주는 위령공衛靈公위나라 영공이었고, 부인의 이름은 남자南子였다. 위나라는 공자가 주유천하 중 제일 먼저 방문한 나라이고, 주유천하를 끝내고 노나라로 오기 전에 머물렀던 나라이기도 했다. 공자는 주유천하 기간 중 4회에 걸쳐 위나라를 방문한다. 다른 제후국에 비하여 공자가 위나라 방문을 많이 선호한 이유는 노나라와 위나라의 원초적 혈연관계에서 비롯된 것으로 보인다. 주나라의 무왕은 상나라를 멸망시킨 후에 동생 주공에게는 노나라를, 강숙에게는 위衛나라를 봉토로 주었다. 그래서 공자는 "노나라와 위나라의 정부는 형제다魯衛之政, 兄弟也"라고 말하기도 했다. 이런 관계로 공자는 위나라에게 정서적 친밀감을 느낀 것으로 보인다.

137. 주희(朱熹, 1130~1200)는 중국 남송(南宋) 때의 유학자이다. 성리학(주자학)을 집대성하여 중국 사상계에 가장 큰 영향을 미쳤다. 자(字)는 원회(元晦)·중회(仲晦), 호는 회암(晦庵)·회옹(晦翁)·운곡노인(雲谷老人)·둔옹(遯翁)이다. 존칭하여 주자(朱子)라고 한다. 『논어』와 『맹자』에 관한 집주(集注)를 저술했고, 『대학』과 『중용』에 주석을 달았다.

공자가 위나라로 건너간 해에 세자 괴외蒯聵가 계모인 남자南子를 죽이려다가 실패하여 송宋나라로 도망간 사건이 발생했다. 본래 남자는 송宋나라 여인이었고, 송나라에는 아름다운 용모를 가진 송조宋朝라는 귀공자가 있었다. 남자와 송조는 오래전부터 간통을 해온 사이였다. 이런 사실을 위령공이 알고 있었는지는 명확하지 않지만, 여하튼 위령공은 공자가 위나라로 건너간 그해에 남자를 위해 송조를 송나라에서 불러내 만나게 해주었다. 당시 제齊나라와 송宋나라의 군주가 조洮에서 회합을 하고 있었다. 세자 괴외가 조에 있는 제나라 군주를 만나기 위해 송나라 들녘을 경유하게 되었다. 그런데 들판에서 일하던 사람들이 이런 노래를 부르고 있었다.

"너의 암퇘지는 이미 안정되었는데, 어찌 우리 젊은 수퇘지는 돌려보내지 않느냐"[138]

암퇘지는 남자南子를 비유한 것이고, 젊은 수퇘지는 송조宋朝를 비유한 것이다. 대체로 발정한 암퇘지는 수퇘지를 만나면 안정이 되니, 남자가 이미 성욕性慾을 만족하게 채웠으면 어서 송조를 돌려보내라는 의미이다. 이 노래를 들은 괴외는 수치스럽게 여겨 귀국 후 남자를 죽이려 하다가 실패하여 송나라로 달아나게 된다.

위나라는 세자 괴외 사건으로 어수선했고, 공자는 자로子路의 처형인 안탁주顔濁鄒의 집에서 묵었다. 다음으로 공자는 위衛에서 진陳으로 가려 했다. 진으로 가는 도중에 광匡 땅을 지나게 되었는데, 광 땅의 주민들이 공자를 보고 포위했다. 이유는 일전에 노나라 계씨의 가신家臣 양호가 광을 공격해 짓밟은 적이 있어서 광 땅의 주민들이 원한을 갖

138. 『左傳』, 定公14, "旣定爾婁豬, 盍歸吾艾豭?"

고 있었다. 그런데 공자의 외모가 양호와 비슷하여 광 땅의 주민들이 공자를 양호로 착각했기 때문이었다. 광 땅의 주민들이 공자 일행을 포위하고 위협을 가하는 와중에 안회가 보이지 않았다. 일행은 안회의 안부가 몹시 궁금했는데 얼마 후 뒤처져 있던 안회가 모습을 드러냈다.

> 공자께서 말씀하셨다.
> "나는 네가 죽은 줄 알았다."
> 안회가 말했다.
> "선생님께서 계신데 어찌 제가 감히 죽겠습니까?"[139]

안회는 자신이 살아서 스승을 보좌해야지 스승을 홀로 남겨두고 자신이 먼저 죽을 수 없다고 했다. 어려운 환난에 처하여 스승과 제자의 관계가 어떠해야 하는가를 보여주는 대목이다.

가까스로 해명을 하고는 포蒲를 거쳐 공자 일행은 위衛로 되돌아가서 거백옥蘧伯玉의 집에서 머무르게 된다. 이때 공자는 음탕하기로 소문이 난 위령공衛靈公의 부인 남자南子를 자로의 만류에도 불구하고 만나고 온다. 이후 공자는 위衛를 떠나 조曹를 경유하여 송宋으로 가려 했다. 공자 일행이 조를 지나칠 때 노나라 정공이 세상을 떴다. 이때가 공자가 노나라를 떠난 지 2년째 되는 해이고 공자 나이 57세 때였다.

공자가 조에서 송宋에 도착한 후 큰 나무 아래에서 제자들에게 예를 강습하고 있을 때의 일이다. 이때 송나라에서 사마司馬라는 벼슬을 가진 상퇴向魋가 나무를 뽑아 공자 일행을 해치려 했다. 상퇴는 송환공宋桓公의 자손이었기에 달리 환퇴桓魋라고도 호칭된다. 사마환퇴는 당시 군주 송경공宋景公의 총애를 받는 신하로서 그 권세가 대단했다. 그

139. 『論語』, 先進第十一, "子曰, 吾以女爲死矣. 曰, 子在, 回何敢死?"

리고 환퇴는 공자의 제자 사마우司馬牛[140]의 형이기도 했다. 환퇴가 공자를 습격한 자세한 이유는 밝혀진 바 없다. 다만 『공자가어』에는 추측할 수 있는 단서가 보인다. 『공자가어』에 따르면 공자가 송나라에 있을 때 환퇴가 자신이 늙어서 죽으면 들어갈 석곽石槨돌로 만든 덧널을 미리 만들고 있었다. 그런데 너무 사치스럽게 만들다 보니 3년이 지나도 석곽은 완성되지 않았고, 석공들이 모두 병이 들었다. 공자는 이것을 보고 안타깝게 생각하여 말하길, "이처럼 호사를 떨다니! 죽은 몸을 사치스럽게 꾸미는 것보다 몸을 빨리 썩게 하는 것이 나은데 말이야"[141]라고 했다. 아마도 공자의 이 말이 환퇴의 귀에 들어간 것으로 보인다. 여하튼 공자 일행은 간신히 환퇴의 습격을 따돌리고 송宋을 떠나 정鄭으로 갔다.

정으로 가는 도중에 공자는 제자들과 서로 떨어졌다. 이때 공자는 홀로 성곽 동문에 서 있었는데, 행색이 말이 아니었던 모양이다. 정나라 사람이 그런 공자의 모습을 보고 자공에게 알려주었다.

> "동문 쪽에 어떤 사람이 있긴 있는데, 그 얼굴은 요임금과 같고, 그 목은 고요皐陶순임금의 신하로서 법률을 담당와 같고, 그 어깨는 자산子産정나라 대부로서 관대함과 엄격함을 고루 갖추어 정치를 했음과 같으나 허리 밑 부분은 우임금의 세치三寸에도 미치지 못하니, 그 처진 모습이 상갓집 개 꼬락서니였소."[142]

정나라 사람은 공자의 모습을 처음엔 요임금의 얼굴 모습으로 좋게 말하는가 싶더니 끝말은 공자의 하체가 우임금 아랫도리의 일부에도 못 미치는 것으로 형용하였다. 즉 하체가 무척 부실하게 보인다는 말

140. 공자의 제자이며, 성명은 상총(向冢)이다. 자(字)가 자우(子牛)이다. 사마우(司馬牛)는 벼슬 명칭인 사마(司馬)와 자(字)가 합해진 것이다.

141. 『孔子家語』, 曲禮子貢問第四十二, "若是其靡也. 靡侈死不如朽之速愈."

142. 『史記』, 孔子世家第十七, "東門有人, 其顙似堯, 其項類皐陶, 其肩類子産, 然自要以下不及禹三寸. 纍纍若喪家之狗."

이다. 천하에 도를 전파하고자 의연하게 천하를 떠돌던 공자의 모습이 보통 망가진 것이 아님을 알 수 있다. 공자를 찾은 자공이 이 말을 그대로 공자에게 전하자 공자는 한바탕 웃고는 말한다.

> "형상을 그렇게 표현한 것은 좀 아닌 것 같고, 그러나 상갓집 개喪家之狗라 한 것은 그럴 수가 있겠구나!"[143]

공자의 아랫도리허리 밑 부분를 우임금의 세 치한 치는 한 자의 10분의 1에도 미치지 못한 것으로 비유한 것에 공자가 약간은 자존심이 상한 것을 감추며 한 말이다. '상갓집 개喪家之狗'는 '집 잃은 개'로도 번역된다. 상갓집 개는 스산하고, 어둡고, 한쪽에 버려진 느낌을 주고 있으며, 집 잃은 개는 외롭고 고달픈 느낌을 준다. 어느 쪽을 따라도 큰 무리는 없다고 본다.

이윽고 공자는 정을 떠나 진陳으로 가서 사성정자司城貞子 집에서 머무르게 된다. 공자의 나이는 58세였고 기원전 494년 무렵의 일이다. 이때 오왕吳王 부차夫差가 월왕越王 구천句踐을 회계에서 격퇴했다. 앞에서 살펴본 바와 같이 부차의 아버지 합려는 2년 전에 구천을 공격하다가 발가락에 상처를 입고 덧나서 죽었다. 아들 부차는 아버지의 원수를 잊지 않기 위해 잘 때는 방바닥에 장작을 쌓아놓고 그 위에서 고통스럽게 잠을 잤다. 이것을 와신臥薪땔나무에 누움이라고 했다. 그 후 2년 후인 기원전 494년, 공자 나이 58세 때 부차는 구천을 회계에서 격파한 것이다. 구천은 부차에게 항복하며 목숨을 보전하고자 한다. 이때 부차의 책사인 오자서는 구천을 죽일 것을 강력히 건의한다. 그러나 부차는 오자서의 반대를 무릅쓰고 항복을 받아들인다. 구천은 부인과 함께 오

---

143. 『史記』, 孔子世家第十七, "形狀, 末也. 而謂似喪家之狗, 然哉! 然哉!"

나라로 붙들려가 부차의 수레를 몰고, 말을 기르며, 청소를 하는 등 온갖 굴욕을 당한다. 3년 후 본국으로 돌아온 구천은 전날의 치욕을 잊지 않으려고 쓰디쓴 쓸개를 맛보며 생활했다. 이것을 상담嘗膽쓸개를 맛봄이라고 한다. 앞의 와신과 여기의 상담을 결합하여 '와신상담臥薪嘗膽'이라는 숙어가 만들어졌다. 실패한 일을 다시 이루고자 어려움을 참고 견디는 것을 이르는 말이다. 구천은 백성과 동고동락했고, 미녀 서시西施를 부차에게 바쳤다. 오자서의 말을 듣지 않고 월왕 구천을 살려둔 일은 훗날 오나라가 멸망하는 직접적인 화근이 되었다.

진나라에서 머물던 공자는 위衛로 다시 간다. 위나라로 가는 길에 포蒲 땅을 지나는데, 포인들이 공자 일행을 막았다. 그러자 제자 중에 공양유公良孺라는 자가 있었는데, 공양유가 수레 5대를 몰고 와서는 맹렬하게 싸웠다. 이 기세에 눌린 포인들은 공자가 위나라로 가지 않는 것을 조건으로 공자 일행을 풀어주었다. 이때 공자를 도운 공양유의 인적 사항과 포인들이 공자를 위나라로 못 가게 한 이유는 전해지지 않는다. 공자는 그러나 위나라로 갔다. 이때 자공이 포인들과의 맹세를 상기시키자 공자는 말했다.

> "강요된 맹세는 신神도 지키지 않는다."[144]

우리나라 민법 제110조 ①항에는 "사기나 강박에 의한 의사표시는 취소할 수 있다"란 규정이 있다. 여기서 강박에 의한 의사표시는 바로 공자가 포인들에 의해서 강요된 맹세를 한 경우에 해당된다. 공자는 이미 근대 민법의 기본 원리를 2,500여 년 전에 제시한 것이다.

위령공은 공자가 돌아온다는 소식을 듣고는 기쁜 마음에 교외까지

---

144. 『史記』, 孔子世家第十七, "要盟也, 神不聽."

마중을 나갔다. 그러나 위령공은 늙고 정치에도 권태를 느끼던 터라 공자를 등용하지는 않았다. 이때 공자가 탄식하며 말했다.

"진실로 나를 써주는 자가 있다면 1년이면 괜찮아질 것이고 3년이면 성취가 있을 것이다."[145]

공자가 제대로 정치를 하고 싶은 열망이 컸고, 또한 자신감이 있었음을 보여주는 말이다. 공자는 심경이 착잡하여 어느 날 숙소에서 경쇠磬옥이나 돌, 또는 놋쇠로 만든 타악기를 치고 있었다. 이때 삼태기를 메고서 공자가 머무는 숙소 앞을 지나던 사람이 공자가 치는 경쇠 소리를 듣게 되었다.

"(어떤) 마음이 있구나. 경쇠 소리를 들으니."

얼마 있다가 다시 말했다.

"비루하도다! 확고히 전념하는 소리가! 나를 알아주지 않으면 그만인 것을! 깊으면 옷을 허리까지 걷고, 얕으면 무릎까지 걷고 건너면 되는 것이다."

공자가 이 말을 듣고 말했다.

"과감하구나! 그러나 그것은 어려운 것이 아니다."[146]

삼태기를 메고 지나던 행인은 평범한 사람이 아닌 것 같다. 은자隱者로 추측된다. 당시에는 뜻이 고고하지만 세상을 피해 사는 무리들이 있었다. 이들은 보통 은자라고 표현되는데, 은자는 유학보다 노자의 사

---

145. 『論語』, 子路第十三, "苟有用我者. 朞月而已可也, 三年有成."
146. 『論語』, 憲問第十四, "有心哉! 擊磬乎! 旣而曰, 鄙哉! 硜硜乎! 莫己知也, 斯己而已矣. 深則厲, 淺則揭. 子曰, 果哉! 末之難矣."

상에 더 심취했다. 지나던 은자는 공자의 경쇠 소리를 듣고 현실 정치에 대한 공자의 열망을 감지하고 세상의 이치와 상황에 따라 맞추어가며 살기를 조언하고 있다. 그러나 공자는 인간이 사는 현실을 그렇게 고민 없이 바라보는 것을 과감하다고 표현하면서 그것은 어려운 일이 아니라고 했다. 즉 맘만 먹으면 누구나 할 수 있는 일이라는 말이다. 어려운 것은 잘못된 세상을 모른 체하거나, 휩쓸려 사는 삶이 아니라 잘못된 세상을 바꾸려는 삶이다. 그러기에 세상을 바꾸려는 공자의 경쇠 소리는 그 소리가 편할 수 없었고, 부드러울 수 없었다. 위나라에서 머물던 공자는 진晉나라로 가서 진나라의 실권자 조간자趙簡子를 만나려고 했다. 그러나 공자 일행은 황하에 이르러 조간자가 어진 신하를 죽였다는 소식을 듣자 다시 위나라로 되돌아와서 거백옥의 집에 머무르게 된다. 그런데 어느 날 위령공이 군대의 진법陳法에 대해 묻자 공자는 자신은 예법을 알 뿐이라고 말을 하고 위나라를 떠나 다시 진陳으로 향한다.

공자가 진나라에 있을 때 노나라의 실력자 계환자季桓子가 세상을 떠난다. 애공哀公 3년, 공자 나이 60세 때였다. 죽기 전 계환자는 아들 계강자季康子에게 공자를 부를 것을 유언으로 남긴다. 그러나 신하 중에 반대하는 자가 있자 계강자는 대신 공자의 제자 염구를 부르게 된다.

공자 일행은 진나라에서 채나라로 갔다가 초나라 땅인 섭 땅으로 갔다. 공자는 섭공과 정치에 관해 문답을 하게 된다. 섭 땅에서 머물던 공자 일행은 얼마 후 다시 채나라로 돌아가는데, 도중에 나루터를 찾게 되었다. 이때 자로가 밭을 갈고 있는 장저長沮와 걸익桀溺이란 자들에게 나루터로 가는 길을 물었으나 가르쳐주지 않는다. 어느 날은 자로가 일행과 떨어지게 되었다. 자로는 공자 일행의 행방을 찾다가 삼태기를 메고 있는 노인에게 공손하게 공자의 행방을 물었으나 역시 가르쳐주지 않았다. 대신 노인은 공손한 자로가 맘에 들었는지 자로를 자기

집에서 하룻밤 머물도록 허락했다.

공자가 채나라에 머무르고 있을 때 초나라에서 사람을 보내 공자를 초빙했다.[147] 그러자 진나라와 채나라의 대부가 공자가 초나라에 등용되면 진나라와 채나라가 위태해질 것이라 생각하여 무리를 보내 들판에서 공자 일행을 포위했다. 공자 일행은 오도 가도 못했고 식량이 떨어지고 따르는 자들이 병이 나기도 했다. 주유천하 중 최대의 위기를 만난 것이다. 고생이 극심했던지라 자로가 화가 나서 말했다.

"군자는 이렇게 곤궁해야 합니까?"

공자께서 말씀하셨다.

"군자는 곤궁해도 견딜 수 있지만 소인은 곤궁하면 함부로 행동을 한다."[148]

공자는 자로 외에도 화가 나서 심기가 불편한 제자들이 있다는 것을 알고는 자공을 불러 한탄했다.

"시에 이르기를, 외뿔소도 아니고 호랑이도 아닌 것이 저 광야에서 헤매고 있다고 했는데, 내 도가 잘못되었는가? 내가 어찌하여 이렇게 되었단 말이냐."

자공이 말했다.

"선생님의 도가 지극히 커서 천하가 능히 담아내질 못할 뿐입니다."

안회안연가 말했다.

"담아내질 못하는 것이 어찌 (고치지 못할) 병이 되겠습니까. 이후

---

147. 『논어』에는 공자가 진(陳)에 있을 때의 일로 기록하고 있다. 『사기』에는 공자가 채나라로 옮긴 지 3년 때의 일로 기록하고 있다. 여기서는 전후 맥락이 자세하게 소개된 『사기』의 기록에 따른다.

148. 『論語』, 衛靈公第十五, "君子亦有窮乎? 子曰, 君子固窮, 小人窮斯濫矣."

로 군자를 만나실 것입니다."[149]

공자는 자공을 초나라로 보내 구원을 요청한다. 이에 초나라 소왕이 군대를 보내 공자 일행을 구출하게 되어 마침내 초나라에 이를 수 있었다. 이때 소왕昭王이 서사書社의 땅을 봉토로 주려 했으나 신하 자서子西의 반대로 무산되고 만다. 공자가 초나라에 있을 때 초나라 광인狂人 접여接輿가 노래를 부르며 공자의 수레 옆을 지나갔다.

"봉황이여! 봉황이여! 어찌 덕이 불운한가? 떠나간 것은 따질 수 없지만 오는 것은 잡을 수 있을 것이니, 그만하라! 그만하라! 지금 정치를 하려는 자는 위태로울 뿐이다!"[150]

공자가 수레에서 내려 말을 하고자 했으나 접여는 홀연 떠나가버린다. '狂광'의 의미는 '미치다'도 있지만 '일반 사람보다 뜻이 커서 일상을 벗어난 일을 하는 행동'을 지칭하기도 한다. 이 경우 광인은 일반적인 미친 사람이 아닌 기이하거나 초탈한 사람의 표현이기도 하다. 접여는 분명 이런 부류의 인물인 듯싶다. 봉황은 도가 통용될 때는 나타나고 도가 쇠퇴하면 사라지는 새鳥로 중국에서 인식되어 있다. 『서경』에는 순임금 치세에 봉황이 나왔다고 기록되어 있으며, 『국어』[151]에는 문왕 치세에 주나라가 흥하자 봉황이 기산岐山에서 울었다고 기록되어 있다. 이것으로 보면 봉황이 등장했다는 것은 그 시대가 태평성대라는 의미가 된다. 접여는 공자를 봉황으로 비유하여 당시 시대가 도가 통용되지 않으므로 세상을 방황하지 말고 은거하기를 권유하고 있다. 여기서

149. 『十八史略』, 春秋戰國篇, "孔子曰, 詩云 匪兕匪虎, 率彼曠野, 吾道非耶, 吾何爲於此. 子貢曰, 夫子道至大, 天下莫能容. 顏淵曰, 不容何病, 然後見君子."

150. 『史記』, 孔子世家第十七, "鳳兮鳳兮, 何德之衰! 往者不可諫兮, 來者猶可追也! 已而已而, 今之從政者殆而!"

'오는 것은 잡을 수 있을 것'이라는 말은 지금이라도 늦지 않았으니 자신의 말을 따르라는 의미이다. 접여의 노래를 듣고 공자는 수레에서 내려서 그와 대화를 하려고 했으나 접여는 빠른 걸음으로 그곳을 떠나버린다. 앞서 공자가 위나라에 있을 때 삼태기를 메고 지나던 행인이 공자가 치는 경쇠 소리를 듣고 공자의 의중을 파악한 적이 있었다. 그 삼태기를 멘 행인은 은자隱者였는데, 여기 나오는 접여 역시 그러한 은자로 보인다.

애공 10년, 공자 나이 67세 때 공자 일행은 다시 위나라로 돌아오게 되는데, 이미 위령공은 죽고 손자인 첩輒이 군주가 되어 있었다. 앞에서 살펴본 바와 같이 위령공의 세자는 괴외였다. 괴외는 계모인 남자가 음란한 것을 수치로 여겨 그녀를 살해하려다 실패하고는 국외로 달아났다. 그래서 위령공이 죽자 괴외의 아들인 첩이 제후의 자리에 오르게 되었다. 첩이 제후가 되자 도망간 괴외가 위나라로 돌아오려고 했으나 아들인 첩은 자신의 자리를 보전하기 위해 아버지 괴외의 입국을 막고 있었다. 여기서 연유하여 사람들은 후에 첩을 '출공出公'이라 불렀다. 출공이란 '(아버지를) 내친 공公'이란 의미이다. 여하튼 권력을 놓고 아들과 아버지가 서로 견제하는 한심한 상황이 벌어졌다. 공자가 초나라에서 위나라로 돌아오자 첩은 공자에게 정치를 맡기려 했다. 이때 공자의 제자들 몇 명이 첩 밑에서 벼슬을 하고 있었다. 어느 날 자로가 다음과 같이 공자에게 물었다.

"위나라 군주輒가 선생님을 기다리며 정치를 맡기려 하십니다. 무

151. 『國語』, 좌구명(左丘明)이 쓴 역사책 제목이다. 그는 원래 『좌전(左傳)』을 먼저 썼는데, 나중에 개정판으로 낸 것이 『국어』이다. 「주어(周語)」, 「노어(魯語)」, 「제어(齊語)」, 「진어(晋語)」, 「정어(鄭語)」, 「초어(楚語)」, 「오어(吳語)」, 「월어(越語)」의 8개국 450년의 역사로 구성되어 있다. 왕이나 신하들의 좋은 말을 중심으로 만들었기 때문에 그렇게 지었다고 한다. 『춘추좌씨전』이 '춘추내전'으로 불리는 데 반해, 이 책은 '춘추외전'으로 불린다.

것을 먼저 하시렵니까?"

그러자 공자의 대답은 간단했다.

"반드시 이름을 바로 서게 하겠다!"[152]

자로가 당시 첩 밑에서 벼슬을 하고 있었는지에 대해서는 명확한 기록이 없다. 그러나 위나라 군주의 생각을 전하는 것으로 보아 첩 밑에서 벼슬을 한 몇 명의 제자 중 하나로 추정된다. 공자는 당시 위나라 혼란의 원인이 이름을 바로 서게 하는 소위 정명正名에서 벗어났기 때문이라고 보고 있었다. 정명이란 직역하면 위와 같이 '이름을 바로 세운다'는 말이다. 더 쉽게 풀이하면 '그 이름에 걸맞게 역할을 제대로 하게 한다'라는 의미이다. 괴외가 계모인 남자를 죽이려 한 것은 자식의 역할에서 벗어난 행동이며, 또 그 아들 첩이 괴외의 귀국을 막은 것도 아비의 존재를 무시하는 처사이다. 그러므로 공자는 둘 다 그 자식으로서의 역할을 망각한 데서 혼란의 원인이 비롯된다고 보고 있었다. 여하튼 공자는 위나라에서 벼슬을 하지 않는다.

공자가 위나라에 있을 때 제나라의 대부 전상田常이 노나라를 정벌하기 위해 군사를 일으켰다. 전상의 6대조 진경중陳敬仲은 진陳나라의 대부로 있다가 정변을 피해 기원전 672년 제나라로 망명해서 정착했다. 그들은 제나라에서 전씨田氏 성씨를 썼는데, 출신국 성씨인 진씨陳氏로도 불렸다. 따라서 전상은 본명이 '항恒'이어서 진항陳恒으로 불리기도 한다.[153] 전상의 아버지는 도공悼公의 재상宰相인 전걸田乞이다. 제나라는 본래 시조가 강태공으로도 불린 강상姜尙이다. 따라서 제나라 군주는 대대로 강씨姜氏였다. 전걸은 강씨의 나라인 제나라에서 전씨의 세력을

---

152. 『論語』, 子路第十三, "子路曰, 衛君待子而爲政, 子將奚先? 子曰, 必也正名乎!"

153. 원래 이름은 '항(恒)'이었으나 한문제(漢文帝) 유항(劉恒)을 휘(諱, 임금의 이름을 피함)하여 상(常)으로 바꿔 부르게 되었다. 시호는 '성자(成子)'인데, 시호를 따서 진성자(陳成子) 혹은 전성자(田成子) 등으로도 불린다.

확대하고자 민심을 얻기 위해 노력했다. 그는 백성이 양식을 빌리러 오면 큰 말로 주었다가 갚으러 오면 작은 말로 받았다. 아들 전상도 그렇게 했고 유능한 사람을 끌어들였다. 소를 잡으면 자신은 한 그릇만 먹고, 나머지는 문하에 모인 사람들에게 나누어주었다. 그러자 제나라에서 전상을 추종하는 무리가 크게 늘었다. 전상은 아예 정권을 잡을 욕심으로 정변을 일으키고자 했으나 아직도 일부 호족 세력의 견제가 있었다. 이에 전상은 방향을 바꿔 노나라를 정벌하고자 한 것이었다.

당시 애공 11년, 기원전 484년에 발발한 제나라와 노나라의 전쟁은 『사기』「중니제자열전」과 『좌전』의 기술이 서로 방향이 다르다. 「중니제자열전」은 당시 전쟁을 종식시킨 것은 공자의 제자 자공의 활약으로 묘사하고 있다. 그러나 『좌전』에는 자공의 주체적 활동이 드러나지 않는다. 「중니제자열전」에 기술된 자공의 활약을 중심으로 당시 상황을 살펴보면 아래와 같다.

공자는 제자들을 모아놓고 부모의 나라인 노나라가 위태하니 누가 나서서 막을 것인가를 물었다. 공자는 자로와 자장이 나서자 허락하지 않았으나 자공이 가겠다고 하자 허락했다. 자공의 논리적인 말솜씨를 믿었기 때문이다. 자공은 제나라로 가서 전상을 만나고는 노나라 정벌이 전상 개인에게는 무익함을 말한다. 그리고 노나라로 진격해가는 군사를 되돌릴 명분을 세워주기 위해 오나라로 간다. 오나라로 하여금 제나라를 공격하게 만들기 위해서였다. 자공은 오나라 왕 부차를 만나 제나라 견제의 필요성을 말하고, 제나라를 제압 후 여세를 몰아 진나라를 공격하면 천하의 패자霸者제후의 우두머리가 될 수 있을 것이라고 충동질했다. 자공의 말에 넘어간 오왕 부차는 제나라를 공격하려고 했지만, 숙적 월나라가 고민이었다. 이에 자공은 월나라로 가서 월왕 구천에게 형식적으로 오나라를 도울 것을 권한다. 만약 오나라가 제나라와의 전쟁에서 지면 월나라의 복이 될 것이고, 만약 이기면 오나라는 오만해져 진나라를 공격할 것이므로, 이때 월나라는 진과 연합하여 공격하면 반드시 이길 수 있다는 논리였다. 월왕 구천은 자공의 계략을 받아들인다. 다음으로 자공은 다시 오나라에 가서 월나라가 오나라를 도울 것이므로 우환이 없음을 확인해주었다. 오나라에서는 충신 오자서伍子胥가 월나라의 속셈을 간파하여 오왕 부차에게 속지 말 것을 권했지만 부차는 듣지 않았다. 그런데 태재太宰총리의 벼슬에 있는 간신 백비伯嚭가 월나라로부터 뇌물을 받고는 월나라를 두둔하고 오자서를 다른 생각이 있는 자라고 모함했다. 결국 부차는 충신 오자서를 의심하여 칼을 내려 자결하도록 한다. 오자서는 죽기 전 사인舍人집안의 시종에게 이렇게 말했다.

> "내 눈을 도려내어 오나라 동문 위에다 걸어놓아라. 월나라가 오나라를 멸망시키는 것을 보겠노라."[154]

이 말을 마치고 오자서는 목을 찌르고 죽는다. 손무와 함께 선왕인 합려를 도와 그를 춘추시대 패자로 등극하게 했던 오자서는 이렇게 죽었다. 손무의 행적은 부차의 재임 기간에는 드러난 바가 없다.

마지막으로 자공은 진晉나라로 가서 제나라와 오나라가 장차 전쟁을 하게 될 것이므로 미리 대비를 해둘 것을 말해주었다. 결국 오나라는 제나라를 공격하게 된다. 이에 제나라 군사는 노나라 정벌을 중지하고 오나라와 전투를 벌였지만 오나라가 승리한다. 오나라는 예상대로 여세를 몰아 진나라를 공격하지만 미리 준비하고 있던 진나라에게 대패大敗하고 만다. 월왕 구천은 이 틈을 타서 오나라를 공격했다. 결국 오왕 부차가 월왕 구천을 격파한 회계산 전투 이후 20여 년 후인 기원전

---

154. 『史記』, 伍子胥列傳第六, "抉吾眼縣吳東門之上, 以觀越寇之入滅吳也."

473년 무렵에 구천은 오나라를 멸망시키고 부차를 자결하게 만든다. 구천은 이후 춘추오패 중의 하나로 군림했다.

제나라가 노나라를 공격할 때 마침 염구가 계강자의 장수가 되어 제나라와의 전쟁에서 큰 공을 세우게 된다. 그러자 염구는 계강자에게 스승인 공자를 노나라로 모실 것을 청했다. 이에 계강자가 수락을 하여 드디어 공자는 노나라로 돌아오게 되었으니, 이때 노나라의 군주는 애공哀公11년이고 공자 나이 68세였다.

~제3장~

공자의 사상

1절
『논어』라는 책

후한後漢의 반고班固가 편찬한 『한서漢書』 「예문지藝文志」에 "『논어』는 공자가 제자들과 당시 사람들의 물음에 대답한 말과, 제자들이 서로 주고받은 말, 제자들이 스승에게서 직접 들은 말을 저마다 적어둔 것이 있었는데, 스승이 돌아가신 뒤에 문인들이 서로 더불어 편집하고 편찬을 논의해 『논어』라고 했다."[155]라는 말이 나온다. 『한서』에 따르면 『논어』의 내용 구성과 편찬 시기와 주체, 『논어』의 명칭이 유래된 이유를 유추할 수 있다.

먼저, 『논어』는 크게 세 가지 유형의 내용으로 구성되어 있다. 하나는 공자가 당시 사람들과 제자들에게 응답한 말, 다른 하나는 제자들이 서로 주고받은 말이며, 마지막으로는 공자가 말한 것을 제자들이 직접 들은 내용에 관한 것이다.

『논어』의 편찬 시기는 공자가 돌아가신 뒤이고, 편찬 주체는 문인門人들이다. '문인門人'은 제자보다 폭넓은 개념이다. 일반적으로 공자에게서 직접 배운 자들을 제자라 하고, 제자를 포함하여 공자의 학풍을 따르는 자들을 문인이라 한다. 반고는 문인으로 싸잡아 표현했지만, 정확

155. 『漢書』 「藝文志」, 권30, "論語者, 孔子應答弟子時人及弟子相與言而接聞於夫子之語也. 當時弟子各有所記, 夫子旣卒, 門人相與輯而論纂, 故謂之論語."

한 『논어』의 편찬자에 대해 여러 설이 있다. 이 중 주희朱熹는 『논어서설論語序說』에서 정자程子의 말을 인용해 『논어』는 유자有子유약의 존칭와 증자曾子증삼의 존칭의 문인들에 의해 이루어진 것으로 보았다. 그 이유는 다른 제자들은 모두 이름이나 자字 등으로 표기되었는데, 이 두 사람만이 『논어』에서 공자와 함께 존칭어인 자子선생님의 의미를 붙여 부르고 있기 때문이었다.

또, 『논어』라는 명칭은 공자의 문인들이 서로 편찬을 논의하여論, 공자와 관련된 말씀語을 기록한 것에서 유래되었다. 이러한 것들을 우리는 『한서漢書』에서 유추하여 알 수 있다.

역시 『한서』에 따르면 『논어』의 목판 인쇄본은 한漢나라 때에 『노논어魯論語』, 『제논어齊論語』, 『고논어古論語』 등 세 가지 『논어』가 전해졌다. 『노논어』는 노나라 사람들이 전해 온 『논어』로서 20편으로 구성되어 있었다. 이것은 현재 전해진 『논어』의 편수와 합치된다. 한편 『제논어』는 제나라 사람들이 전해 온 『논어』로서 22편으로 구성되어 있었다. 『고논어』는 공자의 옛집 벽 속에서 나온 고문古文의 『논어』로서 21편으로 구성되어 있었다. 한나라 때 전해진 위 세 종류 『논어』는 오늘날 그 내용을 알 수는 없다.

세 가지 인쇄본의 종합은 후한後漢 정현의 『논어주論語注』에 이르러 이루어졌다. 그러나 정현의 『논어주』는 완전하게 전해지지는 않는다. 현재 제대로 전하는 『논어』의 가장 오랜 인쇄본은 삼국시대 위魏나라의 정치가이자 사상가였던 하안何晏이 이전 학자들의 『논어』 해석을 집대성한 『논어집해』이다. 이것이 한나라 시대에 전해진 세 가지 『논어』와 얼마나 다른 것인지는 확인할 수 없으나, 그중 『노논어』가 『논어집해』의 기본 바탕이 된 것으로 알려져 있다. 그 후 북송北宋[156] 때 형병邢昺 등이 진종眞宗의 칙명으로 하안의 『논어집해』를 다시 풀이하여 『논어주소論語注疏』를 썼는데, 이것이 남송南宋 말에 간행된 『십삼경주소十三經注疏』에

끼어 있는 『논어』의 전통적인 주해서이다. 한편 남송 시대에 주희는 형병의 『논어주소』의 경문을 바탕으로 고인古人들의 여러 해설을 참고하여 『논어집주』를 지었다. 이로부터 『논어』의 해설은 『논어집주』가 단연 권위를 지니게 되었다. 주희는 『논어집주』 이외에 『대학장구大學章句』, 『중용장구中庸章句』, 『맹자집주孟子集註』를 저술했는데, 이들을 합쳐 『사서집주四書集註』라고 부른다. 『사서집주』가 유행하면서 유교의 풍토는 큰 변화를 겪게 된다. 그것은 유교의 기본서로 사서가 확실하게 자리매김을 한 것이다.

『논어』는 모두 20편으로 나뉘어 있다. 곧 「학이學而」, 「위정爲政」, 「팔일八佾」, 「이인里仁」, 「공야장公冶長」, 「옹야雍也」, 「술이述而」, 「태백泰伯」, 「자한子罕」, 「향당鄕黨」, 「선진先進」, 「안연顔淵」, 「자로子路」, 「헌문憲問」, 「위령공衛靈公」, 「계씨季氏」, 「양화陽貨」, 「미자微子」, 「자장子張」, 「요왈堯曰」이 그것이다. 이것은 모두 그 편 첫머리의 첫 구절 맨 앞의 자를 따서 편명으로 삼았다.

『논어』는 그 내용의 성격에 따라 위작僞作진짜가 아님 가능성이 있는 편篇과 장章이 있다고 보는 견해가 있다. 특히 후의 5편은 앞의 15편과 문체가 두드러지게 다르고, 공자의 말을 인용할 때에도 '자왈子曰' 대신 '공자왈孔子曰'을 많이 쓰고 있으며, 공자를 부를 때에도 '부자夫子' 이외에 '중니仲尼'라고 하고 '공구孔丘'라 호칭한 곳조차 있다. 이를 근거로 하여 끝머리 5편은 후세에 덧붙여진 것이 분명하다는 주장이다. 그러나 이것은 어디까지나 가설에 불과하며 확증이 있지는 않다. 『논어』의 가장 이상적인 해석은 위에서 제기된 위작으로 판단하는 관점들을 부분적인 참고는 하되, 『논어』 전체의 맥락과 서사적 관계에서 파악함이 옳

156. 조광윤(趙匡胤)이 960년에 건국하여 남쪽으로 천도하기 전 송나라를 달리 북송으로 부른다. 송나라는 여진족의 금나라에게 1126년 화북을 빼앗긴 후 남쪽으로 옮겨 양자강 이남의 땅 임안(현재의 항저우)으로 천도했다. 남쪽으로 옮겨간 정권을 남송이라고 부른다.

다고 생각된다. 이런 방법으로 접근을 해야 『논어』의 전체적 대의를 통찰할 수 있으며, 보다 체계적인 공자 사상의 이해가 가능하다고 본다.

우리나라 삼국시대에 등장한 당唐나라가 멸망하자 중국엔 오대십국五代十國의 시대가 열렸다. 오대는 화북을 통치했던 다섯 개의 왕조를 말하며, 십국은 열 개의 지방 정권을 말한다. 오대의 마지막 왕조는 후주後周이다. 후주에 어린 황제가 등극하자 장군 조광윤趙匡胤은 조보趙普와 아우 조광의趙匡義의 추대를 받아 960년에 후주를 대체하여 송나라[157]를 건국하고 황제에 오르니, 그가 바로 송 태조이다. 조보는 송나라의 재상이 되어 지방 절도사들의 권한을 약화시키고 송나라의 통치 시스템을 문치주의文治主義문신 중심으로 하는 도덕정치로 바꾸는 데 결정적 기여를 했다. 태조에 이어 그의 아우 조광의가 황제태종로 등극하자 조보는 태종을 도와 중국을 통일했다. 조보는 태종 시대에 죽었다. 조보가 임종할 무렵 태종에게 말했다.

> "신에게 『논어』 한 권이 있사온데, 그 반으로 폐하송나라 세운 태조를 도와 천하를 도모할 수 있었고, 그 반으로 폐하태종를 도와 천하를 다스릴 수 있었습니다."

조보는 『논어』를 읽어서 천하를 경륜하는 지혜를 얻었다는 말이다. 여기에서 『논어』를 절반만 읽어도 천하를 다스린다는 말이 나왔다. 『논어』는 작게는 우리 개인의 수양을 이야기하고, 크게는 천하를 다스리는 요체를 말한다. 논어는 그 이상도 이하도 아니다. 이것이 논어다.

---

157. 수도는 개봉(카이펑)이다. 통상 1127년 금나라의 확장에 밀려 장강 이남으로 옮기기 전을 북송, 이후 임안(지금의 항저우)으로 도읍을 옮긴 이후를 남송이라고 불러 구분하였다.

2절
공자가 생각한 리더의 모습은?

덕이 없으면 큰 그릇이 되지 못한다

공자보다 170여 년 전 제나라에 관중管仲이란 자가 있었다. 그는 어렸을 적부터 포숙아鮑叔牙의 친구였다. 관중과 포숙아는 같이 장사를 했는데, 관중은 집안이 가난하여 포숙아보다 늘 더 많은 이익을 챙겼다. 그러나 포숙아는 관중의 빈곤을 알았기 때문에 관중을 탐욕스럽다고 여기지 않았다. 둘은 장성하여 제양공齊襄公 때 포숙아는 공자公子제후의 아들을 지칭하는 말 소백小白을 섬겼고, 관중은 공자公子 규糾를 섬겼다. 양공과 소백 그리고 규의 관계는 명확치 않으나, 소백과 규가 양공의 이복동생이거나 가까운 친척인 것으로 추정된다. 양공은 부덕하여 국내 정치가 어지러웠다. 이에 포숙아는 장차 내란이 일어날 것을 우려하여 소백과 함께 거莒나라로 달아났다. 결국 양공은 가까운 친척이었던 공손무지公孫無知에게 죽임을 당한다. 그러자 관중과 신하 소홀은 규와 함께 노나라로 도망갔다. 얼마 후 공손무지가 제나라 대부에게 살해된다. 규는 노나라 사람의 도움을 받아 제나라로 입국하여 군주의 자리에 오르려 했으나 뜻을 이루지 못했다. 이에 소백이 입국하여 군주의 자리에 오르니 이가 곧 제환공齊桓公이다. 환공은 후환을 없애고자 노나라 사람을 시켜 규를 죽이고는 관중과 소홀을 잡아들이려 했다. 그러자 소홀은 자살하고 관중만 잡혀왔다. 이때 포숙아는 환공에게 관중을 등용할 것을 주청했다. 그 결과 관중은 포숙아의 도움으로 죽음을 면하고 재상이 되었고, 포숙아는 관중의 아랫사람이 되었다. 관중은 환공을 도와 제후들을 규합하여 천하를 평정하고, 춘추시대 전기에 제나라가 천하의 패자가 되는 데 지대한 공헌을 했다. 후에 관중은 포숙아를 평하여, "나를 낳아 준 사람은 부모이고, 나를 알아주는 사람은 포숙아였다"라고 했다. 관중과 포숙아의 우정을 표현한 말이 '관포지교管鮑之交'이다.

춘추시대에 이르러 천자의 나라인 주왕실은 쇠약해지고 있었으며, 제후들은 슬슬 오만해지고 있었다. 이에 관중을 등용한 환공은 '존왕양이尊王攘夷주나라 왕을 받들고 오랑캐를 물리침'를 호소하여 제후를 인솔하고 주왕실이나 제후를 위협하고 있던 초나라를 공격했다. 환공은 연나라를 도와 산융을 정벌하는 등 오랫동안 오랑캐의 중원中原중국의 중심부 침략을 막았다. 존왕양이를 표방한 환공의 전략은 명분도 합당하기 때문에 여러 제후의 지지를 받았다. 이와 같이 환공은 여러 차례 제후들 간의 동맹을 체결하여 맹주로서의 위신을 세워 춘추시대의 패자가 되기에 이른다.

공자는 관중을 어떻게 평가하는가? 자로가 관중이 어진 사람인가에 대해 묻는 장면이다.

자로가 말했다.

"환공이 공자 규를 죽였는데, 소홀은 따라 죽었지만 관중은 죽지 않았습니다. 어진 사람은 아니겠지요?"

공자께서 말씀하셨다.

"환공이 제후들을 규합한 것은 병거兵車병졸과 마차, 즉 무력를 쓴 것이 아니라 관중의 힘이었다. 그 어진 것과 같다! 그 어진 것과 같다!"[158]

그러자 이번에는 자공이 물었다. 질문의 요지는 자로와 마찬가지로 관중은 어진 사람인가에 대한 것이었다. 공자는 이렇게 말한다.

> "관중은 환공을 도와 제후들의 패자가 되었고, 천하를 바로잡았다. 백성이 지금에 이르기까지 그 혜택을 받았다. 관중이 없었다면 나는 머리를 풀고 오른쪽 섶을 왼쪽 섶 위에 여미는 옷을 입었을 것이다."[159]

'머리를 풀고 오른쪽 섶을 왼쪽 섶 위에 여미는 옷'은 오랑캐의 복장이다. 공자는 개인적 의리의 차원을 넘어 국가와 천하에 끼친 관중의 업적을 높이 평가했다. 공자가 관중의 업적 중 높이 평가한 것은 주왕실을 존중하면서 천하의 질서를 평화적인 방법으로 바로잡았으며, 천하를 안정시켜 중원을 이민족의 침입으로부터 막아냈다는 데 있다. 따라서 관중을 어진 사람이라고 직접적으로 지칭할 수는 없지만 어진 사람의 공덕에 견줄 수 있다고 힘주어 말한다.

그러나 업적은 업적이고 사람됨은 사람됨이다. 공자는 관중의 사람됨을 어떻게 평가하는가?

> 공자께서 말씀하셨다.
> "관중의 그릇이 작도다."
> 어떤 자가 말했다.

158. 『論語』, 憲問第十四, "子路曰, 桓公殺公子糾, 召忽死之, 管仲不死. 曰, 未仁乎? 子曰, 桓公九合諸侯, 不以兵車, 管仲之力也. 如其仁! 如其仁!"

159. 『論語』, 憲問第十四, "子曰, 管仲相桓公, 霸諸侯, 一匡天下, 民到于今受其賜. 微管仲, 吾其被髮左衽矣."

"관중은 검소합니까?"

공자께서 말씀하셨다.

"관씨는 삼귀를 두었으며, 관의 사무를 부하들에게 겸임시키는 일이 없었으니 어찌 검소했다 말할 수 있겠는가?"

"그렇다면 관중은 예를 압니까?"

공자께서 말씀하셨다.

"나라의 군주이어야 색문塞門을 세우거늘, 관씨 또한 색문을 세웠으며, 두 군주가 교제함에 반점反坫을 두거늘, 관씨 또한 반점을 두었으니, 관씨가 예를 안다고 하면 누가 예를 알지 못하리오?"[160]

공자는 관중의 그릇이 작다고 평가한다. 천하를 평정한 관중에게는 좀 섭섭한 말일 것이다. 그러자 어떤 자가 그릇이 작다는 말을 관중이 엄격하게 정사를 펼친 것으로 해석하여, 오히려 "관중이 검소해서 그런 것이 아닙니까?" 하고 공자에게 물었다. 이에 공자는 삼귀三歸를 있게 하고 관청의 사무를 부하들에게 겸임하지 않게 하여 재정을 방만하게 운영하였으므로 검소한 사람이 아니라고 답했다. 삼귀三歸는 의미가 불분명하다. 한나라 유향劉向이 지은 『설원說苑』에는 "관중이 삼귀의 대臺를 지어 스스로 백성을 다치게 했다管仲 故築三歸之臺 以自傷於民"라는 말이 나온다. 이것으로 보면 삼귀가 놀고 즐기는 일종의 정자로 추정된다.

공자가 관중이 검소하지 않다고 하자, 어떤 자는 예를 형식에 맞게 행하기 위해 그리했던 것인가라고 생각하여, 관중은 예를 아는 사람인지를 묻는다. 그러자 공자는 색문塞門을 세우고, 반점反坫을 둔 것을 거

---

160. 『論語』, 八佾第三, "子曰, 管仲之器小哉! 或曰, 管仲儉乎? 曰, 管氏有三歸, 官事不攝, 焉得儉? 然則管仲知禮乎? 曰, 邦君樹塞門, 管氏亦樹塞門. 邦君爲兩君之好, 有反坫, 管氏亦有反坫. 管氏而知禮, 孰不知禮?"

론하여 예를 아는 사람이 아니라고 했다. 색문이란 문에 나무를 심어 집 안과 밖을 가리게 한 것이며, 반점이란 술잔을 주고받은 다음에 술잔을 놓아두는 자리를 말한다. 이 두 가지는 모두 제후들이 행한 예법이었는데, 관중이 참절僭竊분수에 넘치는 행위를 함한 것이었다. 결국 관중은 검소하지도 않고 예법을 아는 사람도 아니라는 말이다. 이것은 관중의 업적을 평가할 때와 아주 다른 평가이다. 이와 같이 공자는 업적과 인성을 분리하여 본다. 공자는 관중이 천하를 바로잡고 외적의 침입으로부터 중원의 역사, 문화를 수호한 점을 높이 산다. 그러나 이것은 환공이 인정仁政을 펴도록 하기 위함이 아니라 천하의 패권을 차지하기 위한 전략적인 측면에서 그러한 것이었다. 공자가 보기에 관중은 품성 면에서 성현의 학문을 배우지 않고, 검소하지 않고, 예법도 모르기 때문에 천하에 어진 정치를 펼 수 있는 인물이 아니었다. 송대의 주희는 이 부분을 풀이하기를, "자신을 닦고 가정을 바르게 하여, 이로써 국가에 이르게 하면, 그 근본이 심원하여 파급되는 바가 원대할지니, 이것이 큰 그릇이다大器"라고 했다. 이와 같이 리더Leader는 권모술수에 능하고, 능력이 출중한 것으로만 평가되는 것이 아니라 자신의 품성부터 올바르게 해야 보다 더 심원하게 영향을 미치는 천하의 큰 그릇이 될 수 있다. 결국 관중이 죽고 2년 후 환공이 죽자 천하는 제나라를 더 이상 따르지 않게 되었다.

리더는 인仁과 지知와 같은 덕성이 있어야 한다. 공자 제자 중에 번지樊遲[161]가 있다. 번지는 공자가 주유천하를 할 때는 등장하지 않는다. 다만 『좌전』에 따르면, 공자가 주유천하를 마치고 노나라로 오기 전 제나라가 노나라를 침공했다. 이때 번지는 염구와 함께 제나라에 대항하여 함께 싸웠다. 이것으로 미루어보면 번지는 공자 말년의 제자로 추정

161. 본명은 번수(樊須). 번지(樊遲)는 성(姓)과 자(字)를 결합한 것이다. 공자보다 36세 아래이다.

된다. 어느 날 번지가 인仁과 지知에 대해 물었다.

> 번지가 인仁에 대해 묻자 공자께서 말씀하셨다.
> "사람을 사랑하는 것이다."
> 번지가 지혜知에 대해 묻자 공자께서 말씀하셨다.
> "사람을 아는 것이다."
> 번지가 이해를 하지 못하자 공자께서 말씀하셨다.
> "올곧은 자를 기용하고 굽은 자는 내치면, 굽은 자도 올곧게 된다."[162]

그렇지만 번지는 끝내 이해하지 못하고 훗날 공자가 대답한 말의 의미를 자하에게 물었다. 그러자 자하는 순임금과 탕왕의 사례를 들어 설명했다. 자하에 따르면 순임금이 여러 사람 중에서 공평한 일처리를 한 고요와 같은 인물을 알아보고 기용하자 불인不仁한 자들이 멀리 사라졌고, 탕왕이 인의仁義의 품성을 갖춘 이윤과 같은 인물을 알아보고 기용하자 불인한 자들이 멀리 사라졌다. 이와 같이 성품이 올곧은 자들이 우대받아 등용되는 공직 풍토가 조성되면 불인한 자들에게도 권모술수보다는 덕성을 중시하는 태도가 형성되지 않을 수 없을 것이다.

인仁과 지知는 상호 보완적인 덕성이다. 통치자 같은 리더가 올곧은 사람을 알아보고 등용하는 것은 지혜이다. 그리고 이런 풍토가 조성되어 성품이 굽은 자들도 올곧게 되는 것은 결국 애인愛人, 즉 여러 사람을 사랑하는 결과가 되므로 리더의 품성에서 인仁의 영역이다. 그러므로 리더는 사람을 알아보는 지혜가 있어야 하며, 올곧은 자를 등용하여 정의로운 공직 풍토를 조성하는 덕성인 인仁를 갖추어야 한다. 이

---

162. 『論語』, 顔淵第十二, "樊遲問仁. 子曰, 愛人. 問知, 子曰, 知人. 樊遲未達. 子曰, 擧直錯諸枉, 能使枉者直."

런 맥락에서 공자는 "지혜가 미치더라도 인仁이 그것을 지킬 수 없다면, 비록 지혜를 얻어도 반드시 잃게 된다"[163]라고 했다. 인과 지와 같은 덕성은 옛날이나 지금이나 변함없이 리더에게 요구되는 자질이라 아니할 수 없다.

생각은 적당히 하라

제나라 환공이 제후들의 맹주로 군림할 때 노나라 군주는 16대 장공莊公이었다. 노나라는 장공부터 24대 양공襄公까지 실권을 가진 대부가 3명 있었으니, 바로 장문중臧文仲과 동문양중東門襄仲, 계문자季文子가 그들이다.

장문중은 16대 노장공魯莊公부터 20대 노문공魯文公을 보필했다. 당시 천하는 제환공을 보필하고 있는 관중의 손아귀에 있었기 때문에 장문중은 다른 나라와 우호관계를 유지하며 노나라를 보존하려고 힘쓴 인물이다. 장문중이 19대 노희공魯僖公을 모시고 있을 때 제환공이 죽었다. 그러자 제환공의 사후를 틈타 송양공宋襄公이 천하의 제후를 규합하여 패자가 되려고 했다. 이에 장문중은 "남의 욕망을 따른다면 가능하겠지만 다른 사람을 자신의 욕구에 따르게 한다면 일을 이루기 어렵다"라고 비판했다. 장문중은 송양공이 천하의 제후를 규합하려고 하는 것은 사사로운 욕심에서 기인한 것이라고 보았다. 또, 당시 노나라에 비를 기원하는 무녀巫女, '왕尫'이 있었다. 어느 여름에 큰 가뭄이 들었는데, 노희공은 왕尫을 죽이면 비가 올 것이라고 생각하여 그녀를 태워 죽이려 했다. 이때 장문중이 나서서 말했다.

---

163. 『論語』, 衛靈公第十五, "子曰, 知及之, 仁不能守之, 雖得之, 必失之."

"가뭄에 대비하지 못한 것이 원인입니다. 성곽을 보수하고, 먹는 것을 아끼고, 씀씀이를 줄이며, 농사에 힘쓰고, 자신의 직분을 다하도록 권장해야 합니다. 무녀가 무엇을 할 수 있겠습니까?"[164]

노희공은 장문중의 의견에 따라 무녀를 죽이지 않았다. 이로 미루어 보아 장문중은 정치적 도의도 있었으며 인정도 있는 인물인 듯하다. 그러나 공자는 장문중을 지혜롭지 못한 자라고 폄하貶下낮게 평가함했다.

공자께서 말씀하셨다.

"장문중이 큰 거북을 보관할 때 기둥머리 말뚝에는 산 모양을 그렸고, 대들보 짧은 기둥에는 수초水草를 그렸으니, 어찌 지혜롭다 하겠는가?"[165]

거북껍질은 옛날에 점을 칠 때 사용한 도구이다. 장문중은 거북껍질을 보관할 때 산 모양과 수초 장식을 넣은 호화로운 장소에 보관했다. 이에 공자는 대부로서 인간의 도리에 힘써야 하거늘 귀신에게 아첨한 것은 지혜롭지 못한 처사임을 지적했다. 또, 공자는 장문중을 이렇게 평가했다.

"장문중은 직위에 어울리지 않는 자로다! 류하혜가 현인임을 알고 있었으나 조정에서 그와 더불어 서지 않았다."[166]

조정에서 더불어 서지 않았다는 것은 높은 직책을 부여하지 않았다

---

164. 『左傳』, 僖公21, "非旱備也. 脩城郭, 貶食, 省用, 務穡, 勸分, 此其務也. 巫尫何爲?"
165. 『論語』, 公冶長第五, "子曰, 臧文仲, 居蔡, 山節藻梲, 何如其知也."
166. 『論語』, 衛靈公第十五, "臧文仲其竊位者與! 知柳下惠之賢, 而不與立."

는 말이다. 류하혜[167]는 노나라에서 형옥刑獄의 일을 관장하는 사사士師 벼슬을 살았다. 그는 덕행이 있고 바른 말을 하는 반듯한 사람이었다. 그가 벼슬에 있는 동안 강직한 성품 때문에 세 번이나 벼슬에서 쫓겨났다. 어떤 사람이 그에게 어찌 이런 나라를 떠나지 않는가 하고 묻자, 그는 말했다.

> "도를 곧게 하여 사람을 섬기면 어디를 간들 내침을 당하지 않겠으며, 도를 굽혀 사람을 섬긴다면 어찌 굳이 부모의 나라를 떠나겠는가?"[168]

당시와 같은 난세에 정도를 행한다면 어디 가서도 내침을 받기 때문에 노나라에 있든 다른 나라에 있든 별 차이가 없다는 것이고, 만약 올바른 도를 실현하려는 자신의 뜻을 굽힌다면 굳이 노나라에서도 내침을 당하지 않으니 떠날 필요가 없다는 말이다. 물론 류하혜는 전자의 의중을 말한 것이다.

공자는 이런 류하혜를 정국을 좌우하는 장문중이 중용하여 쓰지 않았음을 비판했다. 비록 장문중이 어느 정도 대의를 지키려 하고 백성의 생명을 아끼는 마음은 있지만, 인간의 도리를 실천하기보다는 미혹한 것을 신봉하고, 현인을 등용하지 않은 점을 거론하여 공자는 그가 지혜롭지 못하고, 벼슬에 어울리는 자가 아니라고 했다.

동문양중은 19대 노희공부터 22대 노선공魯宣公까지 활동했다. 노희공 때 제효공齊孝公이 노나라를 침공했다. 이때 양중은 원로 대부 장문

---

167. 성(姓)은 전(展)이며 이름은 획(獲), 자(字)는 금(禽) 혹은 계(季)이다. 식읍(食邑)이 류하(柳下)이고, 시호(謚號)가 혜(惠)다. 노나라에서 형옥(刑獄)의 일을 관장하는 사사(士師) 벼슬을 살았다. 노나라의 현자(賢者)로 통한다. 춘추시대 악인(惡人)의 대명사로 쓰이는 도척(盜跖)은 그의 동생이다.

168. 『論語』, 微子第十八, "直道而事人 焉往而不三黜 枉道而事人 何必去父母之邦."

중과 함께 초나라로 가서 구원을 요청하여 노나라를 위기에서 벗어나게 했다. 또, 양중은 20대 노문공魯文公 때에는 진晉과 제齊와 맹약을 체결하기도 하고, 여러 나라에 사신으로 가기도 했다.

문공의 첫째 부인은 제나라에서 온 강씨姜氏였고, 둘째 부인은 경영敬嬴이라는 여인이었다. 경영은 아들 퇴俀를 낳을 때부터 양중에게 사랑하는 감정을 품고 은밀히 양중을 섬기고 있었다. 퇴는 장성하면서 양중에게 모든 것을 털어놓는 사이가 되었다. 당시 태자는 강씨의 아들 자악子惡이었는데, 양중은 태자 자악 대신 자기를 따르는 퇴를 군주로 옹립하고자 했다. 원로 대부 장문중이 이미 당시 죽고 없었다. 따라서 노나라의 조정은 사실상 양중에게 거의 장악되었다. 문공이 죽자 양중은 제나라로 가서 제혜공齊惠公에게 퇴의 옹립을 허락받으려 했다. 양중이 제나라 군주에게 노나라 군주의 교체를 허락받으려 한 것은 당시 인근 동맹국에서 군주를 시해하는 등의 정변이 나면 이웃 나라가 토벌군을 내는 것이 제후들 간의 의리였기 때문이다. 따라서 멀쩡한 태자를 폐하고 서자인 퇴를 옹립하는 것은 정변에 해당되기 때문에 미리 제나라의 허락을 구하려 했다. 당시 제혜공은 즉위한 지 얼마 되지 않았고, 지지 기반도 취약한 상태였기 때문에 자신도 노나라와 친하게 지내야 하는 전략적 필요성이 있었다. 결국 양중은 제나라의 허락을 받아냈다. 양중은 귀국하여 자악과 자악의 외삼촌 시視을 죽이고 퇴를 옹립했다. 이가 곧 노선공魯宣公이다.

양중에게 자식과 동생을 잃은 첫째 부인 강씨는 노나라를 떠나 제나라로 귀국했다. 그리고 돌아오는 길에 저잣거리를 지나면서, "하늘이시여! 양중이 도리에 어긋나게 적자를 죽이고 서자를 옹립하였습니다." 하고 울부짖으니, 거리의 사람들이 모두 따라 울었다. 이때부터 노나라 사람들은 그녀를 '애강哀姜슬픈 강씨'이라고 불렀다. 양중이 제혜공의 허락을 받아 아버지의 뒤를 이은 자악을 죽이고 서자인 퇴를 제후에 앉힌 이 사건을 계기로, 노나라 공실은 쇠퇴해지고 노선공의 고조부 노환공의 아들에서 갈려나온 삼환이 강성해졌다. 공자가 노나라에서 대부의 직책을 수행할 때 노나라 정국을 좌우하던 삼환이 득세를 하게 된 원인이 동문양중이 저지른 '살적입서殺嫡立庶', 즉 적자를 죽이고 서자를 옹립하게 된 사건에서 비롯되었다.

계문자는 20대 노문공부터 24대 노양공까지 활동했다. 계문자는 젊은 시절에는 상당 기간을 동문양중과 활동을 같이했으나 동문양중의 위세에 밀려 그가 생존 시에는 자세를 낮추고 살았다. 계문자는 매우 사려 깊은 사람이었다. 노문공 때에 계문자는 진晉나라를 예방하려 했다. 출발하기 전 계문자는 상을 당했을 때의 예법을 미리 숙지했다. 그것은 진양공晉襄公이 병중이라는 소문을 전해 듣고 미리 대비하기 위함이었다. 정말 얼마 안 되어 진양공이 죽었다. 이뿐만이 아니라 계문자는 매사에 깊은 생각을 하고 행하는 사람이었다. 그런 계문자를 공자는 어떻게 평가할까?

> 계문자는 세 번 생각을 한 후 행했다.
> 공자께서 이 말을 전해 듣고 말씀하셨다.
> "두 번 하면 괜찮다."[169]

공자는 평소 앞일을 미리 생각하여 대비하라는 말을 했다. 『논어』「위령공」편에는 "사람이 멀리 생각하지 않으면 반드시 가까운 곳에서 근심이 생긴다."[170]라는 말이 있다. 이 말은 앞과 주변을 살펴보고 사려 깊게 생각하라는 의미이다. 그러나 지나친 생각은 행동을 방해한다. 위에서 공자가 생각을 두 번 하고 행하면 괜찮다고 말한 까닭은 생각이

169. 『論語』, 公冶長第五, "季文子三思而後行. 子聞之, 曰, 再斯可矣."
170. 『論語』, 衛靈公第十五, "子曰, 人無遠慮, 必有近憂."

너무 지나치면 행동에 과단성이 결여되기 때문이다. 송대宋代의 정자는 너무 생각이 깊으면 사사로운 의식이 생겨서 오히려 의혹이 생긴다고 했다.

사실 계문자는 동문양중과 노선공이 태자 자악을 죽였는데도 주저하다가 결국 토벌하지 못했다. 그뿐이 아니었다. 계문자는 노선공을 위해 제혜공을 만나 뇌물을 바치고 서로 회맹 날짜를 잡았다. 이에 노선공은 제혜공을 제나라 땅 평주에서 만나 군주의 자리를 인정받게 되었다. 계문자는 너무 지나치게 생각만 하다가 결국 권력에 타협하는 사사로운 의식이 생겨 행동으로 의로움을 떨칠 골든타임Golden time을 놓쳐버린 것이다. 계문자는 동문양중이 선공이 즉위한 후 8년 만에 죽자 그 이후 30여 년을 더 살았다.

장문중과 동문양중 그리고 계문자는 나름 노나라의 정치인으로서 시대를 풍미했다. 그중 동문양중은 명분 없이 군주를 시해했으므로 리더로서의 자질을 말할 여지가 사실상 없으나, 장문중과 계문자의 경우 보는 관점에 따라 리더로서의 자격을 인정받을 수 있을 것이다. 그러나 공자는 장문중이 인간의 도리를 실천하기보다는 미혹한 것을 신봉하고 현인을 등용하지 않은 점을 거론하여, 지혜롭지 못하고 벼슬에 어울리는 자가 아니라고 했다. 그리고 계문자는 너무 생각에만 집착하여 행동에 과단성이 없음을 경계했다.

바로 장문중과 계문자의 사례를 통해 인간의 도리에 대한 관심, 현인과 같은 인재의 등용, 적당한 사려와 행동의 과단성을 공자는 리더의 품격으로 보고 있다. 계문자가 죽고 나서 17여 년 후에 공자가 태어났다.

공경하고 백성을 편안하게 한다

공자 시대에도 그랬겠지만, 우리 주변에도 정치 지망생들이 많다. 구의원 및 시·도의원에서부터 국회의원, 심지어 대통령까지 목표로 삼는다. 오늘날 정치를 하려는 자들이 가져야 될 소양은 무엇일까? 민주적 사고, 평화통일에 대한 신념, 정의감 등 여러 가지가 있을 수 있다. 이러한 사회적 가치와 소양이 제대로 갖추어지지 않은 자들이 통치 집단이 되거나 최고 통치자가 되었을 때, 그 국가적 피해는 크고 광범위함을 우린 경험했다. 공자도 당시 정치를 하려는 사람들이 가져야 할 기본적 소양에 대해 말했다.

> "천승千乘의 나라를 이끌려고道 한다면, 일을 공경하게 행하고敬事, 신뢰받는 사람이어야 한다. 씀씀이를 절약하려 하고, 사람들을 사랑하며, 사람을 때에 맞추어 부리려는 마음가짐이 있어야 한다."[171]

봉건시대는 국가의 등급을 말할 때, 운용하는 수레의 대수로 표현하기도 했다. 천자의 나라는 만승萬乘수레 만 대이고 제후의 나라는 천승千乘수레 천 대이다. 따라서 천승의 나라는 제후국을 의미한다. 주희는 공자가 '다스린다治'는 말 대신에 '인도한다道'는 단어를 사용한 것은 실제 정사에 나아가 말한 것이 아니라 정치를 하려는 자들의 마음 자세를 표현한 것이라고 했다. 주희에 따르면 위의 여러 소양 중에서 '일을 공경하게 행하고, 신뢰받는 사람'이 가장 기본이 된다. 공경과 신뢰를 소중히 여기는 사람이 재화를 절약하고, 사람을 사랑하며, 사람을 때에 맞추어 부릴 줄 안다. 또 공경과 신뢰 중에 근본은 공경이다. 공경할 줄

171. 『論語』, 學而第一, "道千乘之國, 敬事而信, 節用而愛人, 使民以時."

알아야 신뢰를 받는다. 결국 정치에 뜻을 두는 자들이 일단 가져야 될 가장 기본적인 마음 자세는 공경이라는 말이다.

유교에서 설정한 이상적 인간상 중의 하나가 군자君子이다. 군자는 상황에 따라 인격자를 의미하기도 하고, 위정자를 뜻하기도 하며, 둘 다를 포함하기도 한다. 가장 보편적으로 사용되는 것은 두 가지를 다 포함하는 개념인 '인품을 갖춘 위정자'이다. 자로가 군자에 대해 묻자 공자가 다음과 같이 말한다.

> '공경으로써 자신을 수양해야 한다修己以敬.'
>
> 그러자 자로가 다시 물었다.
>
> "이것뿐입니까?"
>
> 공자께서 말씀하셨다.
>
> '자신을 수양하고 다른 사람을 편안하게 해야 한다修己以安人.'
>
> 그러자 자로가 재차 물었다.
>
> "이것뿐입니까?"
>
> 공자께서 말씀하셨다.
>
> "자신을 수양하고 백성을 편안하게 한다修己以安百姓. 자신을 수양하고 백성을 편안하게 하는 것은 요임금, 순임금도 (자신이) 부족하다고 생각했다."[172]

자로가 군자에 대해 거듭 묻자 공자는 군자가 해야 할 일로 '수기이경修己以敬'으로 시작하여 '수기이안백성修己以安百姓'으로 마무리했다. '수기이경修己以敬', 즉 '공경으로써 자신을 수양해야 한다'라는 말은 일단 공경이 군자의 가장 기본이 되는 행위로서, 공경하는 마음을 늘 마음

---

172. 『論語』, 憲問第十四, "子路問君子. 子曰, 修己以敬, 曰, 如斯而已乎? 曰, 修己以安人. 曰, 如斯而已乎? 曰, 修己以安百姓. 修己以安百姓, 堯舜其猶病諸!"

에 품고 실천하여 자신의 품성을 도야해야 된다는 의미이다. 이와 같이 위정자로서의 군자도 가장 기본적인 출발은 역시 '공경'하는 마음이다. 이것은 앞의 정치를 지망하는 자들이 우선적으로 가져야 할 자세인 공경과 서로 일치한다. '수기이안백성修己以安百姓', 즉 '자신을 수양하고 백성을 편안하게 한다'라는 말은 자신을 수양한 후 거기서 끝나는 것이 아니라 정치를 하여 백성을 편안하게 해야 한다는 의미이다. 이것은 유학에서 이상적 인간상의 하나로 설정된 군자의 특징을 가장 잘 나타내주는 표현이다. 즉, 군자는 자신을 수양하는 선에서 그치는 것이 아니라, 수양된 품성을 바탕으로 현실 정치에 참여하여 먼저 나의 주변 사람修己以安人, 그리고 더 나아갈 수 있다면 백성을 편안하게 함修己以安百姓을 목적으로 삼아야 한다는 말이다. 이런 맥락에서 군자는 제대로 된 리더의 모습을 이념화한 것이기도 하다.

리더에게 공경하는 마음은 사람을 섬길 때나 일처리에서 곧 자신을 수양하는 방법이 된다. 이것은 정치에서 리더가 되려는 자, 현재 리더로서 활동하는 자들이 가져야 할 기본적 소양이다. 그 이유는 공경이 오늘날 정치를 지망하는 자들이 지녀야 할 소양인 민주적 사고 등을 형성하는 데 또한 바탕이 되기 때문이다.

기본적 소양을 갖춘 리더들은 작게는 나의 주변 사람들, 크게는 백성을 편안하게 함을 목적으로 삼아야 한다. 이런 리더들이 있는 기업, 정부기관은 직원을 존중하는 문화가 형성되고, 직원의 고충에 귀를 기울이게 된다. 군자적 소양을 갖춘 리더가 통치자로 있는 국가는 자신의 고집과 사욕에 집착하는 것이 아니라 백성의 원한과 하소연을 풀어주고 민생을 풍족하게 하여 백성을 편안하게 해줄 것이다. 우리나라의 리더는 어떠한가?

일제 강점기 35년은 우리에게 많은 상처를 남겨놓았다. 그중의 하나가 조선의 어린 소녀들을 일본군의 성노예로 삼았던 위안부 제도이다. 위안부는 일본군의 사기 진작을 위해 1930년대부터 일본이 패망한 1945년까지 일본 정부에 의해 조직적으로 실행된 성노예 제도였다. 일본 정부는 위안부 제도의 존재를 부인했다. 또한 종전 후 살아남은 위안부들은 극도의 고통과 수치심으로 몸을 감추고 입을 열지 않았다. 그러다가 1991년에 김학선 할머니가 자신이 위안부였다고 세상에 폭로하면서 그 실체가 드러나기 시작했다. 그 후 정부에 등록된 일본군 위안부 피해자는 238명에 달했다.

유엔인권위원회1996도 위안부에 대한 공식적이고 체계적인 조사를 했다. 유엔인권보고서쿠마라스와미 보고서에 따르면 일제 강점기에 위안부에 동원된 조선인 여성은 20만여 명으로 추산된다. 위안부 피해자들은 좋은 일자리를 제공한다는 말에 현혹되어 간 경우도 있고, 강제로 끌려가기도 했다. 유엔인권위원회는 위안부가 처음부터 전쟁 중 무장군대에 의해 강제로 성관계를 맺었음을 인정하고 다음과 같은 권고를 일본 정부에게 했다.

(a) 일본 정부는 일본 제국 군대가 위안소 제도를 설치한 것이 국제법에 따른 의무를 위반한 것이므로, 법적인 책임을 져야 한다는 사실을 인정해야 한다.

(b) 일본은 일본군 성노예 피해자 개인들에게 배상금을 지불해야 한다.

(c) 일본은 피해자임이 확인된 개인들에게 서면으로 공식적 사과를 해야 한다.

(d) 가능한 한 빠른 시일 내에 제2차 세계대전 중 충원 및 위안소의 제도화에 참여했던 가해자들을 밝혀내고 처벌해야 한다.

생존한 위안부 할머니들이 지금까지 일본에 요구한 것은 일본의 '공적인 진정한 사과'와 '법적 배상'이다. 이것은 유엔인권위원회에서 권고한 내용의 일부이다. 그러나 일본의 일관된 입장은 일본군 위안부 피해자들이 강제로 연행되지 않았다는 것이다. 위안부 문제는 인간의 존엄을 회복하는 차원에서뿐만 아니라 세계 정의를 정립하는 차원에서도 반드시 짚고 가야 할 인류사적 문제이다. 그런데 한국과 일본 정부는 2015년에 '〈위안부 타결〉 한일 외교장관 공동 기자회견'을 하여 합의문을 발표했다. 핵심 내용은 이러하다.

① 아베 내각총리대신은 위안부로서 많은 고통과 상처를 입은 이들에게 사죄와 반성의 마음을 표한다.

② 위안부들의 지원을 목적으로 하는 재단을 설립하고 일본 정부 예산으로 10억 엔을 지출한다.

③ 이번 발표를 통해 위안부 문제가 최종적이고 불가역적不可逆的 되돌릴 수 없음으로 해결되었음을 확인한다.

한국과 일본의 외교장관이 발표한 내용은 유엔인권위원회의 권고사항과 위안부 할머니들이 요구한 내용과는 거리가 멀다. 일단은 법적인 책임을 진다는 말이 없다. 법적인 책임을 질 경우 가해자가 부담하는 책임을 배상책임이라고 한다. 배상책임을 금전으로 부담할 경우는 배상금이 된다. 그러나 일본은 배상금이라는 표현을 쓰지 않고 위로금 형식으로 10억 엔을 지출한다고 했다. 자신들은 법적 책임이 없다는 의미이다. 법적 책임이 없다는 것은 일본이 강제로 끌고 간 것이 아니라 조선의 어린 소녀들이 원해서 갔기 때문에 범죄행위가 아니라는 말이다. 10억 엔은 한화로 약 100억 원에 해당한다. 유엔인권보고서는 위안부로 끌려간 조선의 어린 여성들을 20만여 명으로 파악하고 있다. 이 숫자로 나누면 인간으로서의 삶을 짓밟힌 위안부 피해자들의 명예와 상처를 치료할 기금으로 일인당 5만 원 미만의 돈을 마련하겠다는 말이다. 진정성 있고 공식적인 사과로도 인정하기 어렵다. 총리대신의 의견을 외교장관이 대독한 것으로 진정성도 결여되어 있고, 국가의 정식 의결 절차를 거친 것도 아니다. 또 책임자 처벌은 아예 언급조차 되지 않았다. 그런데 협의 결과를 놓고 한국의 외무장관은 "협상 타결을 기쁘게 생각한다"라고 했고, 여당인 새누리당은 "과거보다 진일보한 합의를 이뤄냈다"라고 협상 결과를 환영했다. 박 대통령은 "한·일 관계 개선과 대승적 견지에서 이번 합의에 대해 피해자분들과 국민 여러분께서도 이해를 해주시길 바란다"라고 했다. 도대체 무엇을 크게 얻었기에 이런 말을 하는가? 일생을 망친 위안부 할머니에게 일인당 5만 원도 안 되는 기금을 받은 것을 말하는가? 유엔인권보고서에는 당시 74세였던 김옥선 할머니의 증언이 있다.

> 내가 열세 살 되던 6월 어느 날, 나는 밭에서 일하는 부모님의 점심을 준비하기 위해 물을 길으러 마을의 우물가로 갔다. 그곳에 한 일본군이 갑자기 나타나 나를 끌고 갔다. 그래서 나의 부모들은 자기 딸에게 무슨 일이 일어났는지도 몰랐다. 나는 트럭에 실려 경찰서로 끌려갔다. 그곳에서 여러 명의 경찰들에게 강간을 당했다. 내가 소리를 지르자 그들은 내 입속에 양말을 틀어넣고 나를 계속 강간했다. …… 약 열흘 후, 나는 혜산시의 일본 주둔군 막사로 끌려갔다. 그곳에는 약 사백 명의 나와 같은 조선의 어린 소녀들이 있었고, 우리는 매일 성노예로 오천 명의 일본군-하루에 40명에 달하는 남자들을 상대했다. 매번 나는 반항했고, 그들은 나를 때리거나 내 입속에 넝마조각을 틀어넣었다. …… 우리와 함께 있던 한 조선 소녀가 한번은 왜 우리가 그토록 많은, 매일 40명씩의 남자들을 받아야 하냐고 반항했다. 그녀가 질문한 것에 대하여 그녀를 처벌하기 위해, 일본군

중대장인 야마모토는 그녀를 칼로 두들겨 패라고 명령했다. 우리들이 지켜보는 가운데, 그들은 그녀의 옷을 벗기고 손과 다리를 묶어서 못이 박혀 있는 판 위에서 그녀를 굴렸다. 못들이 그녀의 피와 살점들로 뒤덮였다. 그리고 마침내는 그녀의 목을 잘랐다. …… 한번은 우리들 중 40명을 트럭에 태워서 멀리 물과 뱀이 차 있는 웅덩이로 데리고 갔다. 군인들은 소녀들 몇 명을 때리고 물속으로 밀어 넣고 흙을 덮어서 살아 있는 채로 매장했다. 아마도 그 주둔군 막사에 있던 소녀들 중 반 이상이 살해당했을 것으로 생각한다.

이 외에도 여러 명의 증언이 수록되어 있다. 정도의 차이가 있을 뿐 차마 상상하기도 어려운 처참한 생활에 대한 기록이다. 이것이 강제성이 없는 것인가? 그래서 법적 책임이 없는 것인가? 2차 세계대전의 종식도 그때까지 복무 중이었던 대부분의 위안부들을 구제하지 못했다. 왜냐하면 대부분의 여성들이 퇴각하는 일본군에 의해 살해되었고, 일부는 버려졌기 때문이다. 국가가 지켜주지 못한 어린 소녀들이 처참한 삶을 살았는데, 이것을 부인하는 일본에게 이 나라 정부는 분노하지 않았다.

미국의 월간지 『카운터펀치*counterpunch*』는 "위안부 피해자 배신한 한국 정부South Korea's Betrayal of the 'Comfort Women'"라는 제목의 기사에서 이렇게 썼다.

이보다 (한국이) 완전한 항복은 상상하기 어렵다. 만약 이것이 사과라면–그래서 한국 정부가 피해보상 요구를 중단해야 한다면–이와 비슷한 사과를 몇 번 더 받으면 한국은 국가로서 기능을 더 이상 하지 못하게 될 것이다.[173]

외국 신문은 한국이 이런 식으로 일처리를 하면 더 이상 국가의 기능을 할 수 없는 나라가 될 것이라고 했다. 국가가 있으나 마나라는 말이다. 어린 소녀를 대상으로 일본이 저지른 전쟁 범죄에 대해 위안부 할머니들이 요구하는 공적인 진정한 사과와 법적인 배상을 하라는 것이 잘못된 주장인가? 위안부 할머니들의 요구는 그 상처에 비교하면 너무 작아서 오히려 안쓰럽고 측은해진다. 이런 할머니들의 소망을 이 나라 정부는 분노하며 해결하지 못하고, 오히려 굴욕적 합의를 해놓고 진일보한 합의라고 자화자찬을 하고 있다. 더 가관인 것은 최종적이고 불가역적不可逆的되돌릴 수 없음으로 해결되었으니, 더 이상 일본의 심기를 불편하게 하는 말을 꺼내지 말라고 했다. 이것은 어느 나라의 정부인가?

공자는 군자가 주변 사람을 편안하게 하고, 나아가 백성을 편안하게 해야 한다고 말했다. 주변 사람을 편안하게 하고, 나아가 백성을 편안하게 하는 것은 주변 사람과 백성의 억울함과 한恨을 풀어줄 때 가능하다. 또 그래야만 군자 즉 정치 지도자로서의 자격이 있는 것이다. 진정한 군자의 모습이 그리워지는 나라이다.

이름을 바로 세워야 한다

공자 나이 35세 때 노나라 왕 소공昭公은 정권을 장악하고 있던 삼환三桓[174]을 축출하고자 군대를 동원했다가 도리어 삼환에게 쫓겨 제나라로 도망갔다. 공자도 그 뒤를 따라 제나라에 갔다. 공자는 잠시 고소자

173. Counterpunch(2015.12.31.), South Korea's Betrayal of the 'Comfort Women', "It's hard to imagine a more total capitulation. If this is apology—then the South Korean government should cease to claim injury—a few more apologies like this, and it will cease to function as a state."

174. 삼환이란 노나라의 대부(大夫) 가문인 맹손(孟孫), 숙손(叔孫), 계손(季孫)의 이른바 삼가(三家)를 말한다. 이들은 노나라 16대 왕인 환공(桓公)의 후손이었기에 삼환(三桓)으로 불렸다.

高昭子의 가신家臣이 되어 제나라 경공景公과 교류를 하게 된다. 이때 경공이 공자에게 정치에 대해 묻자 공자가 말했다.

"군주는 군주답고 신하는 신하답고 부모는 부모답고 자식은 자식답게 되는 것이외다."[175]

공자의 이 말은 정명正名사상을 표현하고 있다. 정명이란 말 그대로 명칭을 바로 세운다는 의미로서, 달리 말하면 명칭과 실상(직분)을 일치시킨다는 뜻이다. 즉 임금, 신하, 부모, 자식은 명칭에 부합되게 자신에게 부여된 역할을 제대로 해야 한다는 말이다. 공자의 정명사상은 사회 성원 각자가 자기의 위치에 해당하는 덕을 실현할 때 예의 바르고 올바른 질서가 이루어지는 그러한 사회가 된다는 것을 말하고 있다. 또, "고觚가 모나지 않으면 그것을 고라고 할 수 있겠는가?"[176]라고 했다. 본래 '고觚'란 짐승의 뿔로 만든 네모난 술잔을 의미한다. 그 '고'가 실제로 네모나지 않으면 '고'라는 명칭을 써서는 안 된다는 의미이다.

공자가 정명사상을 갖게 된 까닭은 공자의 모국인 노나라의 정치 상황과 무관치 않다. 군주가 군주 노릇을 하지 못하고 신하가 군주 노릇을 하게 되면서 노나라의 국정이 파행되는 것을 공자는 주목하고 그의 정명사상을 정립하게 되었다. 이후 노나라에는 새 군주인 정공定公이 즉위했고, 공자는 나이 43세가 되어 노나라로 돌아온다. 그러나 노나라의 실권은 여전히 삼환에게 있었으며, 특히 삼환 중에서 계씨 집안의 계환자에게 집중되었다. 또, 심지어는 계씨 가문의 가신 양호陽虎마저 난亂을 일으켜 정사를 농단했다. 이런 혼란의 와중에서 공자는 시

175. 『論語』, 顔淵第十二, "齊景公問政於孔子. 孔子對曰, 君君, 臣臣, 父父, 子子."
176. 『論語』, 雍也第六, "觚不觚, 觚哉! 觚哉!"

詩·서書·예禮·악樂을 편수編修하고 각지에서 몰려든 제자들의 교육에 전념했다. 그러다 공자는 51세에 중도 고을의 수장이 되어 관리로 진출했다. 그리고 52세에 사공司空이 되더니 이어서 대사구大司寇가 되었다. 그렇지만 국정의 실권이 대부 가문인 계씨를 비롯한 삼환에 있는 상황에서 공자의 국정 운영은 많은 장애가 있었다. 이런 상황에서 공자는 다음과 같은 말을 남긴다.

> "천하에 도가 있으면 예악禮樂과 정벌征伐이 천자로부터 나오고, 천하에 도가 없으면 예악과 정벌이 제후로부터 나온다. 제후로부터 나오면 대개 10세에 무너지지 않는 경우가 드물고, 배신대부의 가신이 국명國命나라의 명령권을 잡으면 3세에 무너지지 않는 경우가 드물다. 천하에 도가 있으면 정치가 대부에게 있지 않고, 천하에 도가 있으면 서인들이 사사로이 의논을 하지 않는다."[177]

공자가 살던 시대는 춘추시대에서 전국시대로 넘어가는 과도기였다. 이 시대는 천자의 나라인 주나라가 점차 힘이 약해지면서 각 제후국들이 서로의 세력을 확대해나가려는 시기였다. 또 각 제후국에서는 노나라의 경우처럼 대부들이 정권을 잡고 농단하는 경우가 있었는데, 이것을 공자는 정명을 그르친 사례로 인식하고 있으며 국가 멸망의 원인으로 보고 있다.

공자는 말년에 『춘추春秋』를 저술했다. 『춘추』는 천자의 나라 주나라가 수도를 호경에서 낙읍으로 옮긴 얼마 후 제후국인 노나라 은공隱公부터 공자가 죽기 직전인 애공哀公까지 12제후가 다스렸던 시기의 주요

177. 『論語』, "季氏第十六, "天下有道, 則禮樂征伐自天子出, 天下無道, 則禮樂征伐自諸侯出. 自諸侯出, 蓋十世希不失矣, 自大夫出, 五世希不失矣, 陪臣執國命, 三世希不失矣. 天下有道 , 則政不在大夫. 天下有道 , 則庶人不議."

사건들을 정리한 서적이다. 『춘추』는 객관적인 사건의 서술이 아니라 도덕적 관점에서 사건을 비평했기 때문에 역사서가 아니라 비평 서적으로 보아야 한다. 맹자에 따르면 공자가 『춘추』를 완성하니 난신亂臣나라를 어지럽히는 신하과 적자賊子어버이를 해치는 자식들이 두려워하게 되었다고 한다. 난신과 적자들은 바로 정명을 해친 자들이다.

군주 되기도 어렵고 신하 되기도 쉽지 않다

정명을 해치고 있는 삼환의 위세를 누르고 군주의 권위를 회복하기 위해 공자는 정공에게 신하들의 무기를 거두고 대부들의 성곽을 해체할 것을 건의한다. 공자의 계획에 따라 결국 숙손씨가 먼저 후읍后邑의 성벽을 헐었다. 그리고 계손씨는 이어서 비읍費邑의 성벽을 헐었다. 그렇지만 맹손씨들은 끝내 자신의 성벽을 허물지 않았다. 정공이 군대를 동원하여 맹손씨의 성을 포위하여 공격했지만 맹손씨의 성은 끝내 함락되지 않았다. 이런 공자의 노력을 고맙게 생각한 정공은 공자를 신뢰하여 정치에서 많은 자문을 구했다. 한번은 정공이 한마디 말로써 나라를 흥하게 할 수 있는 것이 있는지를 물었다. 이에 공자가 말했다.

> "사람들이 말하기를, '군주가 되기도 어렵고, 신하가 되기도 쉽지 않다'라고 합니다. 만약 군주가 되기 어렵다는 것을 안다면, 한마디 말로 나라를 흥하게 하는 것은 분명하지 않겠습니까?"[178]

군주는 자리만 지켜서는 안 된다. 자신의 결정이 백성에게 어떤 이익

---

178. 『論語』, 子路第十三, "人之言曰, 爲君難, 爲臣不易. 如知爲君之難也, 不幾乎一言而興邦乎?"

을 줄 수도 있고 큰 피해를 줄 수도 있으므로 정사를 깊은 개울을 건너듯, 얇은 얼음을 건너듯 신중하게 하여 소홀함이 없어야 한다. 또 자신의 위치는 백성이 본받는 자리이기 때문에 수신을 하고 언행도 조심해야 한다. 그러므로 제대로 된 군주가 되는 것이 어렵다. 군주가 이 말을 잠언箴言훈계가 되는 짧은 말으로 삼는다면 그 나라는 흥하게 될 것이 분명하다.

공자의 말을 듣고 정공이 이번에는 한마디 말로써 나라를 잃을 수 있는가를 물었다. 공자가 말했다.

> "사람들이 말하길, '나는 군주가 된 것이 즐거움이 없고, 오직 말을 할 때 나의 뜻을 어기지 않는 것이 즐거움이다'라고 합니다. 만약 군주가 선하고 (신하가) 어기지 않으면 선이 왜 아니겠습니까? 그러나 만약 군주가 불선인데도 (군주의 말을) 어기지 않는다면 한마디 말로써 나라를 잃는 것이 분명하지 않겠습니까?"[179]

군주 된 자가 자신의 귀에 거슬리는 충언은 듣지 않으려 하고, 날로 늘 교만하며 신하가 아첨하는 말 듣기를 좋아한다면, 그런 나라는 얼마 못 가 반드시 나라를 잃게 된다. 참으로 옛날이나 지금이나 통치자들이 새겨들어야 할 가르침이 아닐 수 없다.

천명을 두려워한다

3절에서 논의하겠지만, 공자는 하늘天이 인간사를 주재하는 권능을

179. 『論語』, 子路第十三, "人之言曰, 予無樂乎爲君, 唯其言而莫予違也. 如其善而莫之違也, 不亦善乎? 如不善而莫之違也, 不幾乎一言而喪邦乎?"

갖고 있다고 믿었다. 주재자로서의 하늘은 인격적 하늘이고 종교적 하늘이다. 이러한 하늘은 인간 세계를 주관하며, 운명을 관장하며, 인간처럼 기뻐하거나 노여워하는 감정이 있으며, 인간의 행위에 대해 상과 벌을 내리는 존재이다. 그러므로 주재자로서의 하늘은 인간 행동의 선악을 판단하는 근거가 되며, 이런 의미에서의 하늘은 '하늘' 무서운 줄 알고 살아야 한다는 초월적, 도덕적, 정치적 심판의 의미를 모두 내포하고 있다. 주재자로서의 하늘은 천명天命의 형식을 빌려 인간사에 관여하는 형태를 취한다. 이럴 경우 창조자, 주재자로서의 하늘이 내리는 천명은 인간행위의 평가기준이 되고, 도덕적 정당성을 확보하는 근거가 되기도 한다. 다시 말해 천명을 따른다는 것은 도덕적, 정치적 정당성을 담보하고 있다는 의미이다. 그리고 천명을 어겼다는 것은 비도덕적이거나 포악한 정치를 했다는 의미이다. 유학에서 군자는 수신을 하여 현실 정치에 참여하는 지도자를 의미한다. 군자가 따라야 할 것이 바로 천명이다.

"군자는 세 가지 두려워해야 할 것이 있다. 천명을 두려워하고, 대인을 두려워하며, 성인의 말을 두려워해야 한다."[180]

군자는 천명에 순응하지 않은 경우 행동의 명분도 잃고 심지어 벌을 받을 수도 있기 때문에 천명을 두려워해야 한다는 말이다. 유교 경서 중에 『중용中庸』이 있다. 『중용』은 공자의 손자인 공급孔伋자(字)는 자사이 저술했다고 전해지지만, 다르게 주장하는 학자도 많다.

『중용』에는 "하늘이 명한 것을 성性이라고 한다"란 말이 있다. 『중용』은 인간사를 주재하고 인간의 운명을 결정하는 하늘이 인간의 본

180. 『論語』, 季氏第十六, "君子有三畏, 畏天命, 畏大人, 畏聖人之言."

성까지 부여한다고 하고 있다. 이것은 인간 사회에 통용되는 원리가 곧 우리의 본성과 서로 다르지 않음을 말한다. 따라서 천명을 따른다는 표현은 종교적 관점에서의 하늘의 뜻이기도 하며, 그 구체적 발현은 우리 마음속의 양심을 따르는 것이기도 하다. '천명을 따르라'는 말은 더 이상 잘못된 통치자를 바로잡을 방법이 없을 때 종종 사용된다. 다시 말하면 그릇된 통치자에게 보내는 최후의 메시지이기도 하다. 하나라의 걸왕을 축출한 탕왕, 상나라의 주왕을 축출한 무왕, 이들은 모두 천명을 따르지 않은 폭군을 처단하는 것을 대의명분으로 삼았다.

3절
하늘을 속일 수 있는가?

하늘을 보는 관점

동서고금을 막론하고 하늘天은 인류에게 커다란 의미를 지녀왔다. 중국 민족도 오랫동안 농경문화를 유지하고 발전시켜 왔기 때문에 자주 홍수와 가뭄에 시달려 오면서 대자연에 대한 신비와 공포를 느끼게 되었고, 이러한 현상을 일으키는 하늘에 대한 외경심과 신앙을 갖게 되었다. 중국의 철학자 풍우란馮友蘭은 그의 『중국철학사』에서 옛날 중국 사람들의 하늘에 대한 개념을 다섯 가지로 분류했다.[181] 그 외의 학자들도 하늘의 권능에 따라 하늘을 여러 가지로 분류한다. 여기서는 다산 정약용[182]이 분류한 하늘의 개념에 따르고자 한다. 다산은 하늘을 창창유형지천蒼蒼有形之天과 영명주재지천靈明主宰之天으로 나눈다. 전자는 푸르고 푸른 형체가 있는 하늘이란 의미로 자연으로서의 하늘을 말한다. 후자는 영명하고 인간사를 주재하는 하늘이란 의미로 종교적, 인

181. 첫째는, 땅과 상대되는 물질적 하늘이다. 둘째는, 주재자(主宰者)로서의 하늘로 이른바 황천(皇天) 또는 상제(上帝)이며 인격적인 존재이다. 셋째는, 인간이 어쩌지 못하는 운명의 하늘이다. 넷째는, 자연으로서의 하늘로 자연의 운행을 가리킨다. 다섯째는, 의리의 하늘로서 곧 우주 최고의 원리를 가리킨다.

182. 정약용(丁若鏞, 1762~1836): 조선 후기 실학자. 자(字)는 미용(美庸), 호(號)는 다산(茶山).

격적 존재로서의 하늘을 말한다. 여러 학자들이 자연으로서의 하늘을 지칭하는 것 외에 여러 하늘의 개념을 주장하지만, 그 근원을 따지고 보면 결국 하늘이 인간사를 주재하는 권능을 가진 존재라는 이론에서 출발하고 있다. 따라서 하늘을 분류할 때 크게 나누면 '자연으로서의 하늘'과 '주재자로서의 하늘'로 요약된다. 전자는 물리적 공간의 하늘이며, 후자는 종교 혹은 철학적 의미의 하늘이다. 여기서는 바로 이 두 가지로 하늘을 분류하여 논의하고자 한다.

하늘을 단순히 자연으로서의 하늘로 보는 입장에는 노자와 장자[183]가 해당되며 유가에서는 순자가 해당된다. 하늘을 주재자로서 보는 입장에는 유가로서 공자와 맹자, 그리고 묵가의 묵자가 해당된다.

주재자로서의 하늘

주재자로서의 하늘은 몇 가지 모습으로 유형화할 수 있다. 먼저, 주재자로서의 하늘은 천명의 형식을 빌려 인간사에 개입한다. 천명사상은 공자 이전 상나라 시대에도 존재했다. 탕은 걸을 치기 전에 제후들을 모아놓고 탕의 맹세문이라는 소위 '탕서湯誓'를 발표한다. 이 내용 중에 탕은 "하나라 임금이 죄가 많아 하늘이 그를 죽이라고 명하시었소天命殛之"라고 하여 자신의 행위가 천명에 따랐음을 선언했다. 천명사상은 상나라와 마찬가지로 주 왕실의 생성 및 존립 근거가 되는 명분이었다. 상나라의 마지막 왕 주왕紂王이 지배할 당시 희창시호가 문왕은 주周라는 땅의 제후였다. 그런데 희창이 다스리는 주나라가 예절과 양보의 미덕을 갖춘 것을 보고 제후들은 그를 천명을 받은 군주가 될 재목

183. 성명은 장주(莊周). 장자(莊子)는 존칭이다. 맹자와 비슷한 시대에 활동한 것으로 전하나 정확한 생몰년은 알려져 있지 않다. 자신의 이름을 딴 저서 『장자』로 잘 알려져 있다.

이라고 생각했다. 그리고 희창의 사후에 희창의 아들 희발시호는 무왕이 드디어 주왕紂王을 정벌할 때에도 '태서太誓'를 지어 주왕을 정벌하는 이유를 선언했는데, 여기에서 희발은 "상나라의 죄는 세상에 가득 차서 하늘이 그를 베라고 명하셨소天命誅之"라고 하여 천명을 대의명분으로 삼았다.

공자도 선왕들의 천명사상을 온전히 이어받고 있다. 공자는 자신의 일생을 회고하며 이렇게 말한 바 있다.

> "나는 열다섯 살에 학문에 뜻을 두었고, 서른 살에 자립했으며, 마흔 살에 의혹되지 않았으며, 쉰 살에 천명을 알았고, 예순 살에 귀로 듣는 것이 바로 이해되었고, 일흔 살에 마음이 하고자 하는 바를 좇아도 법도에 어긋남이 없었다."[184]

공자가 제대로 현실 정치에 입문한 나이가 51세이므로 공자가 50세에 천명을 알았다는 것은 벼슬을 하여 천하에 도를 펼쳐야 한다는 소명의식을 갖게 된 표현으로 판단된다. 공자는 자신의 벼슬살이가 천명에 따랐다고 본 것이다.

둘째, 주재자로서의 하늘은 인간세계를 주관하여 운명을 관장하는 하늘이다. 공자는 56세에 대사구에서 물러났다. 노나라 조정이 제나라에서 보낸 미모의 여악사女樂師들에게 빠져 있었고, 또 정공이 제사 고기를 나누어주지 않았기 때문이다. 공자는 천하를 돌아다니며 자신을 등용할 군주를 찾으려고 준비하던 차에 잠시 병이 들어 몸져누워 있을 때가 있었다. 당시 공자는 대부의 직위에서 물러났기 때문에 가신家臣을 둘 수가 없는 것이 법도였다. 그러나 제자 자로는 공자의 병 수발을

184. 『論語』, 爲政第二, "吾十有五而志于學, 三十而立, 四十而不惑, 五十而知天命, 六十而耳順, 七十而從心所欲不踰矩."

돕기 위해 문인들로 하여금 가신의 역할을 하도록 조치했다. 이 사실을 공자는 병세에 차도가 보이기 시작한 후에 알게 되었다. 공자가 말했다.

> "오래 되었구나 중유(자로의 본명)가 날 속인 것이! 가신이 없어야 하는데 가신을 삼았으니 내가 누구를 속이겠는가? 하늘을 속이겠는가?"[185]

비록 제자가 스승의 병간호를 위해 한 갸륵한 행위였지만 국가의 기강이라는 대의적 명분에서 보았을 때 사사로이 은밀하게 처신할 문제가 아님을 경계하고 있다. 그리고 인간사를 주재하고 관장하는 하늘이 이렇듯 법도가 어긋나게 행해지고 있는 것을 보았는데, 자신이 어찌할 수 없었음에 당혹해하는 공자의 모습이 그려지고 있다.

공자가 얼마 동안의 병치레를 한 후 노나라를 떠나 천하를 주유周遊할 때 처음으로 간 나라는 위衛나라였다. 이때 위나라에서 고을의 경계를 관장하는 관리가 와서 공자를 뵙기를 청했다. 공자를 따르던 제자들이 그 관리를 공자에게 데려다 주었다. 공자와 면담을 하고 나온 관리는 다음과 같이 말한다.

> "여러분들은 공자께서 벼슬 버린 것을 뭘 그리 근심들 하십니까? 천하에 도가 없어진 지 오래입니다만, 하늘은 장차 선생을 목탁으로 삼으실 것이오."[186]

벼슬을 잃은 것을 근심한다는 표현으로 보아 위 상황은 공자가 대

---

185. 『論語』, 子罕第九, "久矣哉! 由之行詐也, 無臣而爲有臣. 吾誰欺? 欺天乎?"
186. 『論語』, 八佾第三, "二三子, 何患於喪乎? 天下之無道也久矣, 天將以夫子爲木鐸."

사구란 직책을 버리고 노나라를 떠난 직후의 일로 추정된다. 여기서 목탁이란 정령政令명령 혹은 법령을 반포하거나 교육을 실시할 때 사람들에게 소리를 울려서 경청하게 하는 도구를 말한다. 그러므로 세상의 목탁이란 세상을 인도하는 스승이란 의미이다. 위나라 관리는 공자와 면담을 한 후 공자의 인품을 알게 되고 공자로부터 그의 소망을 들은 것 같다. 그런 다음 그는 공자와 공자의 제자들을 위로하여 공자가 세상을 인도하는 스승이 될 것이라고 말했다. 그런데 그의 말은 미래의 세상에서 공자의 위치를 미리 내다본 신통한 예언이기도 했다. 여하튼 여기에 표현된 하늘은 인간사를 주재하고 운명을 관장하는 하늘의 모습이다.

위나라에 머물던 공자가 진陳나라로 가는 길에 광匡 땅을 지나다가 그곳 주민들에게 구금을 당하기도 했다. 그 이유는 노나라 계환자의 가신으로 있던 양호가 한때 광 땅을 침입하여 유린한 적이 있었는데, 공자의 외모가 양호와 비슷하여 광 땅의 주민들이 공자를 원수인 양호로 착각했기 때문이다. 상황이 험악해졌고 제자들도 동요했다. 이때 공자는 말했다.

> "하늘이 이 문화를 없애고자 하지 않는다면, 광 땅의 사람들이 나를 어찌하겠는가?"[187]

공자는 스스로 선대의 문화를 후대로 전승할 의무가 있는 자로 인식했다. 그리하여 하늘이 이 문화를 후세에 전하려는 의지를 갖고 있다면 광 땅의 사람들이 자신을 어찌할 수 없을 것이라고 말하고 있다. 공자가 주유천하를 끝내고 노나라로 돌아와서 『춘추』를 저술할 때 아끼

187. 『論語』, 子罕第九, "天之未喪斯文也, 匡人其如予何?"

던 제자 안회가 죽었다. 13년 동안 주유천하를 하면서 공자를 극진히 섬겼던 안회가 먼저 간 것이다. 공자는 통곡하며 말했다. "아아 하늘이 나를 버리시는구나! 하늘이 나를 버리시는구나!"[188]라고 한 바 있다. 이 또한 하늘이 인간의 운명을 좌우하고 있다는 전형적인 표현이다.

셋째, 공자에게 있어서 하늘은 사람처럼 감정이 있는, 인격성이 있는 하늘이다. 공자가 광 땅의 사람들과 간신히 오해를 풀고 다시 위나라로 돌아오자 위령공衛靈公의 부인 남자南子가 만나기를 청했다. 당시 남자는 음란한 부인으로 소문이 나 있었다. 공자는 몇 번 사양하다가 결국 남자를 만나게 된다. 공자가 남자를 만난 이유는 예로부터 그 나라에 벼슬하려는 자는 그 소군小君군주의 부인을 뵙는 것이 예의였기 때문이었다. 그러나 자로가 못마땅해 했다. 이에 공자는 말한다.

"만일 내가 잘못한 바가 있다면 하늘이 나를 싫어할 것이다. 하늘이 나를 싫어할 것이다."[189]

공자는 자신이 남자와 만난 것은 벼슬을 구하는 자와 소군小君 간에 예의의 차원이지 다른 뜻이 없음을 하늘을 빌려 밝히고 있다. 여기서 공자가 말한 하늘은 주재자로서 인격과 감정이 있는 하늘을 시사하고 있다.

넷째, 공자에게 있어서 하늘은 인간에게 상과 벌을 주는 존재이기도 하다. 공자가 역시 위나라에 있을 때 당시 왕손가王孫賈라는 대부가 있었는데, 공자가 제후들을 찾아다니는 것을 빗대어 이렇게 말했다.

"아랫목 제사의 신神에게 잘 보이기보다는 부뚜막 제사의 신에게

188. 『論語』, 先進第十一, "噫! 天喪予! 天喪予."
189. 『論語』, 雍也第六, "予所否者, 天厭之! 天厭之."

차라리 잘 보여야 한다는 말은 무슨 뜻이겠소이까?"

공자가 말했다.

"그렇지 않소이다. 하늘에 죄를 지으면 빌 곳이 없소이다."[190]

『예기』「월령」에는 1년에 다섯 번의 제사를 지낸다고 기록되어 있다. 제사를 지내는 장소가 각기 서로 다르지만, 공통된 것이 있다. 각 지정된 장소에서 제사를 지낼 때 먼저 신주神主죽은 사람의 위패를 설치하고 그 장소에서 지내되, 제사가 끝나면 공통적으로 아랫목에 시동尸童[191]을 모셔놓고 다시 제사를 지내는 것이다. 그중 맹하孟夏초여름에 지내는 제사는 부뚜막에 신주를 모셔놓고 제사를 지낸 다음에 시동을 모셔놓고 아랫목에서 제사를 지낸다. 그러므로 당시에 "아랫목 신은 늘 존귀하지만 제사의 주체가 아니고, 부뚜막의 신은 비록 비천하지만 신주가 되며 맹하의 계절에 쓰임이 있다"라는 말이 떠돌았다. 마침 왕손가가 공자를 만났을 때에는 맹하의 계절이었다. 따라서 맹손가는 부뚜막 제사를 예로 들어 공자의 의중을 묻고 있다. 맹손가의 말은 맹하의 계절에 비록 존귀한 존재는 아랫목 신이지만 실제로 그 주체는 부뚜막 신이듯이, 지금 위나라에서는 실질적인 주체가 자기이므로 공자가 자기에게 아부함이 더 좋지 않겠느냐고 묻고 있는 것이다. 이에 공자는 존귀한 존재가 사적인 목적으로 소홀이 취급되어서도 아니 되며, 부뚜막 제사이건 아랫목 제사이건 모두 정성을 다할 뿐이라고 했다. 다시 말하면 군주에게 예의를 소홀히 할 수 없으며 권신이건 군주이건 자신은 성심으로 대할 뿐이란 말을 하고 있다. 만일 그렇지 아니하면 하늘에 죄를 짓는 것이고 용서 받을 곳이 없다는 것이다. 또, 공자를 흠모한

190. 『論語』, 八佾第三, "王孫賈問曰, 與其媚於奧, 寧媚於竈, 何謂也? 子曰, 不然, 獲罪於天, 無所禱也."

191. 제사 지낼 때 신위(神位) 대신으로 앉혀놓던 아이.

전국시대의 유학자인 순자荀子는 그의 저서 『순자』에서 공자가 한 말을 인용하고 있다. 즉, "착한 일을 하는 사람에게는 하늘이 복을 주고, 악한 일을 하는 사람에게는 하늘이 재앙을 준다"[192]라는 표현이 그것이다. 이와 같이 하늘은 인간사를 주재하여 인간에게 상과 벌을 주는 그런 존재이다.

다섯째, 주재자로서의 하늘은 인간에게 성품을 부여하는 존재이기도 하다. 공자가 위령공의 부인 남자를 만나고 다시 목적지로 삼은 나라는 조나라를 경유하여 송宋나라였다. 송나라에 도착한 공자는 큰 나무 아래에서 제자들에게 예의를 강의하고 있었는데, 환퇴가 특별한 이유 없이 공자를 죽이려고 하면서 그 나무를 뽑아버렸다. 제자들이 빨리 떠나야 할 것 같다고 재촉하자 공자는 말한다.

> "하늘이 내게 덕을 생겨나게 하셨는데, 환퇴가 나를 어이 할 수 있겠는가?"[193]

공자에게 있어서 하늘은 인간사를 주재하는 하늘이면서 이와 같이 인간의 덕성도 부여하는 하늘이다. 공자 일행은 간신히 거기를 빠져나왔다.

공자의 하늘관과 관련하여 언급될 수 있는 것이 공자의 귀신관鬼神觀이다. 공자는 귀신의 존재 유무에 대해 확신을 갖지 못했다. 그렇기 때문에 귀신에 대해 단정적 언급은 자제했다. 어느 날 제자 번지樊遲가 지혜에 대해 물었다. 이때 공자는 "귀신은 공경하되 멀리한다"[194]라고 말했다. 이 말은 귀신의 존재에 대해 가능성을 열어둔 것이기도 하며, 한

192. 『荀子』, 第二十八宥坐, "子曰, 爲善者 天報之以福. 爲不善者 天報之以禍."
193. 『論語』, 述而第七, "天生德於予, 桓魋其如予何?"
194. 『論語』, 雍也第六, "敬鬼神而遠之."

편으로는 귀신의 존재와 긍정적 역할에 대한 회의적 태도를 보인 것이기도 하다. 이러한 공자의 태도는 또 다른 곳에서도 발견된다. 『논어』 「술이」편에는 "공자는 괴이한 것과 무력과 분란과 귀신에 대해 말하지 않았다"[195]라고 되어 있다. 이 표현 역시 확신이 가지 않는 존재에 대해서는 평가적 태도를 유보하고 상세한 언급을 자제하는 공자의 모습을 말하고 있다.

나아가고 그치는 것은 나에게 달려 있다

공자는 이처럼 인간사를 주재하는 하늘이 인간의 운명을 결정한다고 보았다. 그렇다면 인간은 자신의 삶을 살면서 주체적 의지가 있는 존재인가 아닌가? 인간에게 있어서 운명론을 수용할 경우 늘 대두되는 문제가 운명과 인간 주체성과의 충돌 문제이다.

서양에서는 고대 헬레니즘 시대에 스토아Stoa학파가 인간의 운명결정론을 수용했다. 헬레니즘 문화란 마케도니아의 알렉산더 대왕에 의한 동방원정과 로마제국에 의한 지중해 세계의 통일로 말미암아 그리스 문화가 오리엔트 문화와 융합되어 형성된 문화를 가리킨다. 스토아학파의 대표자 중 하나인 마르쿠스 아우렐리우스Marcus Aurelius는 철학자이면서 로마제국의 제16대 황제이기도 했다. 그는 이렇게 말했다.

> "당신에게 일어나는 일체의 일은 우주에서 생성되어 세상이 시작된 순간부터 이미 당신에게 할당된 운명이며, 당신 앞에서 펼쳐진 상황은 살아 움직이는 다른 모든 것처럼 운명의 직조물에 짜 넣은 한

195. 『論語』, 述而第七, "子不語怪力亂神."

오라기의 실에 불과한 것이다." _『명상록』

아우렐리우스는 완벽하게 운명론을 수용한다. 그런데 인간의 자유의지에 이르러서는 이율배반적인 주장을 한다. 즉 그는 "어느 누구도 우리의 자유의지를 빼앗아갈 수는 없다"라고 하여 인간은 또한 자유의지가 있는 존재임을 천명했다. 그러나 동시에 자유의지의 한계도 분명히 인정하고 있다. 그것은 우리가 어쩔 수 없는 상황에 대해 자유의지는 아무것도 할 수 없으며, 따라서 동의도 반대도 무의미하다고 보았다.

근대철학자 중에서 운명론을 수용한 철학자는 스피노자Spinoza이다. 스피노자에 따르면, 정신 속에는 절대적 의지, 또는 자유의지가 없다. 오히려 정신은 이것 또는 저것을 의욕하도록 어떤 원인에 의해 결정되어 있고, 이 원인은 역시 다른 원인에 의해 결정되어 있다. 인간이 스스로 자유의지가 있다는 생각은 인간의 상상이나 착각일 뿐이다. 운명이나 강제로부터 벗어나는 것이 일반적인 자유개념이다. 그러나 필연성으로부터 벗어나는 것이 자유가 아니다. 오히려 이 필연성을 자신의 본성으로 가질 때 자유롭다. 다시 말해 필연성을 자신의 본성으로 가지게 되면 다른 것에 의해 자신의 존재와 행동이 결정되는 것이 아니다. 오히려 자기 자신에 의해, 즉 스스로 존재와 행동을 결정하기 때문에 자유로운 것이다. 인간이 전체의 부분인 한 그는 언제나 부자유 가운데 있다. 그러나 이해력을 통해 사물의 궁극적 원인과 질서를 인식할 수 있다면 자유를 얻을 수 있다. 스피노자는 말한다.

"인간의 정신 안에는 절대적이거나 자유로운 의지가 존재하지 않는다. 오히려 정신은 이것 또는 저것을 의욕하도록 어떤 원인에 의해 결정되며, 이 원인 역시 다른 원인으로 인하여 결정된다."

이와 같이 스피노자는 인간에게는 자유의지가 없다고 단언한다. 자유란 운명 같은 것을 자신의 본성으로 철저히 받아들임으로써 사물의 궁극적 원인과 질서를 알 때 얻어질 수 있다고 본다.

공자도 인간의 운명론을 수용하는 입장이다. 그렇다면 공자는 인간의 자유의지를 어떻게 보는가? 『중용』에는 유학의 철학적 배경이 설명되어 있다. 『중용』에 이런 표현이 있다.

> "정성스러움誠者은 하늘의 도요, 정성되게 하는 것誠之者은 사람의 도이다."[196]

'성자誠者', 즉 정성스러움은 하늘이 우리에게 명한 것이고, '성지자誠之者', 즉 정성스럽게 하는 것은 인간의 도덕문제에 해당된다. 다시 말하면 도덕 그 자체는 하늘에 바탕을 두고 있지만 도덕을 실천하는 것은 인간에게 있다는 것이다. 비록 윗글이 공자가 직접 한 말은 아닐지라도 『중용』이 유학의 철학서로 전승되어온 것을 감안한다면 공자의 생각을 대변하는 표현이라 할 수 있다. 또 하늘에 바탕을 둔 도덕의 실천은 우리가 할 수 있는 한 최선을 다해야 한다.

> 공자께서 말씀하셨다.
> "산을 만드는 것에 비유한다면, 한 삼태기를 보태지 않아 성공하지 못했다면 중지한 것은 내가 중지한 것이다. 땅을 평탄하게 만드는 것에 비유한다면, 한 삼태기를 부어 진척된다면 내가 나아간 것이다."[197]

공자에 의하면 우리에게 주체적 자유의지가 인정되기 때문에 우리

196. 『中庸』, 十九章, "誠者, 天之道也. 誠之者, 人之道也."
197. 『論語』, 子罕第九, "子曰, 譬如爲山, 未成一簣, 止, 吾止也. 譬如平地, 雖覆一簣, 進, 吾往也."

는 끝까지 최선을 다해야 한다. 한 삼태기의 흙이 일의 성패를 좌우할 수가 있다. 일의 성공도 내가 한 것이고, 일의 실패도 내가 한 것이다. 이와 같이 공자는 운명론을 수용하여 인간의 자각과 자유의지의 한계를 벗어난 듯했지만 현실과 인간적인 문제에서 인간 의지를 부정하지 않았다.

4절
공자는 왜 정치를 하려 했는가?

민생을 챙겨야 한다

공자는 평소 "이익을 보면 의로운지를 생각하라見利思義"라고 했다. 의로움義은 유학에서 완성된 인간을 지향하는 데 있어서 없어서는 안 될 덕목이다. 특히 벼슬하는 자에게는 더욱 필요한 덕목이 아닐 수 없다. 의로움이 특히 통치자에게 요구되는 도덕적 의미로서의 덕목이라면, 민생을 챙기는 것은 경제적, 현실적 차원의 정책을 의미한다. 공자는 정치에서 도덕과 경제력 모두 중요한 요소라고 보고 있다. 공자가 경제력을 중요시한 것은 백성의 도덕적 처신과 직결된다고 보았기 때문이다. 공자는 말한다.

"가난하면서 남을 원망하지 않기는 어려운 일이나, 부자이면서 교만하지 않기는 쉬운 일이다."[198]

가난하면 마음이 비굴해지거나, 마음의 여유가 없어져 남을 탓하는

198. 『論語』, 憲問第十四, "貧而無怨難, 富而無驕易."

경우가 많다. 이것은 인성이 본래 그러한 것이 아니라 자신의 경제적 환경으로부터 영향을 받을 수 있다는 말이다. 그런데 여기서 주목해야 할 것이 있다. 그것은 공자가 말하는 경제적 시혜는 국가 경제 전체를 대상으로 하는 양적 의미가 아니라는 점이다. 공자는 "나라나 가정을 다스리는 자는 부족함을 걱정할 것이 아니라 고르지 못함을 걱정해야 한다"[199]라고 했다. 공자는 경제적 환경을 중요시 여기지만 그 원칙은 자본주의적 경제 논리인 성과능력에 따른 배분이 아닌 균등한 분배이다. 이러한 경제관에 입각하여 공자가 생각한 이상사회가 대동사회이다. 대동사회는 사회적 약자인 홀아비, 과부, 고아, 홀로 사는 사람, 병든 사람을 부양받을 수 있게 하며, 재산이 자기의 이익만을 위해 사용되지 않는 사회이다.

공자의 주장은 백성 하나하나가 경제적으로 여유가 있어야 도덕적 행위도 가능하다는 말이다. 그렇기 때문에 통치자들은 민생을 부지런히 챙겨서 경제적 궁핍에 빠진 백성을 구제해야 한다. 공자의 제자 중에 언변에 능했으며 재물 증식에 재주가 있었던 자공子貢이 공자에게 물었다.

"널리 백성에게 베풀어서博施於民 민중을 구제할 수 있다면 인仁이라 일컬을 수 있습니까?"

공자께서 말씀하셨다.

"어찌 인仁이라고만 할 수 있으리오. 반드시 성인의 일인 것을! 요순도 그리하지 못함을 병으로 여겼느니라."[200]

---

199. 『論語』, 季氏第十六, "有國有家者, 不患寡而患不均."

200. 『論語』, 雍也第六, "子貢曰, 如有博施於民而能濟衆, 何如? 可謂仁乎? 子曰, 何事於仁, 必也聖乎! 堯舜其猶病諸."

공자는 '박시어민博施於民'이 일반 사람들의 덕인 인仁을 뛰어넘는 성인聖人의 치세라고 대답했다. 바로 공자는 경제적, 물질적으로 민생을 안정시키는 것이 정치에서 매우 중요한 요소임을 말하고 있다. 공자의 이러한 생각을 전국시대의 맹자도 계승했다. 맹자가 생각한 이상정치는 왕도정치이다. 왕도정치는 인의에 의한 정치를 말한다. 맹자에 따르면 민생에서 가장 중대한 일은 살아 있는 자를 봉양하고 죽은 자를 장례 지내는 일이다. 백성이 봉양과 장례에 여한이 없으면 이것이 왕도의 시작이 된다.[201]

요약한다면, 공자는 경제적 수준이 인간의 도덕적 행위에 영향을 준다고 생각했다. 그러므로 통치자들은 널리 베풀어서 백성을 구제하는 것이 무엇보다도 필요하다고 주장했다.

천하에 도가 행해지는 세상을 꿈꾸었다

공자는 주유천하 중 진陣나라를 한번은 가려다 도중에 돌아왔고 두 번은 방문했다. 공자가 마지막으로 진나라를 방문한 후 채蔡나라를 거쳐 섭 땅으로 갔을 때의 일이다. 섭 땅은 본시 채나라의 땅이었는데, 초나라가 빼앗아 대부인 섭공葉公에게 다스리게 하고 있던 고장이었다. 섭공은 성이 심沈이고, 이름이 제량諸梁인데, 그는 이 무렵 초나라의 후원을 업고 채나라 전체까지도 지배하고 있었던 새로운 권력자였다. 본래 '공公'은 제후 중에서 제일 상위 등급인 공작의 신분을 가진 자에게 붙일 수 있는 칭호이다. 그러므로 제후가 아닌 대부는 '공'의 칭호를 붙여서는 안 된다. 그런데 초나라는 기원전 704년에 초무왕楚武王이 스스

201. 『孟子』, 梁惠王章句上, "是使民養生喪死無憾也. 養生喪死無憾, 王道之始也."

로 천자에게만 붙이는 왕이란 호칭을 제후의 신분으로 사용했고, 그 이후 초나라 제후들은 스스로 모두 왕이라 칭했다. 그러자 대부인 심제량이 자신도 격을 높여 제후의 호칭인 '공'을 사용하니, 세간에서는 그를 섭공이라 부르게 되었다.

공자는 섭공과 정치에 관해 문답을 하게 된다. 섭공이 정치에 대해서 묻자 공자는 "정치란 가까이 있는 자는 기뻐하게 하며, 먼 곳에 있는 자는 오게 하는 것입니다"[202]라고 대답한다. 이런 대화도 있었다.

> 섭공이 공자에게 말했다.
> "우리 무리 중에 정직하게 행동하는 자가 있습니다. 그 아버지가 양을 훔치자 자식이 (아버지가 훔친 사실을) 증언했습니다."
> 공자가 말했다.
> "우리 무리 중에 정직한 자는 이것과 다릅니다. 아버지는 자식을 숨겨주고, 자식은 아버지를 숨겨줍니다. 정직은 바로 그 안에 있습니다."[203]

섭공과 공자의 대화는 무엇이 진정한 정직인지를 말해주고 있다. 섭공은 객관적 사실을 그대로 나타내는 것이 정직이라고 보았다. 그러나 공자는 잘못을 저지른 아버지를 숨겨주고 싶은 것이 인간의 마음인데, 이러한 마음과 어긋나게 아버지의 혐의를 증언했으므로 정직이 아니라고 보았다. 여기서 공자는 아버지의 잘못을 감추는 행위가 올바르다고 말하는 것이 아니다. 정직은 자신의 감정에 부합하는 표현이어야 함을 말하고 있다. 만일 섭공처럼 객관적 사실에 기초할 경우 부모와 자

202. 『論語』, 子路第十三, "近者說 , 遠者來."
203. 『論語』, 子路第十三, "葉公語孔子曰, 吾黨有直躬者, 其父攘羊, 而子證之. 孔子曰, 吳黨之直者異於是. 父爲子隱, 子爲父隱, 直在其中矣."

식 간, 친구 간, 군신 간의 애정과 의리는 정직이라는 명분하에 유린당할 수 있을 것이며, 선의의 거짓말도 인정되지 않는 각박한 사회가 될 수가 있을 것이다. 다만 부모와 자식 간의 감정에 부합하여 사회적 정의를 훼손했을 경우는 거기에 따르는 책임을 묻는 것은 별개로 논의할 문제이다.

섭 땅에서 머물던 공자 일행은 얼마 후 다시 채나라로 돌아가는데, 도중에 나루터를 찾게 되었다. 마침 근처에 장저長沮와 걸익桀溺이 나란히 밭을 갈고 있었다. 자로가 장저에게 나루터를 묻자 그는 알려주지 않는다. 다시 걸익에게 묻자 오히려 걸익이 자로에게 다음과 같이 묻는다.

"그대는 누구인가?"

자로가 말했다.

"중유仲由자로의 본명입니다."

걸익이 말한다.

"바로 공자의 무리 아닌가?"

자로가 대답했다.

"그렇습니다."

그러자 걸익은 말한다.

"도도히 흐르는 것, 천하가 모두 이런 것이다. 누가 그것을 바꾸려 하는가? 당신은 사람을 피해 다니는 사람을 따르느니 세상을 피해 사는 사람을 따르는 것이 어떠한가?"

이 말을 하고는 그들은 계속 밭을 갈고 있었다. 자로가 이 상황을 공자에게 가서 말했다. 그러자 공자는 낙심하여 말했다.

"새와 짐승과는 같이 무리지어 살 수는 없지만 나는 이 사람들의 무리와 더불어 살아야지 누구와 살겠는가? 천하에 도가 있다면 내가 바꾸려 나서지 않았을 것이다."[204]

걸익은 당시 혼란한 세상을 도도히 흐르는 강과 같아서 바꿀 수 없다고 생각하여, 도를 전파해 세상을 변화시키려는 공자를 비웃고 있다. 그러나 공자는 사람이 사람답게 살기 위해 도가 필요한 것이기에 천하에 도를 전파시켜야 한다는 자신의 소명을 비장하게 말하고 있다. 도가 통용되는 사회를 만들기 위한 공자의 애절한 심정을 잘 나타내주는 말이 있다. 공자는 "아침에 도를 들으면 저녁에 죽어도 좋다"[205]라고 했다. 공자는 이 세상에 도가 행해지는 그날이 오면 바로 죽어도 여한이 없다고 한 것이다. 당시에 공자가 얼마나 도가 행하여지는 사회를 원하였는가를 뒷받침해주는 대목이다. 그렇지만 공자를 등용하여 도를 세상에 전파하고자 하는 군주는 없었다. 공자는 제자들에게 "사람들이 자기를 알아주지 않음을 근심하지 말고, 자신이 다른 사람을 알지 못함을 근심하라"[206]라고 했다. 어찌 보면 이 말은 공자 자신을 위로하는 말일 수도 있겠다.

군자가 벼슬하는 것은 의를 행하기 위함이다

장저와 걸익이 끝내 나루터를 가르쳐주지 않자 자로는 계속 공자 일행의 행방을 수소문하며 뒤를 따라간다. 얼마쯤 가다가 자로는 지팡이에 대 광주리를 꿰고 가는 사람을 만났다. 자로는 그에게 공자의 행방

---

204. 『論語』, 微子第十八, "桀溺曰, 子爲誰? 曰, 爲仲由. 曰, 是魯孔丘之徒與? 對曰, 然. 曰, 滔滔者天下皆是也, 而誰以易之? 且而與其從辟人之士也, 豈若從辟世之士哉? 耰而不輟. 子路行以告. 夫子憮然曰, 鳥獸不可與同群, 吾非斯人之徒與而誰與? 天下有道, 丘不與易也."

205. 『論語』, 里仁第四, "朝聞道, 夕死可矣."

206. 『論語』, 學而第一, "子曰, 不患人之不己知, 患不知人也."

을 묻는다.

"노인장, 혹시 우리 스승님을 못 보셨습니까?"

노인이 말했다.

"사지를 움직여 부지런히 일하지도 않고, 오곡도 분별하지 못하는데 누가 스승님인가?"

노인은 더 이상 말을 하지 않고는 지팡이를 땅에 꽂고 김을 매었다. 자로가 두 손을 맞잡고 서 있자, 자로를 머물게 해 닭을 잡고 기장밥을 해 먹이고, 자기의 두 아들을 만나게 했다. 다음 날 자로가 공자에게 가서 말씀드리자 공자가 말했다.

"은자로구나."

공자는 자로로 하여금 돌아가 만나게 했는데, 가보니 떠나고 없었다. 이때 자로가 공자를 대신하여 공자의 심중을 이야기한다.

"벼슬을 하지 않는 것은 의義가 없는 것이다. 장유長幼의 예절을 폐廢할 수 없거늘 군신君臣의 의義를 어찌 폐할 수 있으리오? 자기 한 몸만 깨끗이 하려 하는데, 대륜大倫군신의 의을 어지럽히는 짓이다. 군자가 벼슬을 하려 하는 것은 그 의義를 행할 따름이다. 도道가 행하여 지지 않는 것은 이미 알고 계시다."[207]

비록 공자의 행방은 알려주지 않았지만 자로가 은자에게 예를 갖추고, 또 은자가 자로를 집으로 데려가 숙식을 제공하고 두 아들을 소개시킨 것은 장유長幼,어른과 어린이의 예절을 서로 갖추었다고 볼 수 있다. 그러나 공자가 천하를 주유하며 벼슬을 구하려 하는 것에 대한 은자의

---

207. 『論語』, 微子第十八, "子路問曰, 子見夫子乎? 丈人曰, 四體不勤, 五穀不分. 孰爲夫子? 植其杖而芸. 子路拱而立. 止子路宿, 殺鷄爲黍而食之, 見其二子焉. 明日, 子路行以告. 子曰, 隱者也. 使子路反見之. 至則行矣. 子路曰, 不仕無義. 長幼之節, 不可廢也, 君臣之義, 如之何其廢之? 欲潔其身, 而亂大倫. 君子之仕也, 行其義也. 道之不行, 已知之矣."

반감에 대해 자로는 공자의 심정을 대변하여 변호한다. 즉, 오직 의義를 행하기 위할 뿐이라는 것이다. 은자는 인륜의 도道가 훼손된 세상에서 멀리 떨어져 자신의 몸을 더럽히지 않는 입장이라면, 공자는 그 도가 훼손되었음을 알고 있지만 의를 행하여 그 인간의 도를 회복시켜 보려는 간절한 소망을 가진 입장이었다. 결국, 공자가 벼슬하려 한 것은 세속적 욕망을 충족하기 위함이 아니라 의를 행하기 위해서였다. 다음의 말에서 이러한 입장이 더욱 분명하게 나타난다.

"불의이면서 부와 귀는 나에게 있어 뜬구름과 같다."[208]

불의不義한 부귀富貴는 공자에게 부질없는 뜬구름과 같다. 공자는 나아가 의가 모든 인간에게 보편적으로 요청되는 가치임을 강조했다. 공자는 말하길 "온종일 모여 앉아서도 화제가 의로움에 이르지 않고 조그마한 지혜나 구사하기를 좋아한다면 참으로 난감한 일이다"[209]라고 했는데, 이 말은 공자가 의에 대한 지향을 인간의 극히 기본적인 요건으로 이해하고 있었음을 알 수 있다. 의와 불의는 군자와 소인을 가르는 기준이 되기도 한다. 공자는 "군자는 의에 밝고 소인은 이익에 밝다"[210]라고 하여 군자의 덕은 의로움義을 지향하고 있음을 말했다.

---

208. 『論語』, 述而第七, "不義而富且貴, 於我如浮雲."
209. 『論語』, 衛靈公第十五, "群居終日 言不及義 好行小慧難矣哉."
210. 『論語』, 里仁第四, "子曰, 君子喩於義, 小人喩於利."

5절
참된 학문은 위기이다

인간의 본성은 비슷하다

공자는 인간의 본성에 대해 명확한 입장을 밝히지 않았다. 공자의 제자 중에 자공子貢은 논변이 능하고 재물 증식에 남다른 재주가 있었다. 그런 자공이 훗날 이렇게 말했다.

"선생님의 문장은 내가 얻어 들을 수 있었지만, 선생님께서 본성과 천도를 말씀하시는 것을 들을 수 없었다."[211]

자공은 공자로부터 여러 지혜와 이치를 들어 깨달음을 얻었지만 인간의 본성과 천도의 이치에 관한 말은 들어보지 못했다. 인간의 본성을 설명하는 이론은 일반적으로 3개의 이론이 있다. 즉, 인간의 본성은 선하지도 악하지도 않다는 학설인 소위 성무선악설性無善惡說이 있고, 인간의 본성은 선하거나 악하다고 보는 학설인 성선설性善說과 성악설性惡說이 있으며, 인간의 본성은 선하기도 하고 악한 면도 있다는 학설인

---

211. 『論語』, 公冶長第五, "夫子之文章, 可得而聞也. 夫子之言性與天道, 不可得而聞也."

성유선악설性有善惡說이 그것이다.

그런데 인간의 본성에 대한 공자의 입장은 명확하지가 않다. 공자의 후학인 맹자나 순자는 인간의 본성에 관해 긍정과 부정적 입장에서 서로 분명하게 대조를 이루고 있으나 공자는 그러하지 않다. 공자가 인간의 본성에 대해 직접적인 언급을 한 것은 다음과 같다.

"성은 서로 비슷하지만 습관은 서로 멀리하게 한다."[212]

이 말은 본성은 서로 비슷하게 태어나지만 생후 습관이나 학습에 의해 그 본성이 서로 다르게 변할 수 있다는 의미이다. 공자는 비슷하게 태어난 인간의 본성이 어떠한지에 대해 언급을 하지 않고 있다. 그렇지만 공자가 인간의 본성에 관해 우회적으로 표현한 것은 있다. 앞에서 살펴본 바와 같이 공자는 위령공衛靈公의 부인 남자南子를 자로의 만류에도 불구하고 만나고 온다. 이후 공자 일행은 위衛를 떠나 조曹를 경유하여 송宋으로 가게 되는데, 송나라에서 공자 일행은 사마환퇴司馬桓魋의 습격을 받는다. 이때 공자는 "하늘이 내게 덕을 낳아주셨는데 환퇴가 나를 어떻게 하겠는가?"[213]라고 말한 바 있다. 공자의 이 말은 인간의 내면적 성품이 하늘로부터 부여받은 것임을 제시해주는 표현이다. 공자는 인간의 본성관에 관해 명확한 입장을 밝히지 않고 있지만 위와 같은 공자의 표현은 인간의 덕을 하늘에 근거하여 표현하고 있기 때문에 공자는 인간의 본성을 긍정적으로 보았다는 추론이 가능하다.

공자의 본성관에 대해 판단할 수 있는 더 이상의 단서가 『논어』에는 존재하지 않는다. 송나라 시대에 편찬된 『소학』[214]에는 다음과 같은 내용이 나오는데, 이것으로 미루어 공자의 본성관을 유추하기도 한다.

---

212. 『論語』, 陽貨第十七, "性相近也, 習相遠也."
213. 『論語』, 述而第七, "天生德於予, 桓魋其如予何?"

『시경』에 이런 말이 있다.

“하늘이 뭇烝 사람을 생기게 하였으니, 사물이 있으면 법칙이 있도다. 사람이 떳떳한 성품을 간직하고 있으므로 이 아름다운 덕을 좋아한다.”

공자가 말씀하셨다.

“이 시를 지은 자는 도를 알 것이다. 그러므로 사물이 있으면 반드시 법칙이 있는 것이니, 사람이 떳떳한 성품을 간직하고 있으므로 이 아름다운 덕을 좋아하는 것이다.”[215]

『소학』에서 공자는 『시경』에 나와 있는 문장을 인용하여 인간이 떳떳한 성품을 갖고 있다고 했다. 『소학』에 나오는 이 문장이 공자의 생각이라는 것이 확인되지는 않지만, 만일 공자의 입장으로 인정을 한다면 이러한 내용은 성선性善을 우회적으로 함의하고 있는 표현이라고 볼 수 있다.

그렇지만 이와는 반대로 공자가 인간의 본성을 부정적으로 파악했다는 주장도 가능하다. 공자는 본인 스스로 “나는 태어나면서부터 아는 자가 아니다. 옛것을 좋아해서 민첩하게 구했을 뿐이다”[216]라고 했다. 공자의 이 말은 공자가 자신의 덕성을 갖추기 위해서 앞선 성인의 언행을 열심히 공부했다는 말이다. 또, 공자는 자신은 호학好學학문을 좋아함하는 자라고 말했다. 즉 공자는 “열 가구의 마을에서도 나만큼 충성스럽고 믿음직한 사람이야 반드시 있지만 나만큼 학문을 좋아하는好學 사람은 없다”[217]라고 하여, 배움에 대한 자신의 열정이 어느 사람보다

---

214. 중국 송나라의 주희(朱熹, 1130~1200)가 엮은 것이라고 전해지나, 사실은 그의 제자 유자징(劉子澄)이 주희의 지시에 따라 여러 경전에서 어린이들을 교화시킬 수 있는 격언과 충신, 사적 등을 모아 편찬한 책이다.

215. 『小學』, 嘉言第五, “詩曰, 天生烝民, 有物有則. 民之秉彝, 好是懿德. 孔子曰, 爲此詩者, 其知道乎. 故有物必有則. 民之秉彝也. 故好詩懿德.”

216. 『論語』, 述而第七, “我非生而知之者, 好古, 敏以求之者也.”

뛰어났음을 드러내고 있다. 이러한 공자의 말을 종합하면 본래 불완전하게 태어난 자신이지만 후천적 학습에 의거하여 온전한 덕성을 갖추었다는 해석도 가능하다.

학문의 대상

학문의 대상은 무엇이 되어야 하는가? 공자는 학문의 대상에 관한 인식에서도 많은 고민을 했다. 종교에서 흔히 사용되는 용어에 '이단異端'이란 말이 있다. 이단이란 용어를 처음 사용한 자는 공자이다. 『논어』「위정」편에 "攻乎異端공호이단, 斯害也已사해야이!"란 표현이 있다. 여기서 '攻공'은 '전공전념하다'와 '공격하다'의 뜻이 있다. 이 중 어느 것을 취하느냐에 따라 해석이 크게 달라진다. '전공전념하다'의 뜻으로 새기면 그 해석은 "이단에 전념하면 해로울 뿐이다"라고 된다. '공격하다'의 뜻으로 새기면 그 해석은 "이단을 공격하는 것은 해로울 뿐이다"가 된다. 전자는 공자의 학문을 주류로 보는 입장으로서 교조적, 권위적 입장이고, 후자는 공자의 학문을 포함하여 여타의 학문에 대해 개방적 태도를 가지라는 것이다.

전자의 입장이 지금까지 일반적인 해석이었고, 이 중에는 북송北宋의 정자程子[218]가 있다. 정자는 이단으로서 불교와 양자, 묵자 등을 열거하고 있다.

후자의 입장은 청나라 초기의 문인인 모기령毛奇齡1623~1716이 있다. 조선의 다산茶山에 따르면 '攻공'을 어떻게 해석하느냐의 문제를 떠나 정자가 이단으로서 불교와 양자, 묵자를 거론한 것은 옳지 않다. 그 이유

217. 『論語』, 公冶長第五, "十室之邑, 必有忠信如丘者焉, 不如丘之好學也."
218. 중국 송나라의 유학자 정호(程顥)와 정이(程頤) 형제를 높여 이르는 말.

는 공자 당시는 이들의 학문이 중국에서 흥기하거나 전래되기 전이었기 때문이다.

후자의 입장이 타당하다고 판단된다. 그 이유는 공자의 평소 교육철학인 '유교무류有教無類'에 단서가 있기 때문이다. 뒤에 다시 말하겠지만 유교무류는 일반적으로 신분, 인종을 구분하지 않고 (평등하게) 교육한다는 의미이다. 이것은 신분에 구애받지 않고 교육하는 공자의 진보적 교육관을 나타내주고 있다. 이와 같은 공자의 교육철학과 어울리는 것은 학문의 대상에 있어서도 다양성의 존중이다. 더구나 학자에 따라 유교무류는 "교육을 하되, 그 대상에는 차등이 없다"라고 해석되기도 한다. 이러한 해석은 교육의 대상이 되는 학문의 영역에서 정통과 이단을 구별하지 않고 모두 수용한다는 의미이다. 따라서 여기에 근거할 경우 후자의 해석은 보다 일관성을 갖게 된다.

학문의 자세

공자가 중요시한 학문의 자세는 무엇일까? 먼저 공자는 호학好學하는 마음의 자세가 필요하다고 생각한다. 공자가 배우기를 좋아한 것은 어릴 적부터 형성된 품성으로 보인다. 『사기』「공자세가」에는 "공자는 아이 때 언제나 제사 그릇을 차려놓고 예를 갖추는 소꿉놀이를 했다"고 기록되어 있다. 이처럼 공자는 어린아이 시절에도 단순한 놀이가 아닌 당시 학문의 주요 영역이었던 예법에 관련된 놀이를 즐겼다. 공자는 어른이 된 후 자신의 성장 과정을 되돌아보며, "나는 옛것을 좋아해서 민첩하게 구했다"라고 말하고 있다. 이러한 것으로 볼 때 공자는 스스로 배우기를 좋아한 사람임에 틀림없다. 호학하는 사람의 일반적 모습은 어떠한가?

"군자는 먹을 때 배부르기를 구하지 않으며, 머무를 때 편안하기를 구하지 않으며, 일에 있어서는 민첩하고 말하기에 있어서는 신중하게 하여, 도道가 있는 곳에 나아가서 몸가짐을 바로 하는 것이 가히 호학好學한다고 일컬을 수 있다."[219]

호학하는 사람은 의식주에서 지나친 풍요와 편안함을 추구하지 않는다. 이것은 학문하기에도 우리의 삶이 버겁기 때문에 과도한 물질적 탐욕을 자제해야 한다는 의미이다. 또 호학하는 사람은 자신의 부족함을 신속하게 보충하고 자신의 속마음을 신중하게 표현한다. 그리고 도덕적인 문제에서 시시비비를 명확히 하는 사람이다. 공자는 사람들이 호학하지 않으면 평소 품성이 올바름을 지향한다 하더라도 여러 폐단이 나올 수 있음을 지적했다. 공자와 자로의 대화이다.

공자께서 말씀하셨다.

"중유야! 너는 육언六言여섯 개의 말과 육폐六蔽여섯 개의 폐단를 들어보았느냐?"

자로가 대답했다.

"아직 듣지 못했습니다."

"앉아라! 내가 너에게 말해주겠다."

"인을 좋아하되 호학하지 않으면 그 폐단은 어리석음이고, 지혜를 좋아하지만 호학하지 않으면 그 폐단은 방탕한 것이 되고, 신념을 좋아하되 호학하지 않으면 그 폐단은 (남을) 해치는 것이 된다. 솔직함을 좋아하되 호학하지 않으면 그 폐단은 숨 막히게 하는 것이며, 용맹을 좋아하되 호학하지 않으면 그 폐단은 날뛰게 되고, 강함을 좋아

219. 『論語』, 學而第一, "君子食無求飽, 居無求安, 敏於事而愼於言, 就有道而正焉, 可謂好學也已."

하되 호학하지 않으면 그 폐단은 경박한 것이 된다."[220]

공자는 우리가 인과 지혜, 신념과 솔직함, 용맹과 굳셈을 좋아한다 해도 호학하지 않으면 어리석고, 방탕하고, 남을 해치고, 남을 숨 막히게 하고, 날뛰게 되고, 경박하게 된다고 말하고 있다. 결국 호학은 인간이 덕성과 용맹 그리고 강함을 추구할 때 반드시 전제되는 것이며, 보다 완전함을 추구하기 위한 인간의 자세라고 볼 수 있다.

다음으로, 공자는 학문은 틈틈이 꾸준히 해야 됨을 주장했다. 당시 세상은 공부와 생업에 종사하는 시기가 명확하게 구별되지 않았다. 공자 제자들도 생업에 종사하면서 공자에게 학문을 배웠다.

> "제자들은 집에 들어와서는 효도하고, 집밖을 나서면 (어른을) 공경하고 행동을 삼가고 믿음이 있어야 한다. 널리 민중을 사랑하고 인仁어질음을 가까이해야 한다. 그리고 행동에 여력이 있으면 학문을 해야 한다."[221]

공자는 제자들이 집 안과 집 밖에 있는 경우를 구분하여 제자들이 해야 할 일을 말하고 있다. 제자들이 집 안과 밖에서 해야 될 일들은 대상에 따라 차이가 있지만 공통적으로 주로 덕행이다. 이런 덕행을 행하고 여력이 있으면 학문을 하라고 한 것은 제자들이 스스로 자만하지 말고 틈날 때마다 더욱 꾸준한 공부를 하여 완성된 인간을 지향하라는 의미이다.

셋째로, 배움에 있어서는 적절한 사색이 필요하다. 공자는 평소 배운

220. 『論語』, 陽貨第十七, "子曰, 由也, 女聞六言六蔽矣乎? 對曰, 未也. 居! 吾語女. 好仁不好學, 其蔽也愚. 好知不好學, 其蔽也蕩. 好信不好學, 其蔽也賊. 好直不好學, 其蔽也絞. 好勇不好學, 其蔽也亂. 好剛不好學, 其蔽也狂."

221. 『論語』, 學而第一, "弟子入則孝, 出則弟, 謹而信, 汎愛衆, 而親仁. 行有餘力, 則以學文."

것이 그 자체로 인간의 지식과 덕으로 직접 쌓이지는 않는다고 보았다. 따라서 그는 배움이 있고 나서 그다음으로는 적절한 사색을 통해 명료히 할 것을 주문한다.

> "배우고서 생각을 하지 않으면 혼미하고, 생각만 하고 배우지 않으면 위태해진다."[222]

배움은 생각을 통해 요약되고 명료해진다. 그러나 생각만 하고 배우지 않으면 사물의 정체나 일의 요령을 모르기 때문에 매우 위태한 상황에 직면할 수 있을 것이다.

공자는 그 외에 군자들이 평소 배움에서 유념해야 할 것들에 대해 열거하여 말했다.

> "군자는 중후하지 않으면 위엄이 없고, 학문은 고루하지 않아야 한다學則不固. 마음속에서 우러나오는 것과 믿음을 주로 하며, 자기보다 못한 것에 친하지 말며無友不如己者, 과실이 있으면 고치기를 주저하지 말아야 한다."[223]

'학즉불고學則不固'에 대해서는 해석이 학자에 따라 달라진다. 혹자는 앞의 어절과 연관하여 "(군자는 중후하지 않으면 위엄이 없으니) 배움도 견고하지 못하다"로 해석하기도 하고, 혹자는 "학문은 고루固陋고집이 세고 새로운 것을 잘 받아들이지 아니함하지 않아야 한다"와 같이 해석하기도 한다.

전자는 특별한 논란이 없으나 후자는 공자의 학문관을 드러낸다는 점에서 논란의 여지가 있다. 하지만 후자와 같이 해석해도 무리가 없

---

222. 『論語』, 爲政第二, "學而不思則罔, 思而不學則殆."
223. 『論語』, 學而第一, "君子不重則不威, 學則不固. 主忠信. 無友不如己者. 過則勿憚改."

을 것 같다. 앞에서 논의한 바와 같이 공자는 이단에 대해서 개방적인 자세를 취했다. 따라서 학문의 대상이나 주장에 대하여 진보적 입장을 취하고 있기 때문에 후자로 해석해도 무난하리라 여겨진다. 이럴 경우 배우는 자들은 유연하고 수용적인 자세를 가지라는 메시지가 될 것이다.

그리고 군자는 교우관계에서는 자기보다 못한 것에 친하지 말고無友不如己者, 품성과 처신에 있어서 과실이 있으면 은폐하려 하지 말고 과감히 고치려고 해야 한다. 또 여기서 논란이 되는 것이 '무우불여기자無友不如己者'에 대한 해석이다. 주희를 비롯해 대부분의 학자들은 "자기만 못한 자를 친구로 사귀지 마라"로 해석한다. 또 다른 해석은 "자기자신의 덕보다 못한 것者덕 혹은 가치에 친하지 말아야 한다"이다. 이와 관련된 설명은 8절에서 논의한다.

공자의 제자들이 배운 것은?

공자의 제자들은 공자에게 무엇을 배웠을까? 결론하여 말하면 제자들은 공자에게 '육예六藝'를 배웠다. 육예는 두 가지 의미가 있다. 하나는 주나라 시대에 교육기관에서 가르치던 기예技藝의 내용으로서, 예禮·악樂·사射·어御·서書·수數를 지칭한다. 이를 한글로 옮기면 예법, 음악, 활쏘기, 마차 몰기, 글쓰기, 산수로 표현되는데, 기예의 내용으로서의 육예는 『주례』에 그 기록이 전해진다. 또 하나의 의미는 『시경詩經』·『서경書經』·『예기禮記』·『악경樂經』·『역경易經』·『춘추春秋』를 통틀어 말하는 육경六經을 지칭한다.

한나라 시대 사마천이 편찬한 『사기』 「공자세가孔子世家」에는 공자의 제자 중에 육예에 능통한 자가 72명이라 했다. 이러한 『사기』의 기록은 공자가 육예로 제자를 교육했음을 직접적으로 인증해주는 구절이다. 그렇다면 공자가 교육한 육예란 기예로서의 육예를 말하는가, 아니면 육경을 지칭하는 육예를 말하는가? 공자가 제자를 가르친 육예는 일반적으로 육경을 지칭한다. 그 근거로는 앞의 『사기』「공자세가」에서 찾을 수 있다. 『사기』「공자세가」에는 "『서전』과 『예기』는 공자로부터 (편찬이) 비롯되었다"라고 기술되어 있다. 또 공자는 '시詩를 다듬어 정리했고', '악樂을 바로잡으며', 만년에는 '『주역』의 단전, 계사전, 상전, 설괘전, 문언전의 서문을 썼으며', '『춘추』를 저술했다'는 내용이 있다. 바로 공자가 정리 및 서술한 것은 육경을 의미하는 육예와 일치하고 있다. 또, 『장자莊子』[224] 「천운天運」에는 공자가 노담에게 『시경』·『서경』·『예기』·『악경』·『역경』·『춘추』의 육경六經으로 제자를 가르쳤다고 말하는 내용이 있다.[225] 이러한 기록들을 근거로 할 때 공자는 육경을 교육한 것이 확실하고, 그 육경은 후세에 육예로도 불리게 된 것이다. 그렇지만 공자가 늘 육경을 의미하는 육예만을 교육 내용으로 삼았다고 할 수는 없다. 공자는 "은나라는 하나라의 예를 인습因習전하여 내려온 것을 배움하여 덜어내거나 보탰음을 알 수 있으며, 주나라는 은나라의 예를 인습하여 그 덜어내거나 보탰음을 알 수 있다. 혹시 주나라의 뒤를 잇는 자가 있으면 비록 백세 뒤라도 알 수 있을 것이다"[226]라고 말한 바 있다. 공자의 말은 하나라의 예가 은나라에 남아 있고, 은나라의 예가 주나라에 남아 있기 때문에 그 예의 모습을 추론할 수가 있다는 이야기이다. 여기서 공자가 말한 예는 시대적으로 예의 내용이 다르다는 것을 함의하고 있기 때문에 일정한 내용으로 구성된 육경의 『예기禮記』가 아니다. 따라

224. 장자 자신이 이 책의 내편을 썼고, 그의 제자와 같은 계열의 철학자들이 외편과 잡편을 쓴 것으로 추정된다. 총 33편이 현존한다.

225. 『莊子』, 天運, "孔子謂老聃曰, 丘治詩書禮樂易春秋六經."

226. 『論語』, 爲政第二, "殷因於夏禮, 所損益, 可知也 周因於殷禮, 所損益, 可知也. 其或繼周者, 雖百世可知也."

서 공자가 제자들에게 가르친 육예는 일반적으로 육경을 의미하나 기예로서의 육예를 배제하는 것은 아니다.

공자가 육예를 교육했다는 것은 달리 말하면 학문의 다양성을 강조했다는 말이 되기도 한다. 『논어』「술이」편에는 "공자는 항상 『시경』, 『서경』을 말하고 『예기』를 집수執守하는 것을 말했다"[227]라는 구절이 있다. 여기서 '집수執守'의 의미를 직역하면 잡아 지킨다는 의미이니, 예를 제대로 실천한다는 의미로 보면 무난하다. 이와 같이 공자는 특정의 학문만을 강조한 것이 아니라 육예를 강론했고, 이 중 예시적으로 『시경』, 『서경』, 『예기』를 거론하고 있다. 또, "공자는 네 가지로 가르쳤으니, 문文, 행行, 충忠, 신信이다"[228]라는 표현이 있다. 이 네 가지의 정확한 의미는 다소 애매하지만 공자가 역시 주된 교육 내용으로 삼은 것이었다. 공자가 육예六藝나 문文, 행行, 충忠, 신信으로 교육을 삼은 것은 그의 교육 내용과 대상이 매우 다양했음을 의미한다.

학문의 목적

공자가 본 학문의 목적은 무엇일까? 여기에 대한 설명은 관점에 따라 다양해질 수 있다.

먼저, 공자는 심리적, 정서적 관점으로서 마음의 기쁨을 들고 있다. 『논어』 첫 부분에 다음과 같은 표현이 있다.

"배우고 때때로 익히면 또한 기쁘지 아니한가? 벗이 멀리에서 찾아오면 또한 즐겁지 아니한가? 다른 사람들이 몰라주어도 화내지 아니

227. 『論語』, 述而第七, "子所雅言, 詩書執禮."
228. 『論語』, 述而第七, "子以四教 文行忠信."

하면 또한 군자가 아니겠는가?"[229]

공자에게 있어서 학문의 목적은 남의 칭찬을 듣기 위함도 아니요, 세속적인 공명을 위함도 아닌 '기쁨'이라는 심리적, 정서적인 것에 있다. 이러한 학문의 즐거움을 맛보기 위해서는 우리의 내면에서 그 욕구가 분출되어야 가능한 일이다. 공자는 이런 상황을 앞에서 논의한 바와 같이 학문 자체를 좋아하는, 이른바 '호학好學'이라고 표현한다.

다음으로, 공자는 품성의 도야와 올바른 일의 실천을 학문의 목적으로 보았다. 공자는 『논어』 「헌문」에서 옛날의 학자와 지금의 학자를 비교하여 말한다.

"옛날의 학자는 위기爲己했고, 지금의 학자는 위인爲人한다."[230]

공자는 옛날의 학자들이 추구하는 '위기'가 진실로 학문하는 목적임을 말하고 있는데, '위기'와 '위인'의 의미에 관해서는 학자들 사이에 견해가 갈라진다. 정자와 주희의 주장에 근거하면 위기지학爲己之學이란 자기에게 얻어지는 학문을 말하고, 위인지학爲人之學은 남에게 알려지려고 자기를 과시하는 학문을 말한다. 그러나 다산茶山 정약용의 주장에 따르면 '위기'는 (올바른 것을) 자신이 실천해나가는 일을 가리키고, '위인'은 자신은 남에게 말만 하고는 남으로 하여금 행하게 하는 일을 가리킨다. 정자와 주희 그리고 다산의 '위기'와 '위인'에 대한 주해는 추상적 의미와 실천적 의미 면에서 서로 차이를 보이고 있으나, 여하튼 학문의 목적을 도덕적 의미로서 풀이를 하는 점은 공통된다.

---

229. 『論語』, 學而第一, "學而時習之, 不亦說乎? 有朋自遠方來, 不亦樂乎? 人不知而不慍, 不亦君子乎?"

230. 『論語』, 憲問第十四, "子曰, 古之學者爲己, 今之學者爲人."

학문은 현실적으로 경제적인 안정을 위해 추구될 수도 있다. 특히 공직에 참여하는 경우 경제적으로 안정된 생활이 보장되기 때문에 많은 사람들이 학문을 하여 공직에 진출하기를 원한다. 공자도 이 점을 인정한다. 그러나 그것 자체가 목적이 되어서는 안 된다는 입장이다.

> 공자께서 말씀하셨다.
> "군자는 도를 도모해야지 먹고살기 위한 것을 도모해서는 안 된다. 밭을 갈더라도 배고플 때가 그중에 있다. 학문을 하면 봉록이 그중에 있을 수 있으나, 군자는 도를 근심해야지 가난함을 걱정해서는 안 된다."[231]

열심히 농사를 짓더라도 늘 먹거리가 마련되는 것이 아니다. 어느 때는 시기상 또는 여타 사정으로 배고플 상황이 있을 수 있다. 마찬가지로 학문을 하면 그에 따라 공직을 비롯한 좋은 직장에 취업할 기회도 많아지고, 더 많은 보수도 받을 가능성이 많다. 그러나 학문을 했다 하더라도 기회가 오지 않을 수 있고, 작은 봉록을 받을 수도 있다. 이럴 경우에도 군자는 가난을 걱정하지 말고 도를 실천하는 것에 힘써야 한다는 말이다.

또, 공자는 정서와 인지의 조화 그리고 인간사회의 화합을 학문의 주요한 지향점으로 설정했다. 공자는 말한다.

> "시에서 발흥하고, 예에서 서고, 악에서 완성된다."[232]

공자는 성정을 감흥하고, 행위를 단속하고, 사회를 화합시키는 방법

231. 『論語』, 衛靈公第十五, "子曰, 君子謀道不謀食. 耕也, 餒在其中矣. 學也, 祿在其中矣. 君子憂道不憂貧."

232. 『論語』, 泰伯第八, "興於詩, 立於禮, 成於樂."

으로 '시詩,' '예禮', '악樂'을 제시했다.

시詩의 주된 기능은 정서의 감흥感興을 일으키는 것이다. 공자는 "시는 (정서를) 흥기할 수 있게 하고, (뜻을) 살펴볼 수 있게 하고, 무리를 모을 수 있게 하고, 원망할 수도 있게 한다"[233]라고 했다. 시가 인간 내부의 감성을 자극하여 동조를 하게 하기도 하고 원망하게 할 수도 있다는 말이다.

시가 인간의 정서를 발흥한다면 예는 인간의 행위를 단속하고 다듬는다. 예를 알지 못하면 귀와 눈 같은 우리의 감각기관이나 손과 발 같은 육체의 일부가 자칫하면 감정이나 욕구에 휘말려 본분을 잃을 수가 있다. 이렇게 되면 체면과 염치를 모르는 인간이 되기 십상이다. 그러므로 예는 군자의 행동에서 없어서는 안 될 덕목이기도 하다. 공자는 말했다.

> "군자가 널리 글을 배우고, 예로써 제약을 하면 또한 어긋남이 없을 것이다."[234]

군자는 널리 보고 들은 것이 많아야겠지만 예로써 제약을 하지 않으면 집단이나 사회 분위기에 편승하여 일탈 행위가 일어나기 쉽다. 따라서 예를 모르면 행위의 준거가 없기 때문에 올바른 인격체로 자립할 수가 없다.[235] 이와 같이 예는 사회적 관계 속에서 주체적 자아를 정립하게 하는 효용을 가지고 있다.

시詩와 예禮가 인간 정서와 행동에서 감흥과 단속의 기능을 갖고 있다면, 음악音樂은 다른 사람과의 조화를 도모하는 기능을 갖고 있다.

---

233. 『論語』, 陽貨第十七, "詩, 可以興, 可以觀, 可以群, 可以怨."
234. 『論語』, 雍也第六, "子曰, 君子博學於文, 約之以禮, 亦可以弗畔矣夫."
235. 『論語』, 堯曰第二十, "不知命, 無以爲君子也, 不知禮, 無以立也."

"음악을 좀 알 수 있다. 시작할 때에는 함께 음률을 맞추고는 따라 가기도 하고, 어우르기도 하고, 각각의 음을 분명히 하다가 연결하여 완성하는 것이다."[236]

공자는 음악의 효능을 여러 사람이 서로의 음을 내다가 하나의 전체적 화음和音을 내는 것이라고 보고 있다. 이와 같이 사람에게는 정서를 불러일으키는 시 그리고 행동을 규율하는 인지적인 예가 필요하며, 인간 사회의 화합을 위해서는 음악이 필요하다고 공자는 주장한다.

학문의 목적은 가정에서는 효, 국가에서는 치세라는 현실적 의미를 갖고 있기도 하다. 앞에서 시詩가 정서를 감흥하게 하는 기능이 있음을 살펴보았다. 공자는 이어서 시는 "가까이는 부모를 섬기고, 멀리는 군주를 섬기게 한다"[237]라고 했다. 이것은 시가 인간의 정서를 발흥하는 기능 외에 윤리적 측면에서 가정과 사회·정치적 순기능이 있음을 말하는 것이다. 시가 주는 사회·정치적 순기능은 다음에서도 살펴볼 수 있다.

공자께서 말씀하셨다.

"시를 삼백 편이나 읊고 정치를 하게 해도 변변치 못하고, 사방으로 사신을 보내도 혼자서 처리하지 못하면, 비록 많이 읊는다 하여 무엇에 쓰겠는가?"[238]

주희에 따르면, 시는 인정에 근본하고, 만물의 이치를 아우르기 때문에 풍속의 성쇠와 정치의 득실을 간접적으로 체험할 수가 있다. 그러

---

236. 『論語』, 八佾第三, "樂其可知也, 始作翕如也, 從之, 純如也, 皦如也, 繹如也, 以成."
237. 『論語』, 陽貨第十七, "邇之事父, 遠之事君."
238. 『論語』, 子路第十三, "子曰, 誦詩三百, 授之以政, 不達. 使於四方, 不能專對. 雖多, 亦奚以爲?"

므로 시를 제대로 맛을 알고 읊는 자는 정치에 통달하고, 사신으로 가서도 할 말을 해낼 수가 있다. 이와 같이 공자는 시 공부가 인간의 정서적 감흥을 일으키기도 하지만 현실적으로 가정과 사회·정치적 활동에 도움을 주어야 된다고 보았다. 이것은 유학의 현실 지향적 성향을 보여주는 전형적인 예이다. 유학의 현실 지향적 성향을 보여주는 것은 도덕적 수양과 정치의 연계에서도 드러난다. 2절에서 살펴본 바와 같이 자로가 군자에 대해 묻자 공자는 "공경으로써 자신을 수양해야 한다修己以敬"라고 했다. 자로가 더 구체적 설명을 묻자 공자는 "자신을 수양하고 다른 사람을 편안하게 해야 한다修己以安人"라고 했다. 자로가 여기서 끝나지 않고 재차 묻자 공자는 다음과 같이 말한다.

> "자신을 수양하고 백성을 편안하게 한다修己以安百姓. 자신을 수양하고 백성을 편안하게 하는 것은 요임금, 순임금도 (자신이) 부족하다고 생각했다."[239]

"백성을 편안하게 한다"는 말은 정치의 목적을 표현한 것이다. 자로는 공자의 대답이 너무 소략한 것이 아닐까 하고 묻기를 반복한다. 그러자 공자는 공경으로써 자신을 수양하는 공부를 하여 현실적인 정치를 행하는 것이 군자의 모습이라고 하고 있다. 『대학』[240]에는 명덕明德을 밝히는 순서로서 수신修身자신을 닦음-제가齊家가정을 거느림-치국治國나라를 다스림-평천하平天下천하를 평온하게 함가 제시되어 있다. 『대학』의 이러한 절차는 위에서 제시된 『논어』의 '수기안백성修己安百姓'을 절차적 세목으로 표현한 것이다. 조선의 율곡은 『대학』의 이러한 논리체계를 '수기치인修己治人자신

239. 『論語』, 憲問第十四, "修己以安百姓. 修己以安百姓, 堯舜其猶病諸!"

240. 사서오경의 하나인 유교 경전이다. 본래 『예기』의 제42편이었으나, 송나라 시대에 성리학이 확립되면서 사서의 하나로 받아들여졌다. 『대학』의 원작자에 대해서는 정설이 없다.

을 닦고 남을 다스림'으로 간략히 표현했는데, 수기치인은 결국 공자의 '수기안백성修己安百姓'을 좀 더 현실적으로 표현한 말이다.

참다운 지식은 모르는 것을 모른다고 하는 것이다

공자는 무엇이 참다운 지식인가에 대해서도 말했다. 공자의 제자 중에 자로는 용맹스럽고 의리가 있었으나 가끔은 모르는 것을 아는 척하는 허세를 부리기도 했다. 공자가 주유천하 중 마지막 들른 나라는 위나라였다. 위나라는 공자가 노나라를 떠나 첫 번째 방문한 나라이면서 또한 마지막 방문국인 셈이다. 당시 위나라는 11년 전에 위령공의 세자 괴외가 계모인 남자南子를 살해하려다 실패하여 국외로 달아난 일이 있었다. 위령공이 죽자 괴외의 아들 첩輒이 제후의 자리에 올랐으나 아들인 첩은 자신의 자리를 보전하기 위해 아버지인 괴외의 입국을 막고 있었다. 이때 제자 자로가 공자에게 위나라에서 정치를 맡기면 먼저 무엇을 할 것인가를 물었다.

공자께서 말씀하셨다.
"반드시 이름을 바로 세우겠다正名."
자로가 말했다.
"이것뿐입니까? 선생님께서 너무 빙 돌아가시는 것 같습니다. 어떻게 바로 세우시렵니까?"
공자께서 말씀하셨다.
"서툴구나, 중유자로의 본명여! 군자는 모르는 것에 관하여는 나서지 않는 것이다. 명분이 바르지 못하면 말이 이치에 맞지 않고, 말이 이치에 맞지 않으면 하는 일이 성취되지 않고, 하는 일이 성취되지 않으면 예악이 흥하지 않으며, 예악이 흥하지 않으면 형벌이 적절하지 못하고, 형벌이 적절하지 않으면 백성이 수족을 어찌할 수가 없다."[241]

자로는 공자로부터 당시 상황에 꼭 들어맞는 통치의 요체를 듣고 싶어 했다. 그러나 공자의 대답은 너무 간단하고 추상적이었다. 그러자 자로는 공자의 정명正名명칭에 따른 역할을 바로잡음이 상황을 제대로 알지 못한 어설픈 답변이라고 호기 있게 말해버렸다. 공자는 자신의 말을 한마디로 일축해버리는 자로가 못마땅하여 '넌 아직 멀었다'는 식으로 말을 한 것이다.

공자는 괴외가 계모인 남자南子를 죽이려 한 것도, 첩輒이 아버지인 괴외의 입국을 막는 것도 모두 명분이 없다고 보았다. 그렇기 때문에 구차하게 설명하는 말들도 이치에 맞지 않고, 이에 따라 나랏일이 제대로 이루어지지 않고 있다는 것이다. 따라서 위나라에서 가장 시급한 것은 정명이었다. 공자는 나름대로 위나라의 상황에 맞는 소위 정곡을 찌르는 말이었다고 생각했다. 자로는 이해를 하지 못했으면 가만히 혼자 숙고하거나 아니면 더 질문을 해야 했다. 그런데 오히려 공자를 감感이 떨어지는 사부로 몰고 갔으니 공자가 매우 불쾌했던 것 같다. 내친김에 공자는 한마디 더 했다.

"중유자로의 본명야! 너에게 아는 것이 무엇인지를 가르쳐주겠다. 아는 것은 안다고 하고, 모르는 것은 모른다고 하는 것이 (제대로) 아는 것이다."[242]

---

241. 『論語』, 子路第十三, "子曰, 必也正名乎! 子路曰, 有是哉, 子之迂也! 奚其正? 子曰, 野哉由也! 君子於其所不知, 蓋闕如也. 名不正, 則言不順, 言不順, 則事不成,事不成, 則禮樂不興; 禮樂不興, 則刑罰不中; 刑罰不中, 則民無所措手足."

242. 『論語』, 爲政第二, "由! 誨女知之乎! 知之爲知之, 不知爲不知, 是知也."

자로가 어설프게 공자의 심기를 건드렸다가 호되게 가르침을 받고 있다. 자로와 공자의 경우는 위나라의 정국에 대한 해법을 놓고 설전을 벌였지만, 사실 일상에서 모르는 것을 모른다고 정직하게 말하는 것은 상당한 용기가 필요하다. 특히 교육자들이 학습자들로부터 질문을 받았을 때 자신이 모른다고 대답하기가 쉬운 일이 아니다. 자신의 전공 분야일 경우에는 자존심 때문에 더욱 그러하다. 이럴 때 공자의 말씀을 참고해야 할 듯하다.

참된 앎이란 이와 같이 정직을 기반으로 할 때 가능하다. 선행도 마찬가지이다. 노나라에 미생고微生高란 자가 있었다. 미생고는 어느 시대의 인물인지 명확하지 않으나 노나라에서 정직한 성품으로 소문이 났다. 그런 미생고를 공자는 이렇게 평가했다.

> "누가 미생고를 정직하다고 했는가? 어느 사람이 식초를 빌리려 하자 그 이웃집에서 빌려서 주었거늘!"

문맥으로 미루어보면 미생고는 자신이 빌려줄 식초가 없자 이웃집에서 자신의 이름으로 식초를 빌려서 식초를 빌리러 온 사람에게 준 것으로 보인다. 미생고는 자신이 식초가 없으면 없다고 해야 옳다. 그리고 도움이 필요하다고 생각되었으면 이웃집에 가서 남이 원한다는 것을 사실대로 말하여 식초를 구하고, 식초를 빌린 사람에게는 이웃집에서 빌려 온 것임을 말했어야 한다. 그러나 미생고는 자신이 필요한 것처럼 식초를 구하여, 자신의 이름으로 주었기 때문에 식초를 받은 당사자는 미생고를 미덕이 있다고 여기거나 은혜로운 자라고 여겼다. 그러나 사실 그러한 감사한 마음을 받을 자는 식초를 미생고에게 빌려준 자이다. 그러므로 공자는 미생고가 이러한 사실을 알리지 않고 중간에서 그러한 칭송을 들었으니 정직한 자가 아니라고 보았다. 참된 앎이 아는 것을 안다고 하고 모르는 것을 모른다고 하는 정직이 기반이 되어야 하는 것처럼, 우리의 선행도 일단 정직을 기반으로 베풀어야 참된 미덕이 됨을 공자는 말하고 있다.

위에서 살펴본 바와 같이 배움을 추구하는 자들이 기본적으로 지녀야 할 품성은 정직이다. 덧붙인다면 인간의 선행을 평가함에서도 행위자의 정직은 기본 전제가 되는 품성이다.

배움에는 때가 있다

공자는 어려서부터 제사 그릇을 진설하며 놀기를 좋아했을 정도로 예禮에 흥미가 많았다. 그리고 공자 자신의 일생을 회고하며 나이 십오세에 학문에 뜻을 두었다고 했다. 이처럼 공자는 일찍부터 학문에 많은 관심이 있었다. 그렇기 때문에 공자는 자신을 호학好學하는 자라고 말했다. 공자가 어려서부터 학문에 관심이 많았던 이유는 천성적으로 호학했기 때문이기도 했지만, 한편으로는 우리의 일생이 많은 것을 제대로 알고 행하기에 너무 짧기 때문이기도 했다.

> 공자께서 냇가 위에서 말씀하셨다.
> "흘러가는 것이 이와 같구나! 주야로 쉬지 않는구나!"[243]

공자는 우리의 인생, 즉 세월을 주야로 흐르는 물에 비유했다. 잡을 수도 없고 멈출 수도 없다. 우리가 가만히 있어도 세월은 속절없이 빠르게 흘러간다. 학문을 부지런히 연마해도 일가를 이루기에는 너무 짧

243. 『論語』, 子罕第九, "子在川上, 曰, 逝者如斯夫! 不舍晝夜."

은 인생이다. 우리가 흔히 쓰는 표현인 "세월이 유수流水와 같다"라는 말이 여기서 비롯되었다. 『장자』 「지북유」편에는 '백구과극白駒過隙'이란 표현이 있다. 흰 망아지가 빨리 달리는 것을 문틈으로 본다는 뜻이다. 이것은 달리 말하면 인생이 지나가는 것의 빠르기가, 문틈으로 흰 말이 지나가는 것을 봄과 같다는 말이다. 역시 인생과 세월의 덧없고 짧음을 이르는 말이다.

공자는 세월이 쉬지 않고 흐르고 있는데, 우린 무엇을 어떻게 해야 하는가를 묻고 있다. 특히 학문을 하는 경우는 더 묵직한 메시지가 될 수 있다. 공자는 후학들에게 이런 말을 던졌다.

> "후생이 가히 두렵도다. 앞으로 오는 자들이 나의 지금보다 못할 줄을 어찌 알겠는가? 그러나 사십 세, 오십 세가 되어도 알려짐이 없으면 그 또한 두려워할 필요가 없을 것이다."[244]

공자는 후생後生후배들이 자신보다 나아지는 것을 '두렵다'는 느낌으로 표현했다. 이것은 공자가 두려워할 정도로 후생들이 앞서 나가기를 기대하는 표현이기도 하다. 그러나 세월은 유수처럼 흐르고 있는데도 후배들이 학문을 게을리하여 사십이나 오십 세가 되어도 이렇다 할 성취를 못 이룬다면 두렵지 않다고 했다. 즉 자신의 기대를 거둔다는 말이다. 공자가 굳이 사십 세와 오십 세를 거론한 것은 젊은 시절부터 학문에 정진해야 그나마 그 나이에 배운 사람이라는 말을 들을 수 있고, 연로해질수록 학문의 길이 더욱 지난至難지극히 어려움함을 의미한다. 일생을 통틀어 공부를 해야겠지만 효율적인 공부는 때가 있는 법이다.

---

244. 『論語』, 子罕第九, "後生可畏, 焉知來者之不如今也? 四十, 五十而無聞焉, 斯亦不足畏也已."

예의 근본은 검소함이다

공자는 여러 학문 중에서도 특히 예에 관심이 많았다. 공자는 아이 때 언제나 제사 그릇을 차려놓고 예를 갖추는 소꿉놀이를 했다. 청년 시절에 제자 남궁경숙과 주나라 서울인 낙읍에 가서 문물을 견학했을 때, 노자老子를 만나 예禮에 관해 묻기도 했다.

예는 크게 분류하여 외재적 규범과 내면적 덕성으로 보는 견해가 있다. 전자는 예가 사회에서 만들어진 규범으로서 내면의 도덕이 표현되는 형식적 틀이란 말이다. 이러한 입장에는 공자와 순자가 해당된다. 후자는 우리의 본성에 예가 사덕四德인·의·예·지의 하나로서 내재함을 말한다. 이러한 입장에는 성리학자들의 주장에 의거해 맹자가 해당된다.[245]

공자가 예에 관심이 많은 것은 예가 개인적 차원에서는 행위의 단속과 절제에 따른 인격체의 품격을 유지하고, 사회적 차원에서는 남에게 피해를 주지 않으며, 국가적 차원에는 통치의 요체가 된다고 믿었기 때문이다.

개인적 차원과 사회적 차원에서의 예의 효용은 무엇인가? 먼저 예는 공자가 최고의 덕으로 삼고 있는 인仁을 이루는 방법이 되기도 한다. 공자는 "자신을 극복하고 예로 돌아가면 인을 이룬다克己復禮爲仁"라고 했다. 이것은 자신의 사욕을 억제하여 예에 부합되는 행위를 하면 그것이 바로 인을 실천하는 행위라고 본 것이다. 또한 예는 군자의 행동거지를 단속하는 규범으로서의 역할도 한다.

공자께서 말씀하셨다.

---

245. 그런데 다산 정약용은 맹자가 본성으로 본 것은 사덕이 아닌 사단(四端, 측은지심·수오지심·사양지심·시비지심)이라고 주장한다.

"군자는 '널리 글을 배우고博學於文', '예로써 제약을 하면約之以禮' 또 한 어긋남이 없을 것이다."[246]

학문은 마땅히 군자가 널리 섭렵해야 할 대상이다. 그렇지만 예법으로 제약되지 않으면 학문은 자신도 해칠 수 있고 남에게 피해를 줄 수도 있다. 사실 우리 주위에 가방끈은 길지만 인간적 품위도 없고 남을 배려할 줄 모르는 사람들이 있다. 이런 자들의 성품이 태생부터가 그렇다 하면 좀 지나친 듯하고, 어릴 적부터 예를 학습하기보다는 남을 누르고 자신의 이익을 먼저 도모하는 환경적 요인에서 비롯될 수 있다. 이런 사람들에게 비록 늦었지만 염치를 알고 이웃과 더불어 살게 하는 교육 환경이 필요할 수도 있을 것이다. '박학어문博學於文'과 '약지이례約之以禮'는 합성하여 박문약례博文約禮로 표현된다. 박문약례, 즉 널리 배우고, 예로써 제약을 하는 것은 공자의 가르침을 요약하여 표현한 말이다. 공자는 부연하여 말한다.

"공손하되 예가 없으면 수고롭고, 신중하되 예가 없으면 두려워하고, 용맹하되 예가 없으면 날뛰고, 솔직하되 예가 없으면 숨 막히게 한다."[247]

공손하되 예가 없으면 절제가 안 되기 때문에 늘 머리를 굽실거리기만 할 것이며, 어떤 일을 신중히 처리할 때 예법에 부합되는 거라면 당당하게 할 수 있으나 그러한 심증이 없을 경우 우리는 두려워하게 된다. 또 용감하지만 예가 없으면 많은 사람과 갈등만 야기하고, 정직하지만 예로써 정제되지 않으면 상대방을 질색窒塞몹시 싫어하거나 꺼림하게 할

246. 『論語』, 雍也第六, "子曰, 君子博學於文, 約之以禮, 亦可以弗畔矣夫."
247. 『論語』, 泰伯第八, "恭而無禮則勞, 愼而無禮則葸, 勇而無禮則亂, 直而無禮則絞."

수 있다. 여기서 "용맹하되 '예'가 없으면 날뛰고, 솔직하되 '예'가 없으면 숨 막히게 한다勇而無禮則亂, 直而無禮則絞"라는 구절은 앞에서의 "솔직함을 좋아하되 '호학'하지 않으면 그 폐단은 숨 막히게 하는 것이며, 용맹을 좋아하되 '호학'하지 않으면 그 폐단은 날뛰게 된다好直不好學, 其蔽也絞. 好勇不好學, 其蔽也亂"라는 구절과 논리적 구조에서 결론 부분이 중복된다. 즉 전제前提에서 '호학好學' 대신 '예禮'로 글자가 바뀌고 결론에서 똑같이 '숨 막히다絞'와 '날뛰다亂'로 배열이 되어 있다. 따라서 '호학'과 '예'가 없는 경우 둘 다 그 부정적 성향은 같은 것으로 귀결된다. 바로 공자는 '예'를 '호학'의 본질적 대상으로 본 것이다.

국가적 차원에서의 예의 효용은 무엇인가? 공자에게 있어서 예는 통치수단으로서 또한 권장되었다. 통치사상은 덕치와 법치로 구분되기도 하는데, 예는 덕치와 불가분의 관계가 있다.

> "백성을 덕으로 인도하고, 예로 다스리고자 하면 백성이 부끄러움을 느끼고 따라올 것이다."[248]

> "윗사람이 예를 좋아하면 백성을 부리기 쉬워진다."[249]

'백성을 덕으로 인도하고, 예로 다스린다'라는 것은 덕을 바탕으로 하여 예로써 백성을 규제한다는 의미이다. 이럴 경우 백성은 스스로 도덕적으로 교화되어 통치자의 통치철학을 따라온다. 이것은 예가 통치수단으로 활용된 경우이다. 따라서 예를 존중하는 정치, 혹은 외재적 규범인 예에 의한 정치, 즉 예치는 내면에 염치와 같은 도덕성을 바탕으로 한다. 다음의 내용이 이것을 더욱 명료하게 말한다. 공자의 제

---

248. 『論語』, 爲政第二, "道之以德, 齊之以禮, 有恥且格."
249. 『論語』, 憲問第十四, "上好禮, 則民易使也."

자 중에 문학으로 이름난 자하가 시 한 수를 읊으며 공자에게 물었다.

자하가 물었다.

"귀여운 웃음과 아름다운 보조개며 아름다운 눈과 검은 눈동자와 흰자위여!"

"흰색으로 채색을 했나봅니다素以爲絢兮! 무슨 뜻입니까?"

공자께서 말씀하셨다.

"흰 종이 다음(위)에 그림을 그리는 것이니라."

자하가 말했다.

"예가 나중이라는 말입니까?"

공자께서 말씀하셨다.

"나를 일깨우는 것은 복상卜商자하의 본명이구나! 비로소 더불어 시를 말할 수 있겠구나!"[250]

자하는 시의 내용 중의 '검은 눈동자와 흰자위여!'라는 구절을 잘못 해석하여 흰색으로 채색하는 것이라고 했다. 이것을 공자는 흰자위 바탕에 있는 눈동자를 연계하여 '회사후소繪事後素', 즉 흰 종이를 바탕으로 한 다음 그림을 그리는 것이라고 정정했다. 그러자 자하는 예와 덕을 연계하여 공자에게 물었다. 즉 덕을 바탕으로 하여 예가 나오는 것이냐는 말이다. 공자는 자하가 시의 의미를 내면의 덕과 외면의 예의 관계로 응용하는 것을 보고 자하와 더불어 시를 논할 수 있게 되었다고 기뻐하고 있다. 이처럼 예는 내면에 인仁과 같은 덕성을 바탕으로 하여 외부로 표현되는 것이다. 그렇기 때문에 내면에 덕을 바탕으로 하지 않는 진정성이 없는 예는 참다운 예가 아닌 것이 된다.

250. 『論語』 八佾第三, "子夏問曰, 巧笑倩兮, 美目盼兮, 素以爲絢兮. 何謂也? 子曰, 繪事後素. 曰, 禮後乎? 子曰, 起予者商也! 始可與言詩已矣."

개인적 차원에서부터 국가적 차원에 이르기까지 예는 공자에게 있어서 주요한 실천 규범이 된다. 그렇다면 예는 무엇이 중요하며, 어느 정도까지 행사되어야 하는가? 노나라 사람인 임방林放이 이것에 대해 공자에게 물었다.

> 임방이 예의 근본에 대해 물었다.
>
> 공자께서 말씀하셨다.
>
> "크도다! 질문이여! 예는 그 사치하는 것보다 차라리 검소해야 하고, 상사喪事에는 그 형식을 차리는 것보다 차라리 슬퍼해야 한다."[251]

임방은 당시 사람들이 예라는 명분으로 번잡한 겉치레를 하는 것을 보고 스스로 이러한 것은 예의 본질에서 벗어난 것이 아닐까 하여 공자에게 물었다. 그러자 공자는 올바른 예의 모습을 알고자 하는 임방을 칭찬했다. 공자는 당시 사람들이 예법을 빙자하여 분에 넘치는 사치를 하고 형식에 치중함을 비판했다. 예의 본질은 검소하고 마음에서 우러나오는 것이 우선이라는 말이다.

예는 특히 교화 수단으로서의 악樂과 결합해 예악禮樂이라는 통합 영역을 형성한다. 예악을 교화 수단으로 삼게 된 것은 예와 음악이 서로 침투되고 상호보완적 역할을 하는 데서 나타나는 현상이다. 여기에 대해서는 앞의 '학문의 목적' 단원에서 다루었다.

251. 『論語』, 八佾第三, "林放問禮之本. 子曰, 大哉問. 禮, 與其奢也, 寧儉. 喪, 與其易也, 寧戚."

6절
공자는 어떠한 교육철학을 가지고 있었나?

누가 스승이 되는가?

공자는 천하를 돌아다닐 때 8개국을 목적지로 하여 대략 14번 방문길에 올랐는데, 그중 위나라를 가장 많이 왕래했다. 기록으로 보면 네 번 정도 방문한 것으로 추산이 되는데, 정확히 몇 번째 방문한 때인지는 알 수 없으나 어느 날 위나라 대부 공손조公孫朝가 자공에게 중니仲尼 공자의 字는 어디서 배웠는가를 물었다. 이때 자공이 말했다.

"문왕과 무왕의 도가 아직 땅에 떨어지지 않고 사람에게 있다. 현자는 그 큰 것을 기억하고 현명하지 못한 자는 그 작은 것을 기억한다. 문왕과 무왕의 도가 있지 않음이 없는데 공자께서 어디에서든 배우지 않으시며, 어느 일정한 스승이 있겠는가?"[252]

자공의 말은 공자가 일정한 스승이 없이 자기 스스로 공부했으며, 자신의 부족한 것을 채울 수 있는 사람이면 누구든지 스승으로 모시

252. 『論語』, 子張第十九, "文武之道, 未墜於地, 在人. 賢者識其大者, 不賢者識其小者, 莫不有文武之道焉. 夫子焉不學? 而亦何常師之有?"

고자 했다는 뜻이다. 그리고 공자 스스로도 말하길 "세 사람이 가는 경우에 반드시 나의 스승이 있다. 그 선한 것을 가리어 따르겠다"[253]라고 말한 바 있다. 공자는 우리 주변의 사람들이 장점과 단점을 두루 갖고 있으며, 장점 중에는 내가 배울 수 있는 부분이 있기 때문에, 그럴 경우 때와 장소를 불문하고 배움의 자세를 가져야 된다고 하고 있다. 이처럼 공자는 일정한 스승 없이 스스로 정진을 하면서 자기 주위에 있는 사람들을 보고 늘 공부하기를 마다하지 않는 사람이었다.

그렇다면 공자가 생각한 보편적인 스승의 모습은 무엇일까? 이것을 논의하기 전에 먼저 공자가 생각한 인류의 문화에 대한 관점을 이해할 필요가 있다. 노나라를 떠나서 위나라로 간 공자가 다음 목적지로 삼은 대상은 진나라였다. 공자는 진나라로 가는 도중에 공자를 양호로 착각한 광 땅의 주민들에게 구금을 당한다. 그 이유는 전에 양호가 광 땅을 침입하여 광 땅을 유린한 적이 있었기 때문이다. 이때 공자는 "하늘이 이 문화를 없애고자 하지 않는다면, 광 땅의 사람들이 나를 어찌하겠는가?"[254]라고 했다. 여기서 '이 문화'는 당시 천자의 나라인 주나라의 문화를 말한다. 공자는 주나라의 문화를 후대에 전승할 가치가 있는 것으로 보고, 또 자신을 선대의 문화를 후대로 전승할 의무가 있는 자로 인식했다. 이 정도의 내용만으로 해석한다면 공자를 가리켜 기존의 문화를 고수하고 전달하는 데 가치를 두는 전통적 보수주의자로 날을 세우며 비판하기가 쉽다. 주지하다시피 공자가 흠모한 주나라의 문화는 주공에 의해서 주도적으로 안정을 찾게 되었다. 그렇다면 그 뿌리는 어디에 있는가? 공자의 말을 들어보자.

"은나라는 하나라의 예를 인습因習전하여 내려온 것을 배움하여 덜어내거나

253. 『論語』, 述而第七, "三人行, 必有我師焉. 擇其善者而從之."
254. 『論語』, 子罕第九, "天之未喪斯文也, 匡人其如予何?"

보탠 것을 알 수 있으며, 주나라는 은나라의 예를 인습하여 덜어내거나 보탠 것을 알 수 있다. 혹시 주나라의 뒤를 잇는 자가 있으면 비록 백세 뒤라도 알 수 있을 것이다."[255]

전반부는 하나라의 예가 은나라에서 가감되어 남아 있고, 은나라의 예가 주나라에서 가감되어 남아 있다는 의미이다. 후반부는 두 가지로 해석이 가능하다. 하나는 과거 문화의 모습을 다음 세대의 문화에서 추론이 가능하다는 것이고, 다른 하나는 과거로부터 이어진 문화는 현재 이후의 문화가 나가야 할 방향을 예측하게 할 수 있다는 것이다. 공자의 말은 어느 쪽일까? 후자일 가능성이 높다. 만약 현재의 문화로 과거를 추론하는 것이라면 전승하는 문헌 등으로도 알 수 있기 때문에 굳이 이런 말이 필요하지가 않다. 다음을 보면 더욱 분명해진다.

"옛것으로 미루어 새것미래을 안다면 스승이 될 수 있다."[256]

공자는 스승이 될 수 있는 자격을 옛것으로 미루어 미래의 방향을 설정하고 예측하는 사람이라고 보았다. 공자는 단순히 과거 문화의 모습을 추론하는 것은 큰 의의가 없다고 보는 입장이다. 따라서 공자가 주나라 문화를 흠모하고 자신이 그 문화의 전달자로 자처하고자 한 것은 주나라 문화가 과거의 문화가 가감되어 그런대로 정립되어 있다는 사실에 머무르는 것만이 아니라, 미래 세대의 방향을 설정해주는 귀중한 자료가 된다고 판단했기 때문이다. 이런 맥락에서 주나라의 뒤를

255. 『論語』, 爲政第二, "殷因於夏禮, 所損益, 可知也 周因於殷禮, 所損益, 可知也. 其或繼周者, 雖百世可知也."

256. 『論語』, 爲政第二, "溫故而知新, 可以爲師矣."

잇는 자나라는 백세 뒤라도 어떤 모습인가를 알 수 있다고 했다.

그렇기 때문에 공자가 생각한 스승의 모습은 단순히 과거의 문화에 대해 해박한 지식을 소유한 자가 아니다. 진정한 스승은 과거로부터 현재에 이르는 문화를 두루 섭렵하고 분석하여 미래의 이상적인 방향을 알 수 있는 자가 인류의 스승이 될 자격이 있다고 보았다. 분명 공자는 과거의 것을 고수하여 전달하는 것을 가치 있다고 목소리 높여 말하는 보수가 아니다. 주나라의 문화가 은나라의 문화를 가감하여 정립되었듯이 우리의 미래도 과거와 오늘의 문화를 가감하여 정립되어야 할 대상으로 보는 진보주의자이다. 또 그러한 것을 예측할 수 있어야 스승이 될 자격이 있다고 본 것이다.

다음으로, 스승은 어떠한 자가 질문을 해도 성심껏 자초지종이나 원리를 얘기해줄 수 있는 사람이어야 한다. 공자가 자신의 평소 교육관을 말했다.

> 공자께서 말씀하셨다.
>
> "내가 아는 것이 있는가? 아는 게 없다. 그러나 비루鄙陋천하고 너절함한 자가 나에게 물어오면 그가 어리석더라도 나는 그 양단兩端처음과 끝을 두드려 할 수 있는 바를 다했다."[257]

공자는 일단 스스로 낮추어 자신은 아는 것이 없다고 했다. 그렇지만 아무리 신분이 천한 자가 어리석은 질문을 해도 양단兩端을 두드려 가며 설명했다는 말이다. 여기서 '두드린다叩'는 말은 답을 바로 얘기해 준다는 의미가 아니라 이치답를 알 수 있도록 힌트를 주면서 고무함을 말한다. 공자는 아무리 어리석은 자라도 귀찮아하며 가볍게 답만 말해

257. 『論語』, 子罕第九, "子曰, 吾有知乎哉? 無知也. 有鄙夫問於我, 空空如也, 我叩其兩端而竭焉."

주는 것이 아니라 인내심을 갖고 그 질문하는 바의 처음과 끝, 상하 관계를 이해하도록 자극과 격려를 했다. 비록 공자가 자신의 평소 교육관을 말한 것이지만 우린 여기서 스승의 모습이 어떠해야 되는가를 공자를 통해 그려낼 수가 있다.

스승은 무엇을 제자들에게 가르치는가? 이것도 공자의 제자들이 공자의 교육을 회상할 때 제시되었다. 안회안연의 말이다.

> 안회가 한숨을 쉬며 탄식하여 말했다.
>
> "우러러보면 더욱 높고, 파 들어가면 더욱 견고하고, 바라보면 앞에 있는 듯하다가 홀연 뒤에 계시는구나. 선생님께서는 순순히 사람을 잘 이끌어주셨으니, 학문으로 나를 넓혀주시고博我以文, 예로 제약해주셨다約我以禮."[258]

앞부분은 어떤 때는 앞에서 이끌고 어떤 때는 뒤에서 제자를 지켜보는 스승으로서의 공자의 모습이다. 뒷부분인 '박아이문博我以文'과 '약아이례約我以禮'는 공자의 교육을 요약하여 표현하는 '박문약례博文約禮'를 안회 자신에게 적용하여 말한 것이다. '박문博文'은 인지적 영역으로서 사물의 이치를 널리 탐구하는 것을 말하며, '약례約禮'는 도덕적 영역으로서 자신의 사욕을 극복하고 예를 회복한다는 의미로 보면 무난할 것 같다. 스승으로서의 공자는 이와 같이 지식과 덕성을 조화롭게 아우르는 교육을 했다.

258. 『論語』, 子罕第九, "顔淵喟然歎曰, 仰之彌高, 鑽之彌堅. 瞻之在前, 忽焉在後. 夫子循循然善誘人, 博我以文, 約我以禮."

공자는 보통교육의 일반화에 기여했다. 보통교육이란 모든 사람들에게 공통적으로 실시하는 기초적인 교육을 말한다. 공자는 인류 최초로 사학私學을 설립하여 보통교육을 일반화시킨 인물이라고 평가될 수 있다. 공자가 본격적으로 학생들을 가르친 것은 청년 시절 주나라 서울인 낙읍에 가서 문물을 견학하고 온 뒤로 추정된다. 당시의 교육은 나라에서 설립한 관학官學이 일반적 교육기관이었다. 관학 교육은 정부에서 설치한 학교교육을 가리키며 거기엔 국학과 향학의 구분이 있었다. 국학은 주나라와 각 제후국의 수도에 설치되었고 향학은 지방에 설치되었는데, 교육을 받는 학생들은 주로 귀족의 자녀들인 것으로 전해진다.

공자는 전국 각지에서 몰려오는 사람들을 신분의 차별 없이 제자로 받아들였다. 공자는 이와 관련하여 "스스로 속수束脩 이상의 예물을 가져온 이에게 나는 가르쳐주지 않은 적이 없었다"[259]라고 말한 바 있다. '속수'는 10마리의 포鮑를 의미하는데, 이로 보면 공자는 최소한의 예물을 받고 교육을 널리 개방한 것으로 추측된다.

공자의 교육철학으로 평등주의적 교육관이 있다. 『논어』에는 '유교무류有教無類'라는 표현이 있다. 송대宋代의 주희는 '유類'를 '사람들에게 선악이 서로 다르게 있는 모습'으로 해석하나, 다산은 백관, 만민 등과 같은 신분으로서의 의미와 구주九州중국을 의미, 사이四夷사방의 이민족와 같은 여러 지역에 사는 인종으로서의 의미 두 가지로 해석한다. 주희에 의하면 인성의 선악 여부에 관계없이 교육한다는 의미이고, 다산에 의하면 신분, 인종을 구분하지 않고 (평등하게) 교육한다는 의미이다. 다산

259. 『論語』, 述而第七, "自行束脩以上, 吾未嘗無誨焉."

에 따르면 우리가 사용하는 '유類'는 구분되는 무리를 지칭한다. 따라서 다산은 "한방 안에도 구별되기 어려운 류하혜柳下惠와 도척盜跖[260] 같은 인물이 있고, 한 사람의 몸 안에도 거짓과 정직이 수시로 변하는데 어찌 선악으로 무리를 두 개로 구별할 수 있는가?"라며 주희의 주장을 반박한다. 다산의 주장을 따를 경우 공자는 신분에 따른 교육을 지양했다는 점에서 진보적 평등주의자라고 평가될 수 있다.

다산의 주장이 옳다고 본다. 주희의 주장처럼 인성의 선악 여부에 관계없이 교육을 한다는 것으로 해석하게 되면, 이것은 개인의 자질에 따른 개별교육을 지향한 공자의 평소 교육관과 배치되어 찬성하기 어렵다. 사실 공자의 교육사상이 평등을 지향했는가에 관한 판단은 종합적으로 검토되어야 하나 유감스럽게도 그와 관련된 내용이 들어 있는 공자의 언급은 이 한 구절이다. 여하튼 다소 해석상의 차이는 있지만 공자의 '유교무류有教無類'는 일반적으로 평등을 지향하는 공자의 사상으로 이해되고 있다.

다만 혹자는 유교무류의 해석을 "교육을 하되, 그 대상에는 차등이 없다"라고 하기도 한다. 이러한 해석도 교육의 대상이 되는 학문의 영역에서 정통과 이단을 구별하지 않고 모두 수용하는 것이라고 보는 점에서 역시 진보적인 공자의 교육관을 말해주고 있다.

공자의 교수-학습 모형은 상당 부분 대화법으로 구성되어 있다. 1절에서 살펴본 바와 같이 『논어』의 내용은 크게 세 가지 유형의 문장으로 구성되어 있다. 하나는 공자가 당시 사람들과 제자들에게 응답한 말, 다른 하나는 제자들이 서로 주고받은 말이며, 마지막으로는 공자가 말한 것을 제자들이 직접 들은 내용에 관한 것이다. 서양에서는 공자보다 대략 80여 년 후에 태어난 고대 그리스의 소크라테스가 대화법

260. 류하혜의 동생으로 악한 도적으로 알려져 있다.

을 사용했다. 공자와 소크라테스의 대화법은 두 가지 점에서 서로 다르다. 소크라테스의 대화법은 소크라테스가 주체가 되어 집요하게 질문을 던지는 형식이나, 공자의 대화법은 일정한 주체가 없다. 공자와 제자가 상황에 따라 서로 질문자가 되는 구조이다. 또 하나는, 소크라테스는 물고 늘어지는 집요한 질문으로 상대방이 스스로 진리를 깨닫게 하는 이른바 산파술産婆術을 구사한다. 그러나 공자는 토론을 하다가 끝에 가서는 결국 자신의 생각을 은미隱微겉으로 드러나지 않음하게 제시하는 경우가 많다. 그렇다면 공자가 제자들의 교육에서 구체적으로 사용한 교육방법은 무엇이었을까?

첫째, 공자는 사람의 능력, 자질에 따라 개별교육을 실시했다. 사람의 능력, 자질에 따른 개별교육은 현대의 교수-학습 방법에서도 일제교육을 보완할 수 있는 매우 중요시되는 교수-학습 방법이다. 공자는 사람의 학습 재능은 다음과 같이 등급이 있음을 말한다.

> "태어나면서 아는 자生而知之는 위에 있는 것이고, 배워서 아는 자學而知之는 그다음이며, 막혔다가 배우는 자는 또 그다음이며, 막혔는데도 배우지 않는 자를 백성은 저 아래라고 한다."[261]

'태어나면서 아는 자生而知之'는 하늘로부터 그 재능을 부여받았으니, 우리가 인품으로 말하면 성인이고 재능으로 말하면 천재로 불리는 자들이다. 이와 같이 천재부터 아래까지 공자는 재능에 따라 인간을 4개의 등급으로 분류했다. 평소 공자는 자신을 평가하기를, "나는 태어나면서부터 아는 자가 아니다. 옛것을 좋아하고 민첩하게 구하는 자이다"[262]라고 겸손한 말을 했다. 그러나 후학後學인 정자程子는 공자를 '태

261. 『論語』, 季氏第十六, "生而知之者, 上也. 學而知之者, 次也. 困而學之, 又其次也. 困而不學, 民斯爲下矣."

어나면서 아는 분生而知之'으로 평가하기를 주저하지 않았다. 즉, 공자를 성인으로 보았다. 공자는 사람이 가진 재능의 개인차에 따라 교육해야 함을 말한다.

"중인 이상은 상급을 말할 수 있으나, 중인 이하는 상급을 말할 수 없다."[263]

이와 같이 공자는 사람의 재능에 따라 난이도를 맞추어 맞춤식 개별교육을 실시할 필요성을 말한다. 공자가 개별교육을 실시한 사례를 자로와 염구에게서 살펴보자. 자로와 염구는 안회, 자공 등과 더불어 공자를 모시고 천하를 주유했던 제자들이었다. 둘 다 정사政事에 밝다고 공자가 평가한 인물들이다. 어느 날 자로가 공자에게 물었다.

"듣는 즉시 행하여야 됩니까?"

공자께서 말씀하셨다.

"부모와 형제가 있는데 어떻게 듣는 즉시 행할 수 있겠는가?"

그러자 염구가 똑같은 질문을 했다.

"듣는 즉시 행하라."

이때 제자 중 하나인 공서화가 같은 질문에 서로 다른 답을 하는 까닭을 묻자 공자께서 말씀하셨다.

"염구는 머뭇거리니까 나아가게 한 것이요. 자로는 다른 사람보다 앞서니까 물러나게 한 것이다."[264]

---

262. 『論語』, 述而第七, "子曰, 我非生而知之者, 好古, 敏以求之者也."
263. 『論語』, 雍也第六, "中人以上, 可以語上也. 中人以下, 不可以語上也."
264. 『論語』, 先進第十一, "子路問 聞斯行諸? 子曰, 有父兄在, 如之何其聞斯行之? 冉有問 聞斯行諸? 子曰, 聞斯行之. 公西華曰, 由也問聞斯行諸, 子曰, 有父兄在 求也問聞斯行諸 子曰, 聞斯行之. 赤也惑, 敢問. 子曰, 求也退, 故進之 由也兼人, 故退之."

이처럼 공자는 제자들의 성품에 맞추어 적합한 교육을 실시했다. 공자가 제자들을 상대로 개별교육을 실시한 사례는 이 외에도 『논어』에 많이 나와 있다.

둘째, 공자는 학생들이 공부할 때 학습자의 학습욕구, 즉 자발성을 강조했다. 다음의 말을 살펴보자.

> "분발하지 않으면 열어주지 않고, 하고 싶은 마음이 없으면 발동하게 하지 않는다. 한쪽 모퉁이를 드는데, 세 모퉁이로 반응하지 않으면 반복하지 않는다."[265]

공자는 배우려는 사람이 그 감정과 마음에서 배우고자 하는 욕구가 분출할 때 가르침을 주려 했다. 이러한 방법을 마치 상床의 한 모퉁이를 들면 나머지 세 모퉁이가 자연스럽게 들리는 형상에 비유하여 설명하고 있다. 흔히 학습자의 자발성을 강조하는 학습자 중심의 교육관은 19세기 말에 서양에서 대두된 진보주의적 교육관의 핵심 교육철학이기도 하다. 공자는 일찍이 2500여 년 전에 이러한 진보적 교육관을 실천한 인물이었다.

학습자의 학습욕구를 중요시하는 공자는 학습자의 게으름과 자신감의 결여를 적극 경계했다. 공자의 제자 중에 재아宰我[266]라는 자가 있었다. 재아는 언변에는 능했지만 게으르고 성실치 못한 제자였다. 평소 낮잠을 자주 자는 재아를 보다 못해 공자는 이렇게 말한다.

> "썩은 나무는 조각을 할 수 없으며, 똥으로 만든 담장은 흙손질을

265. 『論語』, 述而第七, "不憤不啓, 不悱不發. 擧一隅, 不以三隅反, 則不復也."
266. 성명은 재여(宰予)이고, 자(字)가 재아(宰我)이다

할 수 없다."[267]

자신의 제자를 썩은 나무와 똥으로 비유한 것을 보면 제자의 나태한 모습에 격앙된 공자의 인간적 모습을 상상할 수가 있다. 본래 재아는 공자에게 그리 탐탁하지 않은 제자였던 것 같다. 다음과 같은 대화에서 유추할 수가 있다.

재아가 물었다.

"삼년상의 기간이 너무 깁니다. 군자가 삼 년 동안 예禮를 행하지 아니하면 예禮가 반드시 무너지고, 삼 년 동안 음악을 연주하지 아니하면 음악도 반드시 황폐하게 될 것입니다. 묵은 곡식이 떨어지면 새 곡식이 싹터 오르고, 불씨 지피는 나뭇가지도 사시에 맞춰 바뀌는 것이 일 년입니다."

공자께서 말씀하셨다.

"쌀밥을 먹으며 비단옷을 입는 것이 네 마음에 편하겠느냐?"

재아가 냉큼 대답한다.

"편합니다."

공자가 말한다.

"네가 편하다면 그렇게 해라! 대체로 군자가 상喪을 당했을 때에 맛있는 음식을 먹어도 달지 않고, 음악을 들어도 즐겁지 않으며, 거처함에 편안하지 않기 때문에 하지 않는 것이다. 이제 네가 편하다면 그렇게 하거라!"

공자의 이 말을 듣고 재아 역시 감정 섞인 스승의 말에 기분이 상했는지 횡하니 나가버렸다. 그러자 공자는 한탄을 한다.

---

267. 『論語』, 公冶長第五, "朽木不可雕也, 糞土之牆不可杇也."

"재아의 어질지 못함이 저렇구나! 자식은 태어난 지 삼 년 후에야 부모의 품에서 벗어나는 것이므로, 무릇 삼년상은 천하의 통용되는 상례이다."[268]

재아는 예악이 붕괴될 것을 우려하여 삼년상을 단축해야 한다는 구실을 내세웠지만 사실은 내적으로 추모하는 마음 자체가 없었기 때문에 그런 주장을 했다는 것이 공자의 판단이었다. 공자는 재아와의 대화에서 삼년상의 유래를 말하고 있다. 즉 우리가 제대로 걸을 수 있기까지 부모의 품에 있는 기간이 보통 삼 년이므로 부모의 절대적 도움을 받았던 삼 년을 부모에게 갚는다는 의미라는 것이다.

사실 공자가 재아와 나눈 대화의 분위기는 다른 제자와 달라도 너무나 다르다. 재아는 공자 앞에서 나태한 행동을 서슴지 않았고 공자의 훈계에 반항하는 모습을 보이는가 하면, 공자 역시 더 이상 훈계할 가치가 없다는 어투로 재아에게 싸늘하게 말을 해버린다. 이런 일도 있었다. 공자가 주유천하를 마치고 노나라로 돌아왔을 때 노나라 군주는 애공이었다. 애공은 공자 제자들이 모두 박식하다고 생각했던 모양이다. 하필 고른 것이 재아였다.

애공이 재아에게 사직에 대해 물었다.

재아가 대답하여 말했다.

"하후씨夏后氏하나라 사람는 소나무를 심었고, 은나라 사람들은 잣나무를 심었습니다. 주나라 사람들은 밤나무를 심었는데, 백성으로 하여금 두려워 벌벌 떨게 하려고 한 것입니다."

---

268. 『論語』, 陽貨第十七, "宰我問 三年之喪, 期已久矣. 君子三年不爲禮, 禮必壞 三年不爲樂, 樂必崩. 舊穀旣沒, 新穀旣升, 鑽燧改火, 期可已矣. 子曰, 食夫稻, 衣夫錦, 於女安乎? 曰, 安. 女安則爲之! 夫君子之居喪, 食旨不甘, 聞樂不樂, 居處不安, 故不爲也. 今女安, 則爲之! 宰我出. 子曰, 予之不仁也! 子生三年, 然後免於父母之懷. 夫三年之喪, 天下之通喪也."

공자께서 그것을 전해 듣고 말씀하셨다.

"이미 마무리된 일이라 말하지 않고, 다 끝나가는 일이라 비판하지 않고, 이미 지나간 일이라 탓하지 않겠다."[269]

사직社稷은 토지의 신과 곡식의 신, 혹은 그들에게 제사를 지내는 사당을 말한다. 애공이 사직에 대해 묻자 재아는 사직에 심는 나무로 그 차이점을 설명하려고 했다. 그런데 마지막 말이 화근이었다. 주나라에서 사직에 밤나무栗를 심은 것은 백성을 벌벌 떨게 하려고 했다는 것이다. 본래 '栗율'은 '밤나무'라는 뜻도 있고, '떨다'는 뜻도 있다. 재아는 '떨다'의 의미에 착안하여 그리 말했다. 그러나 각 나라별로 나무를 달리 심은 이유는 토질에 맞는 나무를 택했을 뿐이지 다른 의도가 있는 것이 아니었다. 재아의 대답은 가히 창작 수준이라 할 수 있다. 이 말을 듣고 공자는 너무 어이가 없어서 재아를 불러서 바로잡는 것조차 포기하고 지난 일이니 아예 말을 안 하겠다고 했다. 재아의 행동은 공자에게 많은 마음의 상처를 준 것 같다. 이렇게 서로 불편한 관계에 있는 스승과 제자인데도, 재아는 공자가 13년 동안 천하를 주유할 때 수행한 몇 안 되는 제자 중의 하나였다. 자발성의 강조는 자신감의 결여를 경계한다. 공자의 제자 중 안회는 덕행이 뛰어났으나 아쉽게도 공자가 58세에 주유천하를 마치고 노나라로 돌아와 『춘추』를 지을 무렵에 나이 40을 갓 넘겨 사망했다. 어느 날 공자가 안회를 칭찬하며 말했다.

"현명하구나, 안회여! 한 그릇의 밥과 한 바가지의 물을 먹으면서 누추한 거리에 살고 있구나! 사람들은 그 근심을 감내하지 못하지만 안회는 그렇게 사는 즐거움을 바꾸지 않는구나! 현명하도다, 안회여!

---

269. 『論語』, 八佾第三, "哀公問社於宰我, 宰我對曰, 夏后氏以松, 殷人以栢, 周人以栗, 曰, 使民戰栗. 子聞之曰, 成事不說, 遂事不諫, 既往不咎."

이때 옆에 있던 제자 염구冉求가 말했다.

"스승님의 도를 늘 기뻐하지 않음이 없었습니다만 힘이 부족합니다."

그러자 공자께서 말씀하셨다.

"힘이 부족한 자는 중도에서 그만두고 만다. 너는 스스로 한계를 긋고 있구나!"[270]

공자가 안회를 칭찬하자 평소 안회보다 재능이 뒤떨어진다고 생각한 염구는 겸손하게 자신은 힘이 부족하여 공자의 도를 제대로 따르지 못한다고 말하고 있다. 그러자 공자는 염구가 자신의 능력이 부족하다고 스스로 생각하는 그것이 문제이고, 이렇게 스스로 설정한 자신감 없는 모습을 극복해야 함을 말하고 있다. 후일 염구는 노나라의 실세인 계씨의 가신이 된 뒤에 제齊나라와의 전쟁에서 큰 공을 세운다. 그리하여 당시 고인이 된 대부 계환자의 아들 계강자에게 부탁하여 천하를 주유하면서 노쇠해진 공자를 불러들이도록 하는 데 큰 기여를 한다. 공자가 노나라로 돌아오는 데 제자로서 제대로 힘을 쓴 염구이지만 덕에 근거하는 인정仁政에는 역시 스스로 정한 한계가 있었다. 염구는 계씨의 가신이 된 뒤에 전쟁에서는 큰 공을 세웠으나 계씨를 바로잡는 능력은 제대로 발휘하지 못한다. 아니 오히려 계씨를 도와 백성으로부터 가렴주구苛斂誅求세금을 가혹하게 거두어들여 백성의 재물을 빼앗는 일하는 데 앞장을 서게 된다. 그러자 공자는 염구를 성토했다.

"나의 제자가 아니다. 애들아! 북을 두드리며 그 녀석을 쳐야만 할

270.『論語』, 雍也第六, "子曰, 賢哉, 回也! 一簞食, 一瓢飮, 在陋巷. 人不堪其憂, 回也不改其樂. 賢哉, 回也! 冉求曰, 非不說子之道, 力不足也. 子曰,力不足者, 中道而廢. 今女畫."

것 같다."[271]

비록 공자가 천하를 주유할 때 고락을 함께한 제자이며, 공자가 노나라로 돌아오는 데 결정적인 역할을 한 제자였지만 그런 염구를 공자는 제자가 아니라고 내치며 애통해했다.

셋째, 공자는 학습에서 성찰적 자세와 반성적 사고를 강조했다. 공자는 군자와 소인을 구별하는 기준으로 '구제기求諸己'를 들고 있다. 구제기는 직역하면 '나에게서 구한다'의 의미이다. 따라서 구제기는 어떤 일의 원인을 일단 자기에게서 찾는 성찰적 자세를 의미한다. 구제기는 공자가 중요시한 덕목인 인仁을 형성하는 방법론이기도 하다.

"하루라도 자신을 극복하고 예로 돌아가면克己復禮 천하가 인仁으로 돌아온다. 인을 실천하는 것은 자기로부터 비롯되는 것이지 다른 사람으로부터 비롯되겠는가?"[272]

'자신을 극복한다'는 말은 자신의 사욕을 극복한다는 의미인데, 이러함으로써 공자는 인을 형성할 수 있다고 했다. 그리고 공자는 '인을 실천하는가?', '그렇지 못한가?'는 자신에게 달려 있지 다른 사람에게 달려 있는 것이 아니라고 보았다. 요약하면 인을 실천하기 위해서는 사욕을 극복해야 하고, 사욕의 극복은 자신을 되돌아보는 성찰적 사고로 가능하다는 것이다. 이와 같이 구제기는 자신을 뒤돌아보며 인을 실천하고자 하는 성찰적 수양론이다. 또한 공자는 반성적 사고를 강조했다. 『논어』「이인」편에는 "현명한 사람을 보면 같아지기를 생각하고 현명하지 못한 사람을 보면 내 안에서 (그럴 수 있음을) 스스로 반성하

271. 『論語』, 先進第十一, "非吾徒也. 小子鳴鼓而攻之, 可也."
272. 『論語』, 顏淵第十二, "一日克己復禮, 天下歸仁焉. 爲仁由己, 而由人乎哉?"

라"[273]라는 표현이 있다. 공자 제자인 증자는 이런 공자의 생각을 더욱 구체적으로 표현하여 "나는 매일 세 번 반성한다"[274]라고 했다. 증자의 표현은 다소 각박한 느낌을 주는데, 여하튼 공자에게 성찰적 자세와 반성적 사고는 인품의 수양과 학습 방법에 있어서 주요한 방법이었음을 알 수 있다.

자식은 바꾸어 가르친다!

공자는 68세에 주유천하를 마치고 노나라로 귀국했지만 벼슬을 하지 않고 제자 양성에 전념했다. 이때 공자를 따르는 제자는 모두 3,000명에 이르렀고 육예六藝에 능통한 자가 72명이었다고 한다. 이렇게 많은 제자를 거느리며 가르친 공자는 자식을 어떻게 가르쳤을까? 공자의 아들은 공리孔鯉이며 공리의 자字는 백어伯魚이다. 공자에게는 딸도 있었다. 『논어』「공야장」편에는 공자가 제자 공야장에게 자기 딸을 처로 삼게 했다는 기록이 있다. 그러나 그 외의 자세한 인적 사항은 전해지지 않는다. 어느 날 공자의 제자인 진항陳亢[275]이란 자가 공리에게 물었다.

> "당신은 특별히 아버님에게서 가르침을 들은 바 있습니까?"
>
> 공리가 대답했다.
>
> "아닙니다. 일찍이 부친께서 홀로 서 계실 때 제가 종종걸음으로 뜰을 지나가는데, '시를 배웠느냐?'라고 물으시기에 '아직 배우지 못했습니다'라고 말씀드렸습니다. '시를 배우지 않으면 말을 할 수 없다'

273. 『論語』, 里仁第四, "見賢思齊焉, 見不賢而內自省也."
274. 『論語』, 學而第一, "吾日三省吾身."
275. 자(字)는 자금(子禽)이다. 공자의 제자로 알려져 있으나 자공의 제자라는 주장도 있다.

[그림 6] 공자성적도-공자와 공리의 대화

> 라고 하시므로 저는 물러나와 시를 배웠습니다. 후일에 또 혼자 계실 때 종종걸음으로 뜰을 지나가는데, '예를 배웠느냐?'라고 물으시기에 '아직 배우지 못했습니다'라고 말씀드렸습니다. '예를 배우지 아니하면 바로 서지 못한다'라고 하시므로 저는 물러나와 예를 배웠습니다."[276]

진항은 공자가 아들인 공리에게 제자와는 다르게 뭔가 특별한 것을 가르쳤는지를 묻고 있다. 그러나 공리는 전에 공자와 자신과의 대화를 인용하여 자신은 공자에게 사적으로 교육받은 바가 없다고 말한 것이다.

공리는 공자에게 직접 교육을 받지 않았다. 왜 공자는 직접 자식을 가르치지 않았을까? 여기에 대해 대략 공자로부터 180여 년 후에 맹자가 그 이유를 설명하고 있다. 어느 날 맹자의 제자 공손추가 맹자에게 물었다.

276. 『論語』, 季氏第十六, "陳亢問於伯魚曰, 子亦有異聞乎? 對曰, 未也. 嘗獨立, 鯉趨而過庭. 曰, 學詩乎? 對曰, 未也. 不學詩, 無以言. 鯉退而學詩. 他日又獨立, 鯉趨而過庭. 曰, 學禮乎? 對曰, 未也. 不學禮, 無以立. 鯉退而學禮."

"군자가 자식을 직접 가르치지 않는 것은 무엇 때문입니까?"

맹자가 말했다.

"형세가 그렇게 되지 않는 것이다. 가르침은 반드시 올바른 방법으로 해야 하는데, 아들이 그 올바른 것으로 행하지 못하게 되면, 그것에 이어 성을 내게 된다. 성내는 것으로 하게 되면 도리어 (부자간의 정을) 해치게 되는 것이다. 자식이 만일 '아버지가 나에게 올바른 것을 가르치려고 하나 아버지가 화내는 것은 올바른 방법이 아니다'라고 하게 된다면, 그것은 곧 아버지와 자식의 관계를 서로 해치게 된다. 아버지와 자식의 관계가 서로 해치게 된다면 이것은 잘못된 것이다. 옛날엔 자식을 바꾸어서 가르쳤다."[277]

부모와 자식 간은 남다른 정이 있기 때문에 자식이 가르친 것을 제대로 이해하지 못하거나 행동하지 못하면 부모는 그 감정을 통제하기 힘들다. 그래서 부모가 자식을 교육하다 보면 자연스레 흥분하여 화를 내는데, 이것은 교육의 효과를 저해할 뿐만 아니라 부모와 자식 간의 관계를 해치는 요소가 될 수 있다. 사실 자식을 길러본 사람이면 공자가 왜 자식을 직접 교육을 시키지 않았는지 단박에 이해될 것이다. 그리고 그 이유를 말한 맹자의 말에 저절로 고개를 끄떡이게도 될 것이고…….

여하튼 숱한 제자를 길러낸 공자이지만, 공자 자신도 자식을 직접 가르치는 것을 경계했다. 자식을 교육하는 데 있어서 평정심을 유지하기가 그만큼 어렵다는 이야기이다.

---

277. 『孟子』, 離婁章句上, "公孫丑曰, 君子之不教子, 何也? 孟子曰, 勢不行也. 教者必以正 以正不行, 繼之以怒. 繼之以怒, 則反夷矣. 夫子教我以正, 夫子未出於正也. 則是父子相夷也. 父子相夷, 則惡矣. 古者易子而教之."

7절
지극한 덕, 중용, 근본인 덕, 인

중용의 덕 됨이 지극하다

『논어』에는 "도에 뜻을 두고 덕에 근거하며 인에 의존한다"[278]라는 표현이 있다. 여기서 덕德을 주희는 "덕은 얻는다는 뜻이다. 도를 마음에 얻어 잃지 않는 것이다"라고 풀이한다. 즉, 주희는 도가 우리 마음속에서 함양되어 품성이 된 것을 덕이라고 한다. 다산茶山은 마음이 바르고 곧은 것을 덕이라고 풀이한다. 덕 있는 자가 존중받아야 한다. 그러나 현실은 그렇지 않을 수 있다.

> 공자께서 말씀하셨다.
> "나는 덕을 좋아하기를 여자 좋아하듯이 하는 자를 보지 못했다."[279]

덕을 좋아하기는 어렵다. 자신의 욕심을 자제해야 하고, 정의를 수호해야 하고, 예를 갖추어야 한다. 이러다 보니 내가 상처를 입기 십상이

278. 『論語』, 述而第七, "志於道, 據於德, 依於仁."
279. 『論語』, 子罕第九, "子曰, 吾未見好德如好色者也."

고, 당장 손해가 날 수도 있다. 그러므로 여자 좋아하듯이 덕을 좋아하는 자는 드물 수밖에 없다. 그렇지만 덕 있는 자는 외롭지 않다.

"덕은 외롭지 않다. 반드시 이웃이 있다."[280]

공자는 주유천하 중에 새나 짐승은 그들끼리, 사람은 사람끼리 서로 어울려 살아야 한다고 말한 적이 있다. 마찬가지로 같은 사람도 비슷한 성향을 가진 사람들이 서로 어울리는 법이다. 그러므로 덕 있는 자는 일시적으로 외로울 수 있겠지만, 언젠가는 그를 알아주는 사람이 있을 것이므로 혼자라는 생각을 하지 말고 더욱 힘차게 정진해야 한다는 말이다.

공자는 덕에 관해 하나의 예시를 한 바가 있다. 『논어』「옹야」편에서 공자는 "중용中庸의 덕 됨이 지극하도다"[281]라고 했다. 주희는 중용의 의미를 과하거나 모자람이 없는 상태라고 정의했다. 그렇다면 과하거나 모자란 것은 어느 것이 더 나은 것인가?

자공이 전손사와 복상 중에 누가 더 현명한지 물었다. 그러자 공자께서 말씀하셨다.

"전손사는 과하고 복상은 미치지 못한다."

"그렇다면 전손사가 더 나은 것입니까?"

공자께서 말씀하셨다.

"지나침은 미치지 못함과 같다過猶不及."[282]

---

280. 『論語』, 里仁第四, "德不孤, 必有鄰."
281. 『論語』, 雍也第六, "中庸之爲德也, 其至矣乎!"
282. 『論語』, 先進第十一, "子貢問, 師與商也孰賢? 子曰, 師也過, 商也不及. 曰, 然則師愈與? 子曰, 過猶不及."

전손사는 자字가 자장子張이다. 복상은 자字가 자하子夏이다. 자장은 본래 재주가 있고 의욕도 많아서 구차하거나 어려운 일을 즐겨했다. 그러나 겉으로 드러나기를 좋아하여 인仁과 같은 덕은 부족하다고 평가된다. 자하는 앞에서 소개한 바와 같이 공자 제자 중에 문학으로 이름이 났다. 자공은 자장이 과감하고 자하는 소심하므로 자장이 더 나은 것이라고 생각했으나 공자는 '과유불급過猶不及'이라고 했다. 즉 "지나침은 미치지 못함과 같다"라는 말이다. 지나침과 모자람은 둘 다 중용을 벗어났기 때문에 점차 시간이 갈수록 어그러짐이 커진다. 이런 맥락에서 둘 다 어느 것이 낫다고 할 수가 없을 것이다.

유가에서 지향하는 이상적 중용은 산술적인 평균을 지향하는 것이 아니다. 산술적 평균이란 딱 중간 지점을 말한다. 인간의 덕인 중용에 대해 집중적인 논의를 한 것이 유가 도서인 『중용中庸』이다. 『중용』에서는 군자가 지향해야 할 중용을 시중時中으로 표현하고 있다.[283] '시중'은 사람이나 상황에 따라 올바른 것에 머문다는 의미이다. 예컨대 10이면 많고 2면 적다고 할 경우 사물에서는 6이 중간이며 여기서 6은 산술적 비례에 따른 평균이다. 그러나 음식을 사람에게 나누어줄 경우 배고픔의 정도에 따라 6이 어떤 사람에게는 너무 많고, 어떤 사람에게는 너무 적을 수가 있다. 이럴 경우 중간은 사물에서의 중간이 아닌 사람이나 상황에 따라 달라지는 상대적 중간중용이다. 이와 같이 사람이나 상황에 맞게 적절히 행동하거나 처리하는 것이 '시중'이다.

동양의 공자가 지극한 덕으로 칭송한 중용을 서양의 아리스토텔레스Aristoteles기원전 384~기원전 322도 이상적인 덕으로 추구했다. 아리스토텔레스에 따르면 덕에는 두 종류가 있다. 지적인 덕과 도덕적인성격적인 덕이다. 지적인 덕은 철학적 지혜나 이해력, 실천적 지혜를 말한다. 이것

283. 『中庸』, 一章, "君子中庸, 小人反中庸 君子之中庸也, 君子而時中, 小人之中庸也, 小人而無忌憚也."

은 가르침과 꾸준한 성찰에 의해 체득된다. 도덕적인 덕은 올바른 습관들이 쌓여서 생긴다. 도덕적 덕이 추구하는 것은 중용mesotēs이다. 아리스토텔레스의 중용도 유가의 중용과 마찬가지로 산술적 중용이 아닌 상대적 중용의 관점이다.[284]

그런데 상황에 따라서는 아예 경상經常변동이 없이 늘 일정함의 도덕관을 뛰어넘어야 할 때가 있다. 이것을 권도權道라고 부른다.

> "더불어 같이 배울 수는 있어도, 더불어 도道로 나아갈 수는 없다. 더불어 도로 나아갈 수는 있어도 더불어 설 수는 없다. 더불어 설 수는 있어도 더불어 권도를 행할 수는 없다."[285]

함께 공부한다고 하여 모두 도를 행하는 것도 아니며, 간혹 도를 행한다고 하여 뜻이 돈독하여 위상을 확고하게 정립하는 것도 아니다. 또, 위상을 정립한다고 하여 다 같이 권도를 행할 수는 없다. 권도에 대해 공자는 더 이상 자세한 설명을 하지 않았다. 권도에 대한 이해는 전국시대의 맹자가 제시한 사례를 살펴보는 것이 도움이 된다. 맹자는 형수가 물에 빠졌을 때 '구해야 하는가?', '그냥 두어야 하는가?'에 대해 이렇게 말했다.

> "남녀가 주거니 받거니 하며 친하게 지내지 않는 것이 예이지만 형수가 물에 빠졌을 때 손을 내밀어 구하는 것은 권도이다."[286]

맹자의 오륜 중의 하나가 부부 사이에는 구별됨이 있다는 부부유별

---

284. 유원기·이창우, 『아리스토텔레스』, 21세기북스, 2016, 25쪽
285. 『論語』, 子罕第九, "可與共學, 未可與適道. 可與適道, 未可與立. 可與立, 未可與權."
286. 『孟子』, 離婁章句上, "男女授受不親, 禮也, 嫂溺, 援之以手者, 權也."

夫婦有別이다. 부부유별은 결국 남녀 간에 서로 필요 없는 접촉을 금지해야 된다는 메시지를 담고 있다. 그러나 형수가 물에 빠졌을 때에는 위급한 상황이기 때문에 이런 평상시의 윤리관에서 벗어나서 형수의 신체와 접촉한다 하더라도 뛰어들어 구해야 한다. 이것이 권도이다. 공자의 권도는 맹자의 이러한 설명을 참고해야 될 듯하다. 즉 권도는 상황에 따라 일정한 도덕적 틀을 뛰어넘는 것을 말한다. 그렇지만 권도는 상당한 경지에 오른 자만이 행할 수 있는 영역이다. 소인들은 자칫하면 자신의 행위를 권도로 미화할 수가 있다. 그래서 주희는 권도에 대한 정의를, "경미하고 중요한 것을 저울질하여 의義에 부합되게 하는 것權輕重, 使合義也"이라고 했다. 다시 말해서 상황에 따라 평상의 윤리관을 뛰어넘어야 보다 진정한 의를 구현할 수 있을 때 행하는 것이 권도이다. 이것으로 볼 때 권도는 도덕적 영역에서의 파격적인 시중時中의 한 형태로 볼 수 있다.

공자는 덕에 대한 설명은 하지 않았지만, 위와 같이 중용을 덕의 표준으로 삼고 있다. 결국 도가 '사람이 당연히 따라야 할 길'로서 인륜, 도리 등을 지칭하는 것이라면, 덕은 '도를 지향하는 중용 같은 바르고 곧은 마음'이라고 풀이할 수 있다.

도를 만물 생성의 원리로 보는 노자는 덕에 관해 공자를 비롯한 유가와 생각을 달리한다. 노자에 따르면, 도는 천지에 앞서 존재하는 것이며 큰 덕의 모습은 오로지 도를 따를 때 나타난다.[287] 노자에게 도는 무위자연, 즉 인위적인 것이 없으면서 스스로 그러함을 지향하는 원리이다. 따라서 노자가 생각한 인간의 덕은 인위적인 것이 없는 자연스럽고 소박한 삶이다.

287. 『道德經』, 25章, "先天地生…… 字之曰道." 21章, "孔德之容, 惟道是從."

인(仁), 극기복례가 인을 이룬다

공자보다 후세에 활동한 전국시대 맹자는 인간의 착한 본성이 확충된 것을 사덕四德이라 하고, 사덕을 인仁·의義·예禮·지知로 구별했다. 지극한 덕으로서의 중용은 사고와 처신의 완급과 정도의 기준을 말한 것이고, 인·의·예·지 등은 내용으로서의 덕을 말하는 것이다. 그런데 공자는 인仁을 여타의 덕과 구별하여 보는 입장이다. 공자의 인은 다른 덕목과 어떤 점에서 차이가 있는가?

첫째, 공자에게 있어서 인, 즉 어짊은 인간이 갖추어야 할 기본 덕목이다. 공자는 노나라의 국정을 농단하고 있는 맹손孟孫, 숙손叔孫, 계손季孫인 소위 삼가三家혹은 삼환를 우려하고 경계했다. 삼가 중의 계씨는 천자가 있는 주 왕실에서만 사용하는 '팔일무八佾舞'라는 무용을 집안에서 추게 하고, 또 삼가 모두 천자가 종묘제사를 마칠 때 사용하는 '옹雍'이란 음악을 사용했다. 삼가는 제후국인 노나라의 대부 신분이었기에 이것은 예법을 능멸하는 행위였다. 이에 공자는 말했다.

> "사람이 불인不仁어질지 못함하면, 예가 무슨 소용이며 음악이 무슨 소용이겠는가?"[288]

공자는 근본적으로 삼가에게 인仁이 없기 때문에 예와 악의 법도에 맞는 쓰임도 불가능하다고 보고 있다. 다시 말하면 사람에게 인이 없다면 다른 것은 기대할 수 없다는 말이다.

둘째, 공자의 인은 무조건적 사랑이 아니라 분별적 사랑이다. 어느 날 재아가 공자에게 인의 본질이 궁금하여 질문했다.

---

288. 『論語』, 八佾第三, "人而不仁, 如禮何? 人而不仁, 如樂何?"

"인이란 것은, 만약 예를 들어, 사람이 물에 빠졌다고 했을 때 따라 들어가야 하는 겁니까?"

공자께서 말씀하셨다.

"어찌 그렇게 할 수 있겠는가? 군자는 우물까지 뛰어갈 수는 있지만 들어갈 수는 없을 것이다."[289]

인은 무조건적 희생이 아닌 어떠한 상황에서 결과까지 가늠하여 할 수 있는 최적의 사랑을 의미한다. 다시 말해 인간이 주체적 판단으로 베푸는 '분별적 사랑'을 의미한다. 사람이 물에 빠졌을 때 구하기 위해 무조건 뛰어 들어가서 둘 다 죽는 것은 인이 아니다. 뛰어 들어가면 구할 가능성이 있다고 판단될 때 들어가는 것이 인이다.

셋째, 공자의 인은 마음에서 우러나오지 않는 외형적 가식을 배격한다. 공자는 말한다.

"번지르르한 말과 알랑거리는 낯빛에 어진 마음은 없다."[290]

진정 마음에서 비롯되지 않은 표현이나 가식은 인仁과 구분되어야 한다. 그런 의미에서 공자는 "향원은 덕의 적이다."[291]라고 했다. 즉 향원은 덕을 해치는 자라는 말이다. 향원은 마을에서 더러움에 야합하기를 좋아하고 사람들과 잘 어울리는 자를 뜻하는 것으로 자칫하면 사람 좋다는 칭송을 들을 수 있는 사람이다. 공자는 이 향원이 바로 인을 가장假裝한 존재로 보고 단호히 배척을 하고 있다. 공자는 분명 인을 여타 덕목과 다르게 인간이 가져야 할 가장 기본적이며 으뜸 되는

---

289. 『論語』, 雍也第六, "宰我問曰, 仁者, 雖告之曰, 井有仁焉. 其從之也? 子曰, 何爲其然也? 君子可逝也, 不可陷也."
290. 『論語』, 學而第一, "巧言令色, 鮮矣仁."
291. 『論語』, 陽貨第十七, "鄕原 , 德之賊也."

덕목으로 보고 있다.

그렇다면 인仁의 실천방법은 무엇일까? 공자 제자 중에 유약有若이 있다. 앞에서 말한 바와 같이 『논어』는 유약, 증삼의 문인門人들에게서 완성되었다. 따라서 『논어』에서 유약과 증삼을 지칭할 때 공자의 다른 제자들과는 달리 존칭어인 '子자'를 붙여서 유자, 증자라고 표기된다. 유자는 효제야말로 공자가 중요시한 인의 근본이 된다고 했다.

"효제孝弟라는 것은 그 인을 행하는 근본이다."[292]

효孝는 부모를 잘 받드는 것이고, 제弟는 형이나 나이 많은 사람을 잘 받든다는 의미이다. 다음 8절에서 살펴보겠지만 유자는 효제라는 가정의 질서가 사회 질서의 바탕이 된다고 보았다. 마찬가지로 효제는 또한 인을 행하는 근본이 된다고 하고 있다. 즉 인의 출발은 효제에서 비롯된다.

가정에서 효제를 통해 인을 행할 수 있다면 일반 사회에서 어떻게 인을 행할 수 있는가? 공자는 말한다.

"무릇 인자仁者는 자기가 서고 싶으면 남도 세워주고, 자기가 통달하고 싶으면 남도 통달하게 해준다. 가까이서 취하여 비유하는 것이 인의 방법이다."[293]

공자는 자신이 욕구하는 바와 같이 남도 그런 욕구가 있음을 인식하여 남을 배려하는 마음을 갖출 것을 말하고 있다. 또, 공자는 제자 번지樊遲가 인에 대해 묻자 "인이란 남을 사랑하는 것이다"[294]라고 대답

292. 『論語』, 學而第一, "孝弟也者, 其爲仁之本與!"
293. 『論語』, 雍也第六, "夫仁者, 己欲立而立人, 己欲達而達人. 能近取譬, 可謂仁之方也已."

했는데, 바로 자기를 사랑하는 마음이 타자로의 확대가 인이라고 보고 있다.

인은 어떻게 해야 얻어질 수 있을까? 인은 욕구의 절제와 타인에 대한 배려라는 마음이 조화를 이루어야 얻어질 수 있다. 이와 관련하여 공자와 안회의 대화가 있다. 어느 날 안회가 인에 대해 물었다.

> 공자께서 말씀하셨다.
> "자신을 극복하고 예로 돌아가면 인을 이룬다. 하루라도 자신을 극복하고 예로 돌아가면 천하가 인으로 돌아온다.[295]

'자신을 극복한다'는 것은 자신의 욕구를 절제한다는 의미이다. 이렇게 하여 남을 배려하는 예를 갖춘다면 인을 이룰 수 있으며, 천하가 인자仁者에게 모인다고 보고 있다. 인을 실행하는 구체적 표현은 예로 집약된다는 것이다. 안연이 더 구체적인 세목細目을 청하자, "예가 아니면 보지를 말고, 예가 아니면 듣지 말며, 예가 아니면 말하지 말며, 예가 아니면 행하지 말라!"[296] 하여, 일상생활에서 예禮에 부합하는 행위가 바로 인仁을 구현하는 요체임을 말했다.

인자(仁者), 지자(知者)

공자는 인자仁者어진 자라는 표현을 함부로 사용하는 것을 경계했다. 공자의 제자 중에 염옹冉雍이란 자가 있는데, 자字는 중궁仲弓이다. 염옹

---

294. 『論語』, 顔淵第十二, "樊遲問仁. 子曰, 愛人."
295. 『論語』, 顔淵第十二, "子曰, 克己復禮爲仁. 一日克己復禮, 天下歸仁焉."
296. 『論語』, 顔淵第十二, "非禮勿視, 非禮勿聽, 非禮勿言, 非禮勿動."

은 공자가 안회, 민자건, 염백우와 더불어 덕행으로 손꼽은 제자이다. 공자는 염옹을 이렇게 표현했다.

"염옹은 남면南面하게 할 만하다."[297]

남면은 남쪽을 바라본다는 의미로서 군주가 신하들의 말을 경청할 때 남면하여 자리를 잡았다. 공자는 염옹이 그 덕으로 보았을 때 군주의 재목이 된다고 생각했다. 이런 염옹에 대해 어떤 자가 그의 사람 됨됨이를 공자에게 말했다.

"염옹은 인仁하지만 말재주가 없습니다."

공자께서 말씀하셨다.

"말재주를 어디에 쓰겠는가? 말로써 사람을 막는 것은 다른 사람들에게 증오만 쌓게 하는 것이다. 그가 인仁한지는 모르겠고, 말재주는 어디에 쓰겠는가?"[298]

공자는 일단 말재주가 없는 것은 사람됨을 평가할 때 그 평가 척도가 되지 않음을 말했다. 그러나 염옹이 인자仁者인가에 대해서는 말을 아끼고 있다. 비록 공자가 덕행으로 손꼽은 제자 중의 하나이고 남면을 할 수 있는 제자라고 칭찬을 했지만, 인仁한지에 대해서는 평가를 보류했다. 공자의 수제자 안회안연에 대해서는 어떻게 평가했을까?

"안회는 그 마음이 삼 개월이나 인을 어기지 않았다. 나머지 제자들은 하루나 한 달만 인仁에 도달할 뿐이다."[299]

---

297. 『論語』, 雍也第六, "子曰, 雍也, 可使南面."
298. 『論語』, 公冶長第五, "雍也仁而不佞. 子曰, 焉用佞? 禦人以口給, 屢憎於人. 不知其仁, 焉用佞."

안회는 누추한 환경에서 한 그릇의 밥과 한 바가지의 물을 먹으면서도 그렇게 사는 즐거움을 바꾸지 않았다. 이런 안회를 공자는 "현명하도다, 안회여!"라고 칭찬했다. 그렇지만 안회가 인자인가에 대해 공자는 "삼 개월이나 인仁을 어기지 않았다"라고 했다. 이것은 염옹이 인을 갖추고 있는가에 대해 공자가 "모르겠다"라고 한 것보다 한 단계 높여 말한 것이고, 여타의 다른 제자에 비해 인을 행하는 상당한 경지에 오른 제자로 보았다. 하지만 역시 인자仁者라고까지 평하지는 않았다. 그렇다면 인자는 어떠한 사람이어야 하는가? 공자는 인자를 지자와 비교하여 말했다.

> "지자知者는 물을 좋아하고, 인자仁者는 산을 좋아한다. 지자는 동적이고, 인자는 정적이다. 지자는 낙천적이고, 인자는 지속력이 있다."[300]

주희의 해석에 따르면, 지자는 사리에 통달하기 때문에 두루 통하고 막힘이 없는 것이 물과 유사하기 때문에 물을 좋아한다. 인자는 의리를 편안하게 행할 수 있고 중후하고 자신의 노한 감정을 다른 사람에게 화풀이하지 않음이 산과 유사하기 때문에 산을 좋아한다. 지자는 또 동적이고 얽매임이 없기 때문에 낙천적이고, 인자는 정적이고 안정감이 있기 때문에 오래 간다. 공자는 인자와 지자의 차이를 이렇게 말하기도 했다.

> "인자仁者는 인仁을 편안히 여기고, 지자知者는 인仁을 이롭게 여긴다."[301]

---

299. 『論語』, 雍也第六, "子曰, 回也, 其心三月不違仁. 其餘 則日月至焉而已."
300. 『論語』, 雍也第六, "子曰, 知者樂水, 仁者樂山, 知者動, 仁者靜. 知者樂, 仁者壽."

인자仁者는 평소 남을 사랑하는 것이 생활화되었기 때문에 인을 편안히 여기는 사람이다. 지자知者는 인仁이 궁극적으로 자신에게도 이로움을 준다고 아는 자이다. 따라서 인자는 안인安仁, 즉 인을 편하게 행하는 경지에 오른 자라야 들을 수 있는 호칭인 것이다.

인을 편하게 행하는 소위 안인安仁의 모습은 어떠할까? 이와 관련하여 인을 행하는 유형은 몇 가지로 구분될 수 있다. 어느 날 공자의 제자 안회와 자로가 공자 옆에서 시중을 들고 있었는데, 공자가 두 사람에게 하고자 하는 것이 있는지를 말해보라고 했다.

> 자로가 말했다.
>
> "수레와 말과 가벼운 갖옷짐승가죽으로 만든 옷을 친구와 함께 쓰다가 해지더라도 유감이 없습니다."
>
> 안회가 말했다.
>
> "잘하는 것을 과시하지 않으며, 공로를 과장하지 않고자 합니다."
>
> 자로가 공자의 속마음이 무엇인지를 듣고 싶다고 하자 공자께서 말씀하셨다.
>
> "노인을 편안하게 하며, 친구를 믿음으로 대하며, 어린아이를 감싸주고자 한다."[302]

의리의 사나이 자로는 친구와 함께 폼 나는 삶을 살면 그것으로 된다는 기개가 있는 말을 했고, 안연은 자신을 낮추고 드러내지 않겠다는 겸손한 말을 했다. 자로는 공자가 하고자 하는 바가 무엇인지 궁금했다. 기대를 하며 물었는데 공자의 대답은 지극히 평범했다. 우리 주

301.『論語』, 里仁第四, "仁者安仁, 知者利仁."

302.『論語』, 公冶長第五, "子路曰, 願車馬 衣輕裘, 與朋友共. 敝之而無憾. 顏淵曰, 願無伐善, 無施勞. 子路曰, 願聞子之志. 子曰, 老者安之, 朋友信之, 少者懷之."

위에 있는 사람에게 당연히 해야 할 것을 할 뿐이라는 것이다. 자로와 안연 둘 다 인위적인 느낌이 있지만 공자에게는 자연스럽고 사물에 따라 들어맞는 천지자연의 기상을 느낄 수 있다. 정자程子는 세 사람의 모습을 보고 평하길, "선생님은 인을 편안하게 행한 것이고, 안연은 인을 어기지 않은 것이고, 자로는 인을 구한 것이다夫子安仁 顔淵不違仁 子路求仁"라고 했다. 부연한다면, 공자는 인을 행하는 것이 생활이 되어 자연스럽고 편안하게 표출되었으며, 안연은 평소 인을 어기지 않고 실천하려고 노력했으며, 자로는 인이 부족하긴 하나 노력하여 구하려 했다는 의미이다. 이와 같이 인자仁者는 인을 편안히 여기는 사람이며, 인을 실천하기를 편안히 여기는 사람이 바로 공자이다. 인을 편안히 실천하는 것은 일용지간日用之間의 행위에서 자연스럽게 표현된다.

"공자께서는 (물고기를 잡을 때) 낚시로 하고 어망을 사용하지 않았으며, 주살로 잠자는 새를 쏘지 않으셨다."[303]

공자는 세 살 때 아버지가 돌아가셨기 때문에 어릴 적부터 생계를 위해 일을 해야 했다. 또, 제사에 쓸 제물을 손수 마련해야만 했다. 그렇기 때문에 부득이 물고기나 새를 잡지 않을 수가 없었다. 이럴 경우 공자는 가급적 필요한 양만을 잡으려 했고, 곤히 잠자는 새를 주살줄을 매어 쏘는 화살로 잡는 잔인함을 행하지 않았다. 이와 같이 공자는 어릴 때부터 살아 있는 생명을 최소한으로 희생하고자 하는 어진 마음을 평소 자연스럽게 실천했다.

인자는 자신이 올바르다고 생각하는 것을 표현할 줄 아는 사람이며 행동으로 옮기는 용기가 있는 사람이다. 공자는 말했다.

303. 『論語』, 述而第七, "子釣而不綱, 弋不射宿."

"덕이 있는 자는 반드시 할 말을 한다. 그렇다고 할 말을 하는 사람이 반드시 덕이 있는 것은 아니다. 인자는 반드시 용기가 필요하다. 그렇지만 용기 있는 자가 반드시 인仁이 있는 것은 아니다."[304]

"오직 인자仁者라야 남을 좋아할 수 있고 남을 미워할 수 있다."[305]

공자는 마음속으로만 인의와 같은 덕성을 가지고 있는 것을 인정하지 않는다. 덕이 있는 자는 인자한 모습이 말과 행동으로 표현되며, 옳고 그름을 분명히 말하고 옳은 행동을 지향해야 한다. 특히 남을 좋아하고 미워하는 바와 같이 남을 평가하기 위해서는 용기도 필요하다. 다시 말하면 인자는 행동으로서 할 말을 할 수 있는 용기가 있는 자이다. 이것은 인과 용기를 겸비한 인자의 특징적 모습을 말한 것이기 때문에 할 말을 하고, 용기 있는 자가 인仁이라는 덕성을 가졌다는 의미는 아니다.

공자보다 대략 180여 년 후의 맹자는 인간이 가진 덕을 인仁·의義·예禮·지知라는 사덕四德으로 유형화했다. 송대宋代의 성리학자들은 사덕을 인간이 본래부터 갖고 태어났다고 주장한다. 그러나 조선의 다산은 사덕이란 외부로 실천될 때 얻어지는 것으로 주장한다. 즉 마음속으로만 갖고 있는 것은 의미가 없다고 보았다. 공자의 말에 따르면 인을 포함한 덕은 외부로 표출되는 것을 의미한다. 덕의 개념에서 다산은 공자의 생각과 다르지 않다.

---

304. 『論語』, 憲問第十四, "有德者必有言, 有言者不必有德. 仁者必有勇, 勇者不必有仁."
305. 『論語』, 里仁第四, "唯仁者能好人, 能惡人."

8절
인의 출발인 효제, 교우

효제하는 자는 분란을 일으키지 않는다

앞에서 살펴본 바와 같이 공자의 제자 유자는 효제가 인을 행하는 근본이 된다고 했다. '위인지본爲仁之本'을 "인을 행하는 근본이 된다"라고 해석한 것은 주희의 입장이다. 주희는 인이 우리의 본성에 내재해 있다고 본다. 그렇기 때문에 효제를 인의 한 가지 일로서 보아야지 그 자체가 인의 근본이 아니라고 본다. 주희와 다르게 조선의 다산茶山은 "효제가 인의 근본이 된다"라고 해석한다. 다산은 인仁이 이미 형성되어 있는 것이 아니라 효제 등을 통해 비로소 형성된다고 보았다. 여기서는 일단 주희의 주해를 기본으로 하여 유자의 말을 더 자세히 살펴보자. 유자有子가 말했다.

> "그 사람됨이 효제孝弟가 있으면서 윗사람을 침범하는 자 드물다. 윗사람 침범하기를 좋아하지 않으면서 분란을 일으키는 자 있지 아니하다. 군자는 근본에 힘써야 한다. 근본이 바로 서야 도가 생겨난다. 효제孝弟라는 것은 그 인을 행하는 근본이다."[306]

유자는 효제가 군자를 포함해 인간의 근본 되는 행위로 보고 있다. 유자는 가족이나 친족 간에 효제를 하는 사람이면 사회에서 윗사람을 침범하지 않고 나아가 큰 분란을 일으키지 않는다고 말하고 있다. 효제는 이런 선량한 행동의 근본이기 때문에 인을 행하는 근본이 된다.

제자인 유자는 효제를 인을 행하는 근본으로 보았는데, 공자는 효제가 인간의 가장 기본 되는 행위임을 말했다.

> "제자들은 집에 들어와서는 효도하고孝, 집 밖을 나서면 (어른을) 공경하고弟, 행동을 삼가고 믿음이 있어야 한다. 널리 민중을 사랑하고 인仁을 가까이해야 한다."[307]

공자는 제자들이 집 안팎에서 행하여야 할 몇 가지 덕행들에 관해 말하고 있는데, 그중 집에서는 효孝, 집 밖에서는 제弟공경가 있다. 이와 같이 효제는 인간의 기본이 되는 행위의 하나로서 중요시되었다. 특히 효는 공자의 문하에서 더욱 강조된 덕행이다. 이것을 단원을 달리해 더 상세히 논의하고자 한다.

봉양만 하는 것은 개나 말을 기르는 것과 같다

위에서 살펴본 바와 같이 효제는 인을 행하는 근본이 되는 행위이다. 특히 가정에서 효를 행하는 사람은 사회에서 어른을 공경하며弟, 널리 민중에게 인을 행할 수 있는 품성을 갖춘 자이다.

---

306. 『論語』, 學而第一, "其爲人也孝弟, 而好犯上者, 鮮矣. 不好犯上, 而好作亂者, 未之有也. 君子務本, 本立而道生. 孝弟也者, 其爲仁之本與!"
307. 『論語』, 學而第一, "弟子入則孝, 出則弟, 謹而信, 汎愛衆, 而親仁."

공자는 사람들과 대화할 때 상대방의 상황과 연계하여 말한 적이 많다. 효의 경우에도 마찬가지이다. 앞서 말한 바와 같이 노나라 대부 중에 맹리자孟釐子가 있었으며, 맹리자의 아들로는 남궁경숙南宮敬叔과 맹의자孟懿子가 있었다. 맹리자는 일찍이 공자의 인품과 학식을 알아본 사람이다. 공자 나이 17세 무렵에 맹리자가 병이 나서 맹의자에게 공자를 스승으로 모시고 공부할 것을 유언으로 남겼다. 그러자 맹의자는 형 남궁경숙과 더불어 공자를 스승으로 모시게 된다. 그렇지만 실질적으로 공자의 제자가 된 것은 남궁경숙이었다. 손위인 남궁경숙은 어릴 적에 생모의 품을 떠나 생모의 친구에게서 양육되었기 때문에 삼가 중의 하나인 맹손씨의 가문을 물려받은 자는 맹의자이다. 공자는 노나라에서 벼슬을 하면서 평소 삼가의 위세를 누르려고 했던 장본인이다. 그렇기 때문에 공자와 맹의자는 정치적으로는 늘 갈등관계였다.

애공 11년, 공자 나이 68세 때 공자는 여러 나라를 돌아다니다가 마지막으로 위衛나라에 있었다. 이때 제나라가 노나라를 공격했다. 공자는 제자를 모아놓고 부모의 나라인 노나라가 위태하니 누가 나서서 막을 것인가를 물었다. 그러자 자로와 자장이 나섰으나 공자는 허락하지 않는다. 자공이 가겠다고 하자 공자는 허락한다. 그러나 이미 제나라의 군대가 노나라 근교인 청淸에 이르렀다. 당시 제자 염구는 계강자의 가신으로 있었는데, 노나라는 맹유자설孟孺子洩로 하여금 우측의 군사를 지휘하게 했고, 염구는 좌측의 군사를 지휘하게 했다. 염구는 또 다른 공자의 제자 번지에게 우익右翼을 맡게 했다. 양측의 군사가 서로 접전을 하게 되자 염구는 군사를 이끌고 제나라 군대에 돌진하여 승리했으나, 맹유자설은 패하여 달아났다. 여기 등장하는 맹유자설이 바로 맹의자의 아들이며 달리 맹무백孟武伯이라고도 불린다. 전쟁에서 공을 세운 염구의 간청으로 당시 실권자 계강자는 공자가 노나라로 돌아오는 것을 수락한다. 공자가 노나라로 돌아오고 나서 어느 날 맹의자를 방문했다. 이때 맹의자가 효에 관해 물었다.

맹의자가 효에 대해 묻자, 공자께서 말씀하셨다.
"어기지 않는 것입니다."[308]

맹의자는 형 남궁경숙과 공자가 젊었을 때 제자로 들어왔지만 노나라 대부로서 어디까지나 정치인이었다. 더구나 노나라를 좌지우지하는 맹손, 숙손, 계손을 말하는 삼환三桓삼가라고도 함 중의 하나였다. 맹의자가 효에 대해 묻자 공자가 어기지 않아야 한다고 대답한 것은 당시의 정치 상황과 연계한 것이다. 군주와 신하 간에 그 역할을 넘보는 것과 같은 어기지 말아야 할 것이 있는 것처럼 자식도 거스르지 말아야 할 것이 있다는 말이다.

공자가 맹의자와 대화를 마치고 돌아올 때 염구와 함께 제나라와의 전쟁에 참가했던 제자 번지樊遲가 마차를 몰았다. 공자는 번지에게 맹손孟孫맹씨 자손이 효에 대해 묻자 어기지 않는 것이라고 대답했다고 말해주었다. 그러자 번지가 이해가 안 되었던 모양이다.

번지가 말했다.
"무슨 말씀이십니까?"
공자께서 말씀하셨다.
"살아서는 예로써 모시며, 죽어서는 예로써 장례를 모시고 예로써 제사를 지내는 것이다."[309]

공자는 효가 바로 살아서나 죽어서나 예로써 섬기는 것이라고 말하

308. 『論語』, 爲政第二, "孟懿子問孝. 子曰, 無違."
309. 『論語』, 爲政第二, "樊遲曰, 何謂也? 子曰, 生, 事之以禮, 死, 葬之以禮, 祭之以禮."

고 있다. 공자는 맹손을 포함하여 삼가가 신하의 신분을 망각하고 예를 참람僭濫분수에 넘침하게 했으므로 이와 같이 효와 예를 연계하여 말했다. 맹무백도 아버지와 똑같은 질문을 던진다.

> 맹무백이 효에 대해 물었다.
> 공자께서 말씀하셨다.
> "부모는 오직 그 질병을 걱정합니다."[310]

공자와 애증이 얽힌 맹의자는 공자보다 2년 일찍 세상을 떴다. 맹무백이 이런 질문을 던진 시기가 언제인지는 알 수가 없지만 맹무백의 부모를 거론한 것으로 보아 맹의자가 살아 있을 때 한 말인 듯하다. 공자가 걱정스레 말한 어투에서 아버지 맹의자보다는 공자에게 편안한 상대였지만, 건강은 그리 좋은 상태가 아니었음을 추측할 수가 있다.

그렇지만 맹무백은 노나라 군주인 애공에게는 자신을 위협하는 삼환 중의 하나였다. 애공은 큰 아버지인 소공이 그랬던 것처럼 삼환에 대해 많은 우려를 했고, 삼환 역시 이런 애공을 경계하고 있었다. 공자가 세상을 뜬 지 11년 후인 애공 27년에 애공이 능판이란 곳에 놀러 갔다가 도중에 맹무백을 만났다. 이때 애공이 맹무백에게 "내가 죽을 수도 있겠지요?"라고 뼈 있는 농담을 했다. 그러자 맹무백은 "알 수 없습니다"라고 했다. 결국 그해에 애공은 월나라를 이용해 삼환을 정벌하려다 오히려 삼환에게 쫓겨 위나라를 거쳐 월나라로 도망가서 귀국하지 못하고 죽었다. 큰 아버지 소공도 삼환에게 쫓겨 제나라로 도망가서 귀국하지 못하고 죽은 것처럼 애공 또한 그렇게 죽었다.

공자는 위와 같이 효에 있어서도 대화하는 자의 처한 상황에 적합

---

310. 『論語』, 爲政第二, "孟武伯問孝. 子曰, 父母唯其疾之憂."

한 대답을 했다. 그렇다면 부모가 잘못된 행위를 하고 있을 때 자식은 어떻게 해야 할까? 여기에 대해 공자가 말했다.

> 공자께서 말씀하셨다.
> "부모를 섬기되, 은미하게 잘못을 간諫해야 한다. 자신의 생각을 따라오지 않음이 보일지라도 또 공경하여, 섬기는 마음에 어긋남이 없어야 한다. 비록 수고롭더라도 원망하지 말아야 한다."[311]

부모가 잘못된 행위를 하고 있을 때 그 행위를 잘했다고 두둔해서도 안 되고 못 본 척해서도 안 된다. 그것은 사회정의에 합당하지 않다. 다만 잘못을 말씀드릴 때 너무 대놓고 나무래도 안 되고 가르치듯이 해서도 안 된다. 목소리를 낮추어 부드러운 음성으로 말해야 한다. 그래도 부모가 고치지 않을 때에는 반복하여 말씀드리되 힘이 들더라도 너무 부모를 책망해서는 안 된다.

공자는 효를 강조하지만 집단이기주의적인 효는 바람직하지 않다고 본 것이다. 이럴 경우 자식은 부모에게 간諫하되, 인내심을 갖고 공경스러운 자세로 반복하여 말씀드릴 것을 권하고 있다.

다음으로 일상에서의 바람직한 효란 무엇일까? 공자의 말을 정리하면 이러하다.

> "부모가 살아 계실 때는 그의 뜻을 관찰하고, 부모가 돌아가시면 그 행적을 관찰하며, 삼 년을 부모의 도를 고치지 말아야 효라 할 수 있다."[312]
> "부모가 살아 계실 때는 멀리 돌아다니지 말고, 돌아다니는 곳이

---

311. 『論語』, 里仁第四, "事父母幾諫, 見志不從, 又敬不違, 勞而不怨."
312. 『論語』, 學而第一, "父在, 觀其志. 父沒, 觀其行. 三年無改於父之道, 可謂孝矣."

어디인지를 반드시 알려야 한다."[313]

부모는 살아 계실 때 늘 자식의 안위를 걱정한다. 그러므로 자식은 자신의 몸을 상하게 해서는 안 되며, 멀리 외유를 가는 것을 삼가고 부득이 갈 경우에는 그 행방을 알려드려야 한다. 그러다 부모가 돌아가시면 그 행적을 추억하며 부모를 애도하는 마음을 가져야 하고, 부모가 생전에 보존하거나 지키고자 한 것을 함부로 고쳐서는 안 될 것이다.

부모가 옆에 계시면 자식으로서는 언제나 든든한 후원자가 있는 것이다. 그러나 부모는 늙어가고 계시다. 자식 된 자 어떤 생각을 하고 있는가?

"부모의 나이를 몰라서는 아니 된다. 한편으로는 기쁘지만, 한편으로는 두렵다."[314]

부모가 나이를 들어간다는 것은 장수하고 있다는 것이므로 한편으로는 기쁨이 되지만, 점차 돌아가실 날이 가까이 오고 있으므로 두려운 마음이 든다. 자식 된 자가 이런 마음가짐을 갖고 있다면 훗날 어찌 막심한 후회가 되겠는가? 평소 우리는 부모가 늘 우리 주변에 있을 것으로 생각한다. 그러나 내 주위에 있어야 할 부모는 어느 순간에 계시지 않는다.

우리는 부모를 섬기는 효에 관해 서로 다른 생각을 하고 있다. 크게는 물질적인 봉양과 정신적인 공경 중 무엇이 더 중요한 것인지에 대한 문제이기도 하다. 공자의 생각은 어떠한가? 공자 제자 중에서 문학으

313. 『論語』, 里仁第四, "父母在, 不遠遊, 遊必有方."
314. 『論語』, 里仁第四, "父母之年, 不可不知也. 一則以喜, 一則以懼."

로 이름이 난 자유와 자하가 효에 대해 질문을 했다. 먼저 자유와 공자의 대화는 이렇다.

> 자유가 효에 대해 물었다.
>
> 공자께서 말씀하셨다.
>
> "오늘날의 효는 먹고살게 하는 것을 일컫고 있으나, 개나 말에게도 모두 먹고살게 할 수 있다. 공경이 없으면 어찌 구별될 수 있겠는가?"[315]

자유가 부모에게 어떠한 효를 했는지에 대해서는 알려진 바가 없다. 공자의 시대나 지금이나 부모에게 물질적인 봉양을 하면 효를 제대로 하고 있다고 생각하는 사람이 있다. 그렇지만 부모를 공경하는 마음이 없으면 개나 말을 양육하는 것과 다름없다. 자하는 공자와 이런 대화를 했다.

> 자하가 효에 대해 물었다.
>
> 공자께서 말씀하셨다.
>
> "얼굴색 온화하게 하기가 어렵다色難. 일이 있을 때에는 동생과 자식들이 그 노고를 대신하며, 술과 음식을 먹을 때에는 부모와 형이 먼저 들게 하는 것이 효라 하지 않겠는가?"[316]

자식이 부모를 대할 때 얼굴색을 온화하게 해야 되지만 사실 이것이 제대로 안 된다. 그리고 일상에서 동생과 자식들이 형과 부모 대신 힘

---

315. 『論語』, 爲政第二, "子游問孝. 子曰, 今之孝者, 是謂能養. 至於犬馬, 皆能有養. 不敬, 何以別乎?"

316. 『論語』, 爲政第二, "子夏問孝. 子曰, 色難. 有事弟子服其勞, 有酒食先生饌, 曾是以爲孝乎?"

든 일을 하며, 맛있는 술과 음식을 먹을 때에는 부모와 형이 먼저 들게 해야 한다. 하지만 대개 부모는 자식을 먼저 생각한다.

송대宋代의 정자程子는 공자의 표현으로 추측하여 말하길, 자유는 부모를 잘 봉양하나 간혹 공경심이 없으며, 자하는 곧고 의로우나 간혹 온화하고 부드러운 기색이 없기 때문에 그리 말씀하신 것이라고 했다.

사실 세상의 자식 된 자들이 부모가 되고 나면 그 자식을 향해 쏟는 사랑이 부모를 향한 것보다 더 지극하게 된다. 이때 이르러서야 부모의 마음을 알게 되나 안타깝게도 부모는 대부분 옆에 계시지 아니한다. 공자가 돌아가시고 나서 문학으로 뛰어난 재능을 가진 자하는 서하西河에서 학생들을 가르쳤고, 위魏나라 군주 문후文侯의 스승이 되었다. 그런데 자하의 자식이 죽었다. 이에 자하는 자식의 죽음을 너무 슬퍼하여 울다가 그만 눈이 멀고 만다. 부모에게는 얼굴색 온화하게 하는 것이 어려웠던 자하가 아들의 죽음 앞에서는 몸을 망치면서까지 슬퍼한 것이다.

공자의 제자 중에 효행으로 이름이 높았던 인물 중에 민자건閔子騫과 증삼曾參이 있다. 민자건은 본명이 민손閔損이고, 자字가 자건이다. 공자보다 열다섯 살 적었다. 『한시외전韓詩外傳』[317]에 따르면 민자건은 어릴 적에 어머니가 돌아가셨다. 아버지는 재혼을 하여 다시 아들 둘을 낳았다. 어느 추운 날 계모는 자건에게 갈대의 이삭에 붙은 털을 넣어 만든 옷을 입혔다. 보온이 안 되는 얇은 옷이었다. 자건의 아버지가 그 사실을 알고 계모와 두 아들을 내쫓으려 했다. 그러자 어린 자건이 말했다.

"어머니가 계시면 한 자식이 추우면 그만이지만, 어머니가 안 계시

317. 중국 전한(前漢)의 학자 한영(韓嬰)이 쓴 『시경(詩經)』 해설서

면 세 명의 자식이 혼자 된 아버지나 어머니의 자식이 됩니다母在一子寒, 母去三子單."

자건의 아버지는 자건의 말을 듣고 생각을 바꾸게 된다. 후에 계모가 그 말을 전해 듣고는 자신의 행실을 뉘우치고 세 자식을 공평하게 대했다고 한다. 계모는 자애로운 어머니가 되었고 세 형제들은 우애가 깊어서, 서로를 측은히 생각하고 온화한 말을 하는 가정이 되었다. 공자는 민자건을 이렇게 평했다.

"효자로구나, 민자건이여! 사람들이 그 부모와 형제의 말 사이에 트집을 잡을 수가 없구나."[318]

민자건이 어린 나이에 계모에게 한 언행으로 인하여 그 후 민자건의 집안이 화목해져서 서로 측은히 여기는 말을 주고받는 모습을 말한 것이다. 아주 진솔하게 화목한 말을 서로 사용하므로 사람들이 서로의 말을 신뢰하지 않을 수가 없었던 모양이다.

공자의 제자 중 유자와 경쟁적으로 공자의 학문을 후대에 전승하고자 했던 인물이 증자증삼의 존칭이다. 증자는 공자 나이 만년晩年에 공자의 제자로 들어왔다. 증자도 효의 중요성을 주장했고, 몸소 효행을 실천한 인물이기도 했다. 특히 증자는 돌아가신 분에게 드리는 효행인 상례와 제례를 극진히 해야 할 것을 말했다.

증자가 말했다.

"임종했을 때 극진히 하고, 멀리 가신 분을 추모하면, 백성의 덕이

318. 『論語』, 先進第十一, "孝哉閔子騫! 人不間於其父母昆弟之言."

두텁게 될 것이다."[319]

증자는 지도자가 가족이나 주변의 상을 당했을 때 상례를 극진히 하고, 제례에서는 돌아가신 분의 생전의 모습을 추모하면 백성도 감화를 받아서 덕을 실천하는 생활을 할 것이라고 말하고 있다. 증자는 상례와 제례를 극진히 모시는 것이 백성의 교화 방법이 됨을 주장하고 있다. 그런데 증자가 병이 나서 위중한 상태에 이르렀다. 증자는 제자들을 모아놓고 말했다.

"내 손을 펴 보아라. 내 발을 펴 보아라. 『시경』에 '전전긍긍하며 깊은 물가에 서 있듯, 살얼음판을 걸어가는 듯하다'고 하였는데 이제야 벗어난 것을 알았구나."[320]

증자는 평소 부모에게서 받은 몸을 다치지 않는 것이 효의 시작임을 실천한 인물이다. 그런 그가 병이 들어 죽음이 임박하자 자신의 몸을 보전하기 위해 전전긍긍戰戰兢兢두려워하고 조심함했다는 술회를 하고는 이제야 몸을 보전하는 의무에서 벗어났음을 감상적으로 말하고 있다. 어느 날 삼가三家 중의 하나인 맹손씨의 대부 맹경자가 병문안을 왔다. 맹경자에 대해서는 자세히 알려진 바가 없다. 다만 삼가 중의 하나인 맹손씨의 대부이므로 당시 세력가인 것으로 추측된다. 증자가 그를 보고 말했다.

"새가 장차 죽을 때에는 그 우는 소리가 애처롭고, 사람이 장차 죽

319. 『論語』, 學而第一, "曾子曰, 愼終追遠. 民德歸厚矣."
320. 『論語』, 泰伯第八, "啓予足! 啓予手! 詩云, 戰戰兢兢, 如臨深淵, 如履薄氷. 而今而後, 吾知免夫!"

을 때에는 그 말이 선해집니다."[321]

새도 죽을 때에는 이승의 인연과 죽음에 대한 두려움으로 그 목소리가 슬픈 법이다. 하물며 인간이야 오죽하겠는가? 본래 성품이 선하고 악한가를 불문하고 인간은 살아가면서 신체적 혹은 환경적인 요인으로 많은 욕심을 부리게 된다. 그러나 그 욕심의 끈은 결국 죽음에 이르러서야 놓게 된다. 증자의 말은 인간이라면 언젠가는 죽음을 맞게 되므로 평소 언행에서 선을 행할 것을 당부한 것이다.

중국 고전에서 효에 관해 집중적으로 논의한 책이 『효경孝經』이다. 효경의 저자에 대해서는 몇 가지 다른 주장이 있다. 공자가 지었다는 설, 공자의 제자인 증자가 지었다는 설, 공자의 제자들이 남긴 작품이라는 설, 증자의 문인들이 집록輯錄[편집하여 기록함]했다는 설 등이 있다. 효경 본문에 공자와 증자의 이야기가 많이 나온다는 점과 효를 중시한 학통學統으로 보아 증자의 문인들이 이 책을 썼을 것이라고 보는 견해가 타당하다.

무우불여기자

공자의 교우관계는 자세히 전해지는 것이 별로 없다. 『논어』와 『공자가어』에는 원양原壤과의 짤막한 일화가 전해진다. 원양은 공자의 어릴 적 친구였다. 원양의 어머니가 돌아가시자 공자는 옛 친구와의 우정을 생각하여 외관外棺[바깥쪽 관]을 부조했다. 그러자 원양은 그 관을 올라타고는 노래를 불렀다. 공자가 조문을 하러 가자 원양은 무릎을 세우고 웅

321. 『論語』, 泰伯第八, "鳥之將死, 其鳴也哀. 人之將死, 其言也善."

크리고 앉아 상주의 예를 행하지 않았다. 이에 공자가 말했다.

"어려서는 형제들에게 불손하더니, 어른이 되어서는 뭐라 말할 수가 없구나. 늙어도 죽지 않고 있으니 여러 사람에게 해를 끼치고 있구나!"

이러면서 공자는 지팡이로 원양의 정강이를 툭툭 두드렸다.[322]

위 글에 나타난 원양의 모습은 생사에 크게 얽매이지 않는 노자老子 등의 사상에 심취한 인물인 것 같다. 그런 원양을 공자는 농담 반 진담 반 책망을 하면서 지팡이로 툭툭 두드리고 있다. 공자가 지팡이를 사용하고 있고, 옛 고향의 친구를 늙어서 만난 것으로 보아 위 상황은 공자가 천하를 주유하고 노나라로 귀국한 이후의 일일 것이다. 공자는 가는 길이 서로 다른 원양에게 이와 같이 책망하듯이 말했지만, 지극히 개인적 친분 관계에서 나온 것임을 알 수 있다. 그렇다면 공자의 일반적 교우관은 어떠할까?

공자께서 말씀하셨다.

"도움이 되는 세 가지 벗이 있고, 손해되는 세 가지 벗이 있다. 벗이 정직하고, 벗이 믿음이 있으며, 벗이 많이 알면 도움이 된다. 벗이 편벽되고, 벗이 아첨 잘하고, 벗이 말만 잘하면 손해가 된다."[323]

공자는 정직하고, 믿음이 있고, 많이 아는 벗을 사귀라고 한다. 그리고 손해되는 세 가지 벗의 유형을 말했다. 그런데 『논어』 「계씨」편에

322. 『論語』, 憲問第十四, "幼而不孫弟, 長而無述焉, 老而不死, 是爲賊! 以杖叩其脛."
323. 『論語』, 季氏第十六, "孔子曰, 益者三友, 損者三友. 友直, 友諒, 友多聞, 益矣. 友便辟, 友善柔, 友便佞, 損矣."

나오는 이 표현은 공자의 말이 아닐 가능성이 높다. 그 이유는 『논어』에 기술된 공자의 다른 표현과 격조의 차이가 있다. 공자는 자신을 성찰하는 삶을 강조했다. 『논어』「위령공」편에는 "군자는 자기에게서 구한다君子求諸己"란 표현이 있다. 이 말의 의미는 일상의 정치, 사업, 교우 관계에서 그 결과를 초래한 원인이 자기에게서 비롯된다는 말이다. 그러므로 평소 자신을 성찰하는 삶이 필요함을 은연중 암시하고 있다. 이처럼 공자의 말은 표현이 간결하고 유연하며 함축적이다. 이것보다 조금 나아간 것은 다음과 같은 정도이다. 「위령공」편에는 사마우가 역시 군자에 대해서 묻는 장면이 나온다. 사마우는 앞서 설명한 바와 같이 송나라의 실권자 사마환퇴의 동생이다. 공자가 송나라에 있었을 때 환퇴는 특별한 이유 없이 공자를 죽이려고 했다. 다행히 공자 일행은 큰 화를 입지 않고 빠져나왔다. 그런데 사마환퇴는 그로부터 11년 후에 결국 반란을 일으켰다. 그리고 환퇴의 형인 상소向巢도 가담했다. 사마우는 반란을 일으킨 형들의 장래를 생각하니 두려움이 너무 컸다. 이런 사마우와 공자의 대화이다.

사마우가 군자에 대해 묻자 공자께서 말씀하셨다.
"군자는 근심도 두려움도 없는 법이다."
사마우가 말했다.
"근심도 두려움도 없다면, 이것이 군자의 모습입니까?"
공자께서 말씀하셨다.
"내 안을 성찰하여 꺼림칙함이 없다면 무엇을 근심하며 두려워하겠는가?"[324]

324. 『論語』, 顏淵第十二, "司馬牛問君子. 子曰, 君子不憂不懼. 曰, 不憂不懼, 斯謂之君子已乎? 子曰, 內省不疚, 夫何憂何懼?"

공자는 군자의 자세 중의 하나로서 내 안을 성찰하여 거리낌이 없어야 됨을 말했다. 그렇게 하면 근심과 두려움이 있을 수 없다고 했다. 군자의 모습에 대한 표현을 위에서는 "자기에게서 구한다"라고 했고, 여기서는 "내 안을 성찰한다"라고 했다. 이처럼 간결하고 유연하며 함축적인 것이 공자의 표현 방식이다. 공자의 어법과 제자 증삼과를 비교해 보자.

『논어』「학이」편에는 수신의 방법으로 증자가 "나는 하루에 세 번이나 자신을 성찰반성한다吾日三省吾身"라고 말하는 대목이 있다. 또「태백」편에는 역시 증자가 "군자가 귀하게 여기는 도가 세 가지 있다. 몸을 움직일 때는 포악함과 게으름을 멀리하며, 안색을 바르게 하여 믿음이 있게 하며, 말을 할 때는 비루하고 천한 말을 멀리해야 한다."[325]라고 말한 대목이 있다. 공자는 평소 증삼을 평하기를 둔하다고 했다. 증삼은 다른 제자들에 비하여 총명함이 다소 떨어졌지만 성실과 돈독함으로 공자의 학문을 배우고 후세에 전했다. 따라서 증자의 표현은 횟수 등을 제시하여 보다 엄격하고 확실한 것이 특징이다. 따라서 위의 '도움이 되는 세 가지 벗'과 '손해되는 세 가지 벗'은 공자의 어법보다는 증삼의 어법에 어울린다. 아마도 이것은 증삼의 생각을 공자의 이름에 가탁假託사람이나 사물에 기대어 자신의 생각을 반영함하여 증삼의 제자들이 덧붙인 문장일 가능성이 높다. 특히『논어』,「계씨」편에는 위와 비슷한 유형의 문장이 많은데, 상당수가 후세에 덧붙여진 것으로 보인다. 그렇지만 이러한 문장들을『논어』의 분석에서 완전 배제하는 것은 바람직하지 않다. 비록 공자의 직접 표현이 아니더라도 전체적인 뜻이 공자의 사상을 이어받고 있다면『논어』의 분석에서 참고해야 마땅하다. 그렇다면 교우관계에 대한 공자의 진짜 표현은 무엇일까?

325.『論語』, 泰伯第八, "君子所貴乎道者三. 動容貌, 斯遠暴慢矣. 正顏色, 斯近信矣. 出辭氣, 斯遠鄙倍矣."

"군자는 중후하지 않으면 위엄이 없고, 학문은 고루하지 않아야 한다. 마음속에서 우러나오는 것과 믿음을 주로 하며, 자기보다 못한 것에 친하지 말며無友不如己者, 과실이 있으면 고치기를 꺼리지 말아야 한다."[326]

공자는 군자의 여러 처신 중의 하나로서 교우관계를 언급했다. 바로 '무우불여기자無友不如己者'라고 했다. 이것에 대한 해석을 놓고 다소 논란이 있다. 주희를 비롯해 대부분의 학자들은 "자기만 못한 자를 친구로 사귀지 마라"라고 해석한다. 그러나 이럴 경우 유학의 핵심 덕목인 인仁과 상충相衝서로 어긋남된다.

'무우불여기자'에서 '친구로 사귀다友'의 대상은 사람 자체를 말한 것이 아니라 배움의 대상이 되는 덕목이나 가치를 말한 것이라고 생각한다. 공자는 "세 사람이 가는 경우에 반드시 나의 스승이 있다. 그 선한 것을 가리어 따르겠다"[327]라고 말한 바 있다. 여기서 세 사람이란 자신을 포함하여 말한 것이므로 동행하는 다른 두 사람에게 내가 본받을 점이 있다는 말이다. 이 말은 그 사람 자체가 나의 스승이라는 말이 아니라 그 선한 행위나 가치를 선별하여 본받자는 말이다. 마찬가지로 위에서 말한 친구도 사람 자체를 말하는 것이 아니라 그 사람이 가지고 있는 덕목이나 가치를 말한 것으로 보아야 한다. 이럴 경우 '무우불여기자'의 해석은 "자기자신의 덕보다 못한 것者덕 혹은 가치에 친하지 말아야 한다"로 된다. 이렇게 해야 공자의 인仁과 평등을 지향하는 공자의 일관된 사상과 상합을 이루게 된다.

---

326. 『論語』, 學而第一, "君子不重則不威, 學則不固. 主忠信. 無友不如己者. 過則勿憚改."
327. 『論語』, 述而第七, "三人行, 必有我師焉. 擇其善者而從之."

9절
나의 도는 하나로 통한다

충서

인仁이 공자 사상의 내용적 가치라 한다면 공자 사상에서 인을 비롯한 다양한 덕목들을 구현하는 방법론은 무엇일까? 앞에서 논의한 바와 같이 공자의 제자 중에 증삼증자은 효행이 돈독한 제자였다. 증삼의 아버지는 증점曾點으로 공자의 초기 제자이며, 증삼은 후반기의 제자이다. 어느 날 공자가 제자들이 모인 가운데서 증삼을 지목하여 말했다.

"삼아! 나의 도는 하나로써 관철되느니라."
그러자 증삼이 말했다.
"네, 그렇습니다."
공자가 나가자 문인들이 증삼에게 물었다.
"무슨 말입니까?"
그러자 증삼은 말한다.
"선생님의 도는 충서일 뿐입니다."[328]

---

328. 『論語』, 里仁第四, "參乎! 吾道一以貫之. 曾子曰, 唯, 子出, 門人問曰, 何謂也? 曾子曰, 夫子之道, 忠恕而已矣."

여기서의 도道는 추상적 관념이 아닌 현실적이며, 실천적인 인륜을 의미한다. 공자는 인륜을 '하나로써 관철시키는 것一以貫之'이 있다고 했는데, 증삼은 공자의 설명을 더 이상 듣지도 않고 공자가 말하려는 것을 추측하여 '예唯'라고 대답했다. 그러자 이를 깨닫지 못한 다른 제자들이 증삼에게 그것이 무엇이냐고 묻자 증삼은 그것은 바로 충서忠恕라고 말하는 장면이다.

공자와 증삼의 이러한 모습은 영산靈山에서의 석가와 그의 제자 가섭의 모습과 서로 비슷하다. 어느 날 석가가 영산에서 설법을 행할 때 꽃을 들어 대중에게 보이니, 아무도 그 뜻을 몰랐으나 가섭만이 미소를 지었다. 비록 석가가 꽃을 든 의미를 말하지 않았으나 제자 가섭은 그 뜻을 알아차리고 미소를 머금은 것이다. 여기에서 '염화미소拈華微笑'란 말이 비롯되었다. '염화미소'란 꽃을 집어 들자 미소를 지었다는 의미이다. 증삼은 공자가 자신의 도를 관철하는 것이 무엇인지를 말하지 않았으나 가섭이 석가의 행동의 의미를 알고 미소를 지었듯이 증삼도 '예' 하고 대답했다.

남의 마음이 내 마음이다

충서를 각각 독립된 글자로 풀이하는 견해가 있고 '서'를 중심으로 풀이하는 견해가 있다. 주희는 자신을 다하는 것이 '충'이고 자신으로 미루어보는 것을 '서'라 하여 각각 독립된 글자로 본다. 정자程子는 '충'은 천도天道이고 '서'는 인도人道이며, '충'은 망령됨이 없고 '서'는 충에서 행하여지는 것이라 하여 충서를 체용體用본체와 작용의 관계로 파악한다. 그러나 다산茶山은 하나로써 관철된다는 말과 일치하려면 두 개의 독립된 의미로 볼 수 없다고 주장한다. 그리하여 다산은 『논어』 「위령공」편에서 그 해결의 단서를 찾는다.

> 자공이 물었다.
> "한마디로써 종신토록 행할 만한 것이 있습니까?"
> 공자께서 말씀하셨다.
> "서恕이니라. 자기가 원치 않는 것을 다른 사람에게 베풀지 마라."[329]

여기서 공자는 종신토록 행할 만한 것을 한마디로 '서'라고 하고 있다. 다산은 앞의 문장과 이 문장이 의미상 서로 상합을 이룬다고 보아 충서에서 중심어는 '서'로 규정한다. 또 『중용』 13장에는 "충서는 도와 거리가 멀지 않으니 자기 몸에 베풀어보아 원하지 않는 것을 남에게 베풀지 마라"[330]라는 표현이 있다. 다산은 『중용』에서 충서의 의미가 『논어』에서 공자가 '서'를 풀이한 것과 같음을 논거로 하여 충서의 중심어를 '서'로 본다. 다산의 견해에 따른다면 충서의 의미는 마음 가운데에서 우러나오는 것으로 남의 마음을 내 마음처럼 헤아리는 것이 된다.[331]

충서는 공자에게 있어서 인간 주변의 사물과 사람을 인식하고 대우하는 대표적 처세론이자 방법론이기 때문에 '인'을 구현하는 방법론이기도 하다. 앞에서 우리는 『논어』「옹야」에 나오는 공자의 '인'에 대한 실천 방법을 살펴보았다. 그 내용은 이러했다.

> "자기가 서고 싶으면 남도 세워주고 자기가 통달하고 싶으면 남도

---

329. 『論語』, 衛靈公第十五, "子貢問曰, 有一言而可以終身行之者乎? 子曰, 其恕乎! 己所不欲, 勿施於人."

330. 『中庸』, 13章, "忠恕違道不遠, 施諸己而不願, 亦勿施於人."

331. 『與猶堂全書』, 2집2권論語古今註, "行恕以忠, 故孔子單言恕而曾子連言忠恕也, 周禮疏云中心爲忠女心爲恕, 盖中心事人謂之忠, 忖他心如我心謂之恕也."

통달하게 해주는 것이다. 가까이서 취하여 비유하는 것이 인의 방법 이다."[332]

여기서 '인'의 방법으로 제시한 '자기가 서고 싶으면 남도 세워주고'와 '자기가 통달하고 싶으면 남도 통달하게 해주는 것' 그리고 '가까이서 취하여 비유하는 것'은 내 마음으로 미루어 남을 헤아리는 충서의 사유 방식과 일치한다. 이런 관점에서 다음과 같은 표현도 있다. 안회처럼 덕행으로 공자의 인정을 받은 염옹[333]이 '인'에 대해 묻자 공자가 말했다.

"문을 나설 때에는 큰 손님을 뵌 듯이 하고, 백성에게 일을 시킬 때는 큰 제사를 모신 듯이 하라. 자기가 원치 않는 것을 다른 사람에게 베풀지 마라."[334]

공자는 바깥의 사람들을 극진한 예로 대할 것이며, 관리로서 백성을 부릴 때에는 제사를 모시는 경건한 마음으로 백성을 대하라고 주문한다. 이러한 '인'의 실행은 내가 원하는 것을 다른 사람도 갖고 있음을 인식할 때, 그리고 자기가 원하지 않는 것은 다른 사람도 원하지 않는다는 것을 인식할 때 가능하다. 그런데 이것은 본래 공자 스스로 '서恕'의 의미로서 말한 것이기도 하다. 이처럼 공자는 '인'과 '서'를 같은 의미로서 정의를 내리기도 했다. 공자가 '인'과 '서'를 같은 의미로서 정의를 내린 것은 '인'을 실천하는 사유 방식으로 '서'를 지목한 것이라고 생각된다. '서'와 같은 『논어』의 사유 방식을 정자는 '추기급물推己及

332. 『論語』, 雍也第六, "夫仁者, 己欲立而立人, 己欲達而達人. 能近取譬, 可謂仁之方也已."
333. 성(姓)은 염(冉), 이름은 옹(雍), 자(字)는 중궁(仲弓)이다.
334. 『論語』, 顔淵第十二, "仲弓問仁. 子曰, 出門如見大賓, 使民如承大祭. 己所不欲, 勿施於人."

物'로 표현한다. 추기급물은 직역하면, "나를 미루어 다른 사물에게 미치게 한다"이다. 바로 자신이 원하는 것을 다른 사람도 원한다는 생각, 자신이 원치 않으면 다른 사람도 원치 않는다고 생각하는 '서'의 사유 방식을 표현한 것이다.[335]

이것으로 보면 '서'는 공자의 도를 깨닫는 방법론적 사유 방식으로서 학문과 생활과 정치를 일관하는 삶의 도덕적 지혜이다. 그렇기 때문에 '인'을 포함한 인간의 도덕을 실천할 때 '서'는 또한 그 사유 방식으로 작용하는 것으로 보아야 한다.

원수를 덕으로 갚을 수는 없을 것이다

우리는 살다 보면 사람과의 관계에서 도움과 사랑을 받기도 하지만 피해나 억울한 일을 당하기도 한다. 그 피해와 억울함이 클 경우 상대방을 원수로 생각한다. 공자는 원수를 어떻게 보고 있는가? 여기에 대해서는 노자와 서로 직접적으로 비교된다. 노자 『도덕경』에는 "크고 작고, 많고 적은 것으로 만들어진 원한을 덕으로 갚아라大小多少, 報怨以德" 라는 말이 있다. 노자의 말은 여러 가지로 해석될 수 있다. 마음을 비우면 원수가 못된 생각에 휘말린 불쌍한 인간으로 보일 수 있다거나, 원수를 원수로 갚으면 악순환을 가져온다는 것일 수도 있다. 공자는 이렇게 생각한다.

"어떤 사람이 '덕으로써 원한을 갚는다'라고 했습니다. 어떻게 생각

---

335. 정자(程子)는 『논어』의 인(仁)을 이기급물(以己及物), 서(恕)를 추기급물(推己及物)로 나누어 이해한다. 그러나 맹자(孟子)의 집해에서 정자는 인(仁)을 추기급인(推己及人)으로 쓰기도 했다. 일반적으로 추기급물은 공자 이래로 유학의 대표적 사유 방식으로 전승되어 왔다.

합니까?"

공자께서 말씀하셨다.

"무엇으로 (덕을 베푼 자에게) 덕을 갚을 것인가? 정직하게 원한을 갚고, 덕을 베푼 사람에게는 덕으로 보답하라."[336]

공자에게 먼저 말을 꺼낸 자가 누구인지는 알 수 없다. 여기서 '어떤 사람或'은 노자를 지칭한다. 공자는 원수를 용서하라는 말을 하지 않는다. 원한을 덕으로 갚는다면, 덕을 베푼 자에게 당연히 덕으로 갚아야 되는데, 이것과 서로 구별되지 않는다는 것이다. 원수는 다만 정직하게 갚으면 된다. 여기서 '정직直'의 의미를 주희는 애증의 감정에 있어서 한결같이 공평하고 사사로움이 없는 것이라고 주해註解본문의 내용을 풀이함했다. 주희의 주해를 근거로 하여 해석하면, 덕을 베푼 사람이나 원한을 준 사람에게 모두 덕으로써 갚는 것은 공평하지 않다. 그리고 원수를 갚는 경우에는 객관적으로 보면 원수가 아닌 것을 자신의 사적인 문제와 연루시켜 원수로 여겨서도 안 되며, 사소한 것을 자신이 확대하여 원수로 여겨서도 아니 된다. 그렇지만 내 마음의 공평무사한 감정에서 우러나와 원수를 갚는 것은 가능하다 할 것이다.

---

336. 『論語』, 憲問第十四, "或曰, 以德報怨, 何如? 子曰, 何以報德? 以直報怨, 以德報德."

10절
도덕을 갖춘 인간의 모습

군자

『논어』나 『맹자』에는 도덕적인 인간들에 대한 명칭이 다양하게 나온다. 즉, 군자君子, 현자賢者, 인자仁者, 선인善人, 성인成人, 대인大人, 성인聖人 등인데, 모두 인간의 도덕적 품성에 관한 내용을 담고 있는 용어들이다. 공자가 도덕적 인간을 표현할 때 일반적으로 사용한 용어는 군자이며 대인과 성인은 군자의 상위개념으로 사용했다.

중국에서 군자는 귀족을 지칭하는 명칭이었으나 공자 이후에는 인격을 갖추고 현실 정치에 참여하는 사람을 지칭하게 되었다. 공자가 생각한 군자의 모습을 살펴보면 다음과 같다.

첫째, 군자는 인仁과 의義와 같은 덕을 실천하려고 노력하는 인물이다. 공자는 말했다.

"군자는 덕을 마음에 품고 소인은 땅을 마음에 품는다."[337]

337. 『論語』, 里仁第四, "君子懷德, 小人懷土."

"군자가 인仁을 버리면 어찌 군자라는 이름을 이루겠는가?[338]

군자는 평소 덕을 보존하고 실천하기를 생각하는 사람이다. 그러나 소인은 자신의 이익에 관계되는 땅을 욕심내는 사람이다. 특히 군자는 공자가 중요하게 여기는 인仁이라는 덕을 평소 실천할 것을 기본적으로 생각하고 있어야 된다. 또 군자는 의義를 추구해야 한다.

"군자는 천하에서 꼭 좇는 것도 없고, 하지 않는 것도 없지만 의義를 따를 뿐이다."[339]

군자는 비록 다른 명분은 추구하지 않더라도 '의義의로움'의 추구는 필수 불가결한 것이라 보고 있다. '의'는 '이利이로움'와 서로 비교되어 논의될 때 그 개념이 더욱 명료해진다. 만일 '의'를 행하지 않고 '이'를 쫓는다면 어떠한가? 여기에 대해 공자는, "이利에 의지하여 행동을 하면 많은 원망이 생긴다"[340]라고 했다. '의'를 추구하면 개인의 이익을 멀리해야 하는 경우도 있고 심지어 목숨을 내놓아야 하는 경우도 있지만, '의'를 추구하는 것은 바른 역사를 세우고 다수의 선량한 백성을 위한 길이다. 그러나 '이'를 추구하는 것은 개인이나 같은 패거리들을 위한 것이 되기 때문에 많은 사람들에게 원망을 사게 마련이다.

둘째, 군자는 사람 됨됨이와 학문이 서로 조화를 이룬 자이다. 어느 한쪽만이 지나치면 균형 있는 감각을 지니기 어렵다.

"본바탕이 문채文彩문장을 아름답게 꾸며 쓴 멋를 이기면 투박하고, 문채가 본

---

338. 『論語』, 里仁第四, "君子去仁, 惡乎成名?"
339. 『論語』, 里仁第四, "君子之於天下也, 無適也, 無莫也, 義之與比."
340. 『論語』, 里仁第四, "放於利而行, 多怨."

바탕을 이기면 겉치레만 잘함이니 본바탕과 문채가 조화를 이룬 연후에야 군자이다."[341]

군자는 인성적 자질과 학문이 조화를 이루어야 한다. 이것은 마치 백지에 채색을 하는 것과 같아서 지나친 채색은 근본 바탕인 백색을 아예 묻어버릴 수가 있다. 공자는 그 외에 "군자는 두텁지 않으면 위엄이 없다. 학문은 고루하지 않아야 하며 충과 신에 주력하라"[342]라고 말했다. 군자는 성품이 온후하며 학문에는 유연하고 충과 신과 같은 덕을 실천하는 사람이라는 말이다.

셋째, 군자는 스스로를 반성하며 군자의 도를 몸소 실천하려는 사람이다. 이것은 군자와 소인을 가르는 기준이 되기도 한다.

"군자는 (원인을) 자기에게서 구하고 소인은 (원인을) 다른 사람에게서 구한다."[343]

군자는 일에 있어서 실패나 낭패를 보게 되면 그 원인이 자신의 능력이나 덕의 문제에 있다고 보고 다른 사람 탓을 하지 않는다. 공자 제자 자하[344]는 군자에 관해 일면을 말했다. "여러 공인工人들은 공장에서 그 작업을 완성하며 군자는 배움으로써 그 도를 실천한다."[345] 군자는 평소 학문에 힘쓰고 군자의 도를 몸소 실천하는 사람이라고 자하는 보고 있다.

넷째, 군자는 유연한 사고와 넓은 안목을 가진 사람이다. 다시 말해

---

341. 『論語』, 雍也第六, "質勝文則野, 文勝質則史. 文質彬彬, 然後君子."
342. 『論語』, 學而第一, "君子不重則不威, 學則不固. 主忠信."
343. 『論語』, 衛靈公第十五, "君子求諸己, 小人求諸人."
344. 공자 제자로 성은 복(卜), 이름은 상(商)이다. 자하(子夏)는 자(字)이다.
345. 『論語』, 子張第十九, "百工居肆以成其事, 君子學以致其道."

편협하거나 종지 같은 작은 도량을 가진 사람은 군자가 될 수 없다.

> "군자는 그릇이 아니다."[346]

> "군자는 보편적이고 편을 짓지 않으나 소인은 편을 짓고 보편적이지 않다."[347]

그릇은 크기가 일정하기 때문에 각기 그 쓰임이 정해져 있다. 그러나 군자는 두루두루 통하고 유연한 사고를 가졌기 때문에 상황에 따른 적절한 처신을 할 수가 있다. 그리고 군자는 넓은 안목을 가지고 있기 때문에 평화, 인권, 평등, 자연 사랑과 같은 인류의 보편적 가치를 추구하는 사람이지만, 소인은 사적인 이해관계에 연연하여 학연, 지연, 종교에 따라 뭉치고, 자기들끼리 다 해먹으려는 사람이다. 우리나라에서 선거 때 "우리가 남이가?"를 외치며 지역 정서를 이용하고자 하는 자가 있다면 이것은 전형적인 소인배의 모습이라 할 것이다.

다섯째, 군자는 수기修己와 치인治人을 병행하는 사람이다. 수기는 개인적 차원이며 치인은 사회적 차원이다. 치인이란 남을 교육하는 말과 정치적으로 치화治化백성을 잘 다스려 교화함한다는 말을 통틀어서 하는 말이다. 공자는 "배우면서 싫증을 내지 않고, 남을 가르침에 게으르지 않다"[348]라고 했는데, 바로 수기와 치인을 병행하는 군자의 모습이다. 공자와 자로의 다음 대화에서 이 점이 더 분명히 드러난다. 어느 날 자로가 군자의 모습에 대해 묻자 공자는 말했다.

---

346. 『論語』, 爲政第二, "君子不器."
347. 『論語』, 爲政第二, "君子周而不比, 小人比而不周."
348. 『論語』, 述而第七, "學而不厭, 誨人不倦."

"자신을 수양하여 다른 사람을 편안하게 해야 한다."[349]

공자는 분명 군자의 모습을 수기로써 자신의 덕성을 온전히 하여 다른 사람을 다스리는 사람으로 보고 있다. 즉 군자는 자신의 수양에 당연히 힘써야 하는 것이지만 기회가 오면 공직에 나아가 온전한 덕성으로 다른 사람을 편안하게 하는 정치를 한다면 매우 이상적인 모습이라는 말이다.

조선의 율곡은 "성현의 학문은 수기치인에 불과하다聖賢之學, 不過修己治人而已矣"라고 했고, 다산은 "공자의 도는 수기치인일 뿐이다孔子之道 修己治人而已"라고 했다. 율곡과 다산 모두 유학의 특징을 수신과 현실 정치에 참여하는 것을 본질로 보았다. 이런 맥락에서 볼 때 유학의 본질적 특징을 구현하고 있는 "자신을 수양하여 다른 사람을 편안하게 한다"라는 말은 유가에서 이상적 인간상으로 설정한 군자의 모습을 가장 적절하게 정의한 것이라 할 수 있다. 그러나 당시에 군자는 별로 없었던가 보다. 공자는 "성인은 내가 볼 수 없을지언정 군자라도 볼 수 있으면 좋겠다"[350]라고 했다. 군자가 두루 존재하는 사회는 도가 행하여지는 사회이다. 그러나 당시에 도는 행하여지지 않았고 군자는 볼 수 없었기에 그는 천하를 돌며 도를 전파하려고 했다.

성인

군자가 일반적인 도덕적 인간을 지칭했다면 대인과 성인은 군자의 상위개념으로 사용된 용어이다. 『논어』「계씨」편에는 "군자가 두려워할

349. 『論語』, 憲問第十四, "修己以安人."
350. 『論語』, 述而第七, "聖人, 吾不得而見之矣. 得見君子者, 斯可矣."

것이 세 가지가 있으니 천명을 두려워하고, 대인을 두려워하고 성인의 말씀을 두려워한다"[351]라는 표현이 있다. 이와 같이 공자는 분명 군자의 상위개념으로 대인과 성인을 말하고 있으나 대인에 관해서는 그 외에 별다른 언급이 없어서 그 성격이 모호하다.

성인은 어떠한 인물이어야 하는가? 『논어』에는 성인의 일반적 기준으로 볼 수 있는 대목이 있다. 공자는 인간의 재능에 따라 인간을 네 개의 등급으로 보았는데, 이 중 맨 위의 상급은 '태어나면서 아는 자生而知之'이다. 일반적으로 성인은 이 부류에 들어간다. 그러면서 공자는 자신을 태어나면서부터 아는 자가 아니라고 낮추어 말했다. 그렇지만 송대宋代의 정자程子는 공자를 태어나면서 아는 자의 반열에 포함시켰으며, 공자의 제자를 포함하여 후세의 사람들은 공자를 성인으로 호칭하고 있다.

앞의 7절에서 살펴본 바와 같이 어느 날 공자의 제자 안회와 자로가 공자 옆에서 시중을 들고 있었는데, 공자가 그들에게 하고자 하는 것이 있는지를 말해보라고 했다. 그러자 자로는 "수레와 말과 가벼운 갖옷짐승가죽으로 만든 옷을 친구와 함께 쓰다가 해지더라도 유감이 없습니다"라고 했고, 안회는 "잘하는 것을 과시하지 않으며, 공로를 과장하지 않고자 합니다"라고 했다. 자로가 공자는 하고자 하는 것이 무엇인지 궁금하여 묻자, 공자는 이렇게 말했다.

> "노인을 편안하게 하며, 친구를 믿음으로 대하며, 어린아이를 감싸 주고자 한다."[352]

정자程子는 세 사람의 모습을 보고 평하길, "선생님은 인을 편안하게

---

351. 『論語』, 季氏第十六, "君子有三畏 : 畏天命, 畏大人, 畏聖人之言."
352. 『論語』, 公冶長第五, "子曰, 老者安之, 朋友信之, 少者懷之."

행한 것이고安仁, 안회는 인을 어기지 않은 것이고不違仁, 자로는 인을 구한 것이다求仁"라고 했다. 앞에서 군자의 조건 중의 하나가 인을 버리지 않는 것이었다. 안회는 평소 인을 어기지 않고 실천하려고 노력했으며, 자로는 인이 부족하긴 하나 노력하여 구하려 했다는 말인데, 둘 다 인을 버리지 않은. 점에서 공통되므로 안회와 자로는 분명 군자의 반열이다. 두 사람에 비해 공자는 인이 생활이 되어 자연스럽게 표출된다는 말이다. 바로 인을 어기지 않고不違仁, 인을 구하는求仁 단계는 군자이며, 안인安仁인을 편안하게 행함의 단계는 성인이다. 앞에서 논의한 바와 같이 공자는 인자仁者라는 호칭을 함부로 사용하지 않았다. 그는 안인安仁의 단계에 이르렀을 때 인자란 표현을 썼다. 이것으로 보면 인자는 덕으로써 성인을 호칭할 때 쓰는 표현임을 알 수 있다. 안인은 바로 성인이나 행할 수 있는 경지이다.

성인은 겸손한 언행이 특징이다. 앞에서 말한 바와 같이 공자는 성인의 반열에 들어가는 '태어나면서 아는 자生而知之'의 부류에 자신을 넣지 않고 스스로 옛것을 좋아하고 민첩하게 그것을 구하는 자라고 자신을 낮추어 말했다. 그뿐만 아니다. 한 걸음 더 나아가 공자는 자신이 성인도 아니고 인자도 아니라고 했다.

> 공자께서 말씀하셨다.
> "성聖과 인仁으로 말하면 내가 어찌 감히 있다고 할 수 있겠는가? 그러나 그것을 행함에 싫증을 내지 않고, 사람을 가르치되 게으르지 않은 것은 그렇다고 말할 수 있을 것이다."[353]

문맥으로 미루어보면 당시에 공자를 성인이나 인자로 호칭하는 사람

353. 『論語』, 述而第七, "子曰, 若聖與仁, 則吾豈敢? 抑爲之不厭, 誨人不倦, 則可謂云爾已矣."

들이 있었던 모양이다. 그러자 공자는 성聖성인의 품성과 능력과 인仁어짐이 자신에게는 없다고 했다. 다만 자신에게 있다면 성과 인을 행하려는 노력과 사람을 가르칠 때 열심히 하는 것 정도가 있다고 했다.

성인은 평소 성정性情이 상황에 적절하게 표현된다. 편안한 일상에서는 그 모습이 우아하고 온화하며, 슬픈 일이 있을 때에는 거기에 적합한 행동이나 표정이 마음속으로부터 자연스럽게 나온다. 제자들이 말한 공자의 모습이다.

"선생님께서는 한가하신 때에는 몸을 쭉 편 듯하시고 온화한 표정을 하셨다."[354]

"선생님께서는 상喪을 당한 사람의 옆에서 배불리 먹지 않으셨다. 곡哭을 한 그날에는 노래를 부르지 않으셨다."[355]

일반 사람들은 일이 없고 한가한 때에는 자칫하면 게으르고 나태한 모습을 보이기 쉽다. 아니면 가르치는 자들은 너무 엄숙한 모습을 보일 수도 있다. 그러나 공자는 한가한 때에는 몸을 쭉 풀어놓으면서도 온화하고, 상례와 같은 슬픈 일을 보면 슬퍼하는 마음과 거기에 합당한 예절이 자연스럽게 표현되기도 했다. 정자程子는 이것을 성인만이 갖는 중화中和의 기상이라고 표현했다. 중화란 내부의 감정이 외부로 올바르고 적절하게 표현된 것을 말한다. 또 공자의 식생활은 어떠할까?

"밥은 깨끗이 찧은 것을 싫어하지 않으시며, 회膾는 가늘게 썬 것을 싫어하지 않으셨다. 밥이 상하여 쉰 것과 생선이 문드러지고 고기

354. 『論語』, 述而第七, "子之燕居, 申申如也, 夭夭如也."
355. 『論語』, 述而第七, "子食於有喪者之側, 未嘗飽也. 子於是日哭, 則不歌."

가 부패한 것을 먹지 않으시며, 빛깔이 나쁜 것을 먹지 않으시며, 악취 나는 것을 먹지 않으셨다. 덜 익힌 음식을 먹지 않으시며, 때가 아니면 먹지 않으셨다. 자른 것이 바르지 않으면 먹지 않으셨고, 간장이 없으면 먹지 않으셨다. 고기가 비록 많다 하더라도 싫증 나도록 먹지 않으셨고, 술은 일정한 양이 없으셨으나 어지러운 지경에 이르지 않게 하셨다."[356]

공자의 식생활은 먹을 만한 것을 먹고, 먹지 말아야 할 것은 먹지 않았으며, 탐식하지 않은 절제력을 갖추었다는 말이다. 평소의 식생활 역시 때와 음식과 자신의 상태에 따라 자연스럽고 합당하게 이루어졌음을 알 수 있다. 성인으로서의 공자는 괴이한 행동을 하는 것도 아니고, 신묘한 능력을 갖춘 것도 아닌 아주 절제된 자연스러움을 갖춘 인물이다. 이러한 성인으로서의 공자의 모습을 총체적으로 표현한 말이 있다. 내용은 이러하다.

"선생님께서는 온화하면서 엄숙하고, 위엄이 있으면서도 사납지 않고, 공손하면서 편안하셨다."[357]

공자는 덕성이 온전하고 기질이 치우치지 않아서 중화의 기운이 용모에 발현된 것을 말하고 있다. 이것은 공자의 모습을 총체적으로 말한 것이기 때문에 정자程子는 공자의 제자 중에서도 공자의 사후까지 살았고 말과 행동이 반듯한 증자曾子의 말일 것으로 추정했다.

후학들에게 성인으로 추앙받는 공자는 자신의 이전에 성인의 범주

356. 『論語』, 鄕黨第十, "食不厭精, 膾不厭細. 食饐而餲, 魚餒而肉敗, 不食. 色惡, 不食. 臭惡, 不食. 失飪, 不食. 不時, 不食. 割不正, 不食. 不得其醬, 不食. 肉雖多, 不使勝食氣. 惟酒無量, 不及亂."
357. 『論語』, 述而第七, "子溫而厲, 威而不猛, 恭而安."

에 들어가는 인물로 요순만 맥락 관계에서 지목했다. 그 외의 인물에 대해서는 매우 삼가는 자세를 보이고 있다.

> 자공이 공자에게 물었다.
>
> "널리 백성에게 베풀어서博施於民 민중을 구제할 수 있다면 인仁이라 일컬을 수 있습니까?"
>
> 공자께서 말씀하셨다.
>
> "어찌 인仁이라고만 할 수 있으리오. 반드시 성인의 일인 것을! 요순도 그리하지 못함을 병으로 여겼느니라."[358]

'널리 백성에게 베푸는 것博施於民'이 '인을 어기지 않거나不違仁' 혹은 '인을 구하는求仁' 단계가 아닌 성인의 영역이고, 요순도 그리하기가 어려웠다는 말이다. 여기서 공자는 요와 순을 성인으로 적시한 것은 아니지만 맥락상 성인으로 지목하고 있다. 성인으로서의 요와 순은 어떠한 인물인가? 공자는 자신이 성인으로 지목한 요임금을 다음과 같이 찬미했다.

> "위대하도다! 요의 군주됨이여! 높고 높구나! 오직 하늘이 위대하거늘, 요만이 그것을 따라 하셨으니, (그 공덕이) 넓고 넓어 백성이 무어라 형용할 수 없었구나!"[359]

요는 하늘의 운행을 파악하고 자연의 순리를 따랐다. 정치적인 면에서 요는 일처리가 공정하며 백성을 잘 이해했으므로 요의 치세에는 가

---

358. 『論語』, 雍也第六, "子貢曰, 如有博施於民而能濟衆, 何如? 可謂仁乎? 子曰, 何事於仁, 必也聖乎! 堯舜其猶病諸."
359. 『論語』, 泰伯第八, "大哉堯之爲君也! 巍巍乎! 唯天爲大, 唯堯則之. 蕩蕩乎. 民無能名焉."

족들이 화합하고 백관의 직분이 공명정대하여 모든 제후국들이 화목했다. 이러므로 요의 치세 기간은 배를 두드리고 땅을 차며 노는 모습인 '고복격양鼓腹擊壤'이라는 말로 표현되는 태평성대의 시기였다. 요는 자신의 아들 단주에게 임금의 자리를 물려주지 않고 순에게 선양한다. 공자는 순을 어떻게 보고 있는가?

"순은 다섯 사람을 신하로 삼고 천하를 다스렸다."[360]

순은 역산에서 농사일을 하다가 효행으로 요에게 등용되었다. 순은 재임기간에 백관百官여러 관직의 업무를 공정하게 했으며, 인정人政어진 정치을 우선으로 하되 법치로 보완했다. 순은 신하들의 업무를 전문적으로 조직화하여 거기에 맞는 인재를 등용했다. 우禹는 물과 흙을 다스리는 책임을 맡는 사공司空에 임명했다. 후직后稷은 농업을 관장했으며, 설契은 교육을 관장했다. 고요皐陶는 법률을 관장했고, 백익伯益은 산과 들의 조수鳥獸를 관장했다. 이것은 신하들의 업무를 조직화, 전문화하여 백성을 깨우치고 백성의 삶을 개선하기 위한 조치였다. 그리고 순은 3년마다 신하들의 공과를 평가하니 모두들 사심 없이 열심히 정사를 보게 되었고 천하가 태평했다. 이와 같이 공자는 성인의 전형으로서 요와 순을 제시했다. 바로 요와 순은 백성에게 널리 베풀고 백성을 구제하려고 노력했던 인물들이었다.

성인과 유사한 개념으로 왕자王者가 있다. 『논어』「자로」편에는 "만약 왕자王者가 있더라도 반드시 1세30년 이후에야 백성이 인仁해질 것이다"[361]라는 표현이 있다. 여기서 왕자를 주희는 성인이 천명을 받아 일어난 것으로 풀이했다. 주희의 해석으로 보면 성인으로서 왕이 된 자

360. 『論語』, 泰伯第八, "舜有臣五人而天下治."
361. 『論語』, 子路第十三, "子曰, 如有王者, 必世而後仁."

라는 의미이므로 왕자는 성왕聖王의 다른 표현인 듯하다. 왕자가 등장해도 1세 이후에야 인仁해질 수 있다는 말은 그만큼 백성을 도덕적으로 교화하기 어렵다는 말이다. 공자가 한번 사용한 왕자의 명칭을 개념화하여 이상정치의 모델로 삼은 자가 순자이다. 순자에 따르면 왕자는 백성의 마음을 얻는 사람으로서 어짊仁, 의로움義, 위세威, 이 세 가지 요건을 모두 갖추고 있는 사람을 말한다.

11절
최고의 경지는 즐기는 것이다

즐기는 것이 최고의 경지이다

공자는 자신의 덕성을 갖추기 위해서 앞선 성인의 언행을 열심히 공부했다. 공자는 이런 자신을 스스로 호학好學학문을 좋아함하는 자라고 표현했다. 즉 공자는 "열 가구의 마을에서도 나만큼 충성스럽고 믿음직한 사람이야 반드시 있지만 나만큼 학문을 좋아하는好學 사람은 없다"[362]라고 하여, 배움에 대한 자신의 열정이 어느 사람보다 뛰어났음을 드러내고 있다. 그렇지만 공자는 '좋아함'보다 상위의 경지는 '즐기는 것'이라고 말한다. 즉 학문이든 직업이든 최고의 경지는 그 자체를 즐기는 것이다.

> "아는 자는 좋아하는 자만 못하고, 좋아하는 자는 즐기는 자만 못하다."[363]

공자는 단순히 알고 있는 자보다 더 지극한 경지에 오를 수 있는 자

362. 『論語』, 公冶長第五, "十室之邑, 必有忠信如丘者焉, 不如丘之好學也."
363. 『論語』, 雍也第六, "知之者不如好之者, 好之者不如樂之者."

는 좋아하는 자이며, 좋아하는 자보다 더 지극한 경지에 오를 수 있는 사람은 즐기는 사람이라고 판단했다. 즐거움의 경지에 오른 사람은 어떤 형태이든지 간에 행동거지에 드러나게 된다.

공자께서 말씀하셨다.

"그 하는 바를 보고, 그 말미암은 바를 살펴보고, 그 편안한 바를 세밀히 보면 사람이 어찌 감출 수 있으리오? 어찌 감출 수 있으리오?"[364]

사람들이 하는 일이나 행동에서 겉모습과 동기 그리고 편안함과 같은 정서적 느낌을 점점 깊이 관찰해보면 그 내면의 모습이 드러나게 마련이다. 주희는 특히 편안함에는 즐거움이 그 안에 내재된 것으로 파악했다. 주희의 주장에 따를 경우 성인의 경지인 안인安仁은 인을 실천하는 것에 즐거움을 느끼는 경지이기도 한 것이다. 또 즐거움은 어떤 일이나 행위의 지속력을 유지하게 한다. 이것은 우리의 경험으로 미루어보면 충분히 이해될 수 있는 부분이기도 하다. 즐거움의 경지는 경제적 여건에 구애를 받지 않는다. 공자 제자 중에 재물 증식에 재주가 있었고 언변이 뛰어난 자공이 공자와 이런 대화를 나눴다.

자공이 말했다.

"가난하지만 아첨하지 않고, 부자이지만 교만하지 않은 것은 어떠합니까?"

공자께서 말씀하셨다.

"옳은 일이다. 그러나 가난하면서 즐거움을 찾고, 부자이면서 예를

364. 『論語』, 爲政第二, "視其所以, 觀其所由, 察其所安. 人焉廋哉? 人焉廋哉?"

좋아하는 것보다는 못하다."

자공이 말했다.

"'시詩에 말하길, 자르는 듯하다가 다시 가는 듯하고, 쪼는 듯하다가 다시 가는 듯하다'고 했는데, 이것을 일컫는 것입니까?"

공자께서 말씀하셨다.

"자공과 더불어 비로소 시를 말할 수 있겠구나!"[365]

자공이 공자에게 가난과 부자인 경우 둘 다를 예로 들어 이상적인 삶의 모습을 물은 것이다. 자공은 공자의 제자 중에 재물 증식에 재주가 있어서 가장 부유하게 살았다. 그러므로 자신을 빗대어 부자이면서 교만하지 않은 것을 묻고 싶었으나, 구색을 맞추기 위해서 가난하지만 아첨하지 않은 것을 끼워서 물었다. 공자는 개인의 사적인 사정과 연계된 두 가지 경우를 한 차원 승화시켰다. 공자는 일반적인 가난과 부자의 상황에서 인간의 보편적 이상적 삶을 말했다. 이 중 가난의 경우를 본다면, 가난하면서 아첨하지 않는 것은 도덕성 면에서 나무랄 데가 없다. 그러나 이것은 정적靜的이며 수세적인 자세이다. 공자는 가난을 개의치 말고 당당하고 의연하게 도道나 자신의 일을 즐기는 것이 더 바람직하다고 보았다.

공자의 가르침을 듣고 영민한 자공은 『시경』에 나오는 시의 의미와 결부시켰다. 자공이 인용한 시는 뼈와 뿔을 자르고 갈며, 옥과 보석을 쪼며 갈고 하는 것처럼 가난하거나 부자이거나 간에 각각 아름다운 삶을 살도록 노력해야 한다는 말이다. 그러자 공자는 자공과 더불어 시를 논할 수 있다고 하며 기뻐했다. 『논어』에서 공자가 더불어 시를 말할 수 있다고 꼽은 제자는 자하와 자공이다. 5절에서 살펴본 바

365. 『論語』, 學而第一, "子貢曰, 貧而無諂, 富而無驕, 何如? 子曰, 可也. 未若貧而樂, 富而好禮者也. 子貢曰, 詩云, 如切如磋, 如琢如磨, 其斯之謂與? 子曰, 賜也, 始可與言詩已矣."

와 같이 공자는 자하가 시의 의미를 내면의 덕과 외면의 예의 관계로 응용하는 것을 보고 자하와 더불어 시를 논할 수 있게 되었다고 말한 바 있다.

공자의 제자 중에 가난했지만 자신이 좋아한 바를 즐긴 인물이 있었으니 바로 안회였다. 앞에서 살펴본 바와 같이 안회는 덕행이 돋보이는 제자였지만 집안이 늘 가난해서 누추한 곳에서 살고 있었다. 그러나 안회는 학문과 같은 자신이 즐겨 하는 것을 바꾸지 않았다. 그런 안회를 보고 공자는 말했다.

> "현명하구나, 안회여! 밥 한 그릇과 물 한 바가지로 누추한 곳에 살고 있구나. 다른 사람들은 그것을 견뎌내지 못할 텐데, 안회는 자기가 즐겨 하는 바를 바꾸지 않는구나!"[366]

안회는 누추한 곳에서 살고 있었지만 비굴한 모습을 보이지 않고 편안하고 당당하게 자신이 하고 싶은 일을 하는 것을 즐거움으로 삼고 있었다. 공자는 안회의 이런 모습을 칭찬해주고 있다. 그러나 안회를 인자仁者라고 표현할 수는 없을 것이다. 인자는 안인安仁, 즉 공자가 생각한 최고의 덕인 인을 편안하게 실천하는 사람, 혹은 인을 실천하면서 즐거움을 느끼는 사람이다. 여기서의 안회는 어려운 경제적 환경에서 자신의 삶을 즐기는 것이기 때문에 안인의 경지까지 말한 것은 아니다.

그렇지만 어려운 환경에서 얻는 즐거움의 경지는 아무나 도달하기 어려우며 무작정 노력한다고 얻어지는 것도 아니다. 북송의 유학자 사량좌謝良佐[367]는 이러한 경지에 오른 자는 공자의 제자 중에서 안회와

366. 『論語』, 雍也第六, "賢哉, 回也! 一簞食 , 一瓢飮 , 在陋巷. 人不堪其憂, 回也不改其樂. 賢哉, 回也!"

민자건 정도를 들고 있다. 이것은 일정한 품성이 형성되어야 오를 수 있는 경지이다.

> 공자께서 말씀하셨다.
>
> 불인자不仁者어질지 못한 자는 오랫동안 곤궁한 것에 머물지 못하며, 오랫동안 즐거움에 머물지 못한다.[368]

안회 같은 경우는 '인을 어기지 않는不違仁' 경지, 다시 말하면 평소 인을 실천하려고 노력하는 사람이기 때문에 곤궁한 것을 받아들이고 자신의 삶을 즐기는 생활을 오랫동안 할 수 있다. 그러나 불인자는 곤궁한 곳에 머무르다 보면 즐거움이 아니라 염치가 없어지고 빈티가 넘쳐 난다. 그 이유는 불인자는 남을 사랑하는 마음이 없고 각박하기 때문에 곤궁한 것에 얽매여 품성이 더욱 망가지기 때문이다.

결론한다면 최고의 경지는 즐기는 것이다. 이 중 어려운 환경에서의 즐거움의 경지는 기본적으로 인을 실천하려고 노력하는 자라야 가능하다. 이런 품성을 바탕으로 할 때 곤궁한 상황에서 오랫동안 진정한 즐거움의 경지를 누릴 것이다. 다만 즐거움의 대상은 여러 유형이 있을 수 있으나, 최고의 즐거움은 인을 실천하며 갖는 즐거움이다.

부귀는 나에게 뜬구름과 같다

공자도 물론 즐거움의 경지를 추구했다. 공자가 진陳나라, 채蔡나라를

367. 중국 북송의 유학자(1050~1103). 자(字)는 현도(顯道)이다. 정호(程顥)와 정이(程頤)의 제자이며, 정문(程門)의 네 선생 가운데 한 사람이다.
368. 『論語』, 里仁第四, "不仁者, 不可以久處約, 不可以長處樂."

거쳐 방문한 지역은 섭 땅이었다. 이 무렵은 공자가 노나라를 떠난 지 7년 정도 되는 해였다. 섭 땅은 본시 채나라의 땅이었는데, 초나라가 빼앗아 대부인 섭공葉公에게 다스리게 하고 있었다. 섭공은 공자에 대해 호기심이 많았던 모양이다. 하루는 섭공이 공자의 제자 자로를 만났다.

> 섭공이 자로에게 공자에 대해 물었지만 자로가 대답을 못했다. 그러자 공자께서 말씀하셨다.
> "너는 왜 그 사람됨이 분발하면 먹는 것을 잊고, 즐거움으로써 근심을 잊기 때문에 늙어가는 것을 알지 못하는 사람이라고 말하지 않았느냐?"[369]

공자가 자신에 대해 학문이나 이치를 깨닫는 것을 즐거워하는 자라고 표현한 것으로 보아 즐기는 경지에 대해 나름 깊은 성찰을 한 이후의 상황으로 보인다. 그리고 그것이 진정한 자신의 특성임을 자부하고 있다. 프로의 향기가 짙게 배인 표현이다.

그러나 즐거움의 경지는 단순히 정서적 쾌락을 의미하는 것이 아니다. 도덕적으로 정의롭지 못한 즐거움은 그 대상이 아니다.

> "거친 밥을 먹고 물을 마시며 팔을 굽혀서 베개로 삼더라도 즐거움이 역시 그중에 있다. 불의不義이면서 부富와 귀貴는 나에게 있어 뜬구름과 같다."[370]

369. 『論語』, 述而第七, "葉公問孔子於子路, 子路不對. 子曰, 女奚不曰, 其爲人也, 發憤忘食, 樂以忘憂, 不知老之將至云爾."
370. 『論語』, 述而第七, "飯疏食飮水, 曲肱而枕之, 樂亦在其中矣. 不義而富且貴, 於我如浮雲."

인간에게 즐거움을 주는 것들 중에 가장 강력한 것이 부귀富貴일 것이다. 그러나 공자에게 의롭지 않은 부귀는 부질없는 것이었다. 먹는 것이 거칠고 주거 환경이 누추하더라도 얼마든지 즐거움을 구가하는 생활을 할 수 있고, 또 그래야 된다는 말이다.

공자와 거의 같은 시대이거나 약간 윗세대로 추정되는 노자老子도 최고의 경지를 말한 바 있다.

"최고의 음악은 잘 들리지 않는다大音希聲."

노자가 말한 최고의 음악은 자연의 소리이다. 물소리, 산새소리, 바람소리 등은 항상 우리 주위에 있으면서 자연스럽게 들리기 때문에 우리는 그것을 음악이라고 인식을 하며 듣지 않는다. 그러나 그것은 가장 이상적인 최고의 경지인 음악이다. 마찬가지로 인간의 행위나 기교도 억지로 하는 것이 아니라 자연스럽게 표현된다면 이것이 최고의 경지인 것이다.

이와 같이 노자는 자연스러움이 최고의 경지라고 보았고, 공자는 즐기는 것을 최고의 경지로 보았다. 노자는 정적靜的이고, 공자는 동적動的이다. 노자와 공자 둘 다 진정한 프로이면서 자신의 삶의 방식을 또한 표현한 것이 아니겠는가?

12절
정치는 그 방법이 있다

부(富)와 교육이 필요하다

공자는 제자 염구冉求를 자로와 더불어 정사에 합당한 인물이라고 평가했다. 자로는 진취적이고 적극적이지만 염구는 소심한 성격이었다. 공자가 노나라를 떠나 천하를 돌아다닐 때 처음으로 간 곳이 위나라였는데, 이때 염구가 마차를 몰았다. 위나라에 처음 와본 공자는 위나라의 규모에 놀라움을 표시했다.

공자께서 말씀하셨다.

"사람이 많기도 하구나!"

염구가 말했다.

"이미 사람이 많아졌으면 또 무엇을 더 하여야 합니까?"

공자께서 말씀하셨다.

"부유하게 해야 한다."

염구가 말했다.

"이미 부유해졌으면 무엇을 더 하여야 합니까?"

공자께서 말씀하셨다.

"교육을 해야 한다."[371]

당시 위나라는 위령공이 통치를 하고 있었는데 나라의 규모가 상당했던 모양이다. 공자는 많은 인구가 있다는 것을 전제로 하여 순차적으로 필요한 정책이 민생을 부유하게 하는 것과 백성을 교육하는 것을 말했다. 공자는 '널리 백성에게 베푸는 것博施於民'은 성인聖人의 일이라고 할 정도로 백성의 생업을 중요하게 여겼다. 교육도 중요하다. 그렇지만 민생이 안정되어야 도덕적 교화가 더 가능해질 수 있다. 여기서 유의해야 할 것은 민생이 교육보다 중요하다는 의미가 아니라 교육의 효과가 나타나기 위해서는 민생의 안정이 먼저 이루어져야 한다는 것이다. 공자가 제시한 교육의 내용은 보통 육예를 일컫는다. 육예는 도덕과 관련된 육경六經이나 예법·음악·활쏘기·마차 몰기·글쓰기·산수 등의 기예技藝를 말한다. 백성은 이러한 교육을 받음으로써 의리와 예를 알고 전쟁에서 남을 살릴 수 있고 자신을 보호할 수 있을 것이다.

공자께서 말씀하셨다.
"백성을 가르치지 않고 전쟁을 하는 것은 백성을 버리는 것이다."[372]

위 내용으로 보면 공자가 말하는 교육은 도덕을 포함하여 활쏘기, 마차 몰기 등의 기예가 당연히 포함되는 것을 알 수 있다. 따라서 백성을 가르치지 않고 전쟁을 하는 것은 백성을 사지死地로 내모는 행위이다. 단, 여기서 백성을 교육한다는 것은 단순히 백성을 피교육자로만 보고 일방적으로 교육을 시킨다는 의미가 아니다. 뒤에 설명하겠지만

371. 『論語』, 子路第十三, "子曰, 庶矣哉! 冉有曰, 旣庶矣. 又何加焉? 曰, 富之. 曰, 旣富矣, 又何加焉? 曰, 敎之."
372. 『論語』, 子路第十三, "子曰, 以不敎民戰. 是謂棄之."

공자는 통치자가 백성의 본보기가 되는 북극성 같은 존재라고 했다. 통치자가 모범을 보이면 뭇별들이 북극성을 향하듯 그 행동을 본받는다는 의미이다. 따라서 백성에게 통치자는 모범을 보이면서 백성에게 도덕이나 기예 등을 교육해야 할 것이다.

언로를 막지 마라

『맹자』「공손추」편에는 우임금은 '선한 말善言'을 들으면 절을 했다는 대목이 있다. '선한 말'이란 아첨하는 말이 아니라 자신의 과오를 지적해주거나 자신의 수양에 도움을 주거나 백성을 위해 좋은 정책을 제시하는 말이다. 우임금은 비록 자신이 듣기에 거북한 말일지라도 자신의 수양이나 백성을 위한 말을 기꺼이 수용했다. 공자는 어떠한 입장인가?

> 공자께서 말씀하셨다.
> "나라에 도가 있으면 높고 험한 말과 높고 험한 행동을 할 수 있으나, 나라에 도가 없으면 높고 험한 행동은 있으나 말은 공손해진다."[373]

'높고 험한 말危言'은 도덕적인 말이지만 상대방이 듣기엔 쓴 말을 말하며, '높고 험한 행동危行'은 도덕적이지만 상대방이 받아들이기 어려운 행동을 말한다. 나라에 도가 있는 나라는 통치자가 도덕적으로 모범이 되어 도덕과 상식이 통용되는 나라이다. 이런 나라에서는 신하나 백성이 통치자에게 잘못을 지적하는 쓴소리를 해도 관대하게 수용

373. 『論語』, 憲問第十四, "子曰, "邦有道, 危言危行, 邦無道, 危行言孫."

을 한다. 그리하여 통치자는 자신의 언행을 더욱 조심하고 국가 정책은 신중하게 검토되어 집행된다. 그러나 통치자나 통치 집단이 품성 면에서 문제가 있는 경우는 그렇지 않다. 자신에게 아첨하는 말을 좋아하며 자신의 과오를 지적하는 쓴소리를 천성적으로 거부하여 그런 사람을 억압하고자 한다. 이런 나라에서는 행동은 말에 비해 두드러지게 드러나지 않기 때문에 높고 험한 행동은 존재할 수 있다. 그러나 말은 쉽게 전파되고 눈에 띄기 쉽기 때문에 화를 우려하여 높고 험한 말이 사라진다. 공자의 말은 어떤 사회에서 언론이 살아 있지 못하고 국민들이 자신의 올바른 말을 자유롭게 표현하지 못한다면 그것은 바로 부도덕한 정부가 있기 때문이라는 반증이 되기도 한다.

백성의 신뢰를 얻어야 한다

통치자가 구체적 정책에서 힘써야 할 것은 무엇일까? 먼저 공자는 통치자의 정책 시행에서 현실적 한계를 인정하고 있다. 그런데 공자의 이 말은 자칫하면 공자의 사상을 오해하거나 심지어 공자를 비난하는 근거로 사용될 수도 있는 표현이다. 공자의 말은 이렇다.

> 공자께서 말씀하셨다.
> "백성을 따라오게 할 수는 있지만 (그 원리를 백성이) 알게 할 수는 없을 것이다不可使知之."[374]

'不可使知之불가사지지'를 '백성을 알게 해서는 안 된다'로 해석하면 옳

---

374. 『論語』, 泰伯第八, "子曰, 民可使由之, 不可使知之."

지 않다. 이것은 백성을 무지無知하게 하는 것이 통치하기 쉽다는 것으로 오해되기 때문이다. 앞에서 논의한 바와 같이 공자는 백성을 교육하여 무지를 깨우쳐야 한다는 입장이다.

사실 우리가 살아온 경험에 비추어보면 남을 설득하는 것이 얼마나 어려운 일인지 잘 알고 있다. 특히 정치적 견해가 다른 경우 상대방을 설득하여 나의 생각에 동조하게 하는 것은 매우 어려운 일이며 사람을 지치게 한다. 마찬가지로 공자는 모든 국민에게 국가 정책의 원리를 설명하고 설득하기가 현실적으로 어렵다는 것을 인정하고 있다. 그러나 이것은 어디까지나 백성과의 소통이 쉽지 않았던 당시의 상황을 반영한 생각이었다. 오늘날은 매스컴의 발달로 백성에게 정책을 설명하는 것이 그리 어렵지 않다. 비록 정치적 견해가 다른 사람에게 열변을 토했지만 좌절을 맛보더라도 결국은 해야 하는 것이 이 시대를 사는 자들의 정치적 책무이다. 마찬가지로 국정을 소상히 설명하고 국민의 지지를 받는 것이 이 시대의 바람직한 통치자의 모습이다.

그렇다면 나라를 다스리는 데에 무엇이 중요한 것인가? 자공과 공자의 대화이다.

> 자공이 정치에 대해 묻자 공자께서 말씀하셨다.
> "풍족한 식량, 풍족한 병사 그리고 백성이 신뢰하는 것이다."
> 자공이 말했다.
> "부득이 세 개 중에 버린다면 무엇을 먼저 버릴까요?"
> 공자께서 말씀하셨다.
> "병사를 버린다."
> 자공이 묻기를,
> "부득이 두 개 중에 버린다면 무엇을 먼저 버릴까요?"
> 공자께서 말씀하셨다.

"식량을 버린다. 옛날부터 모두 죽음이 있지만 백성이 신뢰하지 않으면 존립할 수가 없다."[375]

식량은 국가의 경제력을 빗댄 것이다. 병사는 군사력을 의미한다. 식량과 병사, 백성의 신뢰 모두 국가의 안녕과 질서, 평화를 위해 필요한 것이 아닐 수 없다. 그러나 병사만 있고 식량과 백성의 신뢰가 없다면 병사들은 물질적, 정신적 동기가 없기 때문에 바로 흩어질 것이며, 심지어 적으로 변할 수도 있다. 그러나 식량과 백성의 신뢰가 있다면 적으로 변하는 경우는 없을 것이며, 어느 정도 버텨낼 수가 있다. 식량과 백성의 신뢰 중에 식량만 있고 백성의 신뢰가 없으면 백성은 오히려 비방하고 따라오지 않기 때문에 국가가 존립하기 어렵다. 그러나 식량이 없고 백성의 신뢰가 있다면, 누구나 한 번은 반드시 오는 죽음이 다소 시기가 앞당겨지는 것으로 여길 것이며, 서로 도와 난국을 헤쳐나가기 때문에 국가 존립에 가장 필요한 요소이다. 식량은 앞에서 공자가 중요시한 민생을 부유하게 하는 근원적 원천이다. 하지만 백성을 부유하게 하는 식량도 백성의 정부에 대한 신뢰만큼 중요하지 않다. 백성의 신뢰가 없으면 살아 있어도 존립할 수가 없기 때문이다. 예컨대 정부의 무능과 부패 등으로 백성이 정부를 신뢰하지 않는다면 정부가 아무리 여러 수단과 방법으로 백성을 교육하려 한들 백성은 교화되기 어려울 것이다. 다시 말하면 정부에 대한 백성의 신뢰는 모든 정책을 제대로 집행하기 위해 가장 절실한 것이라 아니 할 수 없다.

공자의 말은 오늘날 우리 사회에 무엇이 가장 문제인가를 통찰하게 한다. 2016년 7월에 박근혜 정부는 고高고도미사일방어 체계라는 의미인 사드THAAD Terminal High Altitude Area Defense를 경북 성주에 배치한다고

375. 『論語』, 顔淵第十二, "子貢問政, 子曰, 足食, 足兵, 民信之矣. 子貢曰, 必不得已而去, 於斯三者何先? 曰, 去兵. 子貢曰, 必不得已而去, 於斯二者何先? 曰, 去食. 自古皆有死, 民無信不立."

발표했다. 사드 포대의 주요 구성은 미사일 발사대와 레이더이다. 사드는 고각高角으로 발사되어 포물선으로 날아오는 종말단계낙하하는 단계의 상대방 탄도미사일을 고도 40~150km에서 요격하는 미사일 체계다. 사드는 주장하는 자에 따라 유용성이 있다고 보기도 하고, 국민의 안전을 더 해칠 수 있는 물건으로 보기도 한다. 사드 배치를 옹호하는 입장은 사드는 북한의 핵미사일 공격으로부터 우리나라를 보호하는 유효한 방어 시스템이라고 한다. 그 이유는 기존 중中고도 미사일 방어체계 중의 하나인 패트리어트는 요격고도가 20~30km이기 때문에 사드는 이것을 보완할 수 있는 최적의 시스템이라는 것이다. 사드 배치를 반대하는 입장에 따르면 북한이 단거리 미사일을 동시 다발로 공격하면 불과 3~10분이면 대한민국 전역을 타격할 수 있기 때문에 굳이 미사일 발사 각도를 고각으로 하면서 남한을 공격할 가능성은 희박하다. 오히려 사드는 미국과 일본을 위해 유용한 무기체계이다. 즉 사드 포대에 설치된 레이더는 중국 본토를 상시 감시하여 유익한 정보를 미국에 전달하며, 유사시에 북한과 중국에서 미국과 일본의 본토와 괌·하와이 등을 향해 날아가는 중·장거리 탄도미사일에 대한 조기 경보를 미국과 일본에 제공할 수가 있다. 그 외 사드는 중국에서 주한 미군기지로 날아오는 중·단거리 탄도미사일을 요격하기 위한 것이라고 한다. 그렇기 때문에 미국과 중국이 전쟁 상태로 가게 되면 우리의 의사와 관련 없이 한국은 집중적인 선제 타격 대상이 된다는 것을 지적한다. 국부적으로는 사드 기지에서 발생하는 전자파와 소음의 공해도 제기된다.

반대론자들의 견해에 따르면 결국 사드는 미국이 중국에 대한 전략적 우월성을 확보하기 위한 것이지 한국을 위해 배치하는 것이 아니다. 만약 반대론자들의 주장이 맞으면 사드는 우리를 보호하는 장비가 아니라 이 나라를 파멸로 이끄는 괴물일 수가 있다. 어느 개인의 잘못된 판단으로 그의 사적인 재산상 손해가 났으면 다중이 공공의 이익을 거론하며 문제를 제기할 필요까진 없다. 그러나 사드는 특정한 개인과 지역의 문제가 아니라 이 민족의 존망과 관련되기 때문에 배치의 실익 문제에 대해 공개적이며, 심층적인 검토가 있어야 하며 국민적 합의가 전제되어야 한다.

사드가 우리에게 절대적으로 필요한 무기라면 왜 공개적이고 심층적인 토론을 주저하는가? 그러나 박근혜 정부는 어떤 이유 때문인지는 모르지만 사드 배치를 미국과 은밀하게 결정해버렸다. 한반도의 운명에 큰 영향을 미칠 수도 있는 중대한 문제를 주권자인 국민은 빠지고 소수의 정부 당국자와 미국이 결정했다. 주권국가의 자존심도 찾을 수 없고 국민의 안위를 걱정하는 절차적 과정도 존재하지 않았다.

이러한 일련의 상황에서 국민은 과연 정부를 신뢰할 수 있겠는가? 공자가 정치에서 백성의 신뢰가 가장 중요하다고 본 것은 신뢰받지 못하는 정부는 존립할 가치가 없다는 말이기도 하다. 정부의 중대한 의사결정이 사적인 이익을 도모하는 몇 명에 의해 은밀히 이루어지는 비도덕적인 정부이거나 자기 나라 국민보다 강대국의 안전과 이익을 위해 존재하는 사대적이고 무능한 정부라면, 국민들은 더더욱 그런 정부를 신뢰하기 어려울 것이다. 공자는 결국 우리에게 국민이 신뢰하지 않는 통치자, 신뢰받지 못하는 정부를 어떻게 해야 되는가를 묻고 있다. 우리에게 던져진, 생각하기 부담스럽지만 판단을 해야만 하는 과거부터 계속 존재해왔던 묵직한 화두話頭생각할 거리가 되는 말머리이다.

공자는 매사에 신중했지만 특히 다음의 세 가지를 조심했다. 특히 전쟁과 질병 같은 것은 국가적 차원으로 보면 나라에 큰 영향을 미칠 수 있는 것들이다.

"선생님께서 조심하신 것은 재계, 전쟁 그리고 질병이다."[376]

재계齋戒는 제사에 임하여 몸과 마음을 깨끗이 하는 것이다. 제사는 몇 가지 종류가 있다. 『예기禮記』「예운禮運」에 따르면, 천자가 하늘과 땅에게 지내는 제사를 교제郊祭라고 하는데, 약칭하여 교郊라고도 한다. 그리고 제후들은 사직社稷에 제사를 지낸다. 사직은 토지의 신과 곡식의 신을 말한다. 그 외 죽은 사람을 대상으로 하는 제사가 있다. 종묘지례宗廟之禮와 조상제사가 그것이다. 종묘지례는 역대 제왕의 위패位牌를 모신 사당인 종묘에서 지내는 제사이다. 조상제사는 일반인들이 돌아가신 선조를 위한 제사이다. 공자는 인간사를 주재하는 하늘이 존재한다고 믿었지만 귀신의 존재에 대해서는 회의적이었다. 그런데 공자가 제사의 종류를 불문하고 제사에 임할 때 몸과 마음을 깨끗이 한 것은 일단 존재의 유무에 대해 확신은 서지 않지만 경건하게 정성을 다하는 자체를 중요하다고 생각했던 것으로 판단된다.

전쟁은 민중들의 생사와 국가의 존망이 연계되어 있는 중대한 문제이다. 그렇기 때문에 국가 지도자는 외국과의 갈등을 전쟁으로 해결하려는 무모함보다는 가급적 평화로운 방법으로 해결하려는 노력이 필요하다. 1950년 발발한 6·25 한국전쟁은 한민족 전체에게 말할 수 없이 큰 재해를 안겨 주었다. 인적·물적·정신적 모든 면에서 그 재해는 엄청나게 컸다. 먼저 인적 손실을 살펴보면, 사망, 실종, 부상을 통틀어 520만 명의 인적 피해를 가져왔다. 이 중 민간인이 340만여 명에 달한다. 인적 손실에 못지않게 물적 손실도 컸다. 이것에 관한 정확한 통계가 있는 것은 아니나, 한반도 전체를 통해 학교·교회·사찰·병원 및 민가를 비롯해 공장·도로·교량 등이 무수히 파괴되었다. 한마디로 말해서 남북한 모두의 사회 및 경제 기반이 철저하게 파괴되었다. 앞으로의 전쟁은 핵과 첨단무기가 사용된다면 그 피해는 가늠하기 어려울 것이

376. 『論語』, 述而第七, "子之所愼, 齊, 戰, 疾."

다. 양쪽이 다 치명적인 피해를 입는 것이기 때문에 누가 승자이고, 누가 패자인가는 무의미하다. 생명과 국토를 유린하는 전쟁을 방지하고 대화와 타협으로 남북관계와 대외관계를 풀어나가는 통치자의 안목이 절대적으로 필요한 시점이다.

질병 역시 개인과 민중의 삶의 질과 생사에 관련되기 때문에 역시 조심해야 한다. 특히 전염병은 일정한 시기에 광범위하게 전파되기 때문에 백성에게 막대한 피해를 줄 수가 있다. 14세기 유행한 흑사병은 불과 4년 만에 유럽 인구의 3분의 1 이상을 몰살시켰다. 1918년부터 1919년 사이에 발생한 스페인독감은 전 세계 인구의 3~6%에 해당하는 2,500만에서 5,000만 명의 생명을 앗아갔다. 제1차 세계대전의 전사자 수가 900만여 명이니 제1차 세계대전의 전사자보다 3배 이상 많은 수치이다. 전염병을 비롯한 국가적 재난에 미리 대비하는 통치자의 예지叡智사물의 도리를 꿰뚫어 보는 뛰어난 지혜가 역시 필요하다고 할 것이다.

현명하고 유능한 자, 곧은 자를 등용한다

공자가 이상사회로 설정한 대동사회는 요순의 시대를 정점으로 하는 삼황오제의 시대이다. 삼황오제 중 특히 요순의 시대는 임금의 자리가 자식에게 세습되지 않고 현명하고 능력이 있는 신하에게 선양되었다. 즉, 요는 순에게, 순은 우에게 임금의 자리를 물려주었다. 그래서 대동사회의 이런 모습을 단적으로 표현한 말이 '천하위공天下爲公'이었다. 천하위공! 천하가 개인의 사유물이 아닌 공적인 것이라는 것이다. 그래서 임금의 자리를 사적인 혈통에 따라 세습하여 주는 것이 아니라 백성을 진정으로 위하는 사람됨을 보고 임금의 자리를 물려주었다. 그렇지만 공자는 당시 주나라의 천자를 선양하는 방식으로 옹립해야 한다는 주장은 하지 않았다. 그 이유는 선양의 방식이 아닌 세습에 의하였지만 성왕의 치세를 편 문왕, 무왕 등이 있었기 때문이다.

대동사회에서 현명하고 능력 있는 지도자상을 말한 공자는 당시 정치체제에서도 인재등용의 중요성을 간파했다. 공자 제자 중 염옹冉雍은 덕행으로 손꼽혔다. 그의 부친은 신분이 미천했고 행실도 좋지 않았지만 공자는 염옹의 품성을 다음과 같이 칭송했다.

> 공자께서 중궁염옹의 자(字)에게 말씀하셨다.
>
> "얼룩소의 새끼라도 털이 붉고 뿔이 곧다면, 사람들이 비록 쓰지 않고자 해도 산천의 신들이 그냥 두겠는가?[377]

얼룩소는 여러 혈통이 섞인 소위 잡종이다. 그렇지만 그 소가 털이 붉고 뿔이 곧은 잘 생긴 새끼를 낳았다면, 어딘가에는 반드시 쓰임이 있을 것이다. 사람도 마찬가지다. 공자는 염옹이 비록 신분이 미천한 가정에서 태어났지만 품성이 부모와는 다르게 훌륭하기 때문에 언젠가는 쓰임이 있을 인재로 보았다. 그런데 공자의 말대로 염옹이 드디어 당대 실력자 계씨 집안의 봉토를 다스리는 읍재邑宰가 되었다. 염옹이 공자에게 어떻게 해야 정치를 잘할 수 있는지 물었다.

> 중궁이 계씨의 읍재가 되었다. 정치에 대해 묻자 공자께서 말씀하셨다.
>
> "먼저 유사에게 맡기고 작은 과실은 용서해주며, 현명하고 유능한 자를 천거하여 등용해야 한다."[378]

377. 『論語』, 雍也第六, "子謂仲弓曰, 犁牛之子, 騂且角. 雖欲勿用, 山川其舍諸?"
378. 『論語』, 子路第十三, "仲弓爲季氏宰, 問政, 子曰, 先有司, 赦小過, 擧賢才."

읍재는 고위직은 아니지만 염옹은 나름 제대로 정치를 하고 싶었던 모양이다. 유사는 어떤 조직에서 일정한 업무를 맡는 직책이다. 공자는 일개 고을을 다스리는 읍재이지만 유사에게 업무를 맡기어 그 공과를 살펴보는 것이 우선이라고 했다. 그리고 부하들의 작은 과실은 용서해 주고 현명하고 유능한 인재를 등용해야 함을 말했다. 대동사회에서 제시된 덕과 능력을 존중하는 인재관은 일반 공직에서도 그대로 통용됨을 볼 수 있다.

각자의 본분에 충실하자

앞에서 염옹이 계씨의 읍재가 되고 나서 공자에게 정치에 대해 묻자, 공자는 먼저 유사에게 맡기라는 말을 했다. 작을 고을의 읍재라도 하는 일이 많기 때문에 너무 자잘한 일까지 참견해서는 안 된다는 말이다. 하물며 국가의 일은 규모 면에서 방대하기 때문에 적절한 인력 배치가 필요하며, 각자 자신의 할 일이 무엇인지 숙지하고 실천해야 한다. 제자 번지가 공자와 대화를 했다.

번지가 곡식 심는 것에 대하여 배우기를 청했다. 공자께서 말씀하셨다.

"나는 늙은 농부만큼 못하다."

이번에는 채소밭 만드는 것을 배우기를 청했다. 그러자 공자께서 말씀하셨다.

"나는 늙은 채소밭 농사꾼보다 못하다."

번지가 밖으로 나가자 공자께서 말씀하셨다.

"소인이구나. 번수樊須번지 본명여! 윗사람이 예禮를 좋아하면 백성은

> 감히 공경하지 않음이 없고, 윗사람이 의義를 좋아하면, 백성이 감히 복종하지 않는 자가 없으며, 윗사람이 신信을 좋아하면, 백성이 감히 실정을 은폐하는 자 없을 것이다. 이와 같이 하면 사방의 백성이 자식을 포대기에 싸서 업고 몰려올 것인데, 어찌 곡식 심기를 배우려는가?"[379]

공자가 도덕적 인간을 표현할 때 일반적으로 사용한 용어는 군자이다. 군자는 수신을 하여 현실 정치에 참여하는 사람을 일컬으며, 결국 공자가 제자들을 가르친 목적은 군자를 기르기 위한 것이라 말할 수 있다. 그래야 도가 행해지는 세상으로 바꿀 수 있다고 생각한 것이다. 그러므로 제자들이 일차적으로 관심 갖고 배워야 할 것은 인仁·의義·예禮·지知·신信과 같은 덕성 공부였다.

물론 조선시대에는 임금들이 선농단에서 직접 밭을 갈기도 했다. 이것은 통치자가 농업의 소중함을 백성에게 알리기 위한 것이지 농사일을 직접 배우고자 한 것은 아니다. 마찬가지로 공자의 문하에서는 군자의 도를 가르치는 것이지 농사를 가르치는 것이 아니다. 농업의 소중함을 알기 위해 몸소 체험하는 것은 지당하지만 공자 학당에서 일차적으로 배워야 할 것은 유학이지 농업이 아니라는 말이다. 즉 사람은 때와 장소에 따라 먼저 배워야 할 것이 있다는 것이다. 만일 제자들이 농사일을 배우기를 원한다면 경험 많은 농부에게 가서 배워야 한다. 그런데 번지는 덕성 공부는 소홀히 하고 농사일을 공자에게 배우고자 했으니 공자는 번지가 참 한심했던 모양이다. 첫 번째 질문을 할 때 공자가 늙은 농부만큼 못한다는 대답을 했으면 더 이상 질문을 할 내용이 아

379. 『論語』, 子路第十三, "樊遲請學稼, 子曰, 吾不如老農. 請學爲圃. 曰, 吾不如老圃. 樊遲出. 子曰, 小人哉, 樊須也! 上好禮, 則民莫敢不敬. 上好義, 則民莫敢不服. 上好信, 則民莫敢不用情. 夫如是, 則四方之民襁負其子而至矣, 焉用稼?

님을 깨달아야 되는데, 번지는 또 비슷한 질문을 했다. 번지가 나가자 공자는 번지를 소인小人서민이라고 평했다. 공자의 말이 번지의 귀에 들어가 스스로 깨닫기를 의도한 것이었다.

요컨대, 위정자는 자잘하게 모든 일에 참여할 것이 아니라 관리들에게 일정한 소임을 주어 처리하게 하는 것이 옳다. 그리고 관리와 백성으로 하여금 각자 맡은 일을 알아서 해내게 하는 것이 국가 정치의 바른 모습이다. 서민들은 농사일 등의 생업에 힘써야 한다. 그리고 위정자들은 덕성을 함양하고 백성을 편안하게 하는 일에 먼저 관심을 가져야 한다. 위정자들이 덕을 좋아하여 정치에서 덕치가 구현될 때 다른 나라에서 많은 사람들이 몰려들어 국가가 부강하게 될 것이다. 공자의 이런 생각을 전국시대의 맹자도 이어받아, "대인이 할 일이 따로 있고 소인이 할 일이 따로 있다有大人之事, 有小人之事"라고 했다. 맹자도 각자의 본분에 충실한 것이 정치의 근본이라고 보았다.

다섯 개의 아름다움과 네 개의 악

공자 제자 중 자장子張은 과감성은 있으나 겉으로 드러나기를 좋아하여 인仁과 같은 덕은 부족한 것으로 평가되는 인물이다. 자장이 어떻게 해야 정치에 종사할 수 있는가를 물었다. 그러자 공자는 다섯 개의 아름다움을 존중하고, 네 개의 악을 저지르지 않으면 정치에 종사할 수 있다고 했다. 그러자 자장이 다시 묻는다.

> 자장이 공자에게 물었다.
> "다섯 개의 아름다움이란 무엇입니까?"
> 공자께서 말씀하셨다.

"군자는 베풀지만 낭비하지 않고惠而不費, (백성에게) 노역을 시켜도 원망을 듣지 않으며勞而不怨, 하고자 하는 것이 있지만 탐욕스럽지는 않으며欲而不貪, 태연하면서 교만하지 않으며泰而不驕, 위엄권위은 있으나 사납지 않아야 한다威而不猛."[380]

여기서 나온 몇 가지 표현은 『논어』의 다른 편에서도 사용되었다. '노역을 시켜도 원망을 듣지 않으며勞而不怨'는 「이인」편에 부모를 섬기는 자세로 제시되었고, '태연하면서 교만하지 않으며泰而不驕'는 「자로」편에서 군자의 모습으로 제시된 것이며, '위엄은 있으나 사납지 않아야 한다威而不猛'는 「술이」편에서 공자의 용모를 기술한 말이다. 다만 대상과 상황에 따라 약간의 해석 차이는 존재한다.

공자가 다섯 개의 아름다움을 말하자, 그중 자장이 '베풀지만 낭비하지 않는 것'에 대해 이해하지 못했다. 자장이 그 의미를 묻자 공자는 아예 다섯 개의 아름다움을 더 부연하여 설명했다.

공자께서 말씀하셨다.

"백성이 이로워하는 것을 이롭게 하면, 이것이 베풀지만 낭비하지 않은 것이 아니겠는가? 노역을 시킬 수 있는 것만 택하여 노역하게 하면 누가 원망하겠는가? 평소 인자하기를 바라면서 실제로 인자해지면 어찌 탐욕스럽다 하겠는가? 군자는 많거나 적은 것도 없고 작거나 큰 것에 관계없이 감히 교만하지 않으니, 이것이 또한 태연하되 교만하지 않은 것이 아니지 않은가? 군자가 의관을 바로 하고 살펴본 것을 존중하여 의연하면 사람들이 바라보고 두려워하나니, 이것이 위

380. 『論語』, 堯曰第二十, "子張曰, 何謂五美? 子曰, 君子惠而不費, 勞而不怨, 欲而不貪, 泰而不驕, 威而不猛."

엄은 있되 사납지 않은 것이 아니지 않은가?"[381]

다섯 개의 아름다움은 정치 지망생들이 스스로 질문하여 자신의 품성이 과연 그렇게 형성되어 있는지를 점검해야 할 것들이다. 이 중 위엄은 있되 사납지 않은 것은 정치가들에게 쉽지 않은 일이다. 위엄은 일정한 지위와 자격이 있는 자에게는 권위로 표현된다. 군자는 자신을 도덕적으로 수양하여 주변 혹은 백성을 편안하게 하는 사람을 통칭하는 표현이므로 요즘으로 치면 나름 인격을 갖춘 정치 지도자, 대기업 임원, 행정 관료를 지칭한다고 볼 수 있겠다. 지도자 등이 스스로 자신의 힘과 지위를 내세우려 한다면 위엄이 있는 것이 아니라 권위적인 것이 될 뿐이다. 권위는 주변의 사람들이 정치가를 대하는 긍정적 인식의 관점에서 형성된다. 공자는 권위적인 것이 아닌 권위가 형성되는 방법을 말하고 있다. 공자에 따르면 권위가 형성되기 위해서는 먼저 의관을 단정히 해야 된다. 이것은 외모에서 요구되는 요소이다. 다른 하나는 내면적 품성이다. 즉 어느 집단의 리더라면 자신의 소속 직원, 만약 통치가라면 백성의 삶을 살펴보아 하나라도 소홀히 하지 않고 제대로 양심과 상식, 올바른 신념으로 의연하게 처리해야 된다. 이럴 경우 백성은 그들의 권위를 존중하지만 사납다고는 생각하지 않을 것이다.

공자가 다섯 개의 아름다움에 대해 부연 설명하자 자장이 이번에는 네 개의 악에 대해 물었다.

공자께서 말씀하셨다.

"가르치지 않고 죽게 하는 것을 잔혹하다고 하며, 지침을 주지 않고 완성된 것을 보려는 것은 포악한 것이고, 늦게 명령을 내리고 기한

381.『論語』, 堯曰第二十, "子曰, 因民之所利而利之, 斯不亦惠而不費乎? 擇可勞而勞之, 又誰怨? 欲仁而得仁, 又焉貪? 君子無衆寡, 無小大, 無敢慢, 斯不亦泰而不驕乎?"

내에 맞추게 하려는 것은 백성에게 도적질하는 짓이다. 그리고 다른 사람들에게 주어야 한다는 핑계로 내어주는 것을 인색하게 하면, 이것은 유사들이나 할 일이다."[382]

공자는 "백성을 가르치지 않고 전쟁을 하는 것은 백성을 버리는 것이다"[383]라고 말한 바 있다. 여기서 가르친다는 것은 활쏘기, 마차 몰기 등의 기예가 당연히 포함된다. 따라서 백성을 가르치지 않고 전쟁을 하는 것은 백성을 사지로 내모는 행위이다. 바로 가르치지 않고 죽게 한다는 것은 이런 상황을 말한 것이다. 지침을 주지 않거나 늦게 명령을 내린 자신의 책임은 생각하지 않고, 빠른 기한 내에 행해지기를 바란다면 이것은 백성의 편에 있는 위정자가 아니라 폭도이고 도적일 뿐이다. 또 사회적 취약계층을 국가가 부조함에 있어 다른 사람에게도 혜택을 주어야 한다는 핑계로 인색하게 한다면, 이것은 정치하는 자의 자세가 아닌 계모임에서의 유사有司계모임의 경우 일시적 업무를 맡아보는 자가 할 일이라 할 것이다.

공자는 제자들을 교육하거나 제자들의 질문에 답할 경우 교육받는 자와 질문하는 자의 구체적 상황에 적절한 대답을 하는 경우가 많았다. 그러나 여기에서 제시한 다섯 개의 아름다움과 네 개의 악은 정치 지망생들이 공통적으로 유념해야 할 일반적 상황에 대한 처신을 말한 것이다. 따라서 옛날이나 오늘날의 정치 지망생들이 깊이 생각해보아야 할 대목이 아닌가 한다.

---

382. 『論語』, 堯曰第二十, "子曰, 不教而殺謂之虐, 不戒視成謂之暴, 慢令致期謂之賊, 猶之與人也, 出納之吝, 謂之有司."
383. 『論語』, 子路第十三, "子曰, 以不教民戰. 是謂棄之."

~제4장~

공자와 노자, 묵자 사상 비교

1절
노자와 공자가 추구한 도의 모습

도의 의미는 다양하다

유가가 지향하는 이상사회는 대동사회이다. 대동사회는 큰 도가 행하여져서 천하를 사적私的인 것으로 여기지 않고 세습이 아닌 덕과 능력에 따라 지도자가 선출되는 사회를 말한다. 또 가족이기주의가 극복되고, 재산이 자기의 이익만을 위해 사용되지 않으며, 사회적 약자가 구제를 받는 사회를 말한다. 그러나 소강사회는 큰 도가 자취를 감추고 천하를 사적인 것으로 여기는 사회이다. 따라서 소강사회에서는 천자·제후·공경들이 능력 있는 자에게 선양하지 않고 대대로 자식에게 벼슬을 물려준다. 이렇게 네 것 내 것을 구별하다 보니 욕심에서 비롯된 나쁜 꾀가 생겨나고, 무기를 만들어 서로 빼앗고, 그것을 막기 위해 군사가 필요하게 되며, 이로 인해 싸움은 날로 심해지고 사회는 더욱 어지러워진다. 이렇게 세속화되고 혼란한 시대에 성왕들이 등장하여 인仁·예禮·의義·신信·양讓의 다섯 가지 상도常道로 백성을 규제하고 다스리게 된다. 간략히 말하면 소강사회는 큰 도가 자취를 감춘 어지러운 세상에 성왕이 등장하여 덕으로 백성을 다스림으로써 편안함을 지키는 그런 사회다.

공자가 살던 시대는 주나라 왕실의 권위가 떨어지면서 제후국들이 우열을 겨루던 시기였다. 그리하여 천하에는 법도가 없어지고 노나라 국내에서는 삼환으로 대표되는 권신들이 정권을 농단하고 있는 상황이었다. 이처럼 세속화되고 혼란한 사회에서 공자는 도道가 행해지는 사회를 꿈꾸었으니 그것이 소강사회의 구현이다. 여기서 언급된 '도'란 무엇을 의미하는가?

도道는 크게 세 가지 의미가 있다. 하나는 구체적, 물질적 의미로서의 도이며, 또 하나는 실천적, 규범적 의미로서의 인도人道이며, 마지막으로는 만물 생성의 원리로서의 도이다.

『설문해자說文解字』[384]에서는 '도道는 다니는 길이다行道'로 풀이한다. 이것은 산길, 들길, 골목길과 같은 '길'을 지칭하는데, 바로 구체적, 물질적 의미로서의 도道이다.

『중용中庸』에는 "하늘이 명한 것을 성性이라 하고, 성을 따르는 것을 도道라 하며 도를 닦는 것을 교教라 한다"[385]란 표현이 있다. 여기서의 도는 실천적, 규범적 의미로서의 인도人道, 즉 인간의 도리를 의미한다. 공자의 도는 실천적 규범인 인간의 도리를 의미한다. 공자는 "누가 집문을 말미암지 않고 나갈 수 있겠는가? (이와 같이) 어찌 이 도를 말미암지 않는가?"[386]라고 했는데, 여기서의 도는 인간의 도리를 의미하는 역시 인도의 표현이다.

조선의 다산은 구체적, 물질적 의미로서의 도와 실천적, 규범적 의미로서의 도를 구분하지 않기도 한다. 그 이유는 물질적 의미로서의 길이 사람이 다니는 길이듯이 인간의 도리도 사람이 마땅히 가야 할 길이라고 보고 있기 때문이다.

---

384. 후한(後漢) 때 허신(許愼)이 지은 중국 최초의 문자학 서적. 원본은 전해지지 않으며 현재 송대 서현(徐鉉)이 쓴 교정본이 남아 있다.
385. 『中庸』, 一章, "天命之謂性, 率性之謂道, 脩道之謂教."
386. 『論語』, 雍也第六, "誰能出不由戶? 何莫由斯道也?"

도를 만물 생성의 원리로 보는 사상가는 노자와 장자이다. 도를 만물 생성의 원리로 보는 입장과 구체적, 실천적 의미로 보는 입장에서의 인간관은 매우 다르게 나타난다. 노자와 장자 중 노자의 도를 살펴보면 다음과 같다.

노자의 도는 천지에 앞서 존재한다

노자老子는 초楚나라 출신이며 생존 연대는 정설이 없다. 성은 이씨李氏이고 이름은 이耳, 자는 담聃이다. 노자는 본래 그의 저술을 지칭하는 말이었으나 후대에 그의 이이李耳란 성명을 대체하게 되었고, 그의 저술인 『노자』는 달리 『도덕경道德經)』으로도 부르게 되었다. 노자의 사상은 전국시대의 장자莊子[387]에게 계승되었다. 노자와 그의 사상을 추종하는 무리를 도가道家라고 부르는데, 도가라는 명칭은 한漢나라 시대에 붙여졌다. 한나라 사람들이 노장을 같은 도가로 여긴 것은 노자학과 장자학이 서로 다르기는 하지만 공통적으로 당시의 전통적인 사상과 제도에 대해 반대했고 '도道'와 '덕德'의 근본 관념도 같았기 때문이다.

노자가 태어난 초나라는 『논어』에 나오는 은자들의 출신지이기도 하다. 초나라 사람들은 신흥 민족으로서 본래 고급스러운 문화가 없는 사람들이었다. 초나라 사람들은 주周나라 문화를 동경할 경우 북으로 유학 가야만 그것을 얻을 수 있었다. 그러나 초나라 사람들이 비록 선진先進 주나라 문화의 혜택을 입지는 못했으나 그들에게는 신선한 사상이 많았다. 또, 산림의 풍요한 혜택을 입어 백성은 먹을 것이 풍족했다.

『도덕경』에서는 도道를 천하 만물의 모체로 인식한다. 이것은 도를

387. 송(宋)나라 사람이고 이름은 주(周)이며 맹자와 비슷한 시대에 산 것으로 추정된다.

만물 생성의 총 원리로 보고 있는 것이다.

> "혼연히 성립된 어떤 것이 있어, 천지에 앞서 존재했다. 고요하고 형체도 없이 홀로 서서 고침이 없다. 두루 행하여 위태하지 않으므로 천하의 모태母로 만들 수 있다. 나는 그 이름을 모르는데, 그것의 자字를 도道라고 하고 억지로 위대한 것이라 이름 붙인다."[388]

노자에게 있어서 도는 천지에 앞서 존재한 우주 만물의 생성원리이다. 이 원리는 고대 유가가 만물의 존재 근거를 하늘에 둔 것과 서로 다르다. 노자는 하늘은 단순한 자연 현상일 뿐이요, 도라는 것이 우주 만물의 모태라고 보고 있다. 그렇다면 도를 무엇이라고 정의할 수 있는가?

> "도라 일컬을 수 있으면 늘 변치 않는 도常道가 아니요, 이름을 이름이라 일컬을 수 있으면 늘 변치 않는 이름이 아니다."[389]

도는 무엇이라 정의할 수가 없다. 만일 억지로 도가 무엇이라고 정의한다면 이미 그것은 도를 말한 것이 아니라는 말이다. 예를 들어보자. 코끼리를 전혀 본 적이 없는 사람에게 코끼리의 모습을 말하게 하거나, 아니면 코끼리를 갖다 놓고 눈을 감고 코끼리를 만져보고 코끼리의 모습을 말하게 한다면 코끼리 전체의 모습을 말하는 것이 아닌 아예 다른 모습이거나 일부의 모습만을 말하는 것이 될 수 있다. 이 경우 "코끼리가 ~이다"라고 말하는 순간 이미 그것은 코끼리의 온전한 모습을

---

388. 『道德經』, 25章, "有物混成, 先天地生, 寂兮寥兮, 獨立不改, 周行而不殆, 可以爲天下母, 吾不知其名, 字之曰道, 强爲之名曰大."
389. 『道德經』, 1章, "道可道非常道, 名可名非常名."

말한 것이 아니기 때문에 코끼리를 말한 것이 아니다. 마찬가지로 만물 형성의 원리인 도는 그윽하고 오묘하기 때문에 전체 모습을 아무리 인간의 말로 정의를 내린다 해도 그것은 우리 주위에 늘 있는 도를 말한 것이 아니다. 도를 정의할 수 없다면 무엇으로 도의 모습을 상상할 수 있을까? 노자는 말한다.

"사람은 땅을 본받고, 땅은 하늘을 본받고, 하늘은 도를 본받고, 도는 자연自然스스로 그러함을 본받는다."[390]

이와 같이 사람은 땅과 하늘과 같은 자연현상을 본받아 살아가는 존재이며 자연현상은 도의 모습을 본받는다. 그리고 그 도가 본받는 것은 바로 자연自然, 즉 스스로 그러함이다. 결국 도는 인위적인 것이 아닌 스스로 그러함自然을 본받기 때문에 도는 자연의 원리 그 자체를 이념화한 것이 된다. 자연은 인간이 일부러 노동을 가하지 않아도 가장 이상적인 모습으로 생성을 하고 순환을 한다. 또, 그것은 도의 모습이기도 한다. 그리하여 노자는 말한다.

"도는 언제나 인위적으로 하지 않으면서 하지 않는 일이 없다."[391]

도는 우리 주위에 늘 있고 억지로 하지 않으면서 우주 만물의 모든 것을 제대로 자연스럽게 움직이게 하는 존재이다. 결국 인위적인 것이 없으면서無爲, 스스로 그러함自然을 본받는 것이 도의 모습인데, 이 무위자연無爲自然은 노자철학에서 인간과 자연현상이 또한 본받아야 할 핵심 가치가 된다. 그렇기 때문에 노자는 유가들이 중요시한 교육과 덕

390. 『道德經』, 25章, "人法地, 地法天, 天法道, 道法自然."
391. 『道德經』, 37章, "道常無爲而無不爲."

을 인위적인 것이라 하여 배격하게 된다. 노자에게 도는 인간과 자연현상을 생성하고 순환하게 하는 주체적 존재이며, 인간은 그 안에서 수동적인 존재에 지나지 않는다.

노자는 이상적인 국가의 모습을 작은 나라, 적은 백성이란 의미인 소국과민小國寡民으로 표현한다. 노자의 말에 따르면 소국과민의 나라는 전쟁을 반대하는 나라이며, 배와 수레가 있더라도 타지 않고 복잡한 문자 대신에 옛날의 결승문자結繩文字노끈이나 새끼 따위의 매듭을 통해 의미를 전하는 문자를 쓰는 반문명反文明의 사회이다. 여기서 노자가 진정으로 의도한 것은 평화와 소박함을 지향해야 한다는 메시지의 전파이다. 노자의 소국과민은 노자의 도, 이른바 무위자연의 가치가 통용되는 사회의 전형을 보여주고 있다.

공자의 도는 실천 규범을 말한다

도에 관한 공자의 견해는 노자와 다르다. 공자는 "사람이 도를 넓힐 수 있는 것이지 도가 사람을 넓히는 것이 아니다"[392]라고 했는데, 공자에게 있어서 도는 인간이 만들어나가는 대상이다. 즉, 공자에게 도는 선험적으로 주어진 원리가 아니라 인간 사회에서 형성된 규범이며, 또, 시대나 상황에 따라서 변할 수 있는 그런 대상이다. 도와 인간의 관계에서 공자는 인간을 주체적 존재로 설정하고 있지만 일단 올바르게 형성된 규범으로서의 도는 공자에게 마땅히 실천해야 할 대상이며 행위의 준거準據였다.

392. 『論語』, 衛靈公第十五, "人能弘道, 非道弘人."

"부와 귀는 사람들이 바라는 것이지만 도로써 얻어진 것이 아니면 머무르지 않겠다. 가난과 천한 것은 사람들이 싫어하는 것이지만 그 도로써 (더 좋은 것을) 얻는 것이 아니면 버리지 않겠다."[393]

비록 부귀는 모든 사람들이 바라는 것이지만 인륜을 벗어난 방법으로 얻은 부귀는 원치 않는다고 공자는 말한다. 또, 가난과 천한 지위에서 벗어나는 것이 인륜을 그르치는 방법으로 얻어진다면 이 역시 공자에게는 받아들이기 어려운 것이었다. 도를 추구하는 것은 학문을 하는 전제가 되기도 한다.

"도道 있는 곳에 나아가서 몸가짐을 바로 하는 것이 가히 학문을 좋아한다고 일컬을 수 있다."[394]

학문을 하는 목적은 새로운 것을 배움으로써 정서적 즐거움을 느끼거나, 자신의 부족한 것을 보충하거나 아니면 벼슬을 얻기 위한 것이거나 여러 가지로 다양할 수 있다. 그러나 인간의 도리로 자신의 몸가짐을 바로 해야 진정한 학문을 할 수 있다고 공자는 보았다. 공자에게 도는 개인이 일상생활이나 학문에 있어서 마땅히 나아가야 할 길이었다. 또 도는 국가가 제대로 존립할 수 있는 근거로 인식되었다.

"천하에 도가 있으면 예악禮樂과 정벌征伐이 천자로부터 나오고, 천하에 도가 없으면 예악과 정벌이 제후로부터 나온다. 제후로부터 나오면 대개 10세대에 무너지지 않는 경우가 드물고, 대부로부터 나오면

---

393. 『論語』, 里仁第四, "富與貴是人之所欲也, 不以其道得之, 不處也. 貧與賤是人之所惡也, 不以其道得之, 不去也."

394. 『論語』, 學而第一, "就有道而正焉, 可謂好學也已."

5세대에 무너지지 않는 경우가 드물며, 배신대부의 가신이 국명을 잡으면 3세대에 무너지지 않는 경우가 드물다."[395]

천하에 도가 있으면 국가 기강이 바로 서지만 천하에 도가 없어지면 정명正名을 어지럽혀서 국가의 존립을 위태롭게 한다. 이렇듯 도는 개인의 일상과 국가의 존립에 필요한 것이나 당시에는 도가 행하여지지 않는 시대였기에 결국 공자는 도를 전파하고자 주유천하의 길로 접어들었다.

도는 사람이 마땅히 따라야 할 길이란 의미이다. 그렇기 때문에 같은 길, 즉 같은 도를 추구하는 사람은 서로 어울릴 수 있고 큰일을 도모할 수가 있다. 공자가 말했다.

"도가 같지 않으면 서로 도모하지 말아야 한다."[396]

공자의 말은 지극히 현실적이다. 도는 당연히 사람마다 따라야 할 길이지만, 여러 개의 길 중 하나를 선택하는 것은 역시 각자의 몫이다. 가는 길이 서로 다를 경우, 특히 정치에서 진보와 보수는 서로 어울리기가 어렵다. 그러기에 같은 길을 가는 사람끼리 시민단체를 만들고 정당을 만드는 것이다.

395. 『論語』, "季氏第十六, "天下有道, 則禮樂征伐自天子出, 天下無道, 則禮樂征伐自諸侯出. 自諸侯出, 蓋十世希不失矣, 自大夫出, 五世希不失矣, 陪臣執國命, 三世希不失矣."

396. 『論語』, 衛靈公第十五, "道不同, 不相爲謀."

2절
묵자와 공자의 대동사회

묵자사상의 연원

공자는 이상사회의 모습으로 대동사회大同社會를 제시했다. 그런데 공자가 제시한 대동사회의 모습은 묵자의 사상과 유사한 점이 있다. 이것을 논의하기 위해서는 묵자의 사상이 무엇인지 대략적인 검토가 필요할 것 같다.

묵자의 성은 묵墨이요 이름은 적翟이다. 묵자의 사상이 담겨 있는 책이 그의 이름을 따서 『묵자墨子』이다. 공자는 『묵자』에 등장하며, 묵자는 『맹자』에 등장한다. 따라서 묵자의 생존 연대는 공자와 맹자가 생존한 시대의 중간에 해당한다. 묵자의 인적사항에 대해 전해지는 것은 『사기』의 「맹자순경열전」에 나오는 간략한 기록이 전부이다. 『사기』의 기록은 이러하다.

> "묵적은 송나라의 대부로서 나라의 방어를 잘했고 절용을 주장했다. 어떤 이는 공자와 같은 때 사람이라 하고 어떤 이는 그 뒤의 사람이라고 한다."[397]

『사기』에는 묵자가 송나라의 대부라고 기록되어 있지만 일반적으로 묵자 연구자들은 묵자와 그의 무리가 발언하고 활동한 배경을 노나라로 추정하여 묵자를 노나라 사람이라고 보고 있다. 그리고 묵적이 실제의 이름인지도 불명확하다.

『회남자淮南子』[398] 「요략훈要略訓」에 따르면, 묵자는 본래 공자의 학술을 공부했으나 유가의 예를 번거롭다고 생각했다. 부연하면 공자는 초기 주나라 때의 전통적인 제도, 예악과 문물을 동경하여 논리적으로 이들을 합리화 내지 정당화하려고 힘썼던 반면, 묵자는 그 제도 등의 타당성과 효용성에 회의를 품고 이들을 좀 더 유용한 것으로 대치시키려고 했다. 그리하여 묵자는 유가가 모범으로 삼는 주周나라의 도를 버리고 하夏나라의 정치를 채용했다.[399] 이것으로 보면 묵자는 하나라와 하나라의 시조 우임금의 사상을 이어받은 것으로 추정된다.

『회남자』의 내용 이외에도 묵자와 우임금과의 사상적 연계성을 주장하는 학자가 더 있는데,[400] 이 주장은 어느 정도 일리가 있다. 그 이유는 묵자의 사상과 우임금이 행한 일이 크게 유사하기 때문이다. 예컨대 『묵자』는 「절용」장에서 절약과 검소할 것을 주장했다. 우임금의 미덕으로서도 절약과 검소함이 가장 두드러진 것이었다. 우임금의 이러한 점을 공자도 인정했다.

> "우임금에게서 결점을 찾을 수가 없었다. 그는 자신을 위해서는 변변찮은 식사를 하면서도 제사를 모시는 일에는 정성을 다했다. 자신

397. 『史記』, 孟子荀卿列傳第十四, "蓋墨翟, 宋之大夫, 善守禦, 爲節用. 或曰竝孔子時, 或曰在其後."
398. 전한(前漢) 회남왕(淮南王) 유안(劉安)이 편찬한 일종의 백과사전으로, 전 21권이다.
399. 『淮南子』, 要略訓, "墨子學儒者之業, 受孔子之術, 以爲其禮煩擾, 而不悅厚葬靡財 而貧民, 久服傷生而害事, 故背周道而用夏政. 禹之時 天下大水, 禹身執虆臿 以爲民先, 故絶財薄葬閑服生焉."
400. 『列子』, 「양주(楊朱)」편에 묵자의 문인 금할리(禽滑厘)가 양주(楊朱)의 위아설(爲我說)을 평한 뒤에 "나의 말을 가지고 대우(大禹)와 묵적(墨翟)에게 물어보면 내 말이 맞을 것"이라고 했는데, 장잠(長湛)의 주(注)에 "우(禹)와 적(翟)의 가르침은 자기를 잊고 남을 구제하는 것이다"라고 했다. 우(禹)와 적(翟)의 사상이 서로 같음을 말하고 있다.

의 의복은 검소하게 입으면서 의관, 제복은 잘 갖춰 입었다. 궁궐 안은 수수하게 차렸지만 경지 사이에 수로를 정리하는 일에 힘을 다 하였다. 우 임금은 결점을 찾을 틈이 없다."[401]

이와 같이 공자도 우임금의 절약과 검소한 미덕을 칭송했다. 특히 우임금 때는 홍수가 있은 뒤라 후장厚葬후한 장례 따위가 될 리 없었다. 언덕에서 죽은 자는 언덕에, 늪에서 죽은 자는 늪에 장사하며, 따로 관棺·곽槨[402]·의衣·식食의 아름다움이 있었던 것도 아니고, 삼년상을 하지 않고 석 달로 마쳤다. 이는 묵자의 주요 주장인 절장節葬장례비용을 절약함, 단상短喪상례 기간을 단축함과 동일하다. 또 묵자는 겸애兼愛를 주장하여 자기 몸을 아끼지 않고 세상을 구제함을 도덕의 요체로 보았는데, 우임금도 천하를 위해 부지런히 홍수를 다스릴 때 세 번이나 자기 집 문 앞을 지나면서도 들어가지 않았다 한다. 그 부지런함은 묵가墨家의 이상과 부합한다.[403]

묵가는 묵자의 사상을 배우고 실천하는 사람들의 집단을 말한다. 묵가들은 규율이 엄한 준準군사조직인 것으로 보인다. 주대 봉건체제하에서 왕, 제후, 대부들은 각각 자기의 군사적 전문가들을 두고 있었다. 그런데 주나라 말기에 봉건제도의 붕괴와 더불어 이 군사 전문가들은 각기 흩어져 사용자에게 봉사함으로써 생계를 유지했다. 이런 부류의 인물들을 사士, 또는 무사武士라고 했다. 묵자와 그 제자들도 무사 출신인 것으로 추정된다. 묵자의 제자들은 벼슬에 나아가거나 물러나는 등의 행동을 할 때 모두 묵자의 지휘를 받았다. 제자들은 벼슬로 인해서 얻은 수입은 나누어 묵학도의 소용으로 제공해야 했으며 스승의 명령

401. 『論語』, 泰伯第八, "禹, 吾無間然矣. 菲飮食, 而致孝乎鬼神. 惡衣服, 而致美乎黻冕. 卑宮室, 而盡力乎溝洫. 禹, 吾無間然矣."

402. 관(棺)의 바깥쪽을 둘러싼 외관(外棺).

403. 가노 나오키 지음, 오이환 옮김, 『중국철학사』(을유문화사, 1988), 225쪽 참조.

에 절대 복종해야 했다. 『회남자』에는 "묵자의 심복 180명은 모두 불속으로 뛰어들 수도 있었고 칼날을 밟을 수도 있었으며, 죽어도 돌아설 줄 몰랐다"라고 기록되어 있다. 묵학도의 수령은 거자鉅子혹은 巨子라 했는데, 묵자들은 거자를 중심으로 매우 조직적인 행동을 한 것으로 추정된다.

묵자의 주요 사상

묵자와 우임금과의 사상적 연계성을 논의하는 과정에서 이미 묵자의 주요 사상의 대략적인 것이 제시되었다. 이하에서는 더 구체적으로 묵자의 기본 철학과 사상을 살펴보고 대동사회와의 관련성을 언급하고자 한다.

묵자의 기본적 철학관은 추상적 정의의 개념보다 이익을 우선으로 한다. 이 점이 유가의 철학관과 근본적으로 서로 다르다. 『논어』에는 자로가 완성된 인간에 대해 묻자 공자가 "이익을 보면 의로운지를 생각하고, 위태로움을 보면 목숨을 바칠 것을 생각해라見利思義, 見危授命"[404]라는 표현이 있다. 또, 『맹자孟子』 첫 부분은 「양혜왕梁惠王」장으로부터 시작되는데 바로 맹자가 여러 나라를 전전할 때 첫 번째로 들른 나라의 군주가 대량으로 천도를 한 이후의 위魏나라 양혜왕이었다. 이때 양혜왕은 맹자에게 위나라를 이롭게 할 방법을 물었는데, 맹자는 군주가 이로움을 말할 것이 아니라 인의仁義를 말해야 한다고 하면서 양혜왕에게 왕도정치를 펼 것을 역설하게 된다. 이처럼 유가에서 행동의 준거가 되는 것은 의로움義이다.

---

404. 『論語』, 憲問第十四, "今之成人者何必然? 見利思義, 見危授命."

1909년 만주 하얼빈 역에서 안중근 의사가 조선 침략의 원흉 이토 히로부미를 사살했다. 안 의사는 체포되어 여순 감옥에 있으면서 여러 점의 붓글씨를 남겼다. 그중 1910년 3월 처형되기 직전에 쓴 글이 바로 공자가 말한 '見利思義, 見危授命이익을 보면 의로운지를 생각하고, 위태로움을 보면 목숨을 바칠 것을 생각해라'이었다. 안중근, 그는 유학에서 중요시한 의義를 행동의 준거로 삼은 독립투사였다.

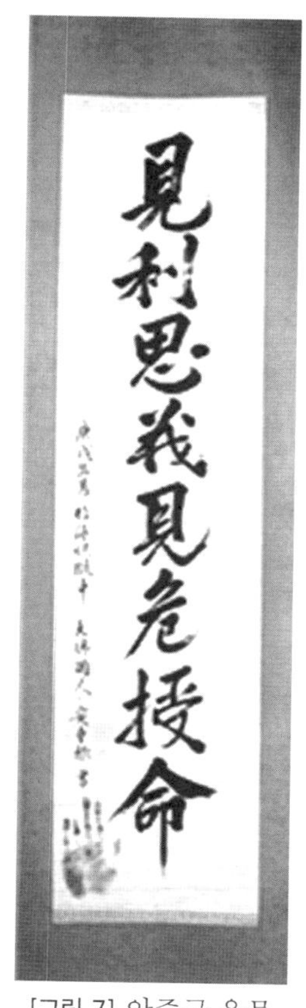

[그림 7] 안중근 유묵

그러나 묵가는 오로지 이익을 중시하고 오로지 공을 중시한다. 묵자는 "인은 사랑하는 것이고 의로움은 이로운 것이다"[405]라고 했다. 즉, '의로움義'이란 것은 '이익'과 함께 간다는 말이다. 또, 묵자는 "효도란 부모를 이롭게 하는 것이다"[406]라고도 한다. 묵자는 효도를 정의할 때 관념적이거나 도덕적 표현을 배제하고 실질적 이익의 관점에서 말하고 있다. 사회를 유지하는 질서의 기초 내지 통치 질서의 정당성이 바로 '의義'인데, 이 '의'는 '이로움'을 빼놓고는 논할 수 없고 사람들을 이롭게 하지 않으면 의로움이란 존재할 수 없다고 묵자는 주장한다. '의義'와 '이利'를 대립적으로 보는 유가와 달리 묵자는 이익을 정치사상, 통치철학의 필요조건으로 보는 것 같다.[407] 그런데 묵자가 말하는 이익은 공유되는 이익, 즉 공익을 말한다. 묵자는 교

405. 『墨子』, 經說下第四十三, "仁愛也, 義利也."
406. 『墨子』, 經上第四十, "孝. 利親也."
407. 임건순 지음, 『묵자』(시대의 창, 2013), 38~39쪽 참조.

상리交相利를 주장하는데, 교상리란 서로 이익을 주고받는 것을 의미한다. 이것으로 볼 때 묵자가 말하는 이익은 특정한 사람에게 치우치는 이익이 아닌 호혜적 관점에서의 공익을 말한다. 공익은 묵자 사상 전반에 흐르는 철학적 관념이 되고 있다.

묵자의 하늘관은 어떠한가? 묵자는 "인의仁義의 원천을 근원적으로 고찰하려는 사람이라면 하늘의 뜻을 받들지 않을 수 없다本察仁義之本天之意不可不愼也"라고 하여 인간 치덕의 방향을 하늘에 근거하고 있다. 묵자는 공자와 마찬가지로 하늘을 주재지천主宰之天으로 상정한다. 묵자는 종교적 제제를 중시하여 하느님天이 서로 겸애하는 자는 상을 주고 서로 차별하여 증오하는 자에게는 벌을 준다고 여겼다.[408] 하늘을 주재지천의 관념으로 본 것은 공자와 같다. 그러나 묵자는 공자가 상고시대의 성왕들로부터 받아들인 천명관을 부정한다.

> "삼가라! 천명天命은 없다. 너희는 사람을 갈라놓고 말을 지어내지 말라. 나의 운명은 하늘에서 내려온 것이 아니라 내 스스로 만들어내는 것이다."[409]

유가들은 하늘의 권능을 인간의 운명을 관장하고 성품을 부여하는 등 몇 가지로 구별하여 인정한다. 그리고 하늘은 인간사회에 개입할 경우 천명의 형식을 빌리기도 한다.

그러나 묵자는 하늘의 주재성을 인정하지만 인간의 운명을 결정하는 존재로는 인정하지 않는다. 묵자는 유가들이 천명을 인간의 운명을 결정하는 개념으로 보고 있다고 생각한다. 이에 따라 묵자는 유가의

---

408. 『墨子』, 天志上第二十六, "順天意者. 兼相愛. 交相利. 必得賞. 反天意者. 別相惡. 交相賊必得罰."
409. 『墨子』, 非命中第三十六, "敬哉 無天命. 惟予二人而無造言. 不自天降, 自我得之."

천명관을 부정하고 자신의 운명은 자신이 개척하는 것임을 주장하고 있다.

또 묵자의 주요 사상으로는 '겸상애兼相愛'가 있다. 겸상애란 더불어 서로 사랑한다는 의미이다. 겸상애는 줄여서 겸애라고 표현되기도 한다. 묵자는 천하의 혼란을 평정하려면 반드시 혼란의 근원을 살펴야 한다고 여겼다. 묵자는 혼란의 원인을 사람들이 서로 사랑할 수 없는 데에 있다고 보았다. 그래서 묵자는 이것의 해소를 위해 겸상애兼相愛를 주장하기에 이른다.

묵자의 겸상애 사상을 단적으로 표현하는 말이 '천하무인天下無人'이다. 이것은 천하에 다른 사람이 없다는 뜻이다. 따라서 묵자는 평소 부모, 형제, 임금 보기를 자기 몸과 같이 하고, 남의 가문을 자신의 가문처럼 여겨야 한다고 주장한다. 그렇기 때문에 겸상애가 구현되는 세계는 남의 부모를 자기 부모처럼 섬기는 사회이고 다음과 같이 사회적 약자를 배려하는 사회이다.

> "이리하여 처자가 없는 노인도 부양받아 그 수명을 누리고, 부모 없는 어리고 약한 고아도 의지할 데가 있어 장성할 수 있다."[410]

이와 같이 겸상애의 도가 구현되는 사회는 외로운 사람, 의지할 곳 없는 사람을 배려하는 사회이다. 묵자는 비록 겸상애의 도가 세상을 구제하는 유일한 법도라고 여겼지만 인간이 본래부터 사랑할 수 있다고는 여기지 않았다. 다음은 『묵자』「소염」장의 내용이다.

> "묵자가 실이 물드는 것을 보고 탄식하여 말했다. 파란 물감에 물

---

410. 『墨子』, 兼愛下第十六, "是以老而無妻子者. 有所侍養. 以終其壽. 幼弱孤童之無父母者. 有所放依. 以長其身."

> 들이면 파랗게 되고, 노란 물감에 물들이면 노랗게 된다. 넣는 물감이 변하면 그 색도 변한다. 다섯 가지 물감을 넣으면 다섯 가지 색깔이 된다. 그러므로 물드는 것은 주의하지 않으면 안 된다. 비단 실만 물드는 것이 아니라 나라도 물드는 것이다."[411]

묵자는 인성人性을 흰 실로 여겨 인성의 선악은 전적으로 무엇에 물들여지느냐에 달려 있다고 했다. 개인뿐만 아니라 국가도 그러하다. 물건을 많이 소비하는 것이 고귀하다고 생각하는 것이나, 전쟁으로 많은 사람을 죽이는 것을 의롭다고 생각하는 것, 역시 나라가 그렇게 물들었기 때문이라는 것이다. 그리고 묵자는 겸상애兼相愛를 표현할 때 대부분 교상리交相利를 덧붙여 이야기한다. 교상리란 서로 이익을 주고받는다는 의미이므로, 결국 더불어 서로 사랑하는 것은 서로 이익을 주고받는 행위에 해당되는 것임을 의미하고 있다.

경제적 측면에서 묵자는 절용節用을 주장한다. 묵자는 성인聖人의 정치를 예로 들면서 "그것富을 배로 늘린다는 것은 밖에서 땅을 빼앗는 것이 아니라 그 나라에서 쓸데없는 소비를 없애서 두 배로 늘리는 것을 말한다"[412]라고 했다. 즉 재화는 한정되어 있기 때문에 재화의 본래 목적을 초과한 과시소비過示消費를 버리고 절용해야 한다는 것이다. 여기서 묵자가 말한 부富는 궁실의 곳간이 아닌 백성에게 분배되는 몫을 말한다. 묵자는 성인의 정치와 비교하여 당시의 정치를 비교하여 말한 적이 있다.

> "성왕이 정치를 할 때에 정령을 발하는 목적은 일을 흥하게 하고

---

411. 『墨子』, 所染第三, "子墨子見染絲者 而歎曰, 染於蒼則蒼 染於黃則黃 所入者變 其色亦變 五入必而已則 爲五色矣 故染不可不愼也 非獨染絲然也 國亦有染."
412. 『墨子』,節用上第二十, "其倍之非外取地也. 因其國家去其無用之費. 足以倍之."

> 백성으로 하여금 재화를 사용하게 하여 실용에 이루어지지 않는 것이 없게 하고자 한 것이다. 이런 까닭에 재화를 쓰는 것이 낭비되지 않고 백성이 피곤하지 않게 되며 이로운 것이 많아진다. …… 지금 천하에서 정치를 하는 자는 인구가 줄어들게 하는 방법을 따르는 자가 많다. 그들은 백성을 수고롭게 하고 세금을 많이 거둬들여 백성의 재물을 부족하게 한다. 이럼으로써 얼어 죽고 굶어 죽는 자가 이루 헤아릴 수 없다."[413]

묵자도 유가와 같이 과거의 성왕의 정치를 본받는 것을 주장하지만 관점은 다르다. 유가는 성인의 도덕정치를 본받는 것을 말하지만 묵자는 백성에게 적절하게 재화를 사용함으로써 이익을 주는 정치를 본받을 것을 주장한다. 그런데 오늘날의 정치는 백성 개개인에게 이익을 주는 것이 아니라 백성을 수고롭게 하고 세금을 많이 거두어들여 국가의 창고를 채우려 한다. 이러다 보니 백성은 얼어 죽고 굶어 죽는 자가 속출하여 백성의 숫자가 적어진다는 것이다. 이와 같이 묵자는 성인의 정치와 지금의 정치를 비교할 때 백성의 재화 관점에서 본 것이지 지배층의 재원 관점으로 본 것이 아니었다. 다시 말하면 묵자는 궁실의 부가 아닌 분배적인 관점에서 백성 개개인의 재화를 충족시켜주며 적절하게 사용하게 하는 것이 올바른 정치라고 주장하고 있다.

묵자는 유가의 장례문화를 비판하며 장례비용을 줄이자는 '절장節葬'과 삼년상을 단축하자는 '단상短喪'을 주장한다. 묵자는 말하길, "후장厚葬후한 장례은 애써 번 재물을 매장하는 짓이요, 구상久喪장기간의 상례은 오래도록 생업에 종사함을 방해하는 짓이다"[414]라고 했다. 후장과 구상

---

413. 『墨子』, 節用上第二十, "聖王爲政. 其發令興事使民用財也. 無不加用而爲者. 是故用財不費. 民德不勞. 其興利多矣…… 今天下爲政者. 其所以寡人之道多. 其使民勞. 其籍斂厚. 民財不足, 凍餓死者不可勝數也."

414. 『墨子』, 節葬下第二十五, "細計厚葬. 爲多埋賦之財者也. 計久喪. 爲久禁從事者也."

은 개인적으로는 재화의 낭비이며 국가적으로는 국정의 공백을 초래하고 사람까지도 해치게 된다. 묵자는 왕을 비롯한 지배층이 상을 당했을 경우에 정사를 다스릴 수 없고 순장殉葬을 당하는 자도 수십 명에 이른다고 말하면서 유가의 후장과 구상을 비판했다.

그 외에 묵자의 사상으로는 '비공非攻', '비락非樂'이 있다. '비공'이란 다른 나라를 침공하는 것을 비난한다는 의미로 묵자의 반전反戰사상이 표방되고 있다. 묵자는 전쟁과 정벌은 의義에 옳지 않고, 이利에도 소득이 없어 천하의 커다란 해로움이라 생각했다. 따라서 군자는 천하를 서로 사랑하게 하고 이익을 일으켜야 하므로 비공非攻은 묵자의 겸상애 사상이 실천적으로 드러난 주장이다.

'비락'이란 유가의 교육에서 중요시하는 음악을 비판하는 것이다. 묵자는 천하 사람들이 고통을 받고 있는데 음악을 즐긴다는 것이 잘못되었다고 보았다. 따라서 관직에 있는 자는 이런 쓸데없는 일을 해서는 안 된다고 했다.[415] 묵자가 음악을 비난한 것은 음악이 일을 전폐하기에 충분하고 천하에 아무 이익이 없다고 깊이 믿었기 때문이었다. 그러므로 묵자의 문화관은 순전히 공리주의 및 실용주의 입장을 대변함을 알 수 있다.

국가에 있어서 묵자는 지도자의 중요성을 말한다. 인류 초기에 사람들은 서로 언어로 소통하기가 어려워 서로 갈등을 일으키고 화합하지를 못했다고 묵자는 주장한다. 묵자는 이러한 혼란이 지도자가 없는 데서 생긴 것이라고 했다.

"무릇 천하가 혼란스러운 까닭은 정치 수장이 없는 것에서 발생하는 것이 분명하다. 이런 연유로 천하의 어진 자를 선출하여 그를 세

415. 『墨子』, 非樂上第三十二, "民有三患, 飢者不得食, 寒者不得衣, 勞者不得息, 三者民之巨患也. 然卽當爲之撞巨鐘, 擊鳴鼓, 彈琴瑟, 吹竽笙, 而揚干, 民衣食之財將, 安可得乎?"

워 천자로 삼았다. 천자를 세웠으나 그 힘이 부족하였으므로 또 천하의 어진 자를 선출하여 그를 세워 삼공으로 삼았다. …… 이러므로 나라가 다스려지는 것이다."[416]

묵자는 국가의 기원을 말하면서 국가 지도자의 옹립과 관리의 등용 방법을 말하고 있다. 국가 지도자의 옹립은 세습이 아니라 어진 덕을 가진 자를 국민들이 선출하는 것이고, 관리 또한 어진 덕을 기준으로 하여 뽑아 써야 한다는 것이다. 묵자에 따르면, 덕성에 의해 선출된 지도자의 권위는 절대적이어야 한다. 만약 지도자가 있는데도 서로 다툼이 있는 것은 사상이 다르기 때문이다. 그러므로 혼란을 평정하고 안정을 추구하려면 반드시 사상을 통일해야 한다.[417] 사상을 통일하는 방법은 바로 아랫사람으로 하여금 윗사람의 생각을 따라 가게 만드는 것이다.

묵자가 활동한 전국시대에 천자와 제후들은 신분에 따른 세습이 뿌리를 내린 시대였다. 그런데 묵자는 인류 초기 국가의 기원을 말하면서 덕성에 따른 지도자의 선출을 긍정적으로 묘사했다. 이것은 당시의 세습제를 우회적으로 비판하는 것인데, 이와 같은 생각은 묵자가 품고 있는 기본적인 인간관으로부터 도출된 것이었다. 묵자는 하늘 아래에서 인간은 어른이나 어린이, 귀인이나 천인 모두 동등한 존재라고 말한다.

"하늘 아래 크고 작은 국가가 있는 것이 아니라 모든 나라는 하늘의 땅도읍이다. 사람 중에 어린이와 어른, 귀인과 천인이 다르게 대우되

416. 『墨子』, 尙同上第十一, "夫明乎天下之所以亂者, 生于無政長. 是故選天下之賢可者. 立以爲天子. 天子立. 以其力爲未足. 又選擇天下之賢可者. 置立之以爲三公…… 是以國治也."
417. 『墨子』, 尙同下第十三, "今此何爲人上而不能治其下. 爲人下而不能事其上. 則是上下相賊也. 何故以然. 則義不同也."

는 것이 아니다. 모든 사람은 하늘의 신하이다."[418]

묵자는 사람 모두가 하늘의 신하이고 하늘의 품에서는 모두가 동등한 존재임을 천명하고 있다. 그러기 때문에 인간 세상에서의 세속적 질서는 타고나는 것이 아니라 덕성에 따라 획득되는 것이며 근원적 존엄성에서는 모두가 동등한 존재이다. 묵자의 이러한 생각은 당시의 신분제 사회에서 위험하면서도 획기적인 발상이었다. 그러나 인간의 근원적 평등을 말하면서 지도자와의 사상적 통일성을 말하고 있는 것은 분명 상호 모순이 된다. 이것은 묵자사상이 극복하지 못한 논리적 오류라고 생각된다.

한편 지도자의 절대적 권위를 존중하고 사상의 통일을 주장하는 묵가들의 주장은 당시 전국시대의 법가들의 이념과도 비슷하고 국론을 통일하여 부국강병을 지향하던 제후들의 목적과도 부합하는 면이 있었다. 따라서 학자들에 따라서는 묵가들이 진秦이 전국시대를 통일하는 과정에 법가들과 함께 깊이 개입하였을 것이라고 추정하기도 한다.[419]

이상과 같이 묵자의 사상에 대해 대략 살펴보았다. 그런데 묵자의 사상은 공자의 이상사회인 대동사회의 특징과 유사한 점이 많다. 대동사회는 공자가 노나라의 상황을 보고 탄식하면서 이상사회의 모습으로 묘사한 사회를 말한다. 이 내용은 『예기禮記』에 전해지고 있다. 『예기』는 전국시대에서 진한秦漢시대까지 유가 학자들이 경서인 『의례儀禮』를 해석하고 설명한 문장을 모은 것으로 유가의 예禮에 관한 사상이 집약되어 있는 책이다. 당연히 작가는 한두 명이 아니고 편찬 시기도 일정치 않다. 한대漢代 학자들은 성인이 저술한 전적典籍을 '경經'이라 하

---

418. 『禮記』, 法儀第四, "今天下無大小國. 皆天之邑也. 人無幼長貴賤. 皆天之臣也."
419. 임건순 지음, 『묵자』(시대의 창, 2013), 235~243쪽 참조.

고, '경'을 해석하고 풀이한 것을 '전傳' 또는 '기記'라고 했는데, 『예기』는 여기에 기준하여 이름을 땄다.

대동사상과 묵자

『예기』에 나오는 대동사회의 모습은 제1장 2절에서 다루었으므로 여기서는 전체적 내용의 인용은 생략한다. 대동사회의 모습과 묵자사상과는 다음과 같은 유사점이 있다.

첫째, 대동사회에서는 현명하고 유능한 인물을 선택하였다고 했는데, 이것은 묵자가 국가의 기원에서 지도자를 어진 자로서 선출했다는 것과 유사하다. 둘 다 신분제를 배척하고 있다.

둘째, 대동사회에서 홀로 자기의 어버이만을 친애하지 않았으며, 홀로 자기의 아들만을 사랑하지는 않았다는 표현은 묵자의 '천하무인天下無人', 즉 천하에 남이 없다는 사고를 기반으로 할 때 가능한 행동 특성이다.

셋째, 대동사회에서 홀아비, 과부, 고아, 홀로 사는 사람, 병든 사람이 부양을 받을 수 있다는 표현은 묵자의 주요 사상인 겸상애가 구현될 때 처자 없는 노인과 고아를 돌보는 사회의 모습과 동일하다.

넷째, 재화를 자기에게만 감추어두지 않았다는 것은 묵자가 중시한 공익의 관념과 유사하다.

이와 같이 대동사회의 모습과 묵자의 사상과는 서로 닮은 점이 많다. 그 이유는 무엇일까? 『예기』는 책 편찬이 서한西漢 중엽까지 장기간에 걸쳐 이루어졌기 때문에 유가뿐만 아니라 도가나 법가, 음양가 등 당시에 유행했던 여러 학파의 영향에서 자유롭지 못하다. 따라서 『예기』는 '예'의 각도에서 출발하여 각 학파의 사상을 융합한 것이라 볼 수 있다. 예를 들면 천도天道에 관한 논술은 도가사상의 영향을 받았고, 대동의 이상사회는 묵가가 주장한 겸상애의 영향을 받았을 가능성도 있다. 그렇기 때문에 대동사회는 공자가 생각한 고유의 이상사회일 수도 있지만 공자를 비롯한 유가의 유학사상이 묵가의 영향을 받아 새로이 정립된 이상사회의 모습일 수도 있을 것이다.

3절
유가, 묵자, 도가의 핵심 가치는 어떻게 다른가?

유가의 인(仁)은 분별하는 사랑이다

앞에서 살펴보았듯이 공자 제자 중에 재아라는 제자가 있었다. 재아는 공자 제자 중 게으르고 불충하여 공자가 그리 탐탁지 않게 여긴 제자였다. 어느 날 재아가 공자에게 인의 본질이 궁금하여 물에 빠진 사람을 구하기 위해 무조건 따라 들어가야 되는가를 물었다. 이때 공자는 말했다.

> "어찌 그렇게 할 수 있겠는가? 군자는 우물까지 뛰어갈 수는 있지만 들어갈 수는 없을 것이다."[420]

일반적으로 유가의 윤리관을 분별의 윤리관으로 지칭한다. 분별分別이란 말 그대로 나누어 구별한다는 뜻이다. 위에서는 일정한 상황을 분별하여 상황에 적합한 판단을 내린 것을 말한 것인데, 분별은 존비친소尊卑親疎신분의 높고 낮음과 친함과 친하지 않음 관계에 따라 그 덕목이 서로 구별

420. 『論語』, 雍也第六, "宰我問曰, 仁者, 雖告之曰, 井有仁焉. 其從之也? 子曰, 何爲其然也? 君子可逝也, 不可陷也. 可欺也, 不可罔也."

될 수 있음을 말하기도 한다. 분별하는 윤리관의 대표적 전형은 오륜이다. 순임금은 오교五教를 백성의 교육에 활용했으며, 전국시대 맹자가 오교를 오륜五倫으로서 개념을 재정립하여 내용을 소개했다.

묵자의 겸상애는 무차별적 사랑이다

유가의 인은 분별적 사랑이라는 점에서 묵자의 겸상애兼相愛와 다르다. 묵자의 겸상애는 사람과 사람 간의 차별 없는 사랑을 말한다. 앞서 말한 바와 같이 묵자의 겸상애 사상을 단적으로 표현하는 말은 '천하무인天下無人'이다. 이는 천하에 다른 사람이 없다는 뜻이다. 나와 남을 하나로 보는 묵자의 겸상애를 제대로 표현한 말이다. 무차별적 사랑을 주장하는 묵자는 유가의 분별적 윤리관을 배격한다.

> "(해악은) 남을 미워하고 남을 못살게 구는 데서 생겼다고 말해야 한다. 천하에서 남을 미워하고 남을 못살게 구는 사람을 분리시켜 이름을 붙인다면, 우리는 그들을 겸兼이라 불러야 하는가? 아니면 별別이라 불러야 하는가? 반드시 별別이라고 말해야 한다."[421]

묵자는 인간 충돌의 근본 원인을 서로 사랑하지 않는 것에서 구하고 있고, 또 서로 사랑하지 않는 것은 '별別', 즉 '분별分別'의 사유에서 비롯된다고 보고 있다. 분별의 윤리는 유가儒家의 기본 윤리 체계이다. 따라서 묵자는 유가의 근본적 윤리체계인 분별의 윤리관을 사회에서 야기되는 해악의 원인으로 규정하고 다음과 같이 너와 나의 구별이 없

421. 『墨子』, 兼愛下第十六, 必曰從惡人賊人生, 分名乎天下, 惡人而賊人者. 兼與別與, 卽必曰別也."

는 겸상애兼相愛의 윤리관을 주창하고 있다.

묵자가 말했다.

"다른 나라 보기를 자기 나라처럼 하고, 다른 가정 보기를 자기 가정처럼 하고, 다른 사람 몸을 보기를 자기 몸처럼 한다."[422]

묵자는 자신, 자신의 가정 그리고 자신의 나라와 다른 사람의 그것을 차별하여 취급하지 말고 서로 동등하게 볼 것을 주문한다. 이렇게 함으로써 강한 자가 약한 자를 못살게 굴지 않고 부자가 가난한 자를 업신여기지 않는 사회가 된다고 믿고 있다.

그리하여 묵자는 "천하가 더불어 서로 사랑하면兼相愛 곧 다스려지고, 서로 미워하면 곧 어지러워진다"[423]라고 하여 태평세계의 근원을 겸상애兼相愛에 두고 있다.

특기할 점은 묵자의 겸애는 그 대상이 어디까지나 모든 생명체가 아닌 사람에 대한 무차별적인 사랑을 주창한다는 것이다. 이러한 점에서 사람과 사물과의 차별을 두지 않는 도가와 차이가 있다.

노자는 자연 안에서 모든 존재는 동등하게 취급되어야 함을 기본 사유로 하고 있다. 그리고 장자는 모든 사물이 도를 갖고 있어서 도의 관점에서 볼 때 만물이 동등하다는 사유를 한다.

---

422. 『墨子』, 兼愛中第十五, "子墨子言. 視人之國, 若視其國. 視人之家, 若視其家. 視人之身, 若視其身."

423. 『墨子』, 兼愛上第十四, "天下兼相愛則治. 交相惡則亂."

도가는 사적인 감정을 경계한다

노자와 장자를 세상에서는 일반적으로 도가라고 부른다. 노자와 장자 모두 유가의 인仁을 비롯한 도덕을 인위적이고, 사적인 감정으로 이해한다. 노자는 "천지는 어질지 않아서 만물을 풀강아지로 여기며 성인은 어질지 않아서 백성을 풀강아지로 여긴다天地不仁 以萬物爲芻狗 聖人不仁 以百姓爲芻狗"라고 했다. 여기서 '천지는 어질지 않아서'는 '천지불인天地不仁'을 직역한 것이다. 이것을 노자가 유가의 인을 인위적이고 사사로운 감정으로 여기는 것을 감안하여 풀이하면, "천지는 차별적인 감정이 없어서 만물을 (동등하게) 풀강아지로 여긴다"라고 해석이 가능하다. 풀강아지芻狗는 중국에서 제사에 쓰던 풀로 만든 강아지를 말한다. 제사가 끝나면 내버리므로 소용이 없을 때 버리는 하찮은 물건을 비유한다. 또 노자는 "대도가 폐하자 인의가 생겼다大道廢有仁義"라고 했다. 여기서 대도는 앞에서 말한 바와 같은 무위자연을 모습으로 하는 우주자연의 생성과 순환원리이다. 노자는 그러한 도가 없어졌기 때문에 인위적이고 사사로운 감정인 인의가 생겼다고 보고 있다. 그렇기 때문에 인이 공자에게 최고의 도덕이라면, 노자에게는 인위적이고 차별적 감정일 뿐이다. 노자는 "최고의 선善은 물과 같다上善若水"라고 했다. 노자는 인위적인 것이 아닌, 자연스럽게 낮은 곳으로 흐르는 물과 같은 처신을 최고의 선善으로 본 것이다. 유가의 도덕을 인위적이고 사사로운 감정으로 여기는 것은 장자도 마찬가지다.

장자는 "후세에 성인이 억지로 인仁을 행하고 힘들여 의義를 행하게 되자 사람들이 비로소 의심하게 되었다及至聖人, 蹩躠爲仁, 踶跂爲義, 而天下始疑矣"라고 했다. 장자 역시 유가의 사적이고 인위적인 인의仁義 때문에 사람들이 서로 의심하게 되었다고 보고 있다. 장자는 기본적으로 노자의 무위자연無爲自然을 이어받고 있으나 몇 가지 점에서는 서로 다르다.

노자에게 있어서 도는 우주 자연의 형성원리이며 순환원리로서 자연 도처에 존재한다. 노자는 "위대한 도는 넘쳐난 물처럼 왼쪽 오른쪽 어디에도 있다"[424]라고 했다. 노자에게 있어서의 도는 자연과 분리될 수 없는 맥락에서 파악된다. 장자에게 있어서의 도는 아예 사물 자체에 내재한 원리로서도 파악된다. 장자는 "도는 자연에 겸하여 진다道兼於天"라고 했으며, 동곽자라는 자와의 문답에서 다음과 같이 말했다.

> "도는 없는 곳이 없다. 피나 쭉정이에도 있고 똥이나 오줌에도 있다. 도는 사물을 떠나 있지 않다."[425]

더구나 장자는 인식의 상대주의적 관점에서 "사물은 저것 아닌 것도 없고, 이것 아닌 것도 없다"[426]라고 하여 사물의 방향, 생각의 방향에 따라서 이것과 저것이 서로 바뀌기도 한다는 사유를 하고 있다. 모든 사물이 도를 가지고 있고, 사유 방식에 따라 사물의 구별이 없어진다는 장자의 생각은 결국 모든 사물은 동등하다는 의미인 '제물齊物'에 도달하게 된다.

장자의 제물론적 사고는 노자의 양극단을 포섭하는 사고를 초월한다. 노자는 선후先後앞과 뒤, 자웅雌雄암컷과 수컷, 영욕榮辱영광과 굴욕, 허실虛實거짓과 참 따위의 서로 반대되는 분별에 주목하여, '단단하면 깨지고', '예리하면 꺾임을 당하고', '지나친 인색은 큰 낭비를 초래하고' 등의 사물과 일의 반대되는 측면을 아울러 생각하는 소위 양극단을 포섭하는 철학적 사유와 처세가 특징이다. 그런데 장자에게 있어서 이러한 양극단 자체가 하나가 된다.

---

424. 『道德經』, 34章, "大道氾兮, 其可左右."
425. 『莊子』, 知北遊, "莊子曰, 無所不在. 在稊稗. 曰 在屎溺. …… 无乎逃物."
426. 『莊子』, 齊物論, "物无非彼,物无非是."

"천하에 추호秋毫보다 큰 것은 없고, 태산도 작다."[427]

추호는 가을철 짐승의 가는 털을 말하는데, 사람이 상황에 따라 갖는 생각, 보는 거리, 각도에 따라 추호가 태산보다 더 클 수도 있음을 말하고 있다. 다시 말하면 낮은 곳이 생각하기에 따라서는 높은 곳이 될 수 있고, 움츠리고 있는 것이 더 움츠린 상황을 가정하면 펴진 것으로 볼 수도 있다는 말이다. 이처럼 장자는 노자가 주목한 양극단을 포섭하는 사고에서 더 나아가 양극단이 도의 관점에서 하나가 되게 된다. 즉, 차이가 없다는 말이다. 이러므로 사물 각자의 처지와 관점을 모두 수용하고 그 자체로 인정하게 된다.

도의 관점으로 보면 사물은 귀천이 없고, 사물의 관점으로 보면 자신은 귀하고 상대방은 천하다고 한다.[428]

우주 만물의 생성원리이며 만물에 들어 있는 도의 관점으로 볼 때 귀하고 천함과 크고 작은 것은 한낱 우리의 단견短見과 편견偏見일 뿐이라는 말이다.

이와 같이 묵자의 겸상애가 사람과 사람과의 무차별적 사랑을 의미하고, 노자의 사상이 만물을 동등하게 취급할 것을 주장하고, 장자의 제물이 만물을 동등한 것으로 보는 것임에 비하여 유가의 인仁은 혈연관계의 유무에 따라 차이가 있을 수 있음을 인정한다.

결론한다면 유가의 인은 무조건적 희생이 아닌 어떠한 상황에서 결과까지 가늠하여 할 수 있는 최적의 사랑을 의미한다. 다시 말해 인간이 주체적 판단으로 베푸는 '분별적 사랑'을 의미하고 있다. 그렇지만

---

427. 『莊子』, 齊物論, "天下莫大於秋毫之末, 而大山爲小."
428. 『莊子』, 秋水, "以道觀之, 物无貴賤, 以物觀之, 自貴而相賤."

유가의 인은 자신의 부모만 소중하다는 것은 아니다. 유가의 인은 자신의 부모가 소중하다는 마음을 미루어 남의 부모도 소중하다는 생각을 한다는 소위 추기급인推己及人의 사유 방식을 특징으로 한다. 추기급인의 사유 방식으로서 대표적인 것이 '서恕'이다. '서'에 관해서는 앞의 제3장 9절에서 논의했다.

~제5장~

공자, 인생을 정리하다

1절
후세의 공자에 대한 평가

공자에 대해서는 옛날부터 지금까지 그 평가가 극명하게 대립된다. 그 이유는 공자 사상에 대한 오해에서 비롯될 수도 있고 기본적인 가치관의 다름에서 오는 것일 수도 있다. 다음은 전국 시대의 맹자와 순자, 한비자 그리고 청나라 말기 캉유웨이의 공자에 대한 평가이다.

맹자는 집대성이라 표현한다

공자가 춘추시대에서 전국시대로 넘어가는 과도기에 살았다면 맹자는 공자보다 약 180여 년 후 전국시대에 살았던 인물이다. 유가에서 일반적으로 맹자는 공자의 도를 이어받은 사람이라고 인정한다. 맹자는 공자의 행적을 거론하며 이렇게 평가했다.

"공자께서 제나라를 떠나실 때는 미처 밥을 지을 틈도 없어서 씻은 쌀을 건져 가지고 갈 정도로 급하게 가셨는데, 노나라를 떠나실 때는 '나의 가는 것이 더디기도 하다'라고 말씀하셨으니, 그것은 부모의 나라를 떠나는 도리인 것이다. 빨리 떠날 때는 빨리 떠나고, 더디

가야 할 때는 더디 가며, 머물러 있어야 할 때는 머물러 있고, 벼슬을 해야 할 때는 벼슬을 하는 것이 공자이시다."[429]

공자는 35세에 삼환을 축출하려다 실패한 노나라 소공을 따라 제나라로 갔다. 제나라에 머물던 공자는 43세에 노나라로 돌아오게 되는데, 본문의 전반부는 그때의 상황을 말하고 있다. 공자는 타국에서 고국인 노나라로 올 때는 고국에 대한 그리움과 도를 행하려는 마음에 급하게 서둘렀다. 그러나 조정이 연일 유흥에 빠지고 정공이 결례를 범하여 노나라를 떠날 때는 아쉽고 참담하여 그 발걸음이 제대로 떨어지지 않았다. 맹자는 공자의 이런 모습을 보고 말했다.

"백이는 성인의 깨끗한 모습이며, 이윤은 성인이 스스로 일을 맡는 모습이며, 류하혜는 성인의 온화한 모습이다. 공자는 성인으로서 때를 알아서 처신하셨으니 공자는 '집대성하셨다'라고 말할 수 있다."[430]

백이는 주나라 무왕이 상나라의 마지막 임금 주紂를 칠 때에 그의 동생 숙제와 함께 신하된 자로서 상나라를 칠 수 없다고 만류했다가 결국은 수양산에 들어가서 굶어 죽은 의인이다. 이윤은 상나라의 탕을 보필하여 하나라의 마지막 왕, 걸桀을 정벌했으며, 류하혜는 춘추 초기 노나라의 대부로서 능란한 변설과 밝은 예절로 이름이 높은 인물이다. 맹자는 공자가 떠나고 머물러야 할 때를 알고, 벼슬할 때를 알았기 때문에 때를 알아서 처신한 성인이며, 백이와 이윤, 류하혜의 품성을 모두 갖춘 '집대성集大成'된 성인이라고 찬미하고 있다. 서울 성균관에는

---

429. 『孟子』, 萬章章句下, "孔子之去齊, 接淅而行. 去魯 曰, 遲遲吾行也. 去父母國之道也. 可以速而速, 可以久而久, 可以處而處, 可以仕而仕, 孔子也."

430. 『孟子』, 萬章章句下, "孟子曰, 伯夷, 聖之淸者也; 伊尹, 聖之任者也. 柳下惠, 聖之和者也. 孔子, 聖之時者也. 孔子之謂集大成."

[그림 8] 성균관 대성전

공자를 모신 사당이 있는데, 그 이름이 '대성전大成殿'이다. '대성전'의 명칭이 바로 공자에 대한 맹자의 평가에서 유래되었다.

맹자는 그의 언행이 기록된 『맹자』에서 요·순임금부터 탕왕-문왕-공자로 유가의 도가 전승되었음을 말하고, 공자부터 자신에 이르기까지 성인聖人의 도를 이어갈 사람이 없음을 한탄했다. 이것은 결국 맹자 자신이 공자의 도를 이어받겠다는 것을 은연중 표현한 말이다. 이와 같이 맹자는 자신에게 한 세대를 뛰어넘어 성인의 도를 넘겨준 스승으로 공자를 지목하고 평가했다.

순자는 존경한다

맹자보다 몇십 년 뒤의 인물인 순자는 공자와 맹자처럼 도덕정치를 지향한 유학자였다. 그렇지만 순자는 인성론에서 성악설을 주창하였기 때문에 맹자의 성선설을 따르는 후세의 유학자들에게 유학의 이단으로 간주되었다. 순자는 맹자를 비난했지만 유학의 종주인 공자는 존경했다. 순자는 말한다.

"공자는 어질고 지혜로우며 막힘이 없었다. 그러므로 학문과 정치와 법술은 족히 선왕이라 할 만하다. 하나의 학파로서 주나라의 도를 얻어서 선양하여 활용한 것은 성취된 공적에서 가려짐이 없이 드러난다. 고로 덕은 주공과 같고 명예는 삼왕하의 우왕, 은의 탕왕, 주의 문왕과 무왕과 더불어 나란히 한다."[431]

순자는 공자의 덕과 명예를 성왕의 반열에 올려놓았다. 또 순자는 "송곳 꽂을 만큼의 땅도 가지고 있지 않지만 왕이나 귀족들이 그와 이름을 다투지 못하며, 일개 대부의 벼슬에 있다 해도 임금으로서는 홀로 그를 잡아두지 못하며, 일개 나라로서는 홀로 받아들이기 벅찰 것이다"[432]라고 공자를 평가했다. 순자는 공자를 인품과 학문, 정치 면에서 모두 온전한 인물의 전형으로 삼고 있으며 역량에 있어서도 한 나라에 차고 넘치는 기품이 있음을 말하고 있다. 순자는 공자를 업적 면에서도 평하기를 "무릇 방법과 책략을 총괄하고 언행이 한결같고 부류를 하나로 통일하고, 천하의 영걸을 모아 대도를 일깨웠다"[433]라고 했다.

본래 순자는 자신이 공자의 도를 이어받고 있음을 간접적으로 표방했다. 그는 자신의 저술인 『순자』의 첫 편을 '권학勸學'으로 했는데, 이것은 "배우고 때에 맞춰 익히다學而時習之"로 시작되는 『논어』의 첫 편과 같이 '학學'을 앞에 세웠다. 이처럼 순자는 공자의 사상 따라가기를 책의 편명으로 표방했다. 맹자와 마찬가지로 순자도 유학의 도통道統은 자신에게 전해지고 있다고 믿었으며 공자를 자기 앞의 전달자로 본 것이다.

---

431. 『荀子』, 第二十一解蔽, "孔子仁知且不蔽, 故學亂術足以爲先王者也. 一家得周道, 擧而用之, 不蔽於成積也. 故德與周公齊, 與三王竝."
432. 『荀子』, 第六非十二子, "無置錐之地, 而王公不能與之爭名. 在一大夫之位, 則一君不能獨畜, 一國不能獨容."
433. 『荀子』, 第六非十二子, "若夫總方略, 齊言行, 壹統類, 而群天下之英傑而告之以大古."

한비자는 성토한다

한비자는 순자의 제자이다. 스승인 순자는 유학자이지만 한비자는 법가사상을 종합하여 체계화했다. 법가가 유가와의 핵심적 차이점은 변법變法에 있다. 유가들은 과거 성인의 도를 본받으려 하고 있으나 법가들은 과거를 본받는 것을 바꾸어야 한다는 소위 '변법'을 주장했다. 법가들이 이런 주장을 하는 이유는 당시의 전국시대 상황이 난세의 시대이므로 당시의 상황에 맞는 새로운 이념이 필요하다는 것이었다. 따라서 법가들은 유가들의 도덕정치는 당시의 상황에 맞지 않고 실제적 도움이 되지 않는다고 비판했다. 이런 맥락에서 한비자는 공자를 다음과 같이 성토한다.

"널리 공부하고 논변과 지혜가 공자와 묵자같이 한들 공자 묵자는 밭 갈고 김매려 하지 않을 텐데 나라에 무슨 득이 되겠는가?"[434]

한비자는 공자와 묵자를 나라에 실제적 도움이 되지 않는 사상을 가진 사람으로 규정하고 있다. 한비자가 공자뿐만 아니라 묵자까지 싸잡아 비판한 것은 묵자가 백성의 삶을 충족하게 하려는 과거 성왕의 정치를 옹호했기 때문이었다.

유가와 묵가는 지향하는 가치가 다르다. 유가는 인의에 의한 정치를, 묵가는 백성의 삶을 이롭게 하는 정치를 이상으로 생각했다. 그러나 인민의 관점에서 출발하여 각자 그 이상적 정치의 전형을 성왕의 정치에서 찾으려 한 것은 공통점이었다. 그렇기 때문에 한비자는 유가와 묵가 둘 다 당시의 상황에 실제적 도움이 되지 않는다고 비판하는 것이다.

---

434. 『韓非子』, 八說第四十七, "博習辯智如孔墨, 孔墨不耕耨, 則國何得焉?"

캉유웨이는 개혁론자로 본다

캉유웨이康有爲1858~1927는 청나라 말기 중국의 대표적인 변법 사상가이다. 캉유웨이의 변법사상은 당시의 시대적 난국을 타개하기 위해 제기되었다. 중국에서 아편전쟁[435]과 태평천국의 난[436] 이후 증국번과 이홍장 등이 주축이 되어 양무洋務운동이 추진되었다. 양무운동은 중국의 전통과 체제를 유지하면서 서양의 기술만을 받아들이자는 '중체서용中體西用'의 원칙 아래 서양의 무기와 근대적 설비를 마련하려 했다. 그러나 양무운동은 1894년 청일 전쟁에서 청이 일본에 패배하여 쇠퇴하고 말았다.

캉유웨이는 이와 같은 국내외적 상황을 지켜보면서 중국이 이러한 난국을 극복하기 위해서는 시대에 맞게 체제부터 근본적으로 개혁해야 한다고 생각했다. 바로 시대에 맞게 체제부터 근본적으로 개혁한다는 의미가 변법變法이다. 캉유웨이는 공자가 옛것하·은·주에 가탁假託사람이나 사물에 기대어 자신의 생각을 반영함하는 형식을 통해 고대 중국의 문명을 새롭게 정립한 개혁사상가라고 생각했다.

> 모든 지구상의 교주敎主 중에서 제도를 개혁하고 법도를 세우지 않은 사람이 없다. 제자백가諸子百家여러 사상가들도 이미 모두 그러했다. 중국의 의리와 제도는 모두 공자에 의해 세워졌으며, 제자들은 그의 도를 전수받고 그의 교설을 전함으로써 그것을 천하에 실행하고, 옛 풍

---

435. 아편전쟁(1839년~1842년): 영국은 중국과의 무역 적자를 타개하기 위해 인도에서 재배한 아편을 중국에 밀수출하여 확보한 은으로 중국의 차를 수입했다. 이에 중국은 영국을 비롯한 외국 상관(商館)을 무력으로 봉쇄하여 아편을 몰수·파기했다. 이를 계기로 아편전쟁이 발발하여 영국의 승리로 끝났다. 중국은 영국과 불평등조약인 난징 조약을 체결하여 홍콩을 영국에 넘겨주고 막대한 배상금을 물었다.

436. 태평천국의 난(1850년~1864년): 만주족 황실의 청나라 조정과 기독교 구세주 사상을 기반으로 한 종교국가 태평천국과의 내전.

속을 바꾸었다.[437]

칸유웨이는 공자의 개혁사상을 자신의 변법운동과 나란히 일치시켜 공자의 권위를 빌려 자신의 주장에 설득력을 높이려 했다. 캉유웨이는 공자가 지향했던 목표를 태평太平의 정치와 대동大同의 복지라고 규정한다. 비록 공자를 전면에 내세우기는 했지만, 태평과 대동사회는 바로 캉유웨이 자신이 꿈꾸는 이상사회이다. 이와 같이 공자는 청 말의 캉유웨이에 의해 시대의 개혁가로 추앙되기도 했다.

437. 康有爲 지음, 김동민 역주, 『공자개제고(孔子改制考一)』(세창출판사, 2013), 21쪽.

2절
노와 제의 전쟁과 제자들의 활약

노(魯)와 제(齊)의 전쟁과 자공

공자가 천하를 주유할 때 처음으로 간 나라도 위衛나라였고, 마지막으로 머물던 나라도 위나라였다. 공자가 마지막으로 위나라에 머물고 있던 애공 11년, 기원전 484년에 제나라의 대부 전상田常이 노나라를 정벌하기 위해 군사를 일으켰다. 전상은 아예 정권을 잡을 욕심으로 정변을 일으키고자 했으나 아직도 일부 호족 세력의 견제가 있었다. 그러자 전상은 방향을 바꿔 호족들의 병력을 끌어 모아 노나라를 공격함으로써 자신에 대한 경계를 완화시키고, 호족들의 세력을 약화시키려 했다. 공자는 제자들을 모아놓고 부모의 나라인 노나라가 위태하니 누가 나서서 막을 것인가를 물었다. 그러자 자로와 자장이 나섰으나 공자는 허락하지 않는다. 자공이 가겠다고 하자 공자는 허락한다. 자공의 논리적인 말솜씨를 믿었기 때문이다. 자공은 제나라로 가서 전상을 만나 이렇게 말한다.

"신은 듣기를 '우환이 내부에 있는 사람은 강한 나라를 치고, 우환이 밖에 있는 사람은 약한 나라를 친다'고 했습니다. 지금 상공의 우환은 내부에 있습니다. …… 군君께서 노나라를 격파하여 제나라 땅을 넓히는 것은 군주의 마음을 더욱 교만하게 할 뿐이며, 대신들을 존중하게 만드는 것일 뿐입니다. 이렇게 되면 군의 공은 인정받지 못할 것이고, 임금과의 거리만 멀어질 것입니다. 위로는 임금의 마음을 교만하게 만들고, 아래로는 뭇 신하들을 방자하게 만드는 것은 군께서 바라는 대사大事를 이룩하기가 어려울 뿐입니다."[438]

이렇게 말하고 자공은 노나라보다는 오나라를 치는 것이 보다 더 유익함을 말했다. 오나라를 쳐서 이기지 못하면 대신들의 신하들은 밖에서 싸우다 죽기 때문에 대신들은 안에서 발판을 잃는다는 것이었다. 이렇게 되면 위로는 강한 적이 없어지고, 아래로는 백성의 비난을 받지 않으며 군주를 고립시켜 오직 전상만이 제나라를 마음대로 할 수 있다고 했다. 자공의 말에 전상은 훌륭하다고 하면서 노나라로 간 군대를 되돌릴 명분이 필요하다고 했다. 이에 자공은 오나라로 가서 제나라를 공격하게 만든다고 하자 전상이 허락했다. 자공은 오나라로 가서 오왕 부차를 만나 말했다.

"신이 듣건대, '왕자王者는 다른 나라의 후세를 끊는 일이 없고, 패자霸者[제후의 우두머리]는 적국을 강하게 만들지 않는다'고 들었습니다. 한편 아주 무거운 것도 아주 작은 무게를 더함으로써 저울눈이 옮겨집니다. 지금 만승萬乘[수레 만 대]의 대국 제나라는 은밀히 천승千乘[수레 천 대]의 약소국인 노나라를 자기 것으로 만들어 오나라와 세력을 겨루려 합니다. 이 점 왕을 위해 걱정하지 않을 수 없습니다. 그리고 또 오나라로

438. 『史記』, 仲尼弟子列傳第七, "臣聞之, 憂在內者攻彊, 憂在外者攻弱. 今君憂在內. …… 今君破魯以廣齊, 戰勝以驕主, 破國以尊臣, 而君之功不與焉, 則交日疏於主. 是君上驕主心, 下恣群臣, 求以成大事, 難矣."

서는 노나라를 구원하는 것이 명분을 드러내는 것이며, 제나라를 친다는 것은 큰 이익입니다. 주위의 제후들을 내 편으로 끌어들여 포악한 제나라를 무찌르고 강한 진晉나라를 굴복시킨다면 이보다 더 큰 이익이 없습니다."[439]

부차의 아버지 합려는 재위 시절에 춘추오패 중의 하나로서 군림했던 인물이다. 그런 합려가 월나라와의 전쟁 중 전사한 후 아들 부차는 아버지의 원수를 잊지 않기 위해 잘 때는 방바닥에 장작을 쌓아놓고 그 위에서 고통스럽게 잠을 잤다. 그 후 2년 후인 기원전 494년, 공자 나이 58세 때 부차는 구천을 회계에서 격파했다. 하지만 오나라의 국력은 예전만 못하여 제齊나라, 진晉나라와 패자覇者의 자리를 놓고 경합을 벌이던 중이었다. 이때 자공이 와서 제나라가 노나라를 취한다면 힘의 균형이 깨질 것이라는 말에 화들짝 놀란 것이다. 자공의 말에 부차 역시 제나라 왕처럼 시세를 통찰하는 훌륭한 말이라고 치하했다. 그러나 부차는 월나라가 걱정되었다. 이에 자공은 자신이 월나라로 가서 월왕 구천에게 군사를 내어 오왕을 따르게 하겠노라고 했다. 그렇게 되면 월나라는 국내에 군사가 없으므로 걱정할 필요가 없다는 말이었다. 부차는 기뻐하며 자공을 월나라로 보냈다.

월왕 구천은 자공이 온다는 소식을 듣고는 도로를 깨끗이 쓸고 교외까지 나와서 자공을 맞이했다. 구천이 자공에게 월나라에 온 연유를 묻자, 자공이 말했다.

"이번에 제가 오왕을 보고 노나라를 도와 제나라를 치자고 권했습

---

439. 『史記』, 仲尼弟子列傳第七, "臣聞之, 王者不絶世, 覇者無彊敵, 千鈞之重加銖兩而移. 今以萬乘之齊而私千乘之魯, 與吳爭彊, 竊爲王危之. 且夫救魯, 顯名也. 伐齊, 大利也. 以撫泗上諸侯, 誅暴齊以服彊晉, 利莫大焉."

니다. 오왕은 그것을 바라지만 월나라가 걱정이 되어 말하기를, '월나라를 정벌하고 나면 그렇게 할 수 있다'라고 했습니다. 이와 같이 오나라가 월나라를 깨뜨릴 것이 필연적입니다. 또 남을 보복할 뜻도 없으면서 상대방으로부터 의심을 갖도록 하는 것은 졸렬한 일입니다. 남을 보복할 뜻을 가졌다 하더라도 다른 사람이 그것을 알아차리게 만드는 것은 위험합니다. 그리고 일이 실천에 옮겨지기도 전에 먼저 알려지면 위험합니다. 이 세 가지는 거사를 도모하는 데 커다란 환란입니다."[440]

구천은 회계에서 패전하자 부인과 함께 오나라로 붙들려가 부차의 수레를 몰고 말을 기르며 청소를 하는 등 각종 굴욕을 당했다. 3년 후 본국으로 돌아온 구천은 전날의 치욕을 잊지 않고 보복하기 위해 노심초사하고 있었다. 자공의 말에 구천은 머리를 조아리고 두 번 절하고는 자신이 어찌해야 되는지를 물었다. 자공이 말했다.

"지금 왕은 정성스럽게 사졸士卒을 징발하여 오왕을 돕고 그 뜻을 따르십시오. 많은 보물로 오왕의 마음을 기쁘게 하십시오. 말을 겸손하게 하고, 오왕에 대한 예를 존중하면 오나라가 제나라를 정벌하는 것은 필연입니다. 오나라가 전쟁에서 이기지 못하면 이것은 왕의 복입니다. 오나라가 전쟁에서 승리하면 반드시 그 병력을 진晉나라로 이르게 할 것입니다. 신이 북쪽의 진나라로 가서 진나라와 월나라가 함께 오나라를 공격하도록 하겠습니다. 이렇게 되면 반드시 오나라를 약화시킬 수 있습니다."[441]

---

440. 『史記』, 仲尼弟子列傳第七, "今者吾說吳王以救魯伐齊, 其志欲之而畏越, 曰待我伐越乃可. 如此, 破越必矣. 且夫無報人之志而令人疑之, 拙也. 有報人之志, 使人知之, 殆也. 事未發而先聞, 危也. 三者擧事之大患."

월왕 구천은 크게 기뻐하며 자공의 제의를 받아들였다. 다음으로 자공은 다시 오나라에 가서 월나라가 오나라를 도울 것이므로 우환이 없음을 확인해주었다. 그로부터 닷새 뒤에 월나라의 대부가 사신으로 오왕에게 왔다. 사신은 월왕 구천이 몸소 사졸 삼천 명을 이끌고 와서 제나라와의 전쟁에서 먼저 돌과 화살을 맞는 방패막이 노릇을 하겠다는 말을 전했다. 그리고 사신은 월왕이 보낸 갑옷 스무 벌과 창과 칼을 바쳤다. 오왕 부차는 크게 기뻐하며 자공에게 어찌해야 되는지를 물었다. 자공은 한 나라의 군주를 전쟁에 따르게 하는 것은 의롭지 않다며 예물과 군사만 받을 것을 권한다. 오자서는 월나라의 흉계에 속지 말 것을 간청하지만 태재太宰총리의 벼슬에 있는 간신 백비伯嚭가 월나라로부터 뇌물을 받고 월나라를 두둔하고 오자서를 다른 생각이 있는 자라고 모함했다. 결국 부차는 충신 오자서를 의심하여 칼을 내려 자결하도록 한다.[442]

마지막으로 자공은 진晉나라로 가서 제나라와 오나라가 장차 전쟁을 하게 될 것이므로 미리 대비해둘 것을 말해주었다. 결국 오나라는 제나라를 공격하게 된다. 이에 제나라 군사는 노나라 정벌을 중지하고 오나라와 한바탕 전투를 치르게 되는데, 여기서 오나라가 승리한다. 오나라는 예상대로 여세를 몰아 진나라를 공격하지만 미리 준비하고 있던 진나라에게 대패大敗하고 만다. 월왕 구천은 이 틈을 타 오나라를 공격했다. 오왕 부차는 급히 군대를 이끌고 귀국하여 구천과 붙었지만 세 번 싸워 세 번 다 졌다. 결국 오왕 부차가 월왕 구천을 격파한 회계산 전투 이후 20여 년 후인 기원전 473년 무렵에 구천은 오나라를 멸망시

441.『史記』, 仲尼弟子列傳第七, "今王誠發士卒佐之以徼其志, 重寶以說其心, 卑辭以尊其禮, 其伐齊必也. 彼戰不勝, 王之福矣. 戰勝, 必以兵臨晉, 臣請北見晉君, 令共攻之, 弱吳必矣."

442.『사기』「오자서열전」에는 오자서가 자공이 오나라에서 월나라로 갔다가 다시 오나라로 와서 오왕에게 월왕이 도울 것이라고 말을 전한 후에 내분으로 죽임을 당한 것으로 되어 있지만,「중니제자열전」에는 월왕 구천을 만나기 전에 이미 죽임을 당한 것으로 기술되어 있다. 여기서는 전자의 기술에 따랐다.

키고 부차를 죽인다. 구천은 이후 춘추오패 중의 하나로 군림하게 된다.

자공의 활약은 노나라와 제나라의 전쟁이 발발한 애공 11년기원전 484년부터 시작하여, 애공 22년기원전 473년까지 10여 년에 걸쳐 이루어졌다. 노나라와 제나라의 전쟁이 발발한 그해에 공자가 노나라로 귀국했고, 자공의 외교활동은 공자가 귀국한 이후에도 계속 진행되었다. 그리고 자공은 재물 증식에도 능력이 있어서 집에 천금千金을 쌓아두었다고 전해진다. 사마천은 『사기』에서 자공의 활약을 이렇게 평했다.

> "자공은 한 번 나서서 노나라를 존속하게 하고, 제나라를 교란시켰으며, 오나라를 무너뜨렸다. 진나라를 강하게 하고, 월나라를 패자霸者로 만들었다."[443]

자공보다 대략 150여 년 후인 전국시대에 장의와 소진이라는 유세가游說家사방으로 돌아다니며 자신의 의견을 설명하고 채택하여 주기를 바라는 사람들이 활약했다. 장의와 소진 시대에는 제齊·연燕·진秦·초楚·한韓·위魏·조趙의 전국 7웅七雄이 서로 각축을 벌였는데, 이 중 진秦이 가장 막강했다. 장의는 연횡책連橫策을 주도하였으며 소진은 합종책合縱策을 주도했다. 연횡책은 합종책에 대항해서 위魏·조趙·한韓·제齊 등의 제후국을 설득하여 진秦나라를 중심으로 이 나라들을 전부 가로로 연이어지게 하여 동맹관계를 맺는 계책을 말하며, 합종책이란 연燕·조趙·한韓·위魏·제齊·초楚 6개국이 세로로 합하여 진나라에게 대적하자는 계책이다. 장의와 소진은 당시 전국 7웅을 세 치 혀로 능란한 유세를 하여 움직인 인물들이다. 자공은 바로 장의와 소진의 시대를 앞선 사부師父스승에 해당된다고 볼 수 있겠다.

---

443. 『史記』, 仲尼弟子列傳第七, "子貢一出, 存魯, 亂齊, 破吳, 彊晉而霸越."

염구의 활약과 공자의 귀국

제나라가 노나라를 공격할 때 노나라는 맹유자설로 하여금 우측의 군사를 지휘하게 했고, 염구는 좌측의 군사를 지휘하게 했다. 이때 염구는 공자의 제자인 번지에게 우익을 맡도록 했다. 염구의 군사와 제나라의 군사가 교외에서 맞붙게 되었다. 제나라 군은 직곡稷曲이란 지역으로 넘어오고 있는데, 염구의 군사들은 개천을 넘어가려 하지 않았다. 이에 번지가 염구에게 말했다.

> "이것은 힘이 부족해서가 아니라 대장을 신뢰하지 않기 때문입니다. 숫자를 세어 세 번째에 대장이 먼저 넘어가십시오."[444]

번지의 말대로 하자 염구가 거느린 군사들은 모두 염구를 따라 개천을 건너 제나라 진영으로 돌진했다. 이때 염구의 군사는 투구를 쓴 군사의 수급首級적군의 머리을 80개나 얻었고 제나라 군은 달아났다. 그러나 맹유자설이 맡은 군사는 패배하여 후퇴하게 된다. 맹유자설의 군사 중에 대부 맹지측孟之側도 있었다. 맹지측의 자字는 '반反'이어서, 맹지반孟之反으로도 불린다. 맹유자설의 군사들이 앞다투어 먼저 도망가기에 바빴지만 맹지측은 후퇴하는 무리 중의 맨 뒤에서 군대의 후미를 엄호하며 성문으로 들어왔다. 맹지측은 들어오면서 화살을 뽑아 자신이 탄 말을 두드리며 "말이 빨리 가지 않았기 때문이다"라고 했다. 전쟁에서 후퇴할 때는 후미에 서는 것을 공으로 여겼기에, 맹지반은 성문 안에 들어와서 자신이 의도적으로 뒤에 온 것이 아니라 말이 나가지 않아서 늦게 들어온 것이라고 하며 자신의 공로를 가린 것이다. 공자가 맹지측

---

444. 『左傳』, 哀公11, "非不能也, 不信子也, 請三刻而踰之."

의 이야기를 전해 듣고는 한마디 했다.

> 공자께서 말씀하셨다.
>
> "맹지반은 뽐내지 않는다. 패하여 퇴각할 때 후미를 맡았는데, 성문을 들어갈 때 말을 채찍질하며, '후미를 감당하려 한 것이 아니고, 말이 나아가지 않았기 때문이다'라고 했다."[445]

공자는 위급한 상황에서도 품위와 용기를 잃지 않았을 뿐만 아니라 자신의 공로를 숨기려 한 맹지측맹지반을 이렇게 칭찬했다. 노나라를 공격한 제나라 군사는 자공의 외교술로 오나라가 제나라를 공격하자 퇴각한다. 제나라와의 전쟁 초기에 전공을 세운 염구는 계강자에게 스승인 공자를 노나라로 모실 것을 청했다. 이에 계강자가 수락하여 드디어 공자는 노나라로 돌아오게 되었으니 이때 노나라의 군주는 애공哀公11년이고 공자 나이 68세였다.

---

445. 『論語』, 雍也第六, "子曰, 孟之反不伐, 奔而殿. 將入門, 策其馬, 曰, 非敢後也, 馬不進也."

3절
군자는 바람이다

성문사과(聖門四科)

『사기』의 「공자세가」에 따르면 공자의 제자는 3,000명이며, 육예六藝에 능통한 자가 72명으로 전해진다. 공자가 13년간 천하를 주유할 때 그의 곁에는 제자들이 함께 있었다. 이들이 누구인지는 정확히 알 수가 없다. 『논어』 「선진」편에는 공자가 제자들의 장점을 평가하는 장면이 나온다.

> "나를 따라서 진과 채나라에 간 제자들이 모두 (이곳) 문하에 온 것은 아니다. 덕행에는 안연, 민자건, 염백우, 중궁이고 언어에는 재아와 자공이며 정사에는 염유와 계로자로, 문학에는 자유와 자하이다."[446]

공자는 제자들의 품성과 재능에 따라 네 부류로 구분했다. 이것을 두고 후에 세간에서는 성문사과聖門四科라고 부른다.

---

446. 『論語』, 先進第十一, "子曰, 從我於陳'蔡者, 皆不及門也. 德行 顏淵, 閔子騫, 冉伯牛, 仲弓. 言語 宰我, 子貢. 政事 冉有, 季路. 文學 子游, 子夏."

[그림 9] 공자성적도-성문사과聖門四科

또 사람들은 공자가 사과四科로 분류하여 열거한 공자의 제자들을 공문孔門 십철十哲이라 부르기도 한다. 그런데 위에서 공자가 장점별로 열거한 제자들의 숫자는 열 명이다. 첫 번째 제자인 남궁경숙도 빠져 있고, 『논어』의 전승에 가교架橋 역할을 한 유약과 증삼도 빠져 있다. 그래서 송대宋代의 정이程頤는 이들 열 명이 공자가 진과 채나라에서 고생할 때 공자와 고생을 함께한 제자들을 대상으로 말한 것이라고 주장한다. 다시 말하면 공자와 천하를 돌아다닌 제자들이라는 것이다.

이 중 염구는 애공 3년, 공자가 60세가 되어 진陳나라에 있을 때 노나라로 와서 실권자 계강자의 가신이 되었다. 염구는 애공 11년에 노나라와 제나라가 전쟁을 하자 노나라의 장수가 되어 전쟁에서 공을 세운다. 이에 염구는 계강자에게 공자를 노나라로 모실 것을 청하여 허락받는다. 염구는 공자가 노나라로 귀국하는 데에 결정적인 기여를 했지만, 계강자를 바로잡는 능력은 제대로 발휘하지 못한다. 아니 오히려 계씨를 도와 백성으로부터 가렴주구苛斂誅求하는 데 앞장을 서게 된다. 그러자 공자는 염구를 "나의 제자가 아니다"라고 성토했다.

자로는 한때 위나라 군주 출공 첩輒 밑에서 벼슬을 한 것으로 추정되고 있으나 공자가 노나라로 귀국할 때 공자를 모시고 귀국했다. 노나라로 귀국한 후 제자 자로도 대부 계강자 집안에서 가신 역할을 하게 된다. 공자 제자 중 정사政事에 밝은 것으로 평가되는 제자 두 명이 계강자의 신하가 된 것이다. 그런데 노나라 사람인 공백료가 계손씨季孫氏 집안에게 자로를 비방하는 말을 했다. 이를 알아챈 노나라 대부 자복경백子服景伯이 이런 사실을 공자에게 알려주면서 자신이 자로와 계손씨를 이간질 시키려는 공백료를 처단하여 저잣거리에 내다 버리겠노라고 했다. 그러자 공자는 말한다.

"도가 장차 행하여지는 것도 천명天命이며, 도가 장차 폐하여지는 것도 천명일진대, 공백료가 그 천명을 어이하겠는가?"[447]

자로가 계강자의 가신이 된 것은 노나라의 실력자인 계손씨가 정권을 농단하는 것을 막고, 군신의 도를 바로 세우려는 목적이 있었다. 공자는 그러한 대의명분은 천명을 따른 도덕적 정당성이 있는 행동이기 때문에 공백료라는 한 소인배가 어찌할 수 있는 것이 아니라고 말하고 있다.

자로와 염구가 계강자의 신하로 있을 때 계강자가 노나라의 부용국인 전유顓臾를 정벌하고자 했다. '부용'은 사방 50리를 넘지 못해 공公, 후侯, 백伯, 자子·남男 등의 4등급 안의 제후諸侯에 들지 못하는 소국의 영주들을 말한다. 부용국은 천자에게 직접 조회朝會를 드리지 못하고 4등급에 속한 제후들에게 부속되어 있었다. 따라서 '부속하여 보잘것없는 존재'라는 의미의 부용附庸이라고 칭하게 되었다. 당시에 노나라는 명목상으로는 애공哀公이 통치하고 있었지만 전유만 제외하고 나라 전체가 4등분되어 계씨 집안에서 4분의 2를 차지하고 나머지 4분의 1을 맹씨와 숙씨 집안에서 각각 차지하고 있었다. 그런데도 계강자는 노나라 군주의 부용국인 전유를 정벌하여 자신의 영지로 만들려는 속셈이

447. 『論語』, 憲問第十四, "道之將行也與? 命也. 道之將廢也與? 命也. 公伯寮其如命何!

었다. 염구와 자로는 계강자가 장차 전유를 정벌할 것 같다는 정보를 공자에게 알려주었다. 그러자 공자는 이것은 염구의 잘못이라고 했다. 염구와 자로 둘 다 계강자 밑에서 신하 노릇을 하고 있지만 공자가 유독 염구만 나무란 것은 일전에 염구가 계씨 집안을 위해 가렴주구에 앞장선 전력이 있어서 더욱 그 책임을 물은 것이다. 또, 자로는 계강자의 가신이 된 지 얼마 되지 않았기 때문이기도 했다. 그러자 염구가 변명한다.

염구가 말했다.
"계강자가 하려고 한 것이지, 저희 둘이 하고자 한 것이 아닙니다."[448]

공자가 자신을 꾸짖자 염구는 그 책임을 계강자에게 돌리고, 자신과 자로가 나서서 한 일이 아니라고 말한 것이다. 이에 공자가 말했다.

"염구야, 주임周任이 말하기를, '힘을 다해 자리를 차지하되 능력이 모자라면 그만둔다'고 했다. 위기에 대처하지 못하고, 뒤집어져도 부축하지 못한다면, 그런 신하를 장차 어디에 쓰겠느냐? 그리고 네 말은 틀렸다. 호랑이나 외뿔소가 우리 밖으로 뛰쳐나오고, (귀한) 거북껍질과 옥玉이 독 안에서 깨졌다면, 그것은 누구의 잘못이겠느냐?"[449]

주임은 옛날의 훌륭한 사관史官으로 전해진다. 공자는 주임의 말을

448. 『論語』, 季氏第十六, "冉有曰, 夫子欲之, 吾二臣者皆不欲也."
449. 『論語』, 季氏第十六, "求! 周任有言曰, 陳力就列, 不能者止. 危而不持, 顚而不扶, 則將焉用彼相矣? 且爾言過矣. 虎兕出於柙, 龜玉毁於櫝中, 是誰之過與?"

빌려 신하가 보좌하는 위정자의 잘못을 바로잡지 못하면 바로 물러나는 것이 옳다고 했다. 우리를 뛰쳐나온 호랑이나 외뿔소로 비유된 위정자의 거친 행동을 바로잡지 못하는 것은 바로 보좌를 하는 신하의 잘못도 크다. 반대로 귀한 거북껍질이나 옥玉과 같은 올바른 위정자를 잘못 보필하여 그 귀한 가치를 발휘하지 못하는 것, 역시 신하의 잘못이 크다고 아니 할 수 없을 것이다. 공자는 계씨의 횡포를 막지 못하는 염구를 일단 힐책하고는 이런 말을 한다.

> "나라나 가정을 다스리는 자는 부족함을 걱정할 것이 아니라 고르지 못함을 걱정해야 한다."[450]

공자는 통치자들의 재산이나 나라의 재산보다 백성 각자에게 재물이 골고루 돌아가는 균등한 분배가 되어야 함을 주장하고 있다. 계강자가 나라 전체의 4분의 2를 차지하고 있으면서도 전유마저 손에 넣으려는 것은 백성에게 고루 혜택이 돌아가게 하기 위함이 아니라 자신의 사욕을 채우려 한 것이었기 때문에 공자의 관점에서는 도저히 용납될 수 없는 행위였다.

한편 자공은 외교술로 노나라를 침공한 제나라를 물러가게 한 후 그 명성이 노나라에 떨쳤다. 어떤 이들은 자공이 공자보다 더 현명하다는 말까지 했다.

> 숙손무숙이 조정에서 대부들에게 말했다.
> "자공이 중니仲尼공자의 자(字)보다 더 현명하다."
> 자복경백이 이 말을 자공에게 알려주자 자공이 말했다.

450. 『論語』, 李氏第十六, "有國有家者, 不患寡而患不均."

"궁궐의 담에 비유하자면 나의 담은 어깨 높이만 하다. 집 안을 들여다보기에 딱 알맞다. 그러나 선생님의 담의 높이는 수십 자가 넘는다. 담장의 문을 통하지 않으면 종묘의 아름다움과 백관百官의 많음을 볼 수가 없다. 그 문을 얻어 들어가는 자 드무니, 대부의 말씀이 또한 당연하지 않겠는가?"[451]

숙손무숙은 노나라 대부이다. 숙손무숙은 자공이 제나라, 오나라, 월나라, 진나라를 돌면서 제나라의 침략으로부터 노나라를 구한 것을 보고, 자공이 공자보다 더 현명하다고 조정에서 말했다. 이 말을 대부 자복경백이 자공에게 전해주었다. 자복경백은 전에 공백료가 계손씨季孫氏 집안에게 자로를 비방하는 말을 하자 공자에게 이 사실을 알려준 인물이다. 이번에는 조정의 화제를 자공에게 넌지시 알려준 것이다. 그러자 자공은 궁궐의 담에 비유하여 자기는 낮아서 넘겨보기가 쉽지만 공자는 높기 때문에 정도正道로 공자의 가르침을 얻지 못하면 공자를 이해할 수 없는 것이 당연하다고 했다. 그러자 숙손무숙이 아예 대놓고 공자를 깎아내렸다.

숙손무숙이 공자를 헐뜯자, 자공이 말했다.

"그러지 말라. 중니는 훼방할 수 없다. 다른 사람의 현명함은 언덕과 같아서 넘을 수 있지만, 중니는 해와 달과 같아서 넘을 수가 없다. 사람들이 스스로 관계를 끊고자 하나, 그것이 어찌 해와 달을 상하게 할 수 있겠는가?"[452]

451. 『論語』, 子張第十九, "叔孫武叔語大夫於朝, 曰, 子貢賢於仲尼. 子服景伯以告子貢. 子貢曰, 譬之宮牆, 賜之牆也及肩, 窺見室家之好. 夫子之牆數仞, 不得其門而入, 不見宗廟之美, 百官之富. 得其門者或寡矣, 夫子之云, 不亦宜乎!"

452. 『論語』, 子張第十九, "叔孫武叔毁仲尼. 子貢曰, 無以爲也, 仲尼不可毁也. 他人之賢者, 丘陵也, 猶可踰也. 仲尼, 日月也, 無得而踰焉. 人雖欲自絶, 其何傷於日月乎?"

숙손무숙이 어떻게 공자를 헐뜯었는지는 알 수가 없다. 여하튼 자공은 이번에는 공자를 해와 달로 비교하여 해와 달을 거부한다고 하여 해와 달은 상처를 입지 않듯이, 몇 사람이 공자의 사상을 비난한다고 해도 이미 공자는 비방으로 깎아내릴 수 있는 존재가 아니라고 보았다. 이것으로 보면 자공은 말년에 이르러 처신이 매우 공손하고, 공자의 사상을 적극 옹호하는 제자로 성장했음을 알 수 있다. 자공은 노나라와 위나라의 재상을 지냈다고 『사기』에 기록되어 있으나 자세한 내용은 전해지지 않는다.

노나라로 돌아온 공자를 노나라 조정은 끝내 등용하지 않고, 공자 역시 벼슬을 구하지 아니하고 시詩·서書·역易·예禮·악樂을 정리하는 한편 많은 제자들을 가르친다. [그림 10]은 공자가 말년에 살구나무혹은 은행나무 아래서 예와 악을 가르쳤다는 내용의 '공자성적도-행단예악杏壇禮樂'이다.

[그림 10] 공자성적도-행단예악(杏壇禮樂)

군자의 덕

노나라로 돌아온 공자는 비록 정치 일선에 나서지 않았으나 군주인 애공哀公이나 계강자를 비롯한 대부들에게 정치에 관해 자문을 해주고 있었다. 인생 말년의 공자는 정치에서 특히 통치자의 리더십을 강조한다. 사실 한 나라를 리드하는 통치자들은 그 품성이 올바르고 통이 커야 한다. 통치자의 품성이 어떠한가에 따라 그 나라의 품격 역시 달라지는 법이다. 그렇다면 통치자는 어떠한 품성이어야 하는가? 『서경』에 다음과 같은 내용이 나온다.

> "통치자가 밝고 신하들이 명석하면 모든 일이 편안해진다. 통치자가 좀스러우면 신하들은 게을러지고, 만 가지 일들이 무너져버린다."[453]

『서경』에서 말하는 정치의 요체는 통치자가 지혜롭고 통도 좀 있어야 된다는 말이다. 그러니까 별로 아는 것도 없는 것 같고 소통할 줄도 모르면서 고집은 센 통치자는 일단 지혜로운 통치자는 아닌 것이다. 그리고 분단된 국가에서 상대방을 통 크게 끌어안으며 국가의 백년대계를 도모하는 것이 아니라 툭하면 상대방을 이용하여 불안 국면이나 조성하고, 국가의 안녕과 번영에 전념해야 할 국가기관이 국민을 감시하는 짓거리를 하는 것을 제대로 혼내주지 못하는 통치자, 국민들이 등을 돌리고 있는데도 자신의 잘못이 아니라 네 탓이라고 하는 통치자, 만약 그런 통치자가 있다면 그 통치자는 성품이 찌질하고 옹졸한 이른바 좀스러운 통치자가 아닐 수 없을 것이다. 그런 나라는 무너진다고

---

453. 『書經』, 益稷10章, "元首明哉, 股肱良哉, 庶事康哉. 元首叢脞哉, 股肱惰哉, 萬事墮哉."

『서경』은 말하고 있다.

공자도 역시 지도자가 백성에게 끼치는 영향력이 크기 때문에 지도자의 품성이 매우 중요하다고 생각했다. 한번은 대부 계강자가 정치에 대해 물었다.

> "만약 무도한 자를 죽여서 도가 있는 곳으로 나아가면 어떠합니까?"
>
> 공자께서 말씀하셨다.
>
> "대부께서 정치를 함에 어찌 죽인다는 말을 씁니까? 대부께서 선하고자 하면 백성이 선해집니다. 군자의 덕은 바람이고 소인의 덕은 풀입니다. 풀 위에 바람이 불면 반드시 엎드립니다."[454]

'군자의 덕은 바람이다'라 했다. 공자가 사용한 군자는 자신을 수양하여 현실 정치에 참여하는 사람을 의미하므로 오늘날 수양이 된 위정자 혹은 통치자를 지칭하는 말이기도 하다. 통치자로서의 군자는 그 통치 방식대로 백성이 닮아간다는 의미이다. 덕으로 통치를 하면 마치 바람이 풀 위로 불 때 풀이 그 방향으로 드러눕듯이 덕의 감화를 받을 것이요, 백성을 엄하게 대하면 백성 역시 성품이 거칠어진다는 의미이다. 지도자의 품행은 백성에게 큰 영향력을 갖고 있음을 시사하는 말이다. 그렇기 때문에 지도자의 품행은 높은 도덕성이 요구된다. 그리하여 공자는 계강자에게 말한다. "정치란 것은 바로잡는다는 뜻입니다. 그대가 바른 것으로 솔선수범한다면 누가 감히 바르지 않겠습니까?"[455] 라고 하여 지도자는 자신부터 올바른 일에 모범을 보여야 된다고 했

---

454. 『論語』, 顔淵第十二 , "季康子問政於孔子曰, "如殺無道, 以就有道, 何如?" 孔子對曰, "子爲政, 焉用殺? 子欲善而民善矣. 君子之德風, 小人之德草. 草上之風, 必偃."
455. 『論語』, 顔淵第十二, "季康子問政於孔子. 孔子對曰, 政者, 正也. 子帥以正, 孰敢不正?"

다. 또, 공자는 말했다.

"덕으로 정치를 해야 한다. 북극성에 비유하자면 북극성이 제자리에 머물러 있을 때, 뭇별들이 그에게로 향하는 것과 같다."[456]

정치를 하는 통치자는 백성의 귀감이 되기 때문에 덕으로 정치를 해야 한다. 그렇게 한다면 마치 뭇별들이 북극성을 향하듯이 백성이 통치자를 따를 것이다. 백성을 덕으로 통치하는 것과 형벌로 통치하는 것은 어떤 차이가 있는가?

"백성을 법령으로 인도하고, 형벌로 (어긴 자를) 다스리고자 하면 백성이 빠져나가려 하고 부끄러움을 못 느낀다. 백성을 덕으로 인도하고, 예로 다스리고자 하면 백성이 부끄러움을 느끼고 따라올 것이다."[457]

공자는 형벌로 다스리는 법치法治보다는 덕으로 모범을 보이면서 예절 규범으로 가르침을 주고 바로잡으려는 덕치德治가 백성에게 염치를 알게 하고 궁극적으로는 도덕적으로 교화를 시킬 수 있다고 보고 있다.

위에서 나타난 바와 같이 공자의 덕치는 예라는 외재적 규범으로 내면의 도덕이 표현되는 형식을 띠고 있다. 즉, 덕치의 외형적 표현은 예치가 된다. 예는 백성뿐만 아니라 군주가 신하를 부리는 데에도 주요한 통치술이 되기도 한다. 공자는 "군주가 신하를 예로써 대하면, 신하는 군주를 마음속에서 우러나오는 것으로 섬긴다"[458]라고 했다. 군주의 예

456. 『論語』, 爲政第二, "爲政以德, 譬如北辰, 居其所而衆星共之."
457. 『論語』, 爲政第二, "道之以政, 齊之以刑, 民免而無恥. 道之以德, 齊之以禮, 有恥且格."

치는 또한 신하의 마음을 얻는 비결이 된다.

순임금은 형벌에 의한 백성의 교화가 아닌 도덕에 의한 감화가 보다 이상적이라는 말을 했다. 덕치를 강조하는 공자는 이런 면에서 순임금과 입장을 같이한다.

공자의 말을 종합하면, 통치자는 바람이고 북극성이다. 바람이 부는 방향에 따라 풀이 드러눕듯이 통치자의 사고와 행동은 백성에게 지대한 영향력을 끼친다. 그렇기 때문에 통치자는 덕으로 정치를 해야 하며, 그럴 경우 백성은 뭇별이 북극성을 향하듯이 통치자를 바라보며 존경하고 따를 것이다. 그런데 우리의 공직사회는 어떠한가? 우리의 최고 통치자, 고위 관료는 바람이면서 북극성인가? 아니면 바람이기만 하는가? 사실 공자 사상을 이야기하면서 근간 우리의 국내 정치를 거론하는 것은 썩 마음이 내키는 바는 아니나 그래도 정리의 차원에서 가볍게 언급해보자.

2016년 10월에 종합편성채널인 JTBC의 손석희 앵커는 대통령의 연설문을 비롯해 국가기밀이 들어 있는 민간 소유의 태블릿 PC를 입수하여 그 내용을 보도했다. 이를 계기로 언론의 보도와 검찰·특검의 수사를 통해 드러난 것은 최순실 일당이 박근혜 대통령의 비호를 받으며 국정에 개입하여 국가기밀 서류를 열람하고 수정했으며, 청와대, 문체부, 정부 산하기관, 민간기업 인사에 개입하고, 문체부 등의 정부부처를 동원해 자신들의 사업을 지원하게 했다. 또 박 대통령은 그들과 공모하여 미르재단·K스포츠재단을 설립하고는 재벌들로 하여금 774억 원을 출연하도록 강요했다. 사상과 표현의 자유를 억압하기도 했다. 박근혜 정권은 자신들에게 비협조적인 문화계 인사 블랙리스트를 작성하여 그들을 정부 지원에서 배제했다. 여기에 적시된 것은 드러난 사실의 일

---

458. 『論語』, 八佾第三, "君使臣以禮, 臣事君以忠."

부일 뿐이다. 헌법에 의하면 대통령은 취임에 즈음하여 선서를 하는데, 내용은 이러하다.

"나는 헌법을 준수하고 국가를 보위하며 조국의 평화적 통일과 국민의 자유와 복리의 증진 및 민족문화의 창달에 노력하여 대통령으로서의 직책을 성실히 수행할 것을 국민 앞에 엄숙히 선서합니다."

박 대통령은 국민들로부터 위임받은 대통령의 권한을 최순실 일당에게 맡겼으므로 헌법을 준수한 것이 아니라 유린했고, 국가를 보위하고 국민의 자유와 복리를 증진한 것이 아니라 자신과 최순실 일당의 이익을 보위했다. 남북대화를 단절하고 개성공단을 폐쇄하게 함으로써 조국의 평화적 통일을 원천적으로 차단했으며, 사상과 표현의 자유를 억압했으므로 자유와 복리의 증진 및 민족문화의 발전을 퇴행시켰다. 아마도 나라를 이처럼 다양하게 망가뜨리기도 어려울 것이다. 뭇별들이 바라보는 북극성처럼 존경을 받는 정부와 통치자가 이 나라에는 얼마나 있었으며, 또 앞으로 과연 얼마나 등장할 것인가?

통치자의 리더십에 따라 백성은 통치자를 존경하고 통치자의 말을 따른다. 통치자의 리더십은 특히 인사 문제에서 구체적으로 드러난다. 어느 날 애공이 물었다.

"어떻게 해야 백성이 복종할까요?"

공자께서 말씀하셨다.

"올곧은 자를 기용하고 굽은 자는 내쳐야 합니다. 그리하면 백성이 복종할 것입니다. 만약 굽은 자를 기용하고 올곧은 자를 내치면 백성이 복종하지 않을 것입니다."[459]

'올곧다直'는 마음이나 정신 상태 따위가 바르고 곧다는 것을 의미한다. 통치자들은 신하로서 올곧은 자를 천거받아 등용해야 한다. 올곧은 자를 등용하면 국정이 투명하고 청렴한 공직 풍토가 조성되어 백성이 통치자를 따라오기 때문이다. 그렇지만 굽은 자, 즉 올곧지 않은 자들은 단호하게 내쳐야 된다고 했다. 그러므로 잘못된 정책임을 알고서도 자신의 소신을 말하지 않고 상관의 눈치나 보며 일을 집행하는 관리, 자신의 업무나 직위를 이용하여 부정부패를 저지른 관리, 국민의 대표기관인 국회에 불려가서 국가기관의 잘못을 은폐하려는 관리, 이런 자들은 길게 생각할 것도 없이 즉각 공직에서 추방해야 한다. 공자에 따르면 오늘날 가끔 볼 수 있는 양심적 내부 고발자들은 결코 내칠 대상이 아니라 중용되어야 할 인재들이다. 이와 같이 공자는 현명하고 능력 있는 자, 정직한 자들이 공직에 있어야 된다고 했고, 정직하지 않은 자들은 즉각 내쳐야 된다고 했다.

춘추로 정명을 말하다

공자가 노나라를 떠나 천하를 주유할 때 송나라에 들렀다가 큰 나무 아래에서 예를 강습하고 있을 때 당시 송경공宋景公의 총애를 받던 사마환퇴의 습격을 받은 일이 있었다. 당시 공자는 간신히 위기를 모면했다. 그로부터 11년 후 그러니까 공자가 노나라로 귀국한 지 3년 후애공 14년의 일이다. 환퇴桓魋성명은 상퇴(向魋)는 군주 송경공의 총애를 업고 그 세력이 매우 확대되어 점차 송경공에게 부담되는 존재가 되어버렸다. 그러자 송경공은 자기의 부인으로 하여금 잔치를 베풀게 하여 환퇴를 초

459. 『論語』, 爲政第二, "哀公問曰, 何爲則民服? 孔子對曰, 擧直錯諸枉, 則民服, 擧枉錯諸直, 則民不服."

대할 계획을 세웠다. 환퇴가 잔치에 참석하면 죽이려는 심산이었다. 그러나 이것을 미리 알아차린 환퇴는 거꾸로 자신이 잔치를 베풀고는 송경공을 초대했다. 환퇴 역시 잔치에 송경공이 참석하면 제거할 심산이었다. 그러나 송경공도 환퇴의 계략을 알아차리고는 응하지 않았다. 이에 환퇴는 조曹 땅에서 반란을 일으켰다. 송경공은 환퇴의 형인 상소向巢에게 환퇴를 공격하게 했지만, 상소는 송경공을 배반하고는 환퇴와 합류해버렸다. 상소와 환퇴의 아우가 공자의 제자인 사마우司馬牛 성명은 상총(向冢)였다.[460] 사마우는 반란을 일으킨 형들의 장래를 생각하니 그 두려움을 감출 수가 없었다. 사마우가 공자에게 먼저 물었다.

> 사마우가 군자에 대해 묻자 공자께서 말씀하셨다.
> "군자는 근심도 두려움도 없는 법이다."
> 사마우가 말했다.
> "근심도 두려움도 없다면, 이것이 군자의 모습입니까?"
> 공자께서 말씀하셨다.
> "내 안을 성찰하여 꺼림칙함이 없다면 무엇을 근심하며 두려워하겠는가?"[461]

공자는 사마우가 형제를 걱정하는 마음을 헤아려 이렇게 말했다. 지나친 근심과 두려움을 갖지 말라는 말이다. 그러나 사마우가 거듭 묻자 그것은 단순히 정서적 무감각을 의미하는 것이 아니라 내 마음속에 떳떳함이 있으면 근심과 두려움을 멀리할 수 있다고 했다. 사마우에게 공자의 말이 위로가 될 리가 없다. 이미 형들의 반란이 떳떳하지

---

460. 상총의 자(字)는 자우(子牛)이다. 사마(司馬)는 벼슬 명칭이다. 사마우란 벼슬 명칭과 자(字)가 합해진 것이다.

461. 『論語』, 顔淵第十二, "司馬牛問君子. 子曰, 君子不憂不懼. 曰, 不憂不懼, 斯謂之君子已乎? 子曰, 內省不疚, 夫何憂何懼?"

못한 것을 잘 알고 있었기 때문이다. 사마우가 이번에는 공자의 제자 자하子夏에게 근심을 털어놓는다.

사마우가 근심하며 말했다.

"사람들은 모두 형제가 있는데, 나만 홀로 형제를 잃을 것 같습니다."

자하가 말했다.

"제가 선생님에게서 들었습니다만, 살고 죽는 것은 천명에 달려 있고 부귀도 하늘에 달려 있습니다."[462]

사마우가 형제에게 닥칠 변고를 두려워하며 말하자 자하는 공자의 평소 말을 들려주며 위로하고 있다. 자하를 통해 드러난 공자의 이러한 말은 역시 주재자로서의 하늘을 표현한 것이다. 주재자로서의 하늘이 천명을 통해 인간의 운명을 관장하고 거기에 따른 응보를 하는 것이기 때문에 차분히 기다릴 수밖에 없다는 것이다. 그런데 유가의 천명은 인간의 선악을 판별하여 정당하게 행사되는 것이므로 사마우의 형제들이 옳은 일을 했다면 천명 또한 그들을 보호할 것이며, 그렇지 않다면 합당한 벌을 내릴 것이다. 그러므로 자하의 이 말 역시 사마우에게는 위로가 될 수 없었을 것이다.

결국 백성이 상소와 환퇴를 거부하고 반기를 들자 상소는 노나라로 도망갔고, 환퇴는 위나라를 거쳐 제나라로 도망갔다. 마침 제나라에 진성자陳成子가 있었는데, 진성자는 그에게 정승 다음의 예우를 해주었다. 진성자는 바로 애공 11년, 기원전 484년에 노나라를 정벌했던 제나라 대부 전상을 말한다.[463] 진성자가 환퇴를 받아준 것은 자신과 코드가

462. 『論語』, 顔淵第十二, "司馬牛憂曰, 人皆有兄弟, 我獨亡. 子夏曰, 商聞之矣, 死生有命, 富貴在天."

같은 부류로 생각되었기 때문으로 보인다. 진성자 역시 제나라의 실권자로서 군주를 경시하고 자신의 임의대로 제나라를 좌지우지하고 있었던 인물이다.

결국 진성자는 환퇴가 제나라로 온 그해애공 14년에 제나라 군주 간공簡公을 시해했다. 진성자는 간공의 총애를 받는 감지闞止와 권력 다툼을 하다가 신변의 위협을 느끼자 반란을 일으킨 것이다. 진성자가 정변을 일으킬 때 공자 제자인 재아가 제나라의 도읍지인 임치臨菑의 대부로 있었다. 재아는 공자에게서 공부할 때 평소 게을러서 많은 꾸지람을 받던 그 제자였다. 그는 진성자를 도와 반란을 일으켰지만 결국 진성자에게 그 일족을 몰살당했다.[464] 공자는 제나라에서 정변이 일어났다는 소식을 듣고는 노나라 군주 애공을 만났다.

> 진성자가 간공을 시해하자 공자가 목욕을 하고는 조정에 나가서 애공에게 고했다.
>
> "진항陳恒진성자의 성명이 그 군주를 시해했습니다. 토벌할 것을 청하옵니다."
>
> 그러자 애공이 말했다.
>
> "삼자三子에게 물어보시구려."[465]

일반적으로 천자가 하는 전쟁을 토벌討伐이라 하고, 제후가 하는 전

463. 전상은 진(陳)나라의 대부로 있다가 정변을 피해 기원전 672년 제나라로 망명가서 제나라에 정착한 진경중(陳敬仲)이 6대조였다. 그들은 제나라에 정착하면서 전씨(田氏) 성을 썼는데 통상 출신국명인 진씨(陳氏)로도 불렸고 전씨(田氏)로도 불렸다. 전상은 시호(謚號)가 '성자(成子)'이어서 진성자(陳成子)로도 불리며, 본명인 '항(恒)'을 따서 '진항(陳恒)'으로도 불린다. 한문제(漢文帝) 유항(劉恒)을 휘(諱, 임금의 이름을 피함)하여 상(常)으로 바꿔 부르기도 한다.

464. 재아가 전상을 도와 반란을 일으켰다가 일족이 몰살을 당한 것은 『사기』의 기록이다. 『좌전』에는 전상과 권력 다툼을 벌인 감지의 자(字)가 '자아(自我)'인 것으로 되어 있다. 그래서 학자에 따라서는 '자아'를 '재아'로 오해하여 『사기』에 기록된 것으로 보기도 한다.

465. 『論語』, 憲問第十四, "陳成子弑簡公. 孔子沐浴而朝, 告於哀公曰, 陳恆弑其君, 請討之. 公曰, 告夫三子."

쟁을 정벌征伐이라고 한다. 공자는 여기서 토벌이란 단어를 사용하고 있는데, 이것은 천자의 직무를 대신 행한다는 의미이다. 이것을 두고 송대宋代의 장재張載[466]는 주제周制주나라 제도에 이웃 나라에서 군주를 시해하는 반역이 일어날 경우 제후들이 천자를 대신하여 바로 토벌하는 법도가 있었을 것으로 판단했다. 여하튼 공자가 애공에게 토벌을 청했지만 애공은 삼자三子가 두려워서 그들에게 먼저 허락을 받으라는 말을 한다. 여기서 삼자는 노나라 대부 가문인 맹손孟孫, 숙손叔孫, 계손季孫의 이른바 삼가三家를 말한다. 애공은 삼가들이 노나라의 실권을 잡고 있기 때문에 그들을 두려워하여 군주로서의 권위를 내세우지를 못했다. 공자 말년까지도 이처럼 노나라의 국정은 삼가에 의해 좌우되고 있었다. 결국 제나라는 전상진성자 이후 그의 증손인 전화田和시호는 태공(太公)가 기원전 376년에 임금이 되니, 이후부터 제나라는 군주가 강씨에서 전씨로 바뀌게 되었다.

이와 같이 송나라, 제나라, 노나라를 비롯해 당시 군주와 신하들이 제 역할을 하지 못하고 있는 시대적 상황은 공자의 정명사상이 나오게 된 배경이었고, 정명사상은 공자의 저서인 『춘추』에 그대로 반영되기에 이른다.

공자는 애공哀公 14년, 그의 나이 71세에 생애 마지막 저술인 『춘추春秋』를 완성함으로써 그의 저술 활동의 대미를 장식했다. 『춘추』는 노魯의 은공隱公 원년기원전 722년부터 공자가 죽기 직전인 애공哀公 14년기원전 479년까지 12제후가 다스렸던 시기의 주요 사건들을 기록했다. 『춘추』는 문장은 간결하지만 함축성은 광대한 책이다. 그렇기 때문에 그것을 해석한 책을 매개로 하지 않고는 원뜻을 파악하기가 쉽지 않다. 바로 공자의 『춘추』를 해석한 해설서가 이른바 '춘추삼전春秋三傳'으로 『공양

466. 장재(張載, 1020~1077)는 중국 송나라 시대의 사상가이다. 성리학의 기초를 닦았다. 횡거진(橫渠鎭) 출신이었기 때문에 횡거 선생(橫渠先生)이라고 호칭된다.

전』·『곡량전』·『좌씨전』이 있다.

거듭 말하지만, 『춘추』는 공자의 정명사상이 표현되었다. 봉건제에서 주나라 통치자는 왕이나 천자로 호칭되며, 각 제후국은 군君으로 호칭된다. 그리고 군君에는 공公-후侯-백伯-자子·남男의 등급이 있다. 공자는 『춘추』에서 주나라 통치자를 천왕天王으로 표현했으며, 제후국은 그 자질에 따라 호칭을 달리했다. 공자 당시에 오吳·초楚의 군주가 스스로 왕이란 호칭을 사용했지만, 『춘추』에서는 가장 제후의 하위 등급인 '자子'라고 폄貶낮추어 평가함하여 기록했다. 그리고 제齊와 진晉은 강국이지만 두 번째 등급인 '후侯'라 기록했고, 송宋은 약국이지만 첫 번째 등급인 '공公'이라 일컬었다. 맹자는 『춘추』에 대해 다음과 같이 평했다.

> "옛날에 우임금이 홍수를 막으니 천하가 태평해졌고, 주공이 오랑캐를 아우르고 맹수를 몰아내니 백성이 편안해졌고, 공자께서 『춘추』를 완성하니 나라를 어지럽히는 신하와 어버이를 해치는 자식亂臣賊子들이 두려워하게 되었다."[467]

맹자도 공자의 『춘추』를 정명을 해치는 난신적자亂臣賊子들을 경계하여 쓴 것이라고 말하고 있다.

일반적으로 성인聖人이 남긴 글을 경經이라 하고, 경을 해설한 해설서를 전傳이라고 한다. 공자는 후학들에게 성인聖人으로 추앙받는 인물이다. 문서상으로 『춘추』가 정식으로 경의 반열에 오른 것은 전국시대의 순자荀子기원전 298?~238?에 의해 이루어졌다. 다음은 『순자』「권학」의 내용이다.

---

467. 『孟子』, 滕文公章句下, "昔者禹抑洪水而天下平. 周公兼夷狄驅猛獸而百姓寧. 孔子成春秋而亂臣賊子懼."

"『시경』과 『서경』은 넓은 것을, 『춘추』는 미묘한 것을 나타냈다. 이 것들은 천지의 사이에 있으며 (모든 것을) 포함한다."[468]

순자는 이미 경經으로서 인정받은 『시경』과 『서경』을 평론할 때 『춘추』를 동등하게 취급했다. 이것이 순자가 『춘추』를 경經으로 인정했다는 논거가 된다. 공자가 지은 『춘추』는 이후 역사나 나이를 지칭하는 말로 쓰이기도 했다.

468. 『荀子』, 第一 勸學篇, "詩書之博也, 春秋之微也, 在天地之間者畢矣."

4절
제자와 함께 가다

하늘이 나를 버렸다

공자를 가까이서 모신 제자 중 벼슬을 하지 않은 자는 안회이다. 그렇기 때문에 『좌전』을 비롯한 역사서에서는 안회의 활약을 찾기 힘들다. 『공자가어』에는 안회와 관련된 내용이 나온다. 『공자가어』는 논어論語에 빠진 공자의 일화를 기록했다는 고서이다. 그 내용의 진위에 대해 많은 학자들이 의구심을 갖고 있는 책이지만, 참고로 안회의 내용을 소개하면 이러하다. 어느 날 숙손무숙叔孫武叔이 안회를 찾아왔다. 숙손무숙은 노나라 대부로서 공자를 자공보다 못하다고 평하며 헐뜯은 바로 그 자이다.

숙손무숙叔孫武叔이 벼슬을 하지 않은 안회를 만나자, 안회가 말했다.

"손님의 예로 말하겠습니다."

무숙이 남의 허물을 많이 지적하면서, 자신의 의견으로 평론하자, 안회가 이렇게 말했다.

"진실로 그대가 힘들게 나를 찾아왔으니, 마땅히 나에게 얻는 것이 있어야 되겠지요. 내가 선생님께서 하신 말씀을 들어 알고 있는데, '남의 추악한 것을 말한다고 해서 자신이 아름다워지는 것이 아니며, 남의 굽은 점을 말한다고 해서 자신이 곧아지는 것이 아니다'라고 합니다. 그러므로 군자는 자신의 악함을 공격해야지, 남의 악을 공격해서는 안 됩니다."[469]

숙손무숙은 일전에 조정과 자공 앞에서 공자를 비방한 전례가 있었는데, 안회에게서도 남의 단점을 거론한 것이다. 이것으로 보면 무숙은 일단 인간의 품성 면에서 온전하지는 못한 자로 추측된다. 무숙의 이러한 습성을 안회는 공자의 말로써 바로잡고자 한 것이었다. 안회는 공자 제자 중 가장 가까이서 공자를 모시던 수제자였다. 공자가 71세에 『춘추』를 저술할 무렵에 그런 안회가 41세로 세상을 떴다. 공자는 제자의 죽음을 보고 목 놓아 통곡했다.

"아! 하늘이 나를 버렸구나! 하늘이 나를 버렸구나!"[470]

공자가 너무 슬피 울자 주위에 있는 사람들이 말했다. "선생님께서 너무 슬퍼하십니다." 그러자 공자는 말했다.

"내가 이 사람을 위해 슬퍼하지 않으면 누굴 위해 슬퍼하겠느냐?"[471]

469. 『孔子家語』, 顔回第十八, "叔孫武叔見未仕於顔回, 回曰, 賓之. 武叔多稱人之過, 而己評論之. 顔回曰, 固子之來辱也, 宜有得于回焉. 吾聞知諸孔子曰, 言人之惡, 非所以美己. 言人之枉, 非所以正己. 故君子攻其惡, 無攻人惡."
470. 『論語』, 先進第十一, "噫! 天喪予! 天喪予!"
471. 『論語』, 先進第十一, "非夫人之爲慟而誰爲."

공자 제자 중 안회는 덕행과 호학好學학문하기를 좋아 함으로 이름이 났었다. 안회가 죽고 나서 어느 날 애공哀公과 공자가 대화를 나누게 된다.

애공이 물었다.

"제자 중 누가 호학好學합니까?"

공자가 말했다.

"안회라는 자가 있었는데 호학을 하여 노여움을 옮기지 아니하고, 잘못을 반복하지 않았습니다. 그러나 불행히도 단명하여 죽고 없습니다. 지금에야 없으니 호학한다는 말을 들을 수가 없습니다."[472]

공자 제자 중에 호학하는 사람이 어찌 없을 수가 있을 것인가? 그럼에도 공자가 이 말을 한 것은 그만큼 안회의 호학에 견줄 사람이 없다는 말이기도 하다.

철인(哲人)은 시들고 마는가!

『춘추』를 저술하고, 안회가 죽을 무렵에 소주小邾의 대부 역射이라는 자가 구역句繹 땅을 바치며 노나라로 귀순했다. 이때 소주역은 자신과 노나라 간의 계약을 자로가 해준다면 믿을 수 있다고 했다. 노나라 정부보다 자로 개인을 더 믿고 의지한 것이다. 이처럼 이미 자로는 신의가 있는 인물로 세간에 널리 알려져 있었다. 노나라의 대부 계강자는 자로를 사신으로 임명하여 소주역과 계약을 하려 했지만 자로는 끝내 사양했다. 자로가 사양한 이유는 자신의 나라에 반역을 하고 온 사람

472. 『論語』, 雍也第六, "哀公問 弟子孰爲好學? 孔子對曰 有顏回者好學, 不遷怒, 不貳過. 不幸短命死矣! 今也則亡, 未聞好學者也."

을 받아들이면 이것은 그 반역 행위를 의롭게 하는 처사라고 보았기 때문이었다. 그해에 자로는 위나라로 건너가게 되었는데, 아마도 소주역의 문제로 자로와 계강자의 사이가 틀어진 것으로 짐작된다. 본래 자로는 성품이 강직하여 공자는 자로가 제명대로 살지 못할 수도 있음을 우려했다. 『논어』「선진」에는 이런 표현이 있다.

"중유자로의 본명 같은 자는 제명대로 살지 못할 것 같다."[473]

공자의 이 불길한 예감은 맞아떨어졌다. 자로는 노나라를 떠나 위나라로 건너가서 위나라 대부 공회의 읍재邑宰고을의 수령가 되었다. 그런데 다음 해에 출공出公 첩輒의 아버지 괴외가 공회와 모의를 하여 아들인 출공에게 반란을 일으켰다. 출공은 결국 노나라로 도망을 치고 괴외가 권력을 장악한다. 이때 자로는 출공의 녹을 받는 신하로서 보고만 있을 수 없었다. 자로는 분개하여 성안으로 들어가서 반란의 공모자인 공회를 죽이려 하다가 그 일당들과 전투가 벌어졌다. 젊은 시절 부락에서 힘깨나 쓰던 자로였지만 이미 나이가 63세였다. 자로는 그들에게 여러 차례 상처를 입고는 쓰러졌다. 그런데 갓이 저쪽에 떨어져 있었다. 자로는 힘겹게 엉금엉금 기어 갓을 집어 머리에 썼다. 자로는 끊어진 갓끈을 잡고는 외쳤다.

"군자는 죽더라도 갓을 벗지 않는다!"[474]

자로는 갓끈을 고쳐 매고 죽었다. 공자는 위나라에서 반란이 일어났다는 소문을 듣고는 탄식했다.

---

473. 『論語』, 先進第十一, "若由也, 不得其死然."
474. 『史記』, 仲尼弟子列傳第七, "君子死而冠不免."

"아아, 자로가 죽겠구나!"[475]

그 뒤 얼마 안 되어 정말로 자로가 죽었다. 공자는 자로의 충직한 성품을 알기 때문에 그리 말할 수 있었다. 공자는 죽은 자로를 그리며 말했다.

"내가 자로를 얻은 뒤로 남이 내게 하는 험담을 듣지 않았거늘."[476]

공자의 이 말로 미루어 제자 중에서 자로의 위상을 짐작할 수 있다. 자로는 공자 옆에서 공자를 수호하고 공자를 험담하는 자들을 손봐주는 역할을 한 든든한 제자였다. 공자는 이런 말을 했었다.

"날씨가 추워진 뒤에야 소나무와 잣나무가 뒤늦게 시드는 것을 알 수 있다."[477]

평온한 날씨에서는 소나무와 잣나무의 굳센 기상이 구별되지 않는다. 그러나 날씨가 추워지면 소나무와 잣나무는 다른 나무와 구별되어 그 기상이 돋보이게 된다. 공자와 13년간의 주유천하를 함께 하면서 갖은 고생을 다했으며, 제자로서 스승에게 성심을 다한 자로는 공자의 문하에서 소나무와 잣나무에 해당되는 제자라고 할 수 있다.

연이은 사랑하는 제자들의 죽음 앞에서 공자는 마음의 상처가 너무 커서 병이 났다. 이때 멀리 나가 있던 자공이 동문들로부터 자로가 죽었다는 비보를 듣고 걱정이 되어 공자를 찾아왔다.

---

475. 『史記』, 仲尼弟子列傳第七, "嗟乎, 由死矣!"
476. 『史記』, 仲尼弟子列傳第七, "自吾得由, 惡言不聞於耳."
477. 『論語』, 子罕第九, "歲寒然後, 知松柏之後彫也."

공자가 지팡이를 짚고 문 앞에서 서성대다가 말했다.

"사賜자공의 이름야! 너는 오는 것이 왜 이리 늦었느냐?"

공자가 탄식하며 노래하듯 말한다.

"태산이 무너지는가! 대들보가 꺾이고 마는가! 철인哲人철학자은 이렇게 시들고 마는가!"

이렇게 말하고는 공자는 하염없이 눈물을 흘렸다.[478]

자공이 온다는 소식에 공자는 문 앞에서 기다리고 있었다. 보고 싶은 제자를 맞는 스승의 마음이 자식을 맞는 부모의 마음과 다를 바 없음을 보여주는 대목이다. 공자는 자신의 최후가 가까이 오는 것을 알고 있었지만, 이미 주위에 자신이 의지했던 제자들은 하나둘 떠나고, 주위의 상황은 나아질 기미가 없었다. 태산은 무너지고, 대들보가 꺾이는 형상이라 아니 할 수 없다. 할 일은 많은데 철학가인 자신은 이대로 조만간 떠나야만 하는 회한이 물씬 풍겨 나오고 있다. 자공을 맞이하고 나서 공자는 7일 후에 세상을 떠났다. 이때가 애공哀公 16년, 공자 나이 73세였다. 자로가 죽은 지 1년 만의 일이다. 이에 제자들이 모두 심상心喪[479] 3년을 마치고 떠났는데, 오직 자공子貢만은 공자 묘 주변에 여막廬幕무덤을 지키기 위해 그 옆에 지어놓은 초가을 짓고 3년을 더 시묘살이묘소를 돌봄를 했다.

공자의 자손으로는 아들 리鯉가 있다. 리鯉는 자字가 백어伯魚이며, 공자의 제자 안회보다 일 년 전에 50세의 나이로 사망했다. 리鯉는 아들 급伋을 낳았고 급伋의 자字는 자사子思이며 『중용中庸』을 저술했다.

공자가 세상을 떠난 후 그의 사상과 언행은 제자인 유자有子이름은 若와

---

478. 『史記』, 孔子世家第十七, "孔子方負杖逍遙於門, 曰, 賜, 汝來何其晚也? 孔子因歎, 歌曰, 太山壞乎! 梁柱摧乎! 哲人萎乎! 因以涕下."

479. 상복은 입지 않으나 상제와 같은 마음으로 몸가짐이나 행동을 삼가고 조심하는 것.

증자曾子 이름은 參의 문인들에 의해 정리되어 『논어論語』로서 세상에 나오게 되었다.

그리고 공자 사후死後 약 1,200여 년 후에 당唐 현종은 공자에게 문선왕文宣王이란 시호를 내렸고서기 738년, 송나라 진종은 지성至聖을 덧붙여 지성문선왕至聖文宣王이란 시호를 내렸다.

참고 문헌

1. 원전류(原典類)

『論語』, 學民文化社, 1990.

『大學·中庸』, 學民文化社, 1990.

『孟子』, 學民文化社, 1990.

『詩傳』, 學民文化社, 1990.

『禮記』, 明文堂, 1995.

丁若鏞, 『與猶堂全書』, 景仁文化社, 1973.

『周易』, 學民文化社, 1990.

『春秋左氏傳·頭注』, 李鍾洛, 學民文化社, 1998.

『墨子』.

『史記』.

『書經』.

『荀子』.

『小學』.

『道德經』.

『莊子』.

『說文解字』.

『韓非子』.

『古本竹書紀年輯證』 正文·古本竹書紀年輯證 (淸)朱右曾輯 ; 王國維校補 , 黃永年校點.

2. 단행본

姜萬吉 外, 『茶山의 政治經濟思想』, 창작과비평사, 1990.

캉유웨이康有爲 지음, 김동민 역주, 『공자개제고孔子改制考一』, 세창출판사, 2013.

기세춘, 『성리학개론』, 바이북스, 2011.

김동인·지정민 옮김, 이인서원 기획, 『논어집주대전』, 한울, 2011.

김용옥, 『논어한글역주』, 통나무, 2008.

김용옥, 『맹자 사람의 길』, 통나무, 2012.

김학주 옮김, 『荀子』, 을유문화사, 2001.

박민영, 『논어는 진보다』, 포럼, 2007.
琴章泰, 『韓國實學思想研究』, 集文堂, 1993.
金敬琢, 『中國哲學概論』, 汎學社, 1979.
김학주 옮김, 『순자』, 을유문화사, 2008.
몽배원 지음, 홍원식·황지원·이기훈·이상호 옮김, 『성리학의 개념들』, 예문서원, 2011.
풍몽룡 지음, 김구용 옮김, 『동주열국지』, 2012.
백양 지음, 김영수 옮김, 『백양 중국사』, 역사의 아침, 2014.
쑨테 지음, 이화진 옮김, 『중국사 산책』, 일빛, 2011.
사마천 지음, 김원중 옮김, 『사기본기』, 민음사, 2012.
사마천 지음, 김원중 옮김, 『사기열전』, 민음사, 2012.
송래희 편저, 오석원 감수, 정성희·함현찬 역주, 『性理論辯』, 심산, 2006.
신동준, 『열국지 교양강의』, 돌베개, 2011.
유원기·이창우 지음, 『아리스토텔레스』, 21세기북스, 2016.
아리스토텔레스 지음, 강상진·김재홍·이창우 옮김, 『니코마코스 윤리학』, 도서출판 길, 2013.
여불위 지음, 김근 옮김, 『여씨춘추』, 글항아리, 2012.
왕건문 지음, 이재훈·은미영 옮김, 『공자 최후의 20년』, 글항아리, 2010.
우치야마 도시히코 지음, 석하고전연구회 옮김, 『순자교양강의』, 돌베개, 2013.
유교문화연구소 옮김, 『서경』, 성균관대학교 출판부, 2011.
유향 지음, 신동준 역주, 『전국책』, 인간사랑, 2014.
李乙浩, 『茶山經學思想研究』, 乙酉文化社, 1985.
이종휘 지음, 김영심·정재훈 역주, 『동사』, 소명출판, 2005.
이준영 해역, 『주례』, 자유문고, 2014.
장거정 지음, 임동석 역주, 『제감도설』, 고즈윈, 2011.
장기근 강술, 『十八史略』, 명문당, 2006.
장승구 지음, 『정약용과 실천의 철학』, 서광사, 2001.
조원일, 『선진유가의 사상』, 전남대학교출판부, 2011.
중국사학회 엮음, 강영매 옮김, 『중국통사』, 범우, 2008.
陳來 지음, 안재호 옮김, 『송명성리학』, 예문서원, 2011.
진순신 지음, 박현석 옮김, 『이야기 중국사』, (주)살림출판사, 2013.
풍우란 지음, 박성규 옮김, 『中國哲學史』, 까치글방, 1999.
허청웨이 총기획, 양산췬·정자룽 지음, 김봉술·남홍화 옮김, 『중국을 말한다 01』, 신원문화사, 2008.

삶의 행복을 꿈꾸는 교육은 어디에서 오는가?

교육혁명을 앞당기는 배움책 이야기 혁신교육의 철학과 잉걸진 미래를 만나다!

한국교육연구네트워크 총서

01 핀란드 교육혁명
한국교육연구네트워크 엮음 | 320쪽 | 값 15,000원

02 일제고사를 넘어서
한국교육연구네트워크 엮음 | 284쪽 | 값 13,000원

03 새로운 사회를 여는 교육혁명
한국교육연구네트워크 엮음 | 380쪽 | 값 17,000원

04 교장제도 혁명
한국교육연구네트워크 엮음 | 268쪽 | 값 14,000원

05 새로운 사회를 여는 교육자치 혁명
한국교육연구네트워크 엮음 | 312쪽 | 값 15,000원

06 혁신학교에 대한 교육학적 성찰
한국교육연구네트워크 엮음| 308쪽 | 값 15,000원

07 진보주의 교육의 세계적 동향
한국교육연구네트워크 엮음 | 324쪽 | 값 17,000원
2018 세종도서 학술부문

08 더 나은 세상을 위한 학교혁명
한국교육연구네트워크 엮음 | 404쪽 | 값 21,000원
2018 세종도서 교양부문

09 비판적 실천을 위한 교육학
이윤미 외 지음 | 448쪽 | 값 23,000원
2019 세종도서 학술부문

10 마을교육공동체운동: 세계적 동향과 전망
심성보 외 지음 | 376쪽 | 값 18,000원

11 학교 민주시민교육의 세계적 동향과 과제
심성보 외 지음 | 308쪽 | 값 16,000원

12 학교를 민주주의의 정원으로 가꿀 수 있을까?
성열관 외 지음 | 272쪽 | 값 16,000원

한국교육연구네트워크 번역 총서

01 프레이리와 교육
존 엘리아스 지음 | 한국교육연구네트워크 옮김
276쪽 | 값 14,000원

02 교육은 사회를 바꿀 수 있을까?
마이클 애플 지음 | 강희룡 · 김선우 · 박원순 · 이형빈 옮김
356쪽 | 값 16,000원

03 비판적 페다고지는 세상을 변화시킬 수 있는가?
Seewha Cho 지음 | 심성보 · 조시화 옮김
280쪽 | 값 14,000원

04 마이클 애플의 민주학교
마이클 애플 · 제임스 빈 엮음 | 강희룡 옮김
276쪽 | 값 14,000원

05 21세기 교육과 민주주의
넬 나딩스 지음 | 심성보 옮김 | 392쪽 | 값 18,000원

06 세계교육개혁: 민영화 우선인가 공적 투자 강화인가?
린다 달링-해먼드 외 지음 | 심성보 외 옮김 | 408쪽 | 값 21,000원

07 콩도르세, 공교육에 관한 다섯 논문
니콜라 드 콩도르세 지음 | 이주환 옮김
300쪽 | 값 16,000원

08 학교를 변론하다
얀 마스켈라인 • 마틴 시몬스 지음 | 윤선인 옮김
252쪽 | 값 15,000원

09 존 듀이와 교육
짐 개리슨 외 지음 | 김세희 외 옮김
372쪽 | 값 19,000원

혁신학교
성열관 · 이순철 지음 | 224쪽 | 값 12,000원

행복한 혁신학교 만들기
초등교육과정연구모임 지음 | 264쪽 | 값 13,000원

서울형 혁신학교 이야기
이부영 지음 | 320쪽 | 값 15,000원

대한민국 교사, 어떻게 가르칠 것인가?
윤성관 지음 | 320쪽 | 값 15,000원

아이들을 어떻게 가르칠 것인가
사토 마나부 지음 | 박찬영 옮김 | 232쪽 | 값 13,000원

모두를 위한 국제이해교육
한국국제이해교육학회 지음 | 364쪽 | 값 16,000원

비고츠키 선집 시리즈 발달과 협력의 교육학 어떻게 읽을 것인가?

생각과 말
레프 세묘노비치 비고츠키 지음
배희철·김용호·D. 켈로그 옮김 | 690쪽 | 값 33,000원

도구와 기호
비고츠키·루리야 지음 | 비고츠키 연구회 옮김
336쪽 | 값 16,000원

어린이 자기행동숙달의 역사와 발달 I
L.S. 비고츠키 지음 | 비고츠키 연구회 옮김
564쪽 | 값 28,000원

어린이 자기행동숙달의 역사와 발달 II
L.S. 비고츠키 지음 | 비고츠키 연구회 옮김
552쪽 | 값 28,000원

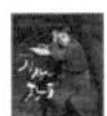
어린이의 상상과 창조
L.S. 비고츠키 지음 | 비고츠키 연구회 옮김
280쪽 | 값 15,000원

비고츠키와 인지 발달의 비밀
A.R. 루리야 지음 | 배희철 옮김 | 280쪽 | 값 15,000원

수업과 수업 사이
비고츠키 연구회 지음 | 196쪽 | 값 12,000원

비고츠키의 발달교육이란 무엇인가?
비고츠키교육학실천연구모임 지음 | 412쪽 | 값 21,000원

비고츠키 철학으로 본 핀란드 교육과정
배희철 지음 | 456쪽 | 값 23,000원

성장과 분화
L.S. 비고츠키 지음 | 비고츠키 연구회 옮김
308쪽 | 값 15,000원

연령과 위기
L.S. 비고츠키 지음 | 비고츠키 연구회 옮김
336쪽 | 값 17,000원

의식과 숙달
L.S 비고츠키 | 비고츠키 연구회 옮김
348쪽 | 값 17,000원

분열과 사랑
L.S. 비고츠키 지음 | 비고츠키 연구회 옮김
260쪽 | 값 16,000원

성애와 갈등
L.S. 비고츠키 지음 | 비고츠키 연구회 옮김
268쪽 | 값 17,000원

흥미와 개념
L.S. 비고츠키 지음 | 비고츠키 연구회 옮김
408쪽 | 값 21,000원

관계의 교육학, 비고츠키
진보교육연구소 비고츠키교육학실천연구모임 지음
300쪽 | 값 15,000원

비고츠키 생각과 말 쉽게 읽기
진보교육연구소 비고츠키교육학실천연구모임 지음
316쪽 | 값 15,000원

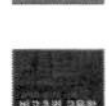
교사와 부모를 위한 비고츠키 교육학
카르포프 지음 | 실천교사번역팀 옮김
308쪽 | 값 15,000원

혁신교육, 철학을 만나다
브렌트 데이비스·데니스 수마라 지음
현인철·서용선 옮김 | 304쪽 | 값 15,000원

혁신교육 존 듀이에게 묻다
서용선 지음 | 292쪽 | 값 14,000원

다시 읽는 조선 교육사
이만규 지음 | 750쪽 | 값 33,000원

대한민국 교육혁명
교육혁명공동행동 연구위원회 지음
224쪽 | 값 12,000원

경쟁을 넘어 발달 교육으로
현광일 지음 | 288쪽 | 값 14,000원

독일 교육, 왜 강한가?
박성희 지음 | 324쪽 | 값 15,000원

핀란드 교육의 기적
한넬레 니에미 외 엮음 | 장수명 외 옮김
456쪽 | 값 23,000원

한국 교육의 현실과 전망
심성보 지음 | 724쪽 | 값 35,000원

4·16, 질문이 있는 교실 마주이야기 통합수업으로 혁신교육과정을 재구성하다!

통하는 공부
김태호·김형우·이경석·심우근·허진만 지음
324쪽 | 값 15,000원

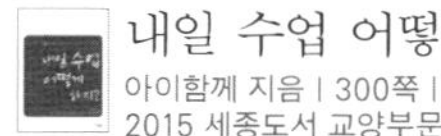
내일 수업 어떻게 하지?
아이함께 지음 | 300쪽 | 값 15,000원
2015 세종도서 교양부문

인간 회복의 교육
성래운 지음 | 260쪽 | 값 13,000원

교과서 너머 교육과정 마주하기
이윤미 외 지음 | 368쪽 | 값 17,000원

수업 고수들
수업·교육과정·평가를 말하다
박현숙 외 지음 | 368쪽 | 값 17,000원

도덕 수업, 책으로 묻고 윤리로 답하다
울산도덕교사모임 지음 | 320쪽 | 값 15,000원

체육 교사, 수업을 말하다
전용진 지음 | 304쪽 | 값 15,000원

교실을 위한 프레이리
아이러 쇼어 엮음 | 사람대사람 옮김
412쪽 | 값 18,000원

마을교육공동체란 무엇인가?
서용선 외 지음 | 360쪽 | 값 17,000원

교사, 학교를 바꾸다
정진화 지음 | 372쪽 | 값 17,000원

함께 배움
학생 주도 배움 중심 수업 이렇게 한다
니시카와 준 지음 | 백경석 옮김 | 280쪽 | 값 15,000원

공교육은 왜?
홍섭근 지음 | 352쪽 | 값 16,000원

자기혁신과 공동의 성장을 위한
교사들의 필리버스터
윤양수·원종희·장군·조경삼 지음 | 280쪽 | 값 14,000원

함께 배움 이렇게 시작한다
니시카와 준 지음 | 백경석 옮김 | 196쪽 | 값 12,000원

함께 배움 교사의 말하기
니시카와 준 지음 | 백경석 옮김 | 188쪽 | 값 12,000원

교육과정 통합, 어떻게 할 것인가?
성열관 외 지음 | 192쪽 | 값 13,000원

학교 혁신의 길, 아이들에게 묻다
남궁상운 외 지음 | 272쪽 | 값 15,000원

미래교육의 열쇠, 창의적 문화교육
심광현·노명우·강정석 지음 | 368쪽 | 값 16,000원

주제통합수업,
아이들을 수업의 주인공으로!
이윤미 외 지음 | 392쪽 | 값 17,000원

수업과 교육의 지평을 확장하는 **수업 비평**
윤양수 지음 | 316쪽 | 값 15,000원
2014 문화체육관광부 우수교양도서

교사, 선생이 되다
김태은 외 지음 | 260쪽 | 값 13,000원

교사의 전문성, 어떻게 만들어지나
국제교원노조연맹 보고서 | 김석규 옮김
392쪽 | 값 17,000원

수업의 정치
윤양수·원종희·장군 지음 | 280쪽 | 값 14,000원

학교협동조합,
현장체험학습과 마을교육공동체를 잇다
주수원 외 지음 | 296쪽 | 값 15,000원

거꾸로 교실,
잠자는 아이들을 깨우는 수업의 비밀
이민경 지음 | 280쪽 | 값 14,000원

교사는 무엇으로 사는가
정은균 지음 | 292쪽 | 값 15,000원

마음의 힘을 기르는 감성수업
조선미 외 지음 | 300쪽 | 값 15,000원

작은 학교 아이들
지경준 엮음 | 376쪽 | 값 17,000원

아이들의 배움은 어떻게 깊어지는가
이시이 쥰지 지음 | 방지현·이창희 옮김
200쪽 | 값 11,000원

대한민국 입시혁명
참교육연구소 입시연구팀 지음 | 220쪽 | 값 12,000원

교사를 세우는 교육과정
박승열 지음 | 312쪽 | 값 15,000원

전국 17명 교육감들과 나눈 **교육 대담**
최창의 대담·기록 | 272쪽 | 값 15,000원

들뢰즈와 가타리를 통해 **유아교육 읽기**
리세롯 마리엣 올슨 지음 | 이연선 외 옮김
328쪽 | 값 17,000원

학교 민주주의의 불한당들
정은균 지음 | 276쪽 | 값 14,000원

프레이리의 사상과 실천
사람대사람 지음 | 352쪽 | 값 18,000원
2018 세종도서 학술부문

혁신학교, 한국 교육의 미래를 열다
송순재 외 지음 | 608쪽 | 값 30,000원

페다고지를 위하여
프레네의 『페다고지 불변요소』 읽기
박찬영 지음 | 296쪽 | 값 15,000원

노자와 탈현대 문명
홍승표 지음 | 284쪽 | 값 15,000원

선생님, 민주시민교육이 뭐예요?
염경미 지음 | 244쪽 | 값 15,000원

어쩌다 혁신학교
유우석 외 지음 | 380쪽 | 값 17,000원

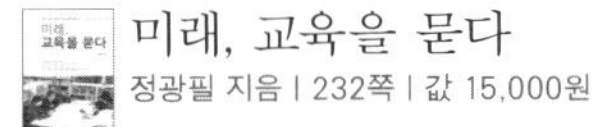
미래, 교육을 묻다
정광필 지음 | 232쪽 | 값 15,000원

대학, 협동조합으로 교육하라
박주희 외 지음 | 252쪽 | 값 15,000원

입시, 어떻게 바꿀 것인가?
노기원 지음 | 306쪽 | 값 15,000원

촛불시대, 혁신교육을 말하다
이용관 지음 | 240쪽 | 값 15,000원

라운드 스터디
이시이 데루마사 외 엮음 | 224쪽 | 값 15,000원

미래교육을 디자인하는 학교교육과정
박승열 외 지음 | 348쪽 | 값 18,000원

흥미진진한 아일랜드 전환학년 이야기
제리 제퍼스 지음 | 최상덕·김호원 옮김 | 508쪽 | 값 27,000원
2019 대한민국학술원우수학술도서

폭력 교실에 맞서는 용기
따돌림사회연구모임 학급운영팀 지음
272쪽 | 값 15,000원

그래도 혁신학교
박은혜 외 지음 | 248쪽 | 값 15,000원

학교는 어떤 공동체인가?
성열관 외 지음 | 228쪽 | 값 15,000원

교사 전쟁
다나 골드스타인 지음 | 유성상 외 옮김
468쪽 | 값 23,000원

시민, 학교에 가다
최형규 지음 | 260쪽 | 값 15,000원

교육과정, 수업, 평가의 일체화
리사 카터 지음 | 박승열 외 옮김 | 196쪽 | 값 13,000원

학교를 개선하는 교장
지속가능한 학교 혁신을 위한 실천 전략
마이클 풀란 지음 | 서동연·정효준 옮김 | 216쪽 | 값 13,000원

공자뎐, 논어는 이것이다
유문상 지음 | 392쪽 | 값 18,000원

교사와 부모를 위한
발달교육이란 무엇인가?
현광일 지음 | 380쪽 | 값 18,000원

교사, 이오덕에게 길을 묻다
이무완 지음 | 328쪽 | 값 15,000원

낙오자 없는 스웨덴 교육
레이프 스트란드베리 지음 | 변광수 옮김
208쪽 | 값 13,000원

끝나지 않은 마지막 수업
장석웅 지음 | 328쪽 | 값 20,000원

경기꿈의학교
진흥섭 외 지음 | 360쪽 | 값 17,000원

학교를 말한다
이성우 지음 | 292쪽 | 값 15,000원

행복도시 세종,
혁신교육으로 디자인하다
곽순일 외 지음 | 392쪽 | 값 18,000원

나는 거꾸로 교실 거꾸로 교사
류광모·임정훈 지음 | 212쪽 | 값 13,000원

교실 속으로 간 이해중심 교육과정
온정덕 외 지음 | 224쪽 | 값 13,000원

교실, 평화를 말하다
따돌림사회연구모임 초등우정팀 지음
268쪽 | 값 15,000원

학교자율운영 2.0
김용 지음 | 240쪽 | 값 15,000원

학교자치를 부탁해
유우석 외 지음 | 252쪽 | 값 15,000원

국제이해교육 페다고지
강순원 외 지음 | 256쪽 | 값 15,000원

선생님, 페미니즘이 뭐예요?
염경미 지음 | 280쪽 | 값 15,000원

평화의 교육과정 섬김의 리더십
이준원·이형빈 지음 | 292쪽 | 값 16,000원

학교를 살리는 회복적 생활교육
김민자·이순영·정선영 지음 | 256쪽 | 값 15,000원

교사를 위한 교육학 강의
이형빈 지음 | 336쪽 | 값 17,000원

새로운학교 학생을 날게 하다
새로운학교네트워크 총서 02 | 408쪽 | 값 20,000원

세월호가 묻고 교육이 답하다
경기도교육연구원 지음 | 214쪽 | 값 13,000원

미래교육, 어떻게 만들어갈 것인가?
송기상·김성천 지음 | 300쪽 | 값 16,000원
2019 세종도서 교양부문

교육에 대한 오해
우문영 지음 | 224쪽 | 값 15,000원

혁신교육지구 현장을 가다
이용운 외 4인 지음 | 344쪽 | 값 18,000원

배움의 독립선언, 평생학습
정민승 지음 | 240쪽 | 값 15,000원

교육혁신의 시대
배움의 공간을 상상하다
함영기 외 지음 | 264쪽 | 값 17,000원

서울의 마을교육
이용운 외 지음 | 352쪽 | 값 18,000원

평화와 인성을 키우는 자기우정
따돌림사회연구모임 우정팀 지음 | 240쪽 | 값 15,000원

수포자의 시대
김성수·이형빈 지음 | 252쪽 | 값 15,000원

혁신학교와 실천적 교육과정
신은희 지음 | 236쪽 | 값 15,000원

삶의 시간을 잇는 문화예술교육
고영직 지음 | 292쪽 | 값 16,000원

혐오, 교실에 들어오다
이혜정 외 지음 | 232쪽 | 값 15,000원

혁신교육지구와 마을교육공동체는
어떻게 만들어지는가?
김태정 지음 | 376쪽 | 값 18,000원

선생님, 특성화고 자기소개서
어떻게 써요?
이지영 지음 | 322쪽 | 값 17,000원

학생과 교사, 수업을 묻다
전용진 지음 | 344쪽 | 값 18,000원

혁신학교의 꽃, 교육과정 다시 그리기
안재일 지음 | 344쪽 | 값 18,000원

학습격차 해소를 위한 새로운 도전
보편적 학습설계 수업
조윤정 외 지음 | 225쪽 | 값 15,000원

물질과의 새로운 만남
베로니카 파치니-케처바우 지음 | 240쪽 | 값 15,000원

미래교육을 열어가는
배움중심 원격수업
이윤서 외 지음 | 332쪽 | 값 17,000원

살림터 참교육 문예 시리즈 영혼이 있는 삶을 가르치는 온 선생님을 만나다!

꽃보다 귀한 우리 아이는
조재도 지음 | 244쪽 | 값 12,000원

성깔 있는 나무들
최은숙 지음 | 244쪽 | 값 12,000원

아이들에게 세상을 배웠네
명혜정 지음 | 240쪽 | 값 12,000원

밥상에서 세상으로
김흥숙 지음 | 280쪽 | 값 13,000원

우물쭈물하다 끝난 교사 이야기
유기창 지음 | 380쪽 | 값 17,000원

오천년을 사는 여지
염경미 지음 | 272쪽 | 값 16,000원

선생님이 먼저 때렸는데요
강병철 지음 | 248쪽 | 값 12,000원

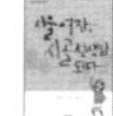
서울 여자, 시골 선생님 되다
조경선 지음 | 252쪽 | 값 12,000원

행복한 창의 교육
최창의 지음 | 328쪽 | 값 15,000원

북유럽 교육 기행
정애경 외 14인 지음 | 288쪽 | 값 14,000원

시험 시간에 웃은 건 처음이에요
조규선 지음 | 252쪽 | 값 15,000원

다정한 교실에서 20,000시간
강정희 지음 | 296쪽 | 값 16,000원

● 교과서 밖에서 만나는 역사 교실 상식이 통하는 살아 있는 역사를 만나다

전봉준과 동학농민혁명
조광환 지음 | 336쪽 | 값 15,000원

남도의 기억을 걷다
노성태 지음 | 344쪽 | 값 14,000원

응답하라 한국사 1·2
김은석 지음 | 356쪽·368쪽 | 각권 값 15,000원

즐거운 국사수업 32강
김남선 지음 | 280쪽 | 값 11,000원

즐거운 세계사 수업
김은석 지음 | 328쪽 | 값 13,000원

강화도의 기억을 걷다
최보길 지음 | 276쪽 | 값 14,000원

광주의 기억을 걷다
노성태 지음 | 348쪽 | 값 15,000원

선생님도 궁금해하는
한국사의 비밀 20가지
김은석 지음 | 312쪽 | 값 15,000원

걸림돌
키르스텐 세룹-빌펠트 지음 | 문봉애 옮김
248쪽 | 값 13,000원

역사수업을 부탁해
열 사람의 한 걸음 지음 | 388쪽 | 값 18,000원

진실과 거짓, 인물 한국사
하성환 지음 | 400쪽 | 값 18,000원

우리 역사에서 사라진
근현대 인물 한국사
하성환 지음 | 296쪽 | 값 18,000원

꼬물꼬물 거꾸로 역사수업
역모자들 지음 | 436쪽 | 값 23,000원

즐거운 동아시아사 수업
김은석 지음 | 240쪽 | 값 15,000원

노성태, 역사의 길을 걷다
노성태 지음 | 324쪽 | 값 17,000원

교과서 밖에서 배우는 역사 공부
정은교 지음 | 292쪽 | 값 14,000원

팔만대장경도 모르면 빨래판이다
전병철 지음 | 360쪽 | 값 16,000원

빨래판도 잘 보면 팔만대장경이다
전병철 지음 | 360쪽 | 값 16,000원

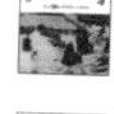
영화는 역사다
강성률 지음 | 288쪽 | 값 13,000원

친일 영화의 해부학
강성률 지음 | 264쪽 | 값 15,000원

한국 고대사의 비밀
김은석 지음 | 304쪽 | 값 13,000원

조선족 근현대 교육사
정미량 지음 | 320쪽 | 값 15,000원

다시 읽는 조선근대 교육의 사상과 운동
윤건차 지음 | 이명실·심성보 옮김 | 516쪽 | 값 25,000원

음악과 함께 떠나는 세계의 혁명 이야기
조광환 지음 | 292쪽 | 값 15,000원

논쟁으로 보는 일본 근대 교육의 역사
이명실 지음 | 324쪽 | 값 17,000원

다시, 독립의 기억을 걷다
노성태 지음 | 320쪽 | 값 16,000원

한국사 리뷰
김은석 지음 | 244쪽 | 값 15,000원

경남의 기억을 걷다
류형진 외 지음 | 564쪽 | 값 28,000원

어제와 오늘이 만나는 교실
학생과 교사의 역사수업 에세이
정진경 외 지음 | 328쪽 | 값 17,000원

더불어 사는 정의로운 세상을 여는 인문사회과학 사람의 존엄과 평등의 가치를 배운다

밥상혁명
강양구·강이현 지음 | 298쪽 | 값 13,800원

도덕 교과서 무엇이 문제인가?
김대용 지음 | 272쪽 | 값 14,000원

자율주의와 진보교육
조엘 스프링 지음 | 심성보 옮김 | 320쪽 | 값 15,000원

민주화 이후의 공동체 교육
심성보 지음 | 392쪽 | 값 15,000원
2009 문화체육관광부 우수학술도서

갈등을 넘어 협력 사회로

이창언·오수길·유문종·신윤관 지음
280쪽 | 값 15,000원

동양사상과 마음교육
정재걸 외 지음 | 356쪽 | 값 16,000원
2015 세종도서 학술부문

교과서 밖에서 배우는 철학 공부
정은교 지음 | 280쪽 | 값 14,000원

교과서 밖에서 배우는 사회 공부
정은교 지음 | 304쪽 | 값 15,000원

교과서 밖에서 배우는 윤리 공부
정은교 지음 | 292쪽 | 값 15,000원

한글 혁명
김슬옹 지음 | 388쪽 | 값 18,000원

우리 안의 미래교육
정재걸 지음 | 484쪽 | 값 25,000원

왜 그는 한국으로 돌아왔는가?
황선준 지음 | 364쪽 | 값 17,000원
2019 세종도서 교양부문

공간, 문화, 정치의 생태학
현광일 지음 | 232쪽 | 값 15,000원

인공지능 시대의 사회학적 상상력
홍승표 지음 | 260쪽 | 값 15,000원

동양사상과 인간 그리고 사회
이현지 지음 | 418쪽 | 값 21,000원

장자와 탈현대
정재걸 외 지음 | 424쪽 | 값 21,000원

놀자선생의 놀이인문학
진용근 지음 | 380쪽 | 값 185,000원

좌우지간 인권이다
안경환 지음 | 288쪽 | 값 13,000원

민주시민교육
심성보 지음 | 544쪽 | 값 25,000원

민주시민을 위한 도덕교육
심성보 지음 | 500쪽 | 값 25,000원
2015 세종도서 학술부문

교과서 밖에서 배우는 인문학 공부
정은교 지음 | 280쪽 | 값 13,000원

오래된 미래교육
정재걸 지음 | 392쪽 | 값 18,000원

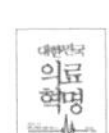
대한민국 의료혁명
전국보건의료산업노동조합 엮음 | 548쪽 | 값 25,000원

교과서 밖에서 배우는 고전 공부
정은교 지음 | 288쪽 | 값 14,000원

전체 안의 전체 사고 속의 사고
김우창의 인문학을 읽다
현광일 지음 | 320쪽 | 값 15,000원

카스트로, 종교를 말하다
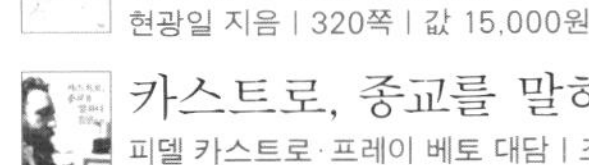
피델 카스트로·프레이 베토 대담 | 조세종 옮김
420쪽 | 값 21,000원

일제강점기 한국철학
이태우 지음 | 448쪽 | 값 25,000원

한국 교육 제4의 길을 찾다
이길상 지음 | 400쪽 | 값 21,000원
2019 세종도서 학술부문

마을교육공동체 생태적 의미와 실천
김용련 지음 | 256쪽 | 값 15,000원

교육과정에서 왜 지식이 중요한가
심성보 지음 | 440쪽 | 값 23,000원

식물에게서 교육을 배우다
이차영 지음 | 260쪽 | 값 15,000원

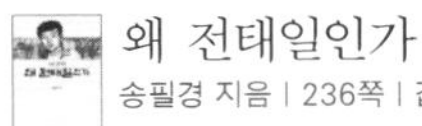
왜 전태일인가
송필경 지음 | 236쪽 | 값 17,000원

한국 세계시민교육이 나아갈 길을 묻다
유네스코태평양 국제이해교육원 지음 | 260쪽 | 값 18,000원

평화샘 프로젝트 매뉴얼 시리즈 학교폭력에 대한 근본적인 예방과 대책을 찾는다

학교폭력 어떻게 만들어지는가
문재현 외 지음 | 300쪽 | 값 14,000원

학교폭력, 멈춰!
문재현 외 지음 | 348쪽 | 값 15,000원

왕따, 이렇게 해결할 수 있다
문재현 외 지음 | 236쪽 | 값 12,000원

젊은 부모를 위한 백만 년의 육아 슬기
문재현 지음 | 248쪽 | 값 13,000원

우리는 마을에 산다
유양우·신동명·김수동·문재현 지음
312쪽 | 값 15,000원

누가, 학교폭력 해결을 가로막는가?
문재현 외 지음 | 312쪽 | 값 15,000원

아이들을 살리는 동네
문재현·신동명·김수동 지음 | 204쪽 | 값 10,000원

평화! 행복한 학교의 시작
문재현 외 지음 | 252쪽 | 값 12,000원

마을에 배움의 길이 있다
문재현 지음 | 208쪽 | 값 10,000원

별자리, 인류의 이야기 주머니
문재현·문한뫼 지음 | 444쪽 | 값 20,000원

동생아, 우리 뭐 하고 놀까?
문재현 외 지음 | 280쪽 | 값 15,000원

코로나 19가 앞당긴 미래,
마을에서 찾는 배움길
문재현 외 지음 | 308쪽 | 값 16,000원

남북이 하나 되는 두물머리 평화교육 분단 극복을 위한 치열한 배움과 실천을 만나다

10년 후 통일
정동영·지승호 지음 | 328쪽 | 값 15,000원

분단시대의 통일교육
성래운 지음 | 428쪽 | 값 18,000원

한반도 평화교육 어떻게 할 것인가
이기범 외 지음 | 252쪽 | 값 15,000원

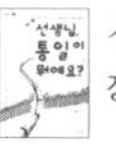
선생님, 통일이 뭐예요?
정경호 지음 | 252쪽 | 값 13,000원

김창환 교수의 DMZ 지리 이야기
김창환 지음 | 264쪽 | 값 15,000원

포괄적 평화교육
베티 리어든 지음 | 강순원 옮김 | 252쪽 | 값 17,000원

창의적인 협력 수업을 지향하는 삶이 있는 국어 교실 우리말 글을 배우며 세상을 배운다

중학교 국어 수업 어떻게 할 것인가?
김미경 지음 | 340쪽 | 값 15,000원

토닥토닥 토론해요
명혜정·이명선·조선미 엮음 | 288쪽 | 값 15,000원

어린이와 시
오인태 지음 | 192쪽 | 값 12,000원

언어던
정은균 지음 | 268쪽 | 값 15,000원
2019 세종도서 교양부문

감각의 갱신, 화장하는 인민
남북문학예술연구회 | 380쪽 | 값 19,000원

토론의 숲에서 나를 만나다
명혜정 엮음 | 312쪽 | 값 15,000원

인문학의 숲을 거니는 토론 수업
순천국어교사모임 엮음 | 308쪽 | 값 15,000원

수업, 슬로리딩과 함께
박경숙 외 지음 | 268쪽 | 값 15,000원

민촌 이기영 평전
이성렬 지음 | 508쪽 | 값 20,000원

참된 삶과 **교육**에 관한
생각 줍기